청소년은 어떻게 민주시민으로 성장하는가?

흥미진진한
아일랜드
전환학년 이야기

청소년은 어떻게 민주시민으로 성장하는가?

흥미진진한 아일랜드 전환학년 이야기

초판 1쇄 인쇄 2018년 11월 29일
초판 1쇄 발행 2018년 12월 12일

지은이 제리 제퍼스
옮긴이 최상덕·김호원
펴낸이 김승희
펴낸곳 도서출판 살림터

기획 정광일
편집 조현주
북디자인 꼬리별

인쇄·제본 (주)현문
종이 월드페이퍼(주)

주소 서울시 양천구 목동동로 293, 22층 2215-1호
전화 02-3141-6553
팩스 02-3141-6555
출판등록 2008년 3월 18일 제313-1990-12호
이메일 gwang80@hanmail.net
블로그 http://blog.naver.com/dkffk1020

ISBN 979-11-5930-082-0 93370

*가격은 뒤표지에 있습니다.
*잘못된 책은 바꾸어 드립니다.

이 도서의 국립중앙도서관 출판예정도서목록(CIP)은
서지정보유통지원시스템 홈페이지(http://seoji.nl.go.kr)와
국가자료공동목록시스템(http://www.nl.go.kr/kolisnet)에서 이용하실 수 있습니다.
(CIP제어번호: CIP2018038262)

청소년은 어떻게 민주시민으로 성장하는가?

흥미진진한 아일랜드 전환학년 이야기

제리 제퍼스 지음 | 최상덕·김호원 옮김

살림터

뜻밖의 만남과 예기치 않은 발견이 따르면 여행의 즐거움은 배가됩니다. 아일랜드 전환학년에 대한 한국의 뜨거운 관심은 저에게는 실로 큰 기쁨이었습니다. 한국 교육자들은 아일랜드 전환학년과 한국 자유학기제의 공통점을 단숨에 알아차렸습니다. 2013년 서울을 방문했을 때 저는 이러한 공통점뿐 아니라 두 프로그램의 중요한 차이점에 대해서도 알게 되었습니다. 그 후 수백 명의 한국 교사들과 교장들, 연구자들이 아일랜드를 방문했고 우리는 알찬 대화를 끝없이 나누었습니다.

타국을 방문하여 그 나라의 학교교육 체계를 지근거리에서 눈여겨볼 때마다 아일랜드 교육 현실에 대한 새로운 질문이 솟구치는 제 자신을 발견하곤 합니다. 아일랜드를 찾은 한국 방문객들 역시 진지하게 숙고해야 할 과제들을 쉼 없이 제기했습니다. 저는 이러한 질문들에 답하면서 서로 상이한 문화와 사회, 학교교육제도를 살펴보는 것은 제게 아주 익숙했던 분야를 더욱 명료하게 이해하고 더 깊이 파고들게 해주는 이점이 있다는 것을 깨달았습니다.

『흥미진진한 아일랜드 전환학년 이야기』는 본디 전환학년 실행에 실질적 도움이 필요한 일선의 교사들과 학교 지도자들을 위해 쓰였습니다. 교사로서, 교감으로서, 전환학년지원팀의 일원이자 연구자로서의 제 경험에 비추어 보면 대부분 교사들은 매우 실용적인 관점을 취하고 있습니다. 교사들은 실제로 어떤 교육 프로그램이 교육 효과가 큰지를 알고 싶어 합니다. 따라서 본 책의 각 장은 대체로 개별 교사와 학교가 그 학교 실정에 맞게 『학교를 위한 전환학년 프로그램 지침 *Transition Year Programmes Guidelines for Schools*』을 어떻게 적용하고 있는지 소개하는 이야기로 시작하며 각 장을 한 편의 독립된 글로 읽어도 무방합니다. 또한 각 장의 말미에는 관련 연구나 논문에서 제기하는 더 큰 차원의 교육 이슈와 전문가들의 조언을 실었습니다. 무엇보다 한국 독자들에게 이 내용이 도움이 되기를 바랍니다.

12, 13장에서 약술했듯이 전환학년은 남다른 역사를 갖고 있습니다. 선택과정임에도 대다수 학교에서 이행하고 있는 전환학년은 전통적 학교교육에 중대하면서도 결이 다른 방식으로 제동을 걸고 있습니다. 그러나 동시에 전환학년은 기존의 많은 학교 관행과 관점에 긴장을 초래하며 다소 불편한 모습으로 놓여 있기도 합니다. 자유학기제 실행 과정에서도 이와 비슷한 긴장이 감돌고 있다는 이야기를 들은 바 있습니다. 가령 청소년의 사회적·정서적 발달과 '학업' 증진이라는 두 과업 사이에서 학교는 어떻게 최대한 균형을 이룰 수 있을까? 청소년의 행복과 웰빙에 가장 좋은 영향을 미치는 학습은 어떤 유형일까? 청소년이 보다 능동적인 주체가 되어 학교 안팎에서 자신의 학습과 성장을 꾀할 수 있도록 이들에게 어떻게 자율권을 부여할까? 권위적이고 순응을 중시하는 교육 전통 속에서 청소년이 능동적 시민의식을 기르도록 어떻게 참여 학습을 더 풍부하게 실행할 수 있을까? 이미 검증된 교육 방식에 익숙해진 교사들이 새로운 교수·학습 방식을 활용하며 교육 전문가로 거듭 성장할 수 있도록 어떻게 도울 수 있을까?

체험학습은 기존의 교수·학습 유형과 어떻게 잘 어우러질 수 있을까? 기말고사 중심의 교육체계에서 학습과정을 중시하는 교육 프로그램이 어떻게 신뢰를 얻을 수 있을까? 학교에서 21세기의 주요 과제를 보다 적절히 교육하도록 새로운 교육 프로그램(전환학년, 자유학기제)은 어떻게 학교교육을 뒷받침해야 할까? 불확실한 미래 때문에 청소년들이 불안에 떨고 있을 때 그들의 재능과 꿈, 잠재력을 어떻게 가장 잘 키워줄 수 있을까? 학교는 어떻게 자급자족적 운영이 가능하다는 '환상'에서 벗어나 지역사회와 보다 적절히 연계를 맺을 수 있을까? 작금의 사회적·교육적 불평등을 악화시키지 않는 새로운 교육 프로그램을 어떻게 창출할 수 있을까? 교육혁신의 초기 성공을 어떻게 잘 유지할 수 있을까?

이 질문 중 어느 하나도 쉽게 답할 수 없으며 각자 주어진 상황도 천차만별일 것입니다. 자유학기제와 전환학년의 중요한 차이 중 하나는 참여하는 학생들의 연령대가 다르다는 것입니다. 자유학기제 학생들이 전환학년 학생들보다 더 어리죠. 10대 중후반기의 청소년에게 유용한 활동이 이보다 어린 친구들에게는 적합하지 않을 수도 있습니다. 이는 상이한 학교체계에 전환학년을 단순히 접붙여 실행할 수 있다고 믿는 교육자들에게 의미심장한 경고 메시지를 줍니다.

30년 넘게 전환학년에 천착하여 활동하는 동안 전환학년 저변에 흐르는 교육 가치는 늘 제 마음을 사로잡았습니다. 전환학년을 실행하며 학교는 전인교육의 상을 그릴 수 있게 되었고, 청소년은 협소한 교육에서 벗어나 폭넓은 교육을 경험하며 자신의 삶을 살찌우고 있습니다. 전환학년은 아일랜드 교육자들이 중학교 과정(만 12~15세), 어쩌면 보다 잠정적으로는 고등학교 과정(만 16~18세)의 개혁에 박차를 가하도록 용기를 심어주었습니다. 중학교 과정에서 청소년의 '웰빙'과

회복탄력성이 새롭게 조망된 것은 전환학년에서 사회적·정서적 학습을 중시하는 것과 더불어 아일랜드 교육에 큰 반향을 일으키고 있습니다. 그간 전환학년에 정통하고 열성적으로 임하는 교사들의 사례를 많이 접했습니다. 이들은 청소년을 위해 학습 범위와 평가 유형의 폭을 넓히는 것이 대단히 중요하다고 인지했습니다. 그러나 보다 큰 이해관계가 걸려 있고 대학 입학과 밀접히 연계되어 있는 고등학교 졸업자격 2년 과정을 개혁하는 것은 여간 힘겨운 과제가 아닙니다. 전환학년이 끊임없이 아일랜드 사회에 던지는 교훈은 교사의 태도가 교육혁신의 관건이라는 것입니다. 교사들이 교육개혁의 목표를 가치 있게 여긴다면, 다시 말해 교사의 역할을 발전시키고 학생들이 알차게 학습하는 것에 관심을 기울인다면 그들은 더욱 열정적인 교사로 변모할 것입니다. 아일랜드에서 전환학년에 대해 회의적인 부류가 여전히 잔재하는 것은 어찌 보면 그리 놀라운 일이 아닙니다. 따라서 전환학년이 실제 학교에서 어떻게 구현되고 있는지 그 실상을 보여주는 것이 이 책을 집필한 주된 목적입니다. 전환학년 이야기와 경험을 한국 독자들과 함께 나눌 수 있어서 영광입니다.

최근 몇 년간 아일랜드를 찾아주신 여러 기관의 한국 교육 관계자 분들께 감사의 인사를 전하고 싶습니다. 특히 한국교원대학교 교원연수센터, 한국교육개발원, 한국직업능력개발원, 한국청소년활동진흥원, 한국교원단체총연합회, 충청남도교육청, 충청남도평생교육진흥원, 대구광역시교육청, 인천광역시교육청, 경상남도교육청, 한신대학교, 그밖의 학교들과 교육 기관들 모두 혜안을 함께 나눠주신 것에 대해 감사의 말씀을 전합니다.

마지막으로 이 책을 번역하신 최상덕 한국교육개발원 부원장 겸 연구기획본부 본부장과 공동 번역자인 김호원 씨께 특별한 감사의 뜻을 전합니다. 최상덕 부원장이 열의를 갖고 신중하고 정교하게 공들인 이 번역 과정에 동참하신 것은 서로 다른 문화 간의 훌륭한 교육 협력 사례라고 생각합니다. 이 책을 통해 앞으로 한국과 아일랜드 교육자들 사이에 더 풍부한 교류가 이루어지기를 바랍니다.

2018년 9월, 더블린에서
제리 제퍼스

감사의 말

내게 영감을 주고 협조를 아끼지 않았던 많은 사람들 덕분에 이 책이 빛을 볼 수 있었다. 먼저 인터뷰에 기꺼이 응하고 물심양면으로 도움을 주었던 학생들, 교사들, 코디네이터들, 교장들, 학부모들, 연구자들에게 진심 어린 감사의 뜻을 전한다. 또한 오랜 시간 내 연구에 참여하고 답하고 논평하고 문제제기를 해준 제자들에게도 고마움을 전한다. 이들 덕에 나는 많은 교육 관점을 정립했고, 지금도 계속 정립해 나가고 있다.

훌륭한 동료들과 함께해온 시간은 축복의 연속이었다. 1980년대 마이클 기니가 이끌었던 퍼하우스지역학교 교사들은 수없이 많은 교육적 용단을 내렸다. 당시 이 학교의 교원으로 함께했던 것은 내게 큰 행운이었다. 1990년대 들어 나는 전환학년 정규교육화를 주도했던 전환학년지원팀의 일원이 되었으며 그곳에서도 창의적인 사람들을 많이 만났다. 크리스 코널리, 짐 번, 셰이머스 캐넌, 브라이디 코커리, 아일린 도일, 메리 앤 해밀턴, 필 할핀, 에일리스 험프리스, 메리 킨, 데니즈 켈리, 레이철 케오, 루스 마셜, 앨릭 맥알리스터, 제럴딘 무니-시미, 칼 오코넬, 마이클 오리리, 린더 오툴, 빌리 리디, 더멋 키시, 패치 스위니, 마거릿 웨인라이트, 피제이 화이트, 모라 클랜시가 그들이며 이 외에도 많은 이들이 함께했다. 전환학년지원팀에서 일하는 동안 교장·코디네이터·교사·학생이 한데 어우러져 전환학년에 대한 생각과 경험을 공유하고 있는 수많은 학교의 문을 두드릴 수 있었다. 또한 자유롭게 질문하고 학문하는 기풍을 갖고 있는 매누스대학 교육학과에서 존 칼라한, 파드리그 호건, 톰 콜린스, 에이든 멀킨, 좀 더 최근에는 로즈 돌런과 샤론 토드의 지도 아래 창의적인 동료 교수들과 함께 가르치고 연구한 것은 내게 크나 큰 행운이었다. 마지막으로 리머릭대학의 짐 글리슨은 헤아릴 수 없이 값진 지원을 아끼지 않았다.

마거릿 캐버나와 에일리스 험프리스는 이 책의 초고를 읽고 건설적인 조언을 해주었으며, 리피출판사의 데이비드 기븐스는 언제나 차분하면서도 능률적이고 절도 있는 일솜씨를 보여주었다. 마지막으로 아내 위니프리드에게 감사의 인사를 전한다. 그녀가 능란하게 균형을 잘 유지하며 나를 채찍질하고 격려해준 것, 때로는 비판하고 때로는 지지하며 늘 내 곁의 친구로 남아준 것은 내게 더없이 소중하다.

우리나라에서 전환학년제에 대한 관심이 높아지게 된 데는 2013년 자유학기제를 도입하는 과정에서 아일랜드 전환학년제를 모델로 한 것으로 여러 언론에 보도된 영향이 적지 않다. 그 당시 언론에서는 전환학년제를 주로 진로교육의 관점에서 다루는 경향이 있었다. 그러나 이 책은 전환학년의 다양한 실천 사례들을 통해 학생들이 어떻게 주도성을 키우고 민주시민으로 성장해가는가를 잘 보여주고 있다. 중등학교의 전환학년 코디네이터로 오랫동안 활동하다가 대학교수가 되어 전환학년 연구를 지속해온 저자가 학생, 교사, 교장, 학부모 등과의 인터뷰를 토대로 쓴 책이기에 더욱 설득력이 있다.

이 책에는 아일랜드 독자들에게는 매우 친숙하지만 우리에게는 낯선 아일랜드의 교육제도와 학교 유형, 언어들이 많이 나온다. 따라서 우리나라 독자들이 이 책의 내용을 좀 더 잘 이해하기 위해서는 먼저 아일랜드 교육제도의 특징에 대해 살펴볼 필요가 있다.

아일랜드의 학제와 중등교육의 특징

아일랜드의 현 학제는 초등교육 6년, 중등교육 5~6년, 대학교육 3~4년제를 기본으로 한다. 우리나라와 다르게 중등교육이 5년 또는 6년인 것은 이 책에서 다루고자 하는 전환학년이라는 독특한 제도가 있기 때문이다. 3년간의 중학교 과정Junior cycle, 이하 JC을 마치면 고등학교 과정Senior cycle, 이하 SC이 이어지는데, 그중 고1 과정에 해당하는 전환학년TY 1년은 학교와 학생의 선택에 달려 있다. 즉, 학교와 학생이 전환학년을 선택하지 않으면 5년 과정이 되지만, 선택해서 이수하면 6년 과정이 되도록 중등과정이 유연하게 운영된다. 1974년에 전환학년이 처음 도입되고 1994년에 전환학년이 정규과정으로 인정됨으로써 전환학년 이수 여부에 따라 5년 또는 6년 과정으로 나뉘게 되었지만 대학에 진학할 때 그로 인한 제도적 불이익은 없다. 그럼에도 오늘날 대다수의 학교와 학생들이 전환학년을 선택하게 된 것은 그만큼 전환학년의 교육적 효과가 사회적으로 인정된 것이라 할 수 있다. 대학교육 또한 우리나라와 달리 1년 3학기제이며, 학과에 따라 3년 또는 4년제로 운영된다.

이 책은 주로 전환학년을 다루기 때문에 아일랜드 중등교육제도가 우리나라와 어떻게 다르고 어떤 특징들이 있는지를 이해하는 것이 필요하다. 아일랜드 고등학교 과정은 전환학년 참여 여부에 따라 2년제 또는 3년제를 선택하게 된다. 그리고 SC를 마치는 해에는 졸업자격Leaving Certificate, 이하 LC 시험을 치르는데, 이는 대학 입학시험을 겸하게 된다. 일반적으로 중·고교 과정이 한 학교에서 제공되며 전환학년을 4학년, 전환학년 이후 LC과정은 5학년, 6학년으로 일컫는다.

전환학년은 학생들이 민주시민으로 성장하는 징검다리

아일랜드 입시제도 또한 우리나라와 크게 다르다. 특징은 중학교 과정과 고등학교 과정을 마치는 해에 각각 서술형 졸업자격시험을 쳐 합격점수 이상을 취득해야 이수가 인정된다는 점이다. 특히 LC 시험은 대학 입학시험을 겸하기 때문에 그 점수가 대학 선택에 결정적 영향을 미치게 된다. 따라서 학생들이 LC 시험에 대해 느끼는 압박감은 우리가 생각하는 것 이상으로 크다. 전환학년이 도입된 주요 이유도 학생들이 JC를 마치고 LC를 준비하기 전에 1년 동안 시험 부담에서 벗어나 자유롭게 지역사회에 봉사하고 원하는 공부와 활동을 할 수 있는 기회를 제공하기 위한 것이다. 전환학년에는 교사들도 시험 부담에서 벗어나 학생 중심으로 과목이나 활동을 가르치고 포트폴리오 평가와 같은 다양한 평가를 시도하면서 수업을 혁신하고 학교와 지역사회를 연결할 수 있게 된다.

LC는 향후 진로에 따라 크게 세 가지 유형으로 분화되었다. 즉, 대학을 진학하는 데 필요한 LC와 이를 대신해 취업에 용이하도록 변형한 LCVP(직업자격), 대학 진학 대신 계속교육과 취업에 도움이 되도록 한 LCA(응용자격)가 만들어졌다. 대학의 학생 선발 방법도 우리나라와 달리 아일랜드에는 개별 대학을 대신해 대학입학지원 업무를 수행하는 중앙입학지원처CAO가 존재한다. LC 시험을 마친 학생이 자신의 LC점수와 희망하는 대학들을 표기한 입학서류를 작성해 중앙입학지원처에 제출하면 그곳에서 해당 대학에 전형서류를 보내 대학이 입학 여부를 결정하도록 한다. 이 중앙입학지원처는 영국의 대학입학지원처 UCAS와 비슷한 기능을 수행한다.

아일랜드 중등학교의 여러 유형들

또한 중등교육을 제공하는 학교는 크게 일반 중등학교, 직업 중등학교, 지역학교, 종합학교로 유형화할 수 있으며 학부모와 교사 대표, 지역 인사를 포함하는 학교운영위원회에 의해 운영된다. 일반 중등학교는 대부분 가톨릭계 사립학교이다. 이 중 학비가 유료인 학교는 교사 월급 외에 학교 운영비를 정부로부터 보조받을 수 없지만 학비가 무료인 학교는 교사 월급 및 운영비의 대부분을 정부 보조금 방식으로 지원받는다. 이들은 흔히 중등학교로 불리며 중등학교의 과반수를 차지한다. 직업학교는 지역 교육훈련위원회에 속하며 예산의 대부분을 정부가 부담하는 공립학교이다. 지역학교는 지역의 다양한 이해 당사자들이 학교운영위원회에 참여하며 학교 운영 예산의 전액을 정부가 부담한다. 종합학교는 1960년대에 일반 중등학교와 직업학교들이 통합되면서 생긴 학교들로 예산의 전액을 정부가 부담한다. 대체로 일반 중등학교명에는 school, college, secondary school, high school, coláiste(게일어로 college), scoil(게일어로 school), ardscoil(게일어로 high school) 등이 붙고, 직업학교명에는 vocational school, 지역학교명에는 community school, community college, 종합학교명에는 comprehensive school이 붙는다. 이 외에 아일랜드의 고유 언어인 게일어로 가르치는 중등학교gaelcholáiste에 전체 3% 정도의 학생들이 다니고 있다. 이 책에서는 게일어로 가르치는 학교의 경우 학교명에 '게일'이라는 단어를 넣어 쉽게 구분이 되도록 하였다. 이 책에 등장하는 모든 중등학교의 원어명은 가독성을 위해 찾아보기에 실었으니 이를 참조하기 바란다.

아일랜드는 1801년에 영국의 식민지로 전락했다가 투쟁을 통해 1922년에 독립했으나 총 32개 주 가운데 북아일랜드의 6개 주는 영국에 속하게 되면서 분단국이 되었다. 오랫동안 빈곤으로 고통받던 아일랜드는 1993년 유럽연합EU 출범을 계기로 유럽에서 가장 빠른 속도로 발전하는 국가들 중 하나가 되었다. 2003년에는 아일랜드의 국민소득이 영국을 추월하기에 이르렀다. 2008년 세계 경제위기로 인해 한때 경제가 어려운 상황에 처하기도 했으나 이후 극복하고 다시 성장을 이어가고 있다.

게일어의 흔적이 짙은 고유명사들의 번역 표기 방법

이 책은 각 학교를 방문하여 학교에서 실시하고 있는 교과 및 프로그램을 살피고 교사 및 학생들과 인터뷰를 진행한 내용을 싣고 있기 때문에 학교명, 인명, 지명, 프로그램명, 기관명, 영화명, 도서명 등 고유명사가 수백 개에 이른다. 따라서 고유명사의 번역 표기를 어떻게 할 것인지가 어려운 과제였다. 아일랜드는 현재 영어를 공용어로 사용하고 있으나 오랜 게일어 사용의 역사로 인해 게일어의 흔적이 짙게 남아 있기 때문이다. 가령 학교명, 인명, 지명, 프로그램명, 기관명 등에 게일어를 쓰는 경우가 드물지 않고 영어를 쓴다 하더라도 영국식·미국식과는 다른 고유의 발음이 녹아 있는 경우가 많다. 게다가 아일랜드에서조차 지방에 따라 같은 단어라도 발음이 다른 경우가 많다. 따라서 게일어 혹은 게일식 영어 발음의 경우 저자에게 국제음성기호International Phonetic Alphabet를 부탁해서 우선적으로 실었으며, 그 외는 국립국어원 외래어표기법에 나와 있는 공공누리 자료에서 정리한 아일랜드 발음 자료를 참조하였다. 그 밖의 순수 영어 발음은 국립국어원 외래어표기법 항목에 나와 있는 공공누리 자료를 일차적으로 활용하였으며, 이곳에 탑재되어 있지 않은 발음은 네이버와 구글, 동영상을 참조하였다. 이 역시 가독성을 위해 모두 찾아보기에 실었으니 이를 참조하기 바란다.

또한 논문, 도서, 영화, 연극 등의 명칭과 관련하여 한국에서 이미 출판되거나 상영된 것은 교사들이 수업에 이를 활용할 수 있도록 가급적 출판명과 상영명을 그대로 실었다. 그리고 학비 등 유로화가 나온 부분은 이 글 작성 시점인 2015년 8월을 기준으로 환율을 계산한 후 비용에 따라 1,000 혹은 10,000단위 이하 절삭하여 원화로 실었다.

이 책을 번역하게 된 계기

2017년 9월에 아일랜드를 방문했을 때 제퍼스 교수를 만나 전환학년제에 대한 발표를 듣고 그가 전환학년제에 대해 쓴 한 권의 책을 소개받았다. 숙소로 돌아와 책을 읽자마자 전환학년의 매력에 푹 빠졌다. 당시 저자는 한국에서 전환학년에 대한 관심이 높다는 것을 알기에 이 책을 한국어로 번역하고 싶어 하였다. 나 또한 2013년부터 3년간 책임 맡았던 자유학기제지원센터 소장직에서 물러난 뒤 연구년을 보내던 상황이었기에 마음이 끌렸다. 귀국 후 전환학년의 역동적 경험이 자유학기제를 내실화하고 자유학년제로 확대하고자 하는 교사들에게 희망과 용기를 주리라는 믿음과 함께 김호원 씨가 공동번역으로 참여하겠다는 다짐에 번역을 결심하게 되었다.

책이 출간되기까지 믿고 기다려주신 도서출판 살림터 정광일 사장님께 감사의 말씀을 전한다. 번역과정에서 제퍼스 교수와의 메일 왕래가 이어지면서 번역에 대해 많은 도움을 받았기에 이 기회를 빌려 감사의 말씀을 전한다. 예를 들면, 이 책에서 중요하게 언급되는 'development education'을 세계시민교육이라고 번역한 것은 그의 조언과 동의를 구한 것이다. 또한 게일어가 포함된 고유명사를 번역하는 과정에서도 발음에 대해 그의 확인을 받았다.

마지막으로 자유학기제를 자유학년제로 확대하기 위해 수고하는 선생님들, 그리고 학생들이 미래 사회에서 요구하는 역량을 갖춘 민주시민으로 성장할 수 있도록 학교교육의 혁신을 위해 관심을 갖고 참여하는 모든 분들에게 이 책이 도움이 되기를 바란다.

2018년 11월
역자를 대표하여 최상덕

- DE(Department of Education): 교육부(1921~1997)

- DES(Department of Education and Science): 교육과학부(1997~2010)

- DES(Department of Education and Skills): 교육기술부(2010~)

- GCSE(General Certificate of Secondary Education): 중학과정 졸업자격

- ICT(Information and Communications Technology): 정보통신기술

- IDEA(Irish Development Education Association): 아일랜드세계시민교육협회

- ISSU(Irish Second-level Students Union): 아일랜드중고등학생회

- JC(Junior Cycle): 중학교 과정

- JCSP(Junior Certificate School Programme): 중학교 졸업자격 학교 프로그램

- LC(Leaving Certificate): 고등학교 졸업자격

- LCA(Leaving Certificate Applied): 응용 계열 고등학교 졸업자격 프로그램

- LCVP(Leaving Certificate Vocational Programme): 직업 계열 고등학교 졸업자격 프로그램

- NPCpp(National Parent Council post-primary): 전국중등학교학부모협의회

- PISA(Programme for International Student Assessment): OECD 국제학생평가프로그램

- STEM(Scinece, Technology, Engineering and Mathematics): 과학·기술·공학·수학

- TY(Transition Year): 전환학년

차례 --

"전환학년 같은 것은 결코 인기를 끌지 못할 것입니다." 교사 60여 명이 근무하는 학교에서 워크숍이 열렸다. 때는 1990년대 중반이었고, 발표하던 교사는 자신의 말에 고개를 끄덕이는 동료 교사들을 만족스럽게 쳐다보았다. "왜 그렇게 생각하시죠?" 나와 함께 워크숍을 진행하던 에일리스 험프리스 선생님이 조심스럽게 물었다. "전환학년은 지나치게 이상적입니다." 그는 쏘아붙이듯이 말했다. "게다가 학부모들도 전환학년을 받아들이지 않을 거예요." 그의 어조는 확신에 차 있었다.

전환학년지원팀Transition Year Support Service에 파견되었던 교사 14명은 전환학년이 정규교육으로 편입되는 과정에서 이러한 일선 교사들의 회의적인 태도에 수없이 부딪혔다. 사실 교사 입장에서 생각해보면 회의를 느낄 만도 했다. 20년 더 일찍이 리처드 버크 교육부 장관이 전환학년을 처음 제안했을 때 대부분의 학교들이 이를 점잖게 묵살했다. 또한 처음에는 언론조차도 전환학년에 시큰둥했다. 『교육타임스』 마틴 터너 시사만평1974은 교육부 장관의 제안을 대놓고 조롱했다. 만평 오른편에는 "난 땅에 구멍을 파고 있어"라고 말하며 열심히 삽질하는 노동자가 그려져 있고, 왼편에는 "난 콘크리트를 섞고 있어. 고

로 나는 존재하는 거지"라며 신나게 콘크리트 믹서를 돌리는 노동자
가 있다. 반면에 사복을 입은 학생들은 "난 플라톤을 파고 있어", "난
소크라테스를 파고 있어"라고 내뱉으며 공사판에 섞이지 못한 채 어
정쩡하게 서 있다. 심지어 저 위 다리 난간에는 홀로 걸터앉아 "이따
금씩 앉아서 생각해. … 그저 앉아 있기만 할 때도 있지"라며 빈둥대
는 학생 그림도 있다. 이러한 조롱 어린 비평들은 전환학년에 대해 사
람들이 품을 법한 우려들을 적나라하게 표출하였다. 그러나 달리 생
각하면 학생들을 교실 밖 세상과 연계시키려는 전환학년의 열망을 예
리하게 포착해낸 것이기도 했다. 당시 전환학년제에 쏟아졌던 질문들
중에는 이러한 기대감을 내포한 것도 있었다. 교실을 벗어난 학습은
학생들이 삶을 진지하게 성찰하는 데 어떤 식으로 도움을 줄까? 학생
들에게 성찰의 자유를 부여하면 이는 한낱 시간 낭비에 불과할까?

전환학년을 도입하라고 학교를 다그친 흔적은 교육부[시기에 따라
교육부(1921~1997), 교육과학부(1997~2010), 교육기술부(2010~)로 명칭
이 바뀜-역주]에 거의 남아 있지 않다. 특히 리처드 버크 장관이 유럽
위원회 위원이 된 후로 더욱 그렇다. 이를테면, 1980년 『교육부 백서』
는 교육과정 개발을 다루는 데 한 장을 모조리 할애했지만 그 어디에
도 전환학년을 직접 언급한 부분은 없다.교육부, 1980

전환학년은 이상적인 프로젝트이다. 전환학년은 애초부터 교육이라
는 정원에 쉽게 뿌리내리기 힘든 여리디여린 풀이다. 전환학년은 효율
적 가치와 교육적 충동에 언제라도 예속될 위태로운 처지에 놓여 있
다. 그러나 도입 초기 많은 학교들이 망설였음에도 전환학년은 결국
학교교육에 뿌리를 내린 반짝반짝 빛나는 교육 이야기이기도 하다. 교
육과학부는 2004 『아일랜드 교육제도 요약 보고서』에서 다음과 같이
공표했다.

아일랜드 교육의 주요 혁신 중 하나인 전환학년은 이제 아일랜드 교육제도에 확고히 자리 잡은 선택과정이다.^{교육과학부,} ²⁰⁰⁴

전환학년의 목표는 "학생들이 성장을 거듭하도록 폭넓게 교육하는 것"이다.^{교육부, 1993} 15, 16세의 청소년들은 숨 돌릴 틈 없이 꽉 짜인 교육환경에서 이제 자신의 학습과 의사결정에 스스로 책임지는 교육환경으로 이동해야 한다. 이를 가능하게 해줄 시간과 공간, 기회가 청소년들에게 충분히 주어져야 한다.

전환학년의 사명은 다음과 같다.

개인·사회·교육·직업 각 차원에서 학생들이 성장을 꾀하고, 자율적이며 적극적으로 사회에 참여하고, 책임 있는 사회 구성원으로서 자신의 역할을 다하도록 독려한다.^{앞 문헌, p. 4}

1986년판을 개정한 1993년 전환학년 지침에서는 전환학년을 운영하는 학교라면 어느 곳이든 반드시 관철해야 할 세 가지 목표를 제시했다. 세 목표는 서로 밀접히 연관된다.

- 학생 개개인의 발달에 역점을 둔 성장교육. 개인의 사회의식과 사회역량을 높이는 것을 포함한다.
- 교양·기술·학업능력을 촉진하는 교육. 교과연계 및 자기주도적 학습을 바탕으로 한다.
- 성인의 삶과 직장생활을 체험하는 교육. 이를 통해 개인의 발달 및 성장의 토대를 마련한다.

이 세 목표를 바탕으로 각 학교는 자기 학교 고유의 전환학년을 구체화할 권한을 갖는다. 지침에서 명시하듯이 "학교는 전환학년 지침과 학생들의 요구, 학부모들의 의견을 참작하여 교육과정을 채택하고 조정한다." 앞 문헌, p. 5

전환학년의 사명과 목표를 명확히 규정한 공식 지침은 "전환학년의 목표와 철학은 학교 전체에 속속들이 배어 있어야 한다"는 원칙을 두고 있다. 앞 문헌, p. 4 아마도 이는 지침의 근간이 되는 문구일 것이다.

전환학년은 첫 등장과 함께 이전부터 계속 진행되어온 교육 논쟁들, 가령 정규교육 대 비정규교육, 실용주의 대 이상주의, 기존 교육 답습 대 교육혁신, 집단 순응 대 개별 독창성 발휘와 같은 논쟁을 끊임없이 몰고 다녔다. 물론 어느 학교든 정해진 일과는 있어야 하고 어느 정도 이에 순응해야 한다. 그러나 교사·학생·학부모 모두 이미 검증된 교수법과 교육철학으로 안전하고 편안하게 교육하려는 위험 또한 늘 도사리고 있다. 전환학년은 이러한 태도에 전적으로 맞선다. 전환학년은 타성에 젖는 것을 멀리한다. 전환학년은 결과보다 과정을 더 소중히 여긴다. 전환학년은 기존 교육문화에 반기를 들기에 더욱 매력적이다. 전환학년 동안 청소년들은 중학교 수업 대본을 갈기갈기 찢어버리는 것 같다고 말하곤 한다. 선생님들이 전환학년에는 자유로워지신다고 재잘댄다.

전환학년에 대한 토론과 논쟁, 주장에서는 주로 청소년 발달 사안이나 학습, 교수, 학교교육과 관련된 핵심 논제를 다룬다.

전환학년 실행

전환학년 활동 중에서 참신하면서도 교육적 성격이 풍부한 일회성 활동이 주로 사람들의 이목을 끄는 것은 어쩌면 당연한지도 모르겠다. 몇 마디 말로 짧게 논평하고 지나가는 언론이 주도하는 문화권에서는 말이다. 가령 더블린 꽃 축제에서 꽃밭을 조성하기 위해 길을 나섰던 코크주 아시턴학교 학생들 이야기나 도시 옥상텃밭을 준비 중인 벨버디르학교 학생들 이야기는 기자들의 구미를 확 끌어당겼다. 모두 창의적인 생각을 구현한 매력적 사례들이다. 그러나 이렇게 인기 있는 활동만으로는 학교에서 학생들의 성장을 도모하기 위해 전환학년 동안 실제로 어떤 교육 변화가 일어나고 있는지 그 세세한 부분까지 감지하기는 어렵다.

전환학년은 청소년들이 자신의 관심사를 좇아 프로젝트에 몰입하고 새로운 활동을 펼치는 공간이다. 어린 시민인 청소년들은 실로 왕성하게 활동하며 때로는 눈부신 성취를 일구고 때로는 더 넓은 세상으로 나아가기 위해 불편한 질문을 쏟아붓는다. 2015 청소년과학자대회Young Scientist competition에서 우승했던 학생들의 이야기는 이의 좋은 사례이다. 코크주 캔터르크 지역 트라서학교의 전환학년 학생인 이언 오설리번과 이머르 머피는 「술 소비: 사과는 사과나무에서 멀리 떨어질까?」라는 제목의 프로젝트를 수행하여 우승을 거머쥐었다. 이언과 이머르는 부모의 술 소비 행태가 10대의 음주 습관에 영향을 미치는지 알아보기 위해 캔터르크와 맬로 지역 고2, 3 학생 약 900명을 조사했다. 또한 학부모 360명도 조사했는데 이들 모두 자신의 음주 습관과 음주 태도를 낱낱이 공개하는 데 동의했다. 2015 청소년과학자대회 심사위원들은 이 연구가 가족의 음주 습관을 건강한 방향으로 이끄는 견인차 역할을 했고 아일랜드 사회에 긍정적으로 기여한 점을 높이 평가했다.

어느 학교든 학생들이 잠재력을 실현하는 데 학교가 최상의 조건이 되어주기를 갈망한다. 이 책을 집필한 목적 중 하나는 전환학년의 이상을 구현하기 위해 최선을 다해 눈부신 활동을 펼치고 있는 학교들을 눈여겨보기 위한 것이다. 교육현장에 발 딛고 있는 사람들, 특히 교사들·학생들의 관점에서 전환학년이 어떻게 구현되고 있는지 참모습을 알려주기 위한 것이다. 전인교육을 실현하고자 청소년에게 도움이 될 만한 창의적 프로그램을 하나라도 더 고안하고 실행하려고 애쓰는 사람들에게 이 책의 내용은 값진 정보가 될 것이다. 심지어 새로운 아이디어를 떠올리는 촉발제가 될 수도 있다. 또한 이 책은 전환학년 실행 중에 부딪히는 갖가지 문제들의 해결책을 강구하기 위한 시도이기도 하다.

전환학년은 다이아몬드와 같다. 전환학년의 부분 부분은 모두 다른 모습으로 반짝인다. 전환학년 과목과 모듈, 활동, 정보원은 자유롭게, 때로는 임의적으로 결정된다. 나는 훌륭한 수업을 직접 참관하기도 했고, 내가 신뢰하는 친구나 동료, 전환학년을 수행했던 학생들의 발언을 간접적으로 참고하기도 했다. 수많은 학교를 찾아다니며 전환학년이라는 주제를 다양하게 변주하는 모습을 그만큼 많이 봤다. 실로 아일랜드 전역에 걸쳐 전환학년은 저마다의 모습으로 실행되고 있었으며, 아마도 두 번째 책을 발간한다면 이러한 각양각색의 변주를 흥미진진하게 풀어낸 이야기로 그득할 것이다.

더 넓은 시야로 학교 변화를 살펴보면 전환학년은 아일랜드 중학교 과정Junior Cycle, 이하 JC과 고등학교 졸업자격Leaving Certificate, 이하 LC 과정 사이에 억지로 끼워 넣은 것처럼 보일 수도 있다. 하지만 설혹 전환학년이 비정규교육처럼 운영되고 있다고 할지라도 전환학년 동안 교사들은 교육혁신과 변화의 과정에 동참하며 교사의 전문 역량을 닦고, JC와 LC 수업을 창의적으로 가르칠 수 있는 자신감과 용기, 역량을 키운다. 또한 전환학년에는 학생과 학생 사이뿐 아니라 교사와 학생 사이도 더욱 돈독해지며 서로 존중하는 분위기가 조성된다.

이 책의 주인공은 학생들이 다양한 학습을 경험하도록 골똘히 궁리하고 가르치고 조율하고 관리하는 교사들이다. 다시 말해 좋은 교사가 되고자 노력하는 교사들의 이야기를 다루었다.

교사들이 고안해낸 프로그램은 연극의 형태를 띠는 경우가 많은데 이는 학생의 상상력을 자극하기 위한 것이다. 또한 교사가 학생의 제안을 적극 수용하며 모험을 감수한 사례를 보면 학교에 협력 문화를 구축하는 것이 얼마나 중요한지를 절로 알 수 있다. 학생의 에너지를 수업의 동력으로 삼는 수업문화는 교사의 지시를 준수하고 순응하는 통제 일변도의 수업문화와는 대조된다. 우수한 전환학년 실행 사례들은 학교가 청소년의 권리, 무엇보다 청소년의 참여권리가 살아 있는 곳이어야 한다는 UN아동권리조약의 정신을 생생하게 보여준다.

21세기에 맞게 학교 운영체제를 새롭게 재해석하는 일은 쉽지 않다. 전환학년은 이를 위한 첫걸음이다. 그간 학교 밖의 외적 동기에 따라 학교 운영을 추동한 측면이 적지 않다. 사실 학교 내적 동기를 강화하여 청소년들의 자율성과 학습 장악력, 학습 목표를 길러서 그 아이들이 학습의 즐거움을 깨닫도록 돕는 것은 여간 어려운 일이 아니다. 그러나 이를 아주 잘 구현하고 있는 흥미진진한 전환학년 사례들이 많다.

전환학년, 아니 그 어떤 혁신교육을 감행하더라도 교육의 잠재력을 꽃피우기 위해서는 학교 중심, 학교 전반을 관장하는 창의적 리더십이 필요하다. 키스 리스우드 연구진[2004]이 공언하듯 성공적인 지도부는 다음 세 요소를 중히 여기고 실천한다.

1. 방향 설정-교육 비전 및 집단 목표 공유, 교육 실행에 대한 높은

기대치

2. 인간 발달—개인에 대한 지원, 지적·정서적 자극, 역할 모델 제시
3. 조직 재정비—협력 문화 및 협력체계, 학부모·지역사회와 생산적 관계 형성

이 책에는 교장들과 전환학년 코디네이터들, 교사들, 학생들의 구체적 리더십 사례들이 수두룩하다.

사진첩을 들여다보듯 이 책을 살펴보는 것이 좋다. 전환학년 실행 사례들이 죽 연결된 스냅사진처럼 펼쳐질 것이다. 원한다면 먼발치에서 찍은 조감도도 볼 수 있다. 반면에 수업 현장에 렌즈를 밀착하여 세밀하게 찍은 사진들도 있다. 어떤 장은 색깔이 다른 수업이 나란히 실려 있어 마치 한 편의 멋진 콜라주를 보는 듯하다. 그러나 지금 실행되고 있는 600여 학교의 전환학년을 두루뭉술하게 언급하며 어물쩍 넘어가지는 않는다. 또한 잊히지 않는 어느 휴일의 선명한 사진처럼 이 책의 사진들은 모두 중요한 순간을 포착하고 있지만 그렇다고 의미 있는 모든 순간들이 이 책에 다 담긴 것은 아니라는 점도 명심해야 한다. 하지만 전환학년의 질을 더욱 높이려는 일념으로 전환학년의 요모조모를 폭넓게 뜯어본 것임은 틀림없다.

제1장

학생들은 전환학년을
어떻게 생각할까?

아일랜드중고등학생회Irish Second-level Students Union, 이하 ISSU 본부가 있는 더블린시 리버티홀에서 학생 대담이 진행되었다. 롭 맥도널은 ISSU 현 회장으로 고등학교 3학년이고, 조애나 지비어스카는 부회장으로 역시 고등학교 3학년이다. 크레이그 맥휴는 ISSU 직전 회장으로 고등학교 2학년이고, 알렉산더 포가티는 현재 전환학년 학생이다. 롭과 조애나가 LC 시험(롭은 커뮤니케이션·그래픽디자인, 조애나는 폴란드어)을 치른 다음 날인 2015년 6월 18일 대담이 이루어졌다. 다음은 대담 내용을 편집한 것이다.

제리 ISSU는 전환학년에 대한 연구를 수행했지요. 연구의 목적은 무엇이었나요?

롭 교육기술부에서 학교의 전환학년 실태 보고서를 작성하기 위한 연구를 발주했는데 학생들의 견해가 들어가기를 원했어요. ISSU는 이 연구 수주를 신청했고, 결과적으로 이를 수행하기에 가장 적합한 곳으로 판정받았어요. 정부에서는 많은 부분 교육제도를 개선하기를 바랐죠. 이 연구는 전환학년의 현황을 파악하기 위한 것이었어요. 전환학년을 '빈둥대는' 해 정도로 여기는 학생들도 있거든요.

크레이그 그 당시 전환학년은 논란거리였어요. 루어리 퀸 교육기술부 장관^{2011~2014}이 전환학년을 완전히 폐지할 거라는 소문조차 돌았죠.

알렉산더 실제 우리 학교도 연구 대상 학교로 요청받았고, 저도 참여했던 기억이 나네요. 전환학년이 뭐 그리 좋으냐고 말하는 학교 선배들도 있었지만 우리 후배들은 전환학년을 그대로 유지해서 경험하기를 원했어요. 맞아요, 논란은 있었죠.

제리 어떻게 연구를 진행했나요?

롭 설문조사를 실시했고, 지역별 학생모임을 네 차례 가졌어요. 남서부 코크주에서 한 번, 중서부 골웨이주에서 한 번, 중동부 더블린주에서는 두 번 만났는데, 한 번은 더블린시 학생들을 위한 것이었고, 다른 한 번은 아일랜드 동부 렌스터 지방 학생 전체를 위한 것이었어요. 각 학교 학생회에 학생 두 명을 모임에 보내줄 것을 요청했어요. 저희는 '전환학년이란 무엇인가?', '전환학년은 어떤 의미가 있는가?', '전환학년을 통해 얻고 싶은 것은 무엇인가?' 같은 질문을 던지며 전환학년을 탐구했죠.

제리 그렇군요. 연구를 통해 알게 된 주요 내용은 무엇이었나요?

크레이그 전환학년에 대한 국가 지원이 턱없이 부족하다는 점이 명백했어요. 그래서 전환학년을 수행하는 학생들은 비싼 학비를 치러야 해요. 전환학년은 선택교육이기 때문에 어쩔 수 없이 불평등 문제가 존재할 수밖에 없어요. 여유 있는 학생들이야 전환학년을 선택해서 1년 더 학교를 다니는 것이 문제가 안 되겠지만 교육비를 감당할 수 없는 학생들은 전환학년을 경험할 기회 자체를 놓치게 되는 셈이에요. 저희가 깊이 깨달은 것은 전환학년 학비와

이로 인해 파생되는 여타의 문제들이었어요.

조애나 또 전환학년 체계가 JC와 다르다는 것이 연구를 통해 드러 났어요. 전환학년 교육체계가 훨씬 더 유연하죠. 하지만 학생들은 전환학년이 너무 느슨한 것은 아닌가 하고 생각했어요. 수업하러 교실에 들어갔는데 선생님께서 "너희는 뭘 하고 싶니?"라고 물으 시면 당황스러울 때가 있잖아요. 저희 나이 또래의 아이들은 뭘 하고 싶은지 잘 모르거든요. 전환학년을 처음 시작할 때 프로그 램들이 참 신선하고 흥미롭게 느껴져요. 여행을 가거나 뮤지컬을 할 때는 유독 더 그런 생각이 들고요. 그렇지만 3개월 동안 수행 해야 하는 프로젝트가 있는데 과제를 제출하기 바로 전날 밤에 부랴부랴 하게 되면 시간 낭비처럼 느껴지기도 하죠.

제리 그 점이 연구를 통해 크게 깨달은 부분인가요?

조애나 단연코 그래요. 사실 전환학년 체계에 대해 이렇게 제언할 수 있는 막대한 자유가 저희 학생들에게 주어진 점이 참 놀라웠 어요. 저는 어떤 면에서는 교육체계가 좀 더 촘촘해질 필요가 있 다고 생각해요. 물론 평가를 수월하게 하기 위해서가 아니고요, 고등학생 수준에 맞게 더 알차게 가르치고, 마감 기한이 주어지 는 과제를 더 많이 수행하고, 학습 목표를 더 다양화하기 위해서 말이죠.

크레이그 이번 연구를 통해 전환학년이 다채롭게 운영되고 있다 는 것도 알게 되었어요. 한 동네에 길을 따라 이편과 저편에 학교 가 하나씩 있더라도 이 두 학교의 전환학년 색깔은 완전히 달라 요. 어느 학교를 다녔는지, 경우에 따라서는 어떤 전환학년 코디 네이터를 만났는지에 따라 전환학년 경험은 각양각색인 것 같아 요. 사실 이 점은 교육 불평등을 심화시키는 요인이기도 해요. 전환학년을 어떻게 보냈는가는 앞으로 남은 고2, 3 두 학년, 어쩌면 남은 인생 전반에 걸쳐 아주 큰 영향을 미칠 테니까요.

제리 그렇다면 모든 학교가 전환학년을 똑같은 형태로 운영하는 것이 좋을까요?

크레이그 아니에요. 전환학년을 모두 똑같이 보내야 한다는 뜻은 아니에요. 그렇지만 전환학년을 좀 더 체계적으로 운영해서 전환학년 동안 행해져야 할 것이나 학생들이 성취해야 할 것에 관한 최소한의 기준은 마련되어야 할 것 같아요.

롭 교육 불평등 문제와 관련해서 전환학년 동안 새로운 시도들을 하고 있지만 겨우 일부 학생들만 덕을 보는 경우도 있어요. 여기 네 사람을 보세요. 전환학년 덕에 이렇게 학생회에 참여할 기회가 생겨서 저희야 전환학년을 무척 좋아하지만, 저희들은 혜택을 받았기 때문이죠. 물론 전환학년을 좋아하는 학생들도 많아요. 전환학년 동안 새로운 활동, 새로운 관심, 새로운 취미의 첫발을 뗄 수 있었으니까요. 자기 자신에 대해 더 잘 알게 되었죠. 모두 멋진 일이에요. 그러나 제가 도왔던 많은 학생들은 학교에서 별반 지원을 받은 것이 없다는 사실에 불만족스러워했어요.

조애나 비단 학교 지원에 대한 문제만은 아니고요, 전환학년 동안 학생들이 무엇을 할 수 있는지와 관련된 것이기도 해요.

알렉산더 결국 이 문제는 학생 개개인에게 귀착되죠. 저와 제 친구를 비교하면 제 경우에는 ISSU든 아일랜드전국청소년협의회 National Youth Council of Ireland든 그 밖의 어떤 조직이든 제가 소속된 곳에서는 늘 뭔가를 하고 있었어요. 하지만 모든 학생들이 그런 것은 아니에요. 이는 전환학년을 대하는 태도의 문제와 관련된 것 같아요. 전환학년을 어떻게 생각하는가 하는 문제 말이죠. 어떤 학생은 "그래, 난 올해를 최대한 값지게 보내겠어"라고 굳게 마음을 먹는 반면 "전환학년이 의미 있는 것은 틀림없어. 선생님이 알아서 잘 이끌어주시겠지 뭐"라고 무심히 내뱉는 학생들도 있어요.

제리 지역 학생모임에 대해 좀 더 자세히 들려줄래요? 여기 있는 학생 모두 지역 학생모임에 참여했나요?

롭 아니에요. 그 모임을 시작할 즈음에는 많은 ISSU 학생들이 대학 진학 준비에 들어갔어요. 제 경우에는 지역 학생모임 두 군데에 참석했어요.

제리 지역 차이가 두드러지게 나타나던가요?

롭 도시·지방의 지역차가 경제적 차이만큼 뚜렷하게 나타나지는 않았어요. 유독 더블린 남쪽 지역과 더블린 도심에 있는 학교들 간의 격차는 큰 편이었어요. 가령 "우리 학교는 스키여행을 갔어"라고 말하는 학생들과 스키여행 같은 것은 꿈도 꿀 수 없는 학생들이 대비되었죠.

알렉산더 저도 비슷한 경험을 했어요. 제 사촌은 더블린 남부에 있는 사립학교에서 전환학년을 보냈어요. 저는 더블린 외곽 지역에서 공립학교를 다니고 있고요. 저도 그 애처럼 전환학년을 보내고 싶어요. 정말 대단했거든요. 그 학교는 전환학년을 제대로 즐기지 못하는 학생들은 누구라도 프랑스나 스페인 교환학생 프로그램에 참여할 수 있게 했고, 제 사촌은 스페인에서 3개월을 보냈어요. 프로그램 대행사를 끼고 가는 것에 비하면 겨우 절반뿐이 안 되는 가격으로 엄청난 기회를 누린 셈이죠.

제리 하지만 알렉산더도 전환학년을 보람 있게 보낸 것처럼 들렸는데요?

알렉산더　저도 전환학년을 보람 있게 보냈어요. 근데 제 성격 때문이었던 것 같아요. 저는 늘 모든 것을 수용하고, 주어진 기회를 최대한 활용하고, 힘든 상황에서도 최선을 다하려고 노력하는 편이거든요. 입담이 좋은 사람으로 꽤 알려져 있어요. 그런 평가에 자만하고 싶지는 않지만 저는 선생님과 격렬하게 토론을 벌이면서도 기분 좋은 농담을 주고받아요. 정겹게 안부 인사를 건네기도 하고요. 전환학년 동안 선생님들과 훨씬 더 돈독한 관계를 쌓을 수 있어요. 자유롭게 대화하는 것이 가능하기 때문인 것 같아요. 선생님들은 '이것도 공부해라, 저것도 공부해라'라고 지시하지 않으세요. 그 대신 이야기를 더 많이 나누려고 하시죠.

제리　자, 지금까지 불평등한 교육비 문제와 지역 간 프로그램의 질적 차이에 대해 이야기를 나누었어요. 그렇다면 연구 결과는 어땠나요? 전환학년은 다소 조정이 필요한 좋은 프로그램이던가요? 아니면 이와는 다른 결론이 도출되었나요?

조애나　대다수 학생들은 전환학년을 선택과정으로 지속하고 싶어해요. 전환학년이 학생들에게 이롭다는 데 동의하는 친구들이 아주 많죠. 그렇지만 모든 학생들이 전환학년을 원하는 것은 아니에요. 조금 전 전환학년을 더 체계적으로 운영할 필요가 있다는 의견을 나누었잖아요. 전환학년이 보다 체계화되면 불평등 문제도 어느 정도 해소되지 않을까 싶어요.

제리　자신이 전환학년의 가장 큰 수혜자가 될 수 있음에도 15살이 이를 인지하기는 쉽지 않아 전환학년을 선택하지 않는다는 주장도 있던데 어떻게 생각하나요?

조애나　그 내용이 저희 연구보고서에 포함되었는지는 잘 모르겠는데요, 개인적으로는 고3을 마치고 대학에 진학하기 전에 전환학년을 수행하면 어떨까 하고 생각해봤어요. 15살 때보다 그 시기에 전환학년이 더 필요할 수도 있어요. 그렇지만 이건 좀 다른 차원의 이야기겠죠.

크레이그 글쎄요, 중학교 과정과 고등학교 과정 사이의 1년에 대해 사람들이 고심하는 데는 다 이유가 있겠죠. 학생들의 성장과 관련되었기 때문일 거예요. 성장한다는 것은 자신의 잠재력을 실현하기 위해 적극적으로 방안을 강구하면서 자기주도적인 사람이 되는 거잖아요. 이의 좋은 사례로 알렉스 얘기를 해볼게요. 알렉스는 어느 날 유휴지를 보고 "저 땅을 활용해서 뭘 좀 해야겠어"라고 말했죠. 그런데 그 일은 몽땅 그 일을 처음 제안했던 알렉스의 몫이 되고 말았어요. 따라서 전환학년 동안 필요한 것은 학생들이 주도성을 발휘할 수 있는 체계가 아닌가 싶어요. 주도적 학생을 육성하는 것을 교육제도의 주축으로 삼아야 해요.

제리 독자들 가운데에는 "그런데 전환학년에도 체계가 있잖아"라고 의아해하는 사람들도 있을 것 같아요.

크레이그 우리가 논해야 할 주제가 전환학년 체계에 대한 것만은 아니에요. 전환학년의 목표나 업적에 대해서도 논해야 하죠. 학생 22명을 한 교실에 몰아넣고 주도적이 되라고 가르치자는 말씀을 드리려는 것이 아니에요. 실제 학생들이 주도성을 발휘할 수밖에 없는 교육환경을 만들자는 것이죠. 그러려면 비정규교육 분야에서 다양한 활동을 끌어와서 수업에 결합시켜야 해요. 비정규교육이야말로 중학교 3년 내내, 또 고2, 3학년 2년 동안 놓치고 있는 것이잖아요.

롭 전환학년에도 전체 과목을 아우르는 수업시간표가 있어요. 학생들은 그 시간표에 따라 교과를 배우고, 교외활동을 수행하러 교실 밖으로 나가는 것이 허용되죠. 전환학년을 정말 좋아하는 학생들은 대충 시간이나 때우려고 나가는 것이 아니에요. 새로운 것을 배우기 위해서 교실 밖으로 나가기를 원해요. 이와는 반대로 물리나 화학시간에 옴짝달싹 못하고 앉아 있는 학생들을 생각해보세요. LC과정에서 이런 과목을 선택할 의향이 전혀 없고 전환학년 동안 하고자 마음먹었던 것을 수행하지도 못한 채 수업시간에 마냥 앉아 있어야 하는 그런 학생들 말이에요. 이런 울며 겨자 먹기 식 방식은 학습동기를 저하시켜요. 학습동기를 갖는 건 중요하잖아요. 조금 전에 물어보셨던 주제로 돌아가볼까요. 대부분 학교에서 진로체험을 수행하고 있는데 많은 지방 학생들, 특히 소도시 학생들은 진로체험을 하는 데 얼마나 많은 한계가 있는지 털어놓았어요. 운이 좋아야 공장이나 협동조합에서 일할 수 있으니까요. 반면에 더블린에서는 구글사나 마이크로소프트사에서 진로체험을 한 학생들 소식이 들려요. 대도시 학생들은 이런 직장을 미래의 직업으로 꿈꿀 수 있겠지만 제가 사는 소도시 학생들은 슈퍼마켓에서 진로체험을 해요. 숙련자와 대화도 나누고 다양한 기술을 익힐 수 있어서 진로체험은 저희에게 무척 중요한데도 말이죠. 진로체험도 또 다른 불평등을 양산하고 있어요.

제리　롭은 진로체험이 중요하다고 언급했는데 그 밖에 다른 유용한 전환학년 프로그램으로는 어떤 것이 있을까요?

크레이그　전환학년 동안 성취해야 할 목표에 부합하는 활동으로는 미니컴퍼니mini-company 운영이나 청소년사회혁신가Young Social Inovator 같은 프로그램이 있어요. 하지만 학교에서 이런 프로그램들을 제공하지 못하는 경우도 많아요. 학생들은 미니컴퍼니나 청소년사회혁신가 같은 프로그램을 흔히 선택하는데 이와 같은 프로그램을 훨씬 더 많이 운영해야 해요. 자동차 경주 프로그램인 포뮬러원Fomula One이나 청소년과학자Young Scientist 프로그램을 운영하는 학교들도 있어요.

롭 재활용품옷만들기Junk Kouture 프로그램도 있어요.

알렉산더 우리 학교는 조금 다른 것 같아요. 전환학년이 시작되는 9월, 과학 첫 수업시간에 선생님께서 "자, 우리는 모두 청소년과학자 프로그램을 수행할 거야. 그러니까 모두 아이디어를 한 가지씩 내고 그것을 해야 해"라고 말씀하셨어요. 효과적인 방법이었죠. 만일 선생님께서 "과학 과제를 하고 싶은 사람 있니?"라고 물으셨다면 아무도 과제를 안 했을 거거든요. 학생들 모두 "아니요. 전 하고 싶지 않아요"라고 이구동성으로 대답했겠죠. 전환학년 학생 70명 중 4명은 진짜 훌륭하게 프로젝트를 수행했어요.

조애나 우리 학교에서는 청소년사회혁신가 프로그램을 시도했지만 학교 규모가 작아서인지 아니면 충분히 훈련된 교사가 없어서인지 불발되었어요. 결국 대다수 학생들은 실제 뮤지컬을 준비하며 전환학년을 보내게 되었죠. 또 재활용품옷만들기와 파이팅 워드Fighting Words 등 몇 가지 프로그램을 운영했어요. 저는 전환학년 체계를 공고히 해야 한다는 의견이나 프로그램 선택의 폭을 넓혀야 한다는 주장, 학교 자원을 극대화해야 한다는 생각에 동의해요. 그런데 뭔가를 시도하기 위해 다소 밀어붙이는 것도 나쁘지 않을 것 같아요. 사실 청소년사회혁신가 프로그램이 좌초되었을 때 몹시 실망했거든요.

제리 학교를 다니는 동안 지속적으로 배워야 하는 주요 과목들과 전환학년 과정 사이에 딜레마가 있죠. 전환학년에서 배운 것과 고2, 3학년에서 배우는 것 사이의 지속성 문제도 논의되었나요?

크레이그 음, 제 얘기를 해볼게요. 저는 중학교와 전환학년, 고2인 지금까지 프랑스어를 손에서 놓아본 적이 없어요. JC 프랑스어와 LC 프랑스어의 수준 차이는 엄청나요. 전환학년 동안 JC와 LC과정을 이어주는 다리는 없었고요. 그러니 격차를 뛰어넘어야 할 수밖에요. 전환학년 동안 프랑스 영화를 즐겨 보았고, 프랑스어 프로젝트를 수행하는 것을 좋아했지만 두 과정 간의 실력을 뛰어넘을 발판을 준비한다는 느낌은 없었어요. 전환학년 동안 별다른 준비가 없기 때문에 도약의 과제를 여전히 짊어져야 한다는 사실을 이제는 저희도 잘 알아요. 전환학년은 과연 JC와 LC를 연결하는 가교의 역할을 할까요? 아니면 JC·LC와는 완전히 동떨어진 과정일까요?

조애나 맥을 정확히 짚었어요. 전환학년 동안 LC 맛보기 과정을 몇 개 들을 수 있고 그 내용은 유용하지만 정작 핵심 과목을 준비하기에는 부족해요. 가령 전환학년 동안 LC준비 차원에서 프로젝트수학Project Maths 모듈을 선택했지만 중학교 졸업자격 과정으로 프로젝트수학 모듈을 해본 적은 없었어요. 전환학년은 프로젝트수학의 기본 개념을 가르치기에 완벽한 기회였어요. 그럼에도 가르치지 않았죠. 그래서 우리는 수학에 대한 자신감 없이 고2로 올라갔고 모두 고생했어요. 전환학년이 다리가 되어주었다면 극복하기가 훨씬 수월했을 텐데요.

알렉산더 우리 학교 전환학년 수학 선생님은 정말 훌륭하셨어요. 전환학년을 시작할 때 전환학년 동안 LC과정을 시작하지는 않겠지만 그 준비는 시켜주겠다고 말씀하셨거든요.

제리 연구보고서 작성을 위해 대화를 나누었던 학생들은 주로 전환학년 학생이었나요?

롭 주로 고등학생들이었어요. 전환학년 학생도 몇 명 있었고 좀 더 어린 중학생도 몇몇 있었어요. 이 아이들이 전환학년에 들어가기 전에 어떤 의견을 갖고 있는지 듣고 싶었거든요.

제리 이전 연구를 살펴보면 전환학년이 끝나갈 무렵 학생들은 매우 열정적으로 변하지만 동시에 LC과정에 대한 압박감도 쌓여서 과연 전환학년이 균형 있게 운영될 수 있을지 의문을 품는 경우가 있곤 했어요. 다소 모순이라 할 수 있겠죠. 이번 연구에서도 마찬가지였나요?

롭 글쎄요, LC과정에 대한 비판은 늘 있어왔어요.

크레이그 사실 학생들이 전환학년 1년을 '허비'했다거나 1년 더 일찍 졸업할 기회를 놓쳤다는 식으로 비판하는 것은 일리가 없어요. 솔직히 말해 전환학년 동안 시간을 어영부영 보내는 학생들이 있다면 연구자들은 아예 "그 학생들은 전환학년 동안 허송세월을 보냈죠?"라고 단도직입적으로 질문을 던져야 해요. 그러나 실제 그 학생들도 전환학년 동안 뭔가 중요한 것을 배웠을 거라고 저는 믿어요. 비단 학업에서의 성장만을 말하는 것이 아니고요, 한 사람으로서의 성장과 관련해서 말이죠. 전환학년 동안 학생들은 모두 성장합니다.

조애나 제 경우 전환학년을 그다지 보람되게 보내지 못한 측면이 있지만, ISSU와 같이 의미 있는 활동도 했었죠. 고2로 올라가서도 조직 활동 일부를 지속했어요. 그러자 제 절친들이 충고했죠. "우린 이제 고2잖아. 재미를 찾을 때는 지났어. 이제 전부 그만두렴." 하지만 저는 ISSU나 청소년 활동인 스펀아웃SpunOut, 정치가와의 만남 프로그램은 전환학년 동안 제가 가장 좋아했던 활동이라고 응수했죠. 앞으로 제가 이런 분야에서 직업을 가지려면

LC점수가 좋아야 하는데 이 활동들은 제게 학습동기를 심어주었거든요. 학습동기를 잃고 싶지 않아서 전환학년 이후에도 전환학년에 시작했던 활동들을 지속했던 거예요. 올 한 해 주말 동안 프로젝트수학 대신 ISSU 활동을 하느라 공부할 시간을 어느 정도 뺏겼던 것은 사실이에요. ISSU 활동을 한 것이 가장 현명한 선택은 아니었을지 모르지만 저는 어떻게든 균형을 잡았어요. 전환학년을 경험하지 않았다면 균형을 잃어버렸을지도 몰라요. 저는 올해 학업 스트레스로 자살할 수도 있었거든요. 그렇지만 그런 일은 일어나지 않았어요. 어제 LC 시험이 끝났고 이제는 홀가분해요. 부활절까지는 이런저런 활동을 조금씩 하며 학업을 같이 했고, 부활절 이후로는 오로지 학업에만 열중했어요.

알렉산더 앞으로 5년 내, 대학을 졸업했든 다른 뭔가를 하고 있든 저희 중 누군가를 만나시면 전환학년이 저희가 내렸던 결정 중 가장 잘했던 결정이었다고 말씀드릴 거예요. 전환학년 경험은 대학생활이나 삶 전반에 걸쳐 도움을 줄 테니까요. 반면에 전환학년을 선택하지 않았던 학생을 만나시면 이렇게 대답할지도 모르죠. "전환학년을 선택했어야 했어요." 심지어 요즘 중3 아이들은 바로 고2로 올라가면 지금과 똑같은 방식으로 공부하느라 숨 돌릴 틈이 전혀 없다는 것을 잘 알고 있어서 '아, 전환학년을 정말 하고 싶어'라고 생각해요. 맞아요, 전환학년을 수행하지 않는 학생들은 여름휴가는 즐길 수 있을 거예요. 하지만 자신이 원하는 경험을 할 수 있는 귀중한 한 해를 놓치게 될 거예요.

롭 제가 만났던 많은 학생들이 전환학년을 마치고 고2로 돌아가는 것을 부담스러워했어요. "아, 내가 왜 전환학년을 선택했을까?" 하고 탄식하는 학생들도 있었죠. 조애나가 말했던 대로 전환학년 동안 학생들은 자신의 관심사를 발전시키는 습관을 들이지만 전환학년을 마친 후까지 이것을 지속시킬 수가 없어요. 사회성을 기르고, 외부 활동을 하고, 새로운 친구를 사귀기에 전환학년은 더없이 좋은 시간이에요. 고2 때는 그렇게 많은 활동을 할 수 없는데도 "너는 왜 열심히 하지 않니?"란 질문을 받게 되면 학생들은 애꿎은 전환학년을 탓하게 되죠. 2013년 ISSU보고서를 보면 "전환학년 동안 재미는 있었지만 전환학년 때문에 학습패턴과 학습능력을 망쳤다"고 언급했던 학생들이 있었어요. 이렇게 전환학년에 대한 비판도 많아요. 그러나 그 비판이 늘 옳은 것은 아니라고 생각해요. 전환학년은 삶이에요. 사람은 경험을 통해서 배워야만 해요.

크레이그 알렉산더가 숨 돌릴 틈에 대해 말했잖아요. 숨 돌릴 틈이야말로 학생들에게 필요해요. 시험 스트레스로부터 벗어나 원하는 것을 탐구할 수 있는 기회를 주잖아요.

제리 고2 과정과 연관된 쟁점에 대해 잘 들었어요. 일전에 전환학년을 경험한 학생들과 경험하지 않은 학생들이 섞여 있는 교실에서 수업하면 전자의 학생들이 좀 더 집중력이 좋고, 성숙하다고 평가했던 교사들이 있었어요.

알렉산더 학습동기가 분명하고, 전환학년을 경험하지 않은 학생들보다 나이가 한 살 더 많거든요.

조애나 그런 이유도 있겠지만 아주 학구적인 학생들이 전환학년을 선택하기도 해요.

제리 우리 대담이 막바지에 이르렀네요. 질문을 하나 하고 싶어요. 우리 대담을 읽는 사람들 중 누군가가 "대담에 참여한 ISSU 소속 학생 4명이 전환학년 학생들의 일반적인 생각을 얼마나 잘 대

변할 수 있을까요?"라고 묻는다면 어떻게 답변할 건가요? 이와
같은 질문을 이전에도 받아본 적이 있을 것 같은데요.

크레이그 맞아요, 불편한 질문은 아니에요. 저희처럼 학생활동을
하는 학생들은 누구나 상황을 변화시키고 싶은 욕구가 있을 거예
요. 15, 16, 17, 18세 학생 모두에게 이런 태도가 전형적이지는 않
겠죠. 그러나 저의 전환학년을 돌이켜보면 시간을 슬렁슬렁 보낼
때도 있었지만 불끈 일어나서 제 주변 세계를 바꿔놓을 만한 활
동도 펼쳤어요. 모든 학생들이 다 그렇지는 않을 테고, 모든 학생
들이 다 그러고 싶은 것도 아닐 거예요. 저희 네 사람 모두 비교
적 자기주도적인 편이라 전형적인 학생의 모습은 아닐 수도 있어
요. 그렇지만 전환학년이 끝날 즈음에는 학생들은 자기주도성에
대한 감각을 터득하게 돼요.

롭 저희는 개인의 의견만을 피력한 것이 아니라 연구에서 도출되었
던 내용을 말씀드린 거예요.

제리 처음으로 돌아갈까요? 여러분은 교육 불평등 문제, 학교들 간
또는 학교 내에서 대두되는 교육 불균형 문제에 대해서는 모두
강하게 주장했는데, 전환학년 체계를 좀 더 구조화해야 한다는
점에선 입장이 갈렸어요. 두 입장은 서로 대립하나요?

알렉산더 아니에요. 전환학년 체계가 미비하면 시간을 슬렁슬렁 보
내는 학생들이 있고, 반대로 체계가 지나치게 정교하면 "난 전환
학년을 원치 않아"라고 비명을 지르는 학생들이 있겠죠. 우리 학
교의 경우에는 균형이 딱 맞았어요. 저는 전환학년을 의미 있게
잘 보낸 편인데요, 우리 학교 영어 선생님은 적절히 자유를 주시
면서도 적절히 엄격하기도 하셨어요. 저희는 영화 프로젝트를 수
행했어요. 우리 모두 소름 끼치도록 무섭다고 생각했던 책을 읽

고 이를 영화화한 것을 봤죠. 선생님은 이와 관련된 프로젝트를 수행하게 하셨어요. 저희는 그 책의 영화 예고편을 실제로 제작했어요. 균형이 잘 잡힌 수업이었어요.

크레이그 불평등 문제가 한낱 돈의 문제만은 아니에요. 교육 불평등도 존재합니다. 전환학년을 경험하지 않은 학생들 얘기와 JC·LC가 잘 연결되어야 한다는 얘기를 다시 논하면 전환학년을 경험한 학생들이 LC 준비가 더 잘되어 있어요. 여기에서 교육 불평등 문제가 발생하는 거죠. 어쩌면 전환학년을 경험한 학생들은 전환학년을 감당할 수 있는 경제적 여유가 있었기 때문에 전환학년을 선택하도록 독려를 받는 환경에 있었을지도 모르죠.

제리 조금 전 조애나는 전환학년은 선택과정이어야 한다고 주장했는데, 그렇다면 크레이그는 전환학년을 필수과정으로 운영하는 것이 더 바람직하다고 말하는 건가요?

크레이그 모든 학생들에게 열려 있도록 전환학년을 필수과정으로 운영하는 것이 더 공정하다고 생각해요. 학생들이 자발적으로 전환학년을 선택하지 않는 게 아닐 수도 있어요. 단지 전환학년을 경험할 형편이 못 되는 거죠.

알렉산더 JC·LC를 잇는 가교 역할이 좀 더 분명하다면 더 많은 학생들이 전환학년을 경험하지 않을까 싶어요.

조애나 맞아요, 전환학년을 선택할지 여부는 교육비의 문제이기도 하지만 근본적으로 불안감의 문제이기도 해요. 일전에 "전환학년을 하고 싶지 않아. 삶의 역량을 충분히 쌓는 것도 아닌데 뮤지컬이나 하면서 일 년을 허비하고 싶지 않거든"이라고 말하는 친구와 대화를 나눈 적이 있어요. 그 친구는 전환학년의 이점이 충분하지 않다고 느꼈죠. 전환학년이 한 뼘만 더 고2 학업과 연결된다면 더 매력적일 거예요. 하지만 시험을 보자는 뜻은 아니에요. 또 학생들이 제기한 문제를 해결하는 것, 전환학년의 선택 폭을 넓히는 것, 교사들이 훈련 기회를 더 충분히 갖는 것이 중요해요.

알렉산더 하지만 전환학년 동안에는 삶의 역량과 관련된 것 위주로 배우잖아요.

크레이그 중학교 3년 동안, 또 고2, 3학년 동안 우리는 어떤 삶의 역량을 배우죠? 전환학년 동안 진로체험이나 비정규교육 활동을 하며 실생활에서 일하는 것이 어떤 것인지 실제로 그릴 수 있게 되죠. ISSU 대표로 국제 활동을 펼친 경험에 대해서도 말씀드리고 싶어요. 전환학년은 놀라우리만치 전 세계의 관심을 받고 있어요. 전환학년을 폐지하려는 교육부의 처사에 대해 토론했을 때 수많은 단체와 기구들이 열성적으로 반대했다는 얘기를 들었어요. 그들은 "전환학년은 우리가 낳은 아기입니다. 우리에게 반드시 필요한 교육이에요"라고 외쳤다죠. 다른 나라와 비교하면 아일랜드 교육이 뒷걸음질치는 것처럼 느껴질 수도 있어요. 아일랜드 교육에는 완전히 상반된 두 가지 색깔이 공존해요. 이 세상 어디에도 그 전례가 없는 단 하나의 시험, LC 시험으로 귀결되는 5년 동안의 학업과정, 그리고 누군가는 아주 급진적인 것으로 생각할지라도 다른 나라 교육체계와 나란히 어깨를 견줄 만한 전환학년. 전환학년 외의 아일랜드 교육체계는 한마디로 불공평하고 학생들에게 별반 도움이 되지 않아요.

제리 여기에서 토론을 마치겠습니다. 대단히 고맙습니다.

제2장

전환학년에 세상 바꾸기
- 세계시민교육

2015년 4월 더블린에서 열린 '우리가 원하는 세상The World We Want' 행사에 청소년 활동가 300명이 참석했다. 이날 숀 셜록 개발통상부 장관은 20여 학교에 세계시민여권상Global Passport Award을 최초로 수여했다. 지구촌학교들WorldWise Global Schools의 메리 매카시는 "세계시민여권은 학교에서 시행하고 있는 세계시민교육 프로젝트를 기록하고, 사회 이슈를 다루는 아일랜드 학교 수업의 질을 인증하는 방식"이라고 설명했다. 외교통상부 산하 국제개발 주무부서인 아이리시 에이드Irish Aid에서 관장하는 지구촌학교들은 세계시민교육을 실시하려는 중등학교들이 손쉽게 교육할 수 있도록 '세계시민교육에 필요한 모든 것을 한 자리에 모아놓은 가게'와 같은 곳이다. 세계시민교육을 탁월한 수준으로 실시하여 세계시민여권 특별상을 수여받은 학교로는 세 곳이 있다. 그중 두 학교는 공교롭게도 브리더학교Coláiste Bhríde로 이름이 같은데 한 곳은 위클로주 카르뉴 지역에, 다른 한 곳은 더블린주 클룬도킨 지역에 있다. 나머지 한 학교는 칼로주의 성메리아카데미학교이다.

탄탄한 역사

위클로주 남쪽, 웩스퍼드주 북쪽, 칼로주 동쪽과 맞닿아 있는 카르뉴 지역의 브리더학교는 10년 넘게 세계시민교육을 활발하게 주도해왔다. 엘리너 리 선생님은 이 분야에서 단연 두각을 나타내고 있지만 정작 그녀는 '학교 전체가 함께 나서는' 교육 방식이 주효했다며 한사코 그 공을 학교로 돌렸다. 또한 그간 학교에서 쌓아온 다방면의 협력관계가 도움이 됐다고 강조했다. "우리 학교가 어떻게 세계시민여권 특별상을 받을 수 있었는지 간단히 답변을 드리면 그것은 그간 학교에서 쌓아온 '협력관계' 덕분이에요. 협력자들과 함께해온 여정은 믿을 수 없으리만큼 놀랍죠. 교사들과 학생들, 학부모들, 린다 둔 교장 선생님, 주요 협력자들의 지속적인 도움이 없었다면 우리 학교는 세계시민여권 특별상을 받지 못했을 거예요." 그녀는 단언했다.

브리더학교에 들어서면 이 학교가 추구하는 세계적 관점을 뚜렷이 보여주는 세 가지 상징물과 마주친다. 첫째는 교문 입구에서 위풍당당하게 나부끼고 있는 녹색 깃발이다. 여섯 번째 깃발인 녹색 깃발은 세계시민의식을 상징한다. 현관에 들어서면 사진이 빼곡히 박힌 큼지막한 아프리카 지도가 눈길을 끈다. 이 지도는 그간 무수히 많은 프로젝트에 참여했던 학생들의 이야기를 들려준다. 마지막으로 바로 위를 올려다보면 국기 20여 개가 눈에 들어온다. "이 국기들은 우리 학교 공동체의 포용적 면모, 즉 다양성을 상징합니다." 엘리너 리 선생님이 말했다.

린다 둔 교장 선생님은 지역적·세계적 차원의 시민의식교육을 청소년을 위한 학교교육의 주축으로 여긴다. "전환학년은 학생들이 자신의 관심사와 잠재력, 열정을 발견할 수 있는 훌륭한 교육의 장이에요. 전환학년을 새롭게 유지하는 것이 무엇보다 중요하기 때문에 교사들이 교육을 쇄신하도록 북돋워주죠. 우리 학교는 매년 새로운 활동을 가미하려고 노력합니다. 동시에 이런 새로운 시도들이 학업과도 균형을 잘 이루도록 늘 신경을 쓰죠." 린다 둔 교장 선생님과의 대화는 재활용품옷만들기, 은행 설립, 컴퓨터 코딩, 미니컴퍼니 운영, 진로체험 이야기로 넘쳤지만 브리더학교 전환학년의 주요 흐름은 세계시민교육 관련 프로젝트들이었다. 엘리너 리 선생님과 마찬가지로 린다 둔 교장 선생님 역시 학교의 다채로운 협력관계의 중요성에 대해 힘주어 말했다.

다양한 세계시민교육 활동

다양한 '세계시민교육' 활동 사례를 보여주기 위해 엘리너 리 선생님은 형형색색의 사진 묶음을 가져왔다. 그중에는 트로커려Trócaire 가톨릭단체가 주관했던 기후변화주간 행사 사진도 있고, 공정무역 프로젝트 사진도 있다. 학교 프로젝트 운영기금 마련 행사가 주로 열리는 크리스마스 무렵에 학생위원회에서 주관했던 TV 음악 경연 프로그램 사진도 있다. 개발도상국에서 자원봉사활동을 하는 카르뉴 교사들의 사진, 우간다와 케냐 열곡, 탄자니아에 동행했던 교사와 학생들의 사진도 있다. 그녀는 또 다른 사진 묶음을 가리키며 말했다. "성 평등 프로젝트의 일환으로 헌장을 만들고 이를 아일랜드 하원의회 의원들에게 제출했던 학생들이에요. 이 프로젝트를 시도한 후에 우리 학교에서 세계시민교육의 길이 활짝 열렸죠." 이 외에도 유명 인사들과 함께 찍은 사진들도 여럿 있는데, 가령 반기문 유엔 사무총장이나 메리 매컬리스 아일랜드 대통령, 아일랜드 정치가들과 함께 찍은 사진이다.

학생들이 현재 수행하고 있는 연구에 대해 정책입안자들과 진지하게 대화를 나눌 수 있는 기회를 그녀가 최대한 움켜잡기 위해 얼마나 애쓰고 있는지 또렷이 보여주는 사진들도 있다. 컨선월드와이드 Concern 토론, 장기기증 프로젝트, 회교사원 방문, 아이티 지진 참상, 청소년과학자대회 참가, 생태학교, 2015년 이후 의제를 논의하는 전국 청소년협의회 사진 등. "맞아요, 세계시민교육의 오랜 역사를 통해 우리 학교는 오늘날 이 자리까지 올 수 있었습니다."

아일랜드세계시민교육협회

아일랜드세계시민교육협회Irish Development Education Association, 이하 IDEA는 세계시민교육의 중요성을 압축적으로 표현하는 슬로건 하나를 만들었다. '연민이 아닌 연대를 위한 세계시민교육. 공동의 책임으로 발전하는 세계시민교육.' IDEA는 세계시민교육을 다음과 같이 정의한다.

> … 우리가 살고 있는 급변하고, 상호 의존적이고, 불평등한 세계를 더 깊이 자각하고 이해하는 것을 목표로 하는 교육과정이다. 세계시민교육은 지역 및 세계시민의식을 갖고 변화에 동참하기 위해 학생들이 분석하고 성찰하고 행동하는 것을 지향한다. 또한 학생들이 자신과 타인의 삶에 영향을 미치는 사회·문화·정치·경제구조를 개인·지역·국가·세계 차원에서 이해하고, 개혁하도록 돕는다.[1]

『하나의 세상, 하나의 미래, 아일랜드 국제개발 정책』[2013]에 의하면 "세계시민교육은 학생들이 보다 공정하고 평등한 세상에 대해 깊이

---

1. IDEA 웹사이트는 www.ideaonline.ie이다.

이해하고 행동에 나서도록 장려하는 것을 목표로 한다. 세계시민교육은 아일랜드 국민들이 세계시민으로서의 자신의 역할과 책임에 대해 곰곰이 생각해보는 유일무이한 기회이다." 이는 아이리시에이드가 IDEA, 지구촌학교들, 우분투네트워크Ubuntu Network처럼 세계시민교육에 앞장서는 기관들을 물심양면으로 지원해야 함을 뜻한다. 트로커려나 컨선월드와이드 같은 비정부조직들 또한 세계시민교육 콘텐츠를 제공하면서 학교 및 교사 연수기관을 지원하고 있다.

아일랜드 학교에서 시행되고 있는 세계시민교육에 대한 연구는 한정되었다. 그러나 어딘가 모호한 구석이 있더라도 자신보다 더 가난한 나라의 국민들에게 시종일관 강한 연대감을 느끼는 교사들과 학생들이 있다는 사실에 주목해야 한다. 예를 들면 리머릭대학 짐 글리슨 연구진의 『아일랜드 중등학교 세계시민교육: 지식, 태도, 사회활동』연구보고서를 보면 설문 응답자 중 61%가 "세계시민교육은 학교교육에서 매우 중요하거나 적어도 다른 교과만큼 중요하다"라고 응답했다. 반면 "36%는 세계시민교육을 특별히 의미 있는 교과로 여기지 않았다." 또한 위 보고서글리슨 등, 2007에 의하면 학교 대표 중 사분의 삼 이상이 중등교육 기간 동안 학생들은 세계시민교육에서 다루는 이슈를 접해야 한다고 느꼈으며, 다시 그들 중 절반에 가까운 응답자들이 LC를 마칠 때까지 세계시민교육을 필수로 운영해야 한다고 생각했다.

글리슨 연구진은 세계시민교육의 열풍은 "학교에서 세계시민교육을 공식적으로 채택해서가 아니라 세계시민교육의 가치를 지지하는 교사 개개인의 자발적인 노력 때문에" 일어났다고 결론지었다. 브리더학교 엘리너 리 선생님은 의심할 바 없이 '세계시민교육의 대변자'로 묘사된다. 그녀는 린다 둔 교장 선생님과 함께 학교정책과 수업에 세계시민교육을 통합시키고자 최선을 다해 애쓰고 있다. 이 두 교사는 5개 학교에서 18명의 교사들이 참석했던 최근의 지속적전문성개발Continuing Professional Development 연수를 언급하며 협력관계 형성의 중요성을 재차 강조했다. 이 지속적전문성개발 연수에 참여했던 다섯 학교는 브리더학교와 고리 지역의 크리흐학교, 칼로주의 세 학교인 성메리아카데미학교, 성레오학교, 프레젠테이션학교이다.

셀프헬프아프리카

엘리너 리 선생님은 아프리카 원조단체인 셀프헬프아프리카Selp-Help Africa(2014년 고르터Gorta와 합병됨)와 연계를 맺으며 브리더학교의 세계시민교육이 어떻게 성장했는지 설명했다. "우리 학교 교사 한 분이 셀프헬프아프리카 창립자 한 분의 지인이었어요. 이를 계기로 교사들과 학생들이 아프리카 국가로 연구 방문을 떠날 수 있게 되었죠. 이들은 돌아와서 남아 있는 교사들과 학생들에게 연구 내용을 보고했어요. 모금하려는 목적보다는 아프리카의 현실에 눈을 뜨고 더 깊이 인식하게 하는 데 중점을 두면서요. 그 후 우리 학교는 운 좋게도 칼로주 성메리아카데미학교에 초청되어 '사회개발 이슈 프로젝트Development Issues Project'에 참여할 수 있게 되었죠. 성메리아카데미학교는 새로운 학습 자료를 활용하고 있는 타 학교 학생들을 대상으로 세계시민교육 워크숍을 운영했는데, 이 경험이 우리 학교에 큰 전환점이 되었어요. 2007년부터 2012년까지 우리 학교는 매년 4, 5개 워크숍에 참여했죠. 워크숍들은 이루 말할 수 없이 유용했습니다. 이 사회개발 이슈 프로젝트와 워크숍 과정은 칼로주 성메리아카데미학교의 조지프 클로우리 선생님, 포틀리셔 성메리크리스천브라더스학교의 카트리나 폴리 선생님, 셀프헬프아프리카의 패치 톨런드 씨가 처음 개발하신 거예요. 국가교육과정평가원에서 인증한 수업자료인 『사회개발 이슈, 전환학년 과정*Development Issues, A Course for Transition Year*』은 실제 수업에 엄청나게 도움이 됩니다. 교사들이 활용할 수 있는 잘 짜인 수업계획도 삽입되어 있고요, 신선한 아이디어들로 가득 차 있어요. 이 자료는 2015년에 업데이트되었고, 웹사이트 developmenteducation.ie에서도 찾아볼 수 있어요." 엘리너 리, 린다 둔, 조지프 클로우리 세 선생님 모두 현재 브리더학교에 깊이 배어 있는 '세계시민교육'이 발전을 거듭하기까지 이 워크숍이 결정적이었다고 인정했다.

매누스대학

"우리 학교가 아주 생산적으로 협력관계를 맺고 있는 또 다른 곳으로는 매누스대학Maynooth University이 있어요." 엘리너 리 선생님은 이어서 말했다. "매누스대학과의 협력은 빈곤질병대책협회Combat Diseases of Poverty Consortium를 통해서 시작되었죠. 이전에 우리 학교에서 근무하셨던 조지프 클로우리 선생님께서 2008년에 빈곤질병대책협회 교육관이 되셨어요. 클로우리 선생님은 사회개발 이슈 프로젝트를 훌륭하게 지원하셨고, 4년 동안 동아프리카 연구자 11분을 우리 학교로 모시고 와서 학교의 기운을 북돋워주셨죠. 그 후로 우리 학교에서 '세계시민교육'이 점차 퍼져나갔고, 급기야 매누스대학에서 우리 학교 학생들을 초청하기에 이르렀어요. 대학생들의 교생실습을 위해 운영되는 '세계시민교육 주간' 동안 우리 학교 학생들에게 일정한 역할을 맡기기 위해서였죠. 현재 우리 학교는 매누스대학 안젤라 리카드 연구진과 긴밀히 연계하며 활동하고 있습니다. 교육학 석사과정을 밟고 있거나 과학교과 교생실습을 하고 있는 대학생들이 활동 중심 학습에 관한 워크숍을 진행할 때 우리 학생들은 그 워크숍이 순조롭게 진행되도록 돕는 아주 유익한 경험을 하고 있죠. 또 교생실습 중인 대학생들에게 어떻게 ICT 응용프로그램을 활용하며 학습하는지 몸소 시범을 보이기도 합니다."

청소년사회혁신가

세계시민여권상을 받기까지 브리더학교에는 큰 획을 그을 만한 놀라운 일들이 많았다. 엘리너 리 선생님은 학생들이 빈곤주간 행사를 제안했던 상황을 지금도 생생히 기억하고 있다. "학생들은 열의에 넘쳤어요. 일주일 동안 빈곤하게 살아보고 싶어 했죠. 처음에는 실습실 밖에 텐트를 치고 강에서 몸을 씻겠다고 제안하더군요." 그녀는 먼저 학생들의 의견을 귀담아들었다고 한다. 그러고 나서 빈곤주간 동안 집에서 생활하고 학교에 매일 등교해야 하는 원칙을 반드시 고수해야 한다고 단호히 말했다. 그 이외의 활동에 대해서도 이야기를 나누었다. 학생들은 빈곤주간이 아주 유익한 체험이었다고 보고했고, 빈곤주간 행사에 관심을 갖고 실행하기를 원하는 타 학교 학생들을 위해 자료를 개발했다. 빈곤주간 동안 학생들은 버려진 음식찌꺼기나 주워 먹고 대부분의 밤을 굶주린 채 잠을 청하는 사람들이 수백만 명에 이르는 세상에서 자신이 함께 살고 있다는 사실을 뼛속 깊이 느꼈다. 한 학생은 이렇게 말했다. "허기지고 비위생적인 생활을 하는 동안 사회로부터 소외감을 느꼈어요. 저희는 빈곤 문제를 비롯해서 사람들을 무기력하게 만드는 여러 사회문제들을 아주 효과적으로 배울 수 있었어요." 빈곤주간 행사에 참여했던 또 다른 학생 트루디도 한마디 덧붙였다. "오늘 밤 저는 쫄쫄 굶고 잘 거예요. 이렇게 배곯는 고통을 참고 매일 밤 잠자리에 들어야 하는 사람들을 생각할 거예요. 그리고 내일은 이러한 상황을 바꾸기 위해 뭔가를 시도할 거예요."

실천 의지를 갖는 것은 세계시민교육의 핵심이다. 엘리너 리 선생님은 청소년사회혁신가Young Social Innovators 프로젝트를 수행하며 세계 시민교육 체계를 멋지게 짤 수 있었다고 한다. "저는 학생이 주도적으로 실행하는 프로젝트를 정말 좋아합니다." 브리더학교 학생들은 미드주 던보인 지역의 성피터학교 학생들과 협력하여 빈곤 공동 프로젝트를 수행했다. 두 학교 학생들은 빈곤주간 자료 외에도 『2015: 첫 밀레니엄 목표에 대한 고찰 및 성찰-빈곤과 기아 근절하기』라는 책을 펴냈다. 1995년 노벨문학상 수상자인 셰이머스 히니, 소설가 앤 엔라이트와 조지프 오코너, 배우 폴린 맥클린, 작가 휴고 해밀턴과 버나드 맥래버티, 극작가이자 시인인 서배스천 배리 모두 학생들의 뜻에 동참하며 후원을 아끼지 않았다. 두 학교 학생들은 빈곤 공동 프로젝트인 '나비 효과'로 '2009 청소년사회혁신가'로 선정되었다.

청소년사회혁신가 프로젝트의 목적은 청소년들이 자신이 선택한 사회 이슈에 대해 지역·국가·세계 차원에서 변화를 일으키기 위해 팀 활동을 펼치는 것이다. 학생들은 사회 이슈를 선정하고, 그 이슈와 관련된 사람이나 기관과 함께 연구를 수행하며, 혁신적인 해결책을 도출한다. 청소년사회혁신가 프로젝트를 성공적으로 수행하기 위해서는 교사 연수 및 교사 역량을 증진시켜야 하고, 교육 자원을 철저히 준비해야 하며, 학생들이 적극적으로 활동을 펼쳐야 한다. 또한 학생들이 한자리에 모여 활동 내용을 공유하고 서로 축하하며 기념하는 자리인 공개 발표 행사는 청소년사회혁신가 프로젝트의 꽃이다.

청소년사회혁신가 공동창립자인 레이철 콜리어 씨에 의하면 청소년사회혁신가는 청소년들이 자신의 주변 세계에 적극적으로 관심을 갖도록 북돋고, 동기를 부여하며, 새로운 참여 기회를 창출한다고 한다. "저희는 청소년들이 가정, 학교, 지역사회, 청소년단체, 직장 어느 곳에 있든 시민활동을 펼치도록 독려합니다. 자원봉사, 지역 돌봄 활동, 체험학습, 시민교육, 사회적 기업 활동, 사회혁신 활동 그 어떤 방법을 통해서든 말이죠. 이는 공익을 위해 세상을 바꾸어가는 이야기입니다. 청소년사회혁신가가 중점을 두는 것은 청소년들이 사회혁신가로 성장하기 위해 자신의 재능을 발휘하며 스스로 힘을 키우는 것이죠. 이를 통해 청소년들은 자기 내면의 정의감과 책임감, 역량을 깨닫고 이를 발전시켜 보다 공정하고 서로 배려하고 평등한 사회를 만들어갑니다."

활동 중심 학습

세계시민교육에 대한 엘리너 리 선생님의 열정은 전환학년을 통해 더욱더 타올랐다. "제가 맡고 있는 대부분의 프로젝트는 UN새천년개발목표와 연관되어 있어요. 청소년사회혁신가 활동은 아주 시각적입니다. 또 공개 발표는 매우 청각적이죠. 타 학교 학생들은 우리 학교에서 진행되고 있는 프로젝트를 볼 수 있어요. 학생들은 매 순간 공감력과 책임감, 지속가능성, 시민의식에 대해 배웁니다. 학생 개개인이 사회의 불공정한 측면을 비판적인 눈으로 바라보고, 이러한 이슈에 대해 고심해야 하는 책임감을 갖게 해준다는 점에서 청소년사회혁신가 프로젝트는 참교육이라고 할 수 있어요." 그녀는 〈세계시민교육: 변화의 기회〉[2]라는 영화를 촬영하는 동안 한 학생이 언급했던 말을 흐뭇하게 기억했다. 세계 불평등 문제를 접했을 때 그 학생은 "저는 50세가 될 때까지 가만히 앉아만 있지는 않을 거예요. 음악가 보노처럼 사회정의 구현을 위해 뭔가를 할 거예요"라고 말했다고 한다.

15, 16세의 전환학년 학생들은 세계시민의식 이슈에 활짝 열려 있을 뿐 아니라 활동 중심의 교육 방식을 곧잘 받아들인다고 한다. "활

---

2. 이 영화는 www.ubuntu.ie 웹사이트 '수업자료' 메뉴 중 '세계시민교육 자료'에서 찾아볼 수 있다.

동 중심의 교육은 배운 내용을 복기하거나 그대로 옮겨 적는 것이 아니에요. 저희는 단순 토론이든 심화 토론이든 생생한 토론을 즐기는데, 토론 과정 자체가 타인의 관점과 의견을 존중하는 법을 배울 수 있는 매력적인 교육의 장입니다."학생들이 그룹 프로젝트를 잘 수행하기 위한 헌장을 직접 만드는 것으로 수업의 첫걸음을 떼는 경우가 많다고 한다. "헌장을 만드는 과정에서 학생들은 자신의 생각을 적극적으로 표현할 수 있어요. 저는 또 학교에 초청하고 싶은 비정부조직에 연락을 취한다든지 하는 아주 소소한 활동으로 프로젝트 수업의 문을 열곤 해요. 이 과정에서 학생들은 누군가에게 신뢰받는 경험을 하게 되죠. 또한 성 평등, 갈등, 기후변화, HIV바이러스, 에이즈, 장기이식, 식품안전, 새천년개발목표, 공정무역 같은 주제에 대한 의견을 묻는 것도 유익해요."그녀는 수업에 다양한 사진을 활용하는 것의 유용성에 대해서도 열변을 토했다.

진화하는 프로젝트

이미 정해진 교육과정으로 수업하면 그럭저럭 별문제 없이 수업이 돌아가는 한 교사는 그 교육과정을 무한재생하고 싶은 유혹에 빠질 위험이 있다. 전환학년은 이러한 위험으로부터 한 발 비켜서 있다. 엘리너 리 선생님은 매년 세계시민교육에서 중요하게 다룰 내용에 세심하게 변화를 준다. "저는 매년 색다른 프로젝트를 진행하고 있어요." 그녀는 학생들이 밭을 일궈 채소를 재배했던 식품안전 프로젝트를 예로 들었다. "식품안전 프로젝트를 진행하던 해에는 농촌 출신의 학생들이 많이 들어왔어요. 그래서인지 학생들은 채소밭 경작을 흥미로운 프로젝트로 생각했죠. 저희는 경작할 땅을 찾고 이 프로젝트에 동참할 학부모들을 만났고 트랙터로 땅을 일구었어요. 그리고 나니 눈이 펑펑 내렸고 일주일 동안 땅 위에 눈이 수북하게 쌓여 있었어요. 땅이 꽁꽁 얼어버려서 한 달이나 삽질을 할 수가 없었죠. 이러한 상황에서 기후정의와 기아, 대형마트 같은 다양한 주제로 열띤 토론이 벌어졌습니다. 저희는 곧 독창적인 생각을 하게 되었고 뒤뜰처럼 볼품없던 땅을 주말농장으로 탈바꿈시켰어요. 온실도 만들었어요. 학교 안에 기막히게 멋진 오아시스가 하나 생긴 셈이죠. 저희는 상추, 양배추, 당근 등 갖가지 채소를 심고 그곳을 에덴동산이라고 이름 지었습니다."

범교과 활동

식품안전 프로젝트를 비롯한 학교의 다채로운 사례들을 살펴보면 세계시민교육이 어떻게 범교과적 성격을 띠는지 잘 알 수 있다. 엘리너 리 선생님은 TG4(게일어 전용 TV 채널-역주) 프로그램에서 학생들이 프로젝트에 대해 게일어로 인터뷰를 했던 것을 떠올렸다. 과학적 측면도 강하게 부각되었던 인터뷰였다. "언젠가 산부인과·소아과 의사인 줄리가 프로젝트 운영자인 두 학생들에게 질문하는 것을 보고 놀라움을 금치 못했던 것이 기억나네요. 줄리는 동아프리카 출신이었고 아일랜드에서 빈곤질병대책협회와 함께 연구를 수행하고 있었어요. 16세의 두 학생들은 프로젝트 운영에 대한 이야기뿐 아니라 식품안전 이슈에 대해서도 줄리와 장시간 토론을 벌였죠. 이 토론에 참여했던 모든 사람이 이 토론을 아주 유익하다고 여겼으리라 확신해요." 최근 학생들이 교과별로 세계시민의식과 관련된 내용을 조사해놓은 것을 보면 브리더학교에서 범교과 주제로 세계시민의식을 얼마나 소중히 다루는지를 다시 한 번 느낄 수 있다.

학교 전체가 함께 나서는 교육 방식

엘리너 리 선생님은 특정 학교를 럭비학교나 음악학교라고 칭하는 것처럼 브리더학교가 '세계시민교육'학교로 불리길 꿈꾸며 학교 전체가 함께 나서는 교육 관점을 중시했다. 또한 지난 몇 년간 많은 교사들이 활동 중심의 교수법을 어떻게 수업에 접목시켰는지 설명했다. 그녀가 열거한 교수법으로는 생각하기-짝짓기-공유하기, 돌림편지, 질문과 답변 사이 틈새 시간 활용, 식탁매트 다이어그램, 그래픽을 활용한 사고조직법이 있다. 그녀는 학생들이 소그룹 활동을 하며 자신의 재능을 파악할 수 있었던 슈퍼히어로 게임에 대해 설명했다. 학생들은 포스터 크기의 용지에 자신을 상징하는 슈퍼히어로 캐릭터를 디자인한 후 그 캐릭터에 이름을 붙였다. 캐릭터 그림이나 형상은 반드시 개개인의 재능을 선명하게 상징해야 했다. 가령 지구 대장이라는 캐릭터의 경우 커다란 무도화처럼 눈에 띄는 특징을 집어넣어 지구를 구하는 성격이 두드러지게 묘사되어야 한다. "이 수업을 진행하며 학생들의 에너지와 관심사를 한층 더 이해하게 됐죠. 저는 '좋아, 그럼 이제 우리는 어떻게 세상을 바꿀 수 있지?'라고 질문하곤 해요. 프로젝트를 막 시작할 때는 학생들의 자신감이 그다지 높지 않아요. 하지만 학생들은 이제 소그룹에서 자기 역할을 해낼 수 있는 역량과 재능을 겸비하게 되었죠. 학생들이 이렇게 앞으로 나아가는 것을 지켜보는 것 자체가 바로 교육입니다."

"슈퍼히어로 수업을 진행하고 난 후 몇 년 전 저는 뉴질랜드로 연수를 떠났어요. 참신한 아이디어를 많이 얻고 돌아왔죠. 현재 우리 학교 수업은 협동학습 원리를 바탕에 깔고 있어요. 기술, 무엇보다 아이패드를 수업에 활용하게 된 점이 큰 변화입니다. 가상 학습 환경은 학생들의 이해를 돕고 거꾸로 수업 환경을 구축하기에 더없이 효율적이죠."

최근의 협력관계

"다른 네 학교와 함께 칼로·카르뉴 세계시민교육 지역 네트워크를 형성하면서 모든 학교의 프로그램이 더욱 풍성해졌어요." 에일린 테넌트, 조지프 클로우리 선생님과 함께 네트워크를 추진했던 엘리너 리 선생님이 말했다. "탄자니아청소년과학자Young Scientist Tanzania와 결연을 맺으며 아일랜드·탄자니아 중등학교 네트워크Ireland and Tanzania Secondary School Network를 구축하고 기후정의 학교 프로그램을 공동개발했어요. 이 과정에서 아일랜드·탄자니아 교사 간의 교사 교환 프로그램도 진행되고 있죠. 지속적전문성개발의 놀라운 사례예요. 이 모든 협력관계는 우리 학교에 매우 긍정적으로 기여하고 있습니다. 우리 학교가 작은 성과에 현혹되어 현실에 안주하지 않게끔 채찍질해주죠."

성찰과 전망

가정교과를 담당하고 있는 엘리너 리 선생님은 브리더학교 학생 850여 명과 함께 세계시민교육을 이끌고 있는 것이 교사로서 가장 보람된다고 한다. 그녀는 전환학년과 응용계열 고등학교 졸업자격 프로그램Leaving Certificate Applied, 이하 LCA 코디네이터도 겸하고 있다. 두 시간 연속 수업으로 시간표에 구성되어 있는 세계시민교육 모듈을 가르치는 것이 그녀의 가장 중요한 업무이다. 세계시민교육 모듈은 전환학년의 중심축이기도 하다. "청소년과 수업을 함께 진행하는 것은 제게 엄청난 특혜예요. 우리가 세상을 바꾸어갈 거라고 제가 운을 떼면 간혹 의심의 눈초리부터 보내는 학생들도 있죠. 그렇지만 나중에 이 아이들도 깨닫게 됩니다. '우와, 우리가 진짜로 사회 변화를 일으켰어요'라고 하면서요. 지금으로부터 한 세대 전인 22살의 나이에 처음 교단에 섰을 때보다 저는 지금 더 열심히 가르치고 더 많은 에너지를 쏟아붓고 있답니다."

"세계시민여권 특별상을 수상하며 브리더학교는 이제 명실상부하게 **세계시민교육학교**로 이름을 떨치게 되었어요. 우리 학교는 더 많은 책임감을 느낍니다. 앞으로 우리 학교가 세계여권에 도장을 찍어나갈 방법은 무궁무진하겠죠. 지속가능개발목표가 설정된 후 모두 새로운 도전거리와 미래의 활동을 위한 체계를 갖게 되었어요." 그녀는 앤 마리 학생의 말로 인터뷰 말미를 장식했다. 앤 마리는 세계시민교육위원회 소속 학생이다. "우리는 고작 선반 위에 놓아두려고 세계시민여권을 받은 것이 아니에요. 우리는 세계시민여권을 쥐고 있고, 어디든 갈 수 있어요. 저는 안네 프랑크의 말을 인용하고 싶어요. '더 나은 세상을 만들기 위해 첫발을 뗄 때 단 한 순간도 멈칫거리는 사람이 없다면 얼마나 멋질까. 세상을 바꾸는 것은 우리의 목표이고 우리는 한 번에 한 걸음씩 그 목표에 가닿을 것이다.'"

제3장

미니컴퍼니 프로젝트
-실행을 통한 학습

"저희는 제작하기에 너무 어렵지 않은 단순한 아이디어를 원했어요." 오크나무로 만든 와인병 거치대를 건네주며 전환학년 학생 티어넌이 말했다. 독특한 디자인에 솜씨 좋게 세공되어 있는 거치대였다. 밑바닥은 45° 각도로 정교하게 잘려 있고, 상단 가까이에는 작은 구멍이 나 있다. 와인병을 집어넣으면 병과 거치대는 45° 각도로 수평을 이룬다. 이 와인병 거치대는 웨스트 코크 지역 상점에서 개당 12유로(16,000원)에 팔리고 있다.

코크주 라스카르버리 지역의 마운트성마이클학교 전환학년 학생인 티어넌과 반 친구 제이 피, 패디는 '균형과 평형'이라는 작품명을 붙여도 손색이 없을 와인병 거치대를 자신이 운영하는 미니컴퍼니mini-company 이름인 '피어나이머드Fionnadhmaid'(게일어로 '연한 빛깔을 띤 나무'를 뜻함–역주)라고 불렀다. "미니컴퍼니 프로젝트는 회사를 설립해서 직접 운영해보는 모의 활동이에요." 교사전문성개발지원팀의 캐럴라인 맥헤일 씨가 설명했다. 그녀는 학교 기업교육의 열렬한 지지자이다. "재화와 용역 상품을 기획하고, 이를 생산하고, 판매하는 미니컴퍼니 활동을 전개하며 학생들은 추진력과 창의성을 발휘하게 되죠. 그 과정에서 근무 환경, 마감 기한, 팀워크, 갈등 해소 방안, 경영, 광고 등에 대해서도 통찰하게 됩니다."

'미니컴퍼니' 프로젝트는 다양하게 진행되는데 학생들은 매년 아주 멋들어진 재화와 용역 상품을 개발한다. 기발한 아이디어를 내거나 지역색이 선명한 상품을 기획하는 경우가 많다. 이를테면, 피어나이머드 팀은 맞춤제작 표시로 오크나무에 생산지명과 눈길을 끄는 푸크시아 꽃무늬를 아로새겼는데, 푸크시아 꽃은 코크 서남부 지역 들판이나 도로가에 흐드러지게 피어 있어 흔히 볼 수 있는 토박이꽃이다. 인터뷰 당시 피어나이머드 팀은 웨스트코크 양조장으로부터 신규 주문 100개를 막 받아놓은 상태였다.

미니컴퍼니 프로젝트를 담당하는 실라 제닝스 선생님은 전환학년을 필수과정으로 운영하는 마운트성마이클학교의 전환학년 코디네이터이기도 하다. "올해는 학생 78명 중 43명이 미니컴퍼니 활동을 선택했어요. 수업을 시작할 때 미니컴퍼니 프로젝트를 진행하게 된 배경을 설명해주죠. 사회에 잘 적응하고 내적 동기가 충만하고, 대인관계에 능하면서도 새로운 아이디어를 창출하는 사람, 또 팀의 일원으로 활동할 수 있고 중요한 사안에 대해 함께 교감할 수 있는 사람을 우리 사회는 가치 있게 여기기 때문에 미니컴퍼니 모듈을 하게 된 거라고요. 우리 학교는 코크주 서쪽에 위치하고 있어서 운이 참 좋은 편이에요. 크로스하번과 캐슬타운베어 지역 사이에 있는 코크주 남서부 학교들을 대상으로 선도기업대회Leader enterprise competition가 열리거든요. 저는 선도기업대회에 관한 정보를 학생들에게 전달해줍니다. 또 교사전문성개발지원팀에서 주관하는 '청소년전진Get up and Go'대회 정보도 알려주죠."마운트성마이클학교는 매주 화요일 세 시간 연속 수업으로 120분 동안 미니컴퍼니 프로젝트를 진행한다. "크리스마스에 학교에서 산업박람회를 개최해요. 전환학년 학생과 교사 외에도 다양한 사람들이 행사에 참여하죠. 지역 기업가들이 산업박람회 심사위원이 되어 학교를 대표해서 선도기업대회와 청소년전진대회에 나갈 미니컴퍼니 네 개를 선정합니다."

그녀는 미니컴퍼니 프로젝트 경험에 대해 상세히 언급했다. "학생들이 가장 힘겨워하는 지점은 기발한 아이디어를 내는 거예요. 어떤 아이디어든 반드시 학생들의 아이디어야만 한다는 점을 늘 강조하죠. 저는 끊임없이 질문을 던지면서 학생들이 멋진 아이디어를 끌어내도록 촉발합니다. 무엇에 관심이 있니? 우리가 해결해야 할 문제들로는 어떤 것이 있을까? 살아가면서 어디에 돈을 많이 쓰게 될까? 부엌을 둘러보니 어떤 것이 보이니? 요즘 탐구하는 주제는 뭐니? 어떤 선물을 받고 싶니? 휴가를 멋지게 보내려면 어떻게 해야 할까?"

티어넌은 해외에 나갔을 때 피어나이머드와 비슷한 것을 보고 아이디어를 떠올렸다고 한다. 피어나이머드에 대한 티어넌의 설명을 듣노라면 미니컴퍼니 프로젝트의 교과통합 속성이 점점 더 강하게 부각된다. 피어나이머드를 창립하기 위해서는 이미 배웠던 수학과 경영 과목 말고도 미술·공작·디자인·목공 등 다양한 재료를 다루는 기술 과목 지식을 응용하며 팀 활동을 펼쳐야 했기 때문이다.

실라 제닝스 선생님은 수업 초기에 학생들이 팀 구성원 간의 역량 균형을 잘 고려하면서 자신이 들어가고 싶은 팀을 직접 선택하게 하는 방식을 선호한다. "물론 팀에 들어가지 못하는 학생이 없을 거라는 점을 저는 잘 알고 있죠. 프로젝트의 첫발을 떼는 순간부터 학생들은 타협하고, 일을 적절히 배분하고, 타인을 수용하는 법을 배우니까요." 그녀는 소리 내어 웃었다. "아이들 사이가 틀어지는 일이 늘 일어나는 걸 잘 아시잖아요. 전 즉시 개입하지 않습니다. 아이들은 관계의 어려움을 풀어나가는 법도 배워야 하니까요. 단지 학년 말에는 서로 친구가 되어 있어야만 한다는 점을 되새겨줄 뿐이죠. 사이가 틀어져서는 안 되죠!"역사와 지리교사이기도 한 그녀는 그간의 교육 경험을 통해 사람들에게 전화를 걸거나 편지·이메일 내용을 확인하는 훈련을 수업시간에 할 필요가 있다는 것을 깨달았다. "사업자금을 마련하는 것은 프로젝트 초기에 해결해야 할 또 다른 과제예요. 학생들은 교장선생님과 대출 협상에 들어갑니다. 누구에게 먼저 돈을 갚아야 하는지도 배우죠. 자금 마련을 위해 피자와 케이크를 팔기도 해요."운영자금 확보를 위해 주식을 발행하는 학생들도 있다고 한다.

"학생들이 구미가 당기는 미니컴퍼니 아이디어를 떠올리면 세 시간 연속 수업만으로는 시간이 턱없이 부족해요. 여분의 시간이 더 필요하죠. 가령 피어나이머드 팀은 전 시간을 투자해서 지역 가게에 전화를 돌리는 등 별의별 활동을 다 했어요. 학생들은 흥미를 느낄수록 프로젝트에 더욱더 몰입합니다."그녀는 잠시 멈추더니 "학생들은 매우 경쟁적이 되기도 해요"라고 덧붙였다.

미니컴퍼니는 '실행을 통한 학습'의 최상의 사례이다. 데이비드 콜브[1984]는 체험학습을 네 요소가 순환하는 학습과정으로 생각했다. 체험학습을 하는 과정에서 학습자의 경험, 감각, 인지, 행동은 융합된다. 미니컴퍼니와 진로체험 같은 전환학년 활동을 마칠 때 그간 활동했던 내용을 반추하는 시간이야말로 학습과정에서 극히 중요하다. 미니컴퍼니 '실행' 단계에서 학생들은 대부분 매우 적극적으로 임한다. 계획했거나 기대했던 대로 일이 잘 돌아가지 않는 것을 성찰하며 자연스럽게 '관찰' 단계로 이동하는 학생들도 있다. 교사들은 추상적인 개념화가 이루어지는 '사고' 단계에서 대체로 중요한 역할을 담당한다. 사고 단계에서 학생들은 미니컴퍼니 운영의 경험을 바탕으로 원자재, 생산과정, 기업혁신, 팀워크, 마감 기한, 시행착오 같은 개념을 일반화하는 법을 배운다. 네 번째 단계는 현실과는 다르게 상상해보는 '기획' 단계이다. 미니컴퍼니 담당 교사들은 '실행-관찰-사고-기획'의 순환과정을 경험하는 것은 학생들의 삶에 중요한 밑거름이 된다고 전했다.

　교육과 경험을 접목시킨 미니컴퍼니 프로젝트는 존 듀이 교육 철학[1916]의 핵심 사상을 잘 구현한다. 20세기 걸출한 교육 이론가로 자주 거론되는 듀이는 학교와 교사는 지역사회와 긴밀히 연계해야 한다고 강조했다. 그는 지역사회의 물질적, 역사적, 경제적, 직업적 특성을 교육 자원으로 활용해야 한다고 믿었다. 미니컴퍼니 프로젝트는 학교 교실을 학교 밖 사회 현장과 긴밀히 연계시켜준다. 학생들은 미니컴퍼니 활동을 펼치며 학교와 더 가까워지고, 더 뚜렷한 학습 목표를 설정하며, 학습 전반에 걸쳐 학습동기를 더욱 공고히 한다.

스타의 요리법

　골웨이주 애선라이 지역에 있는 월러직업학교의 클레르 카닐리 선생님 반 학생들은 미니컴퍼니 '렐터 레 헬레Réalta le Chéile'(게일어로 '스타와 함께'라는 뜻임-역주)의 특성에 대해 열심히 설명했다. "우리 프로젝트는 비단 이윤을 창출하기 위한 것만은 아니에요. 자폐증에 관심을 갖고 더 깊이 이해하기 위한 것이죠." 클라라 학생이 말했다. 경영학 교사로서 현재 자폐증 단원을 이끌고 있는 클레르 카닐리 선생님은 일부 학생들이 사회역량 모듈의 한 부분인 자폐증 단원을 수강하고 있다고 한다. "이 모듈수업은 일종의 역방향 교과통합 유형이에요. 전환학년 급우인 세라·대런·어냐·클라라는 자폐증 단원을 수강하는 학생들과 유독 친하게 지냈어요. 특히 나중에 미니컴퍼니 총무를 맡았던 애런이 더욱 그랬죠." 클라라는 『스타의 요리법』이란 화려한 색감의 책 한 권을 건네며 대화를 이어갔다. "친구들과 요리법에 대해 묻는 편지를 유명 인사들에게 보냈어요. 답장으로 받은 요리법을 한데 모아서 나중에 이렇게 한 권의 책으로 엮었죠. 이 책에는 자폐증 환자를 지원하기 위해 스타 50여 명이 보내줬던 요리법이 담겨 있어요." 책 표지는 TV 진행자 그레이엄 노턴과 다히 오 세, 요리사 다리나 알렌, 미스 월드 로잔나 데이비슨, 스포츠 해설가 마이클 오 뮈러헤르타이그 같은 TV 스타의 사진들로 화려하게 꾸며졌다. 이 다섯 스타의 요리법 외에도 이 요리책에는 미각을 자극하는 스타들의 요리가 45가지나 더 실려 있다. "연락드렸던 유명 인사 대부분이 자신의 요리법을 보내온 것을 보고 얼마나 놀랍고 기뻤는지 몰라요."

마이클 오 뮈러헤르타이그는 2015년 윌러직업학교에서 요리책을 출간했고, 그 수익금을 골웨이자폐증파트너십Galway Autism Partnership, 아일랜드자폐증협회Irish Society for Autism, 아일랜드자폐증Autism Ireland 세 단체에 기부했다. 클레르 카닐리 선생님은 "유익한 미니컴퍼니 경험이었어요. 학생들은 열심히 참여했죠"라고 말했다. "아이들은 수업시간뿐 아니라 방과 후에도 계속 학교에 머물렀어요. 활동 기한을 정해놓았고, 프로젝트가 진행될수록 더욱더 확신이 강해지더군요. 아이들은 이루 말할 수 없이 많은 일을 해냈어요. 후원자에게 연락하고, 골웨이의 인쇄소를 찾아다니고, 서점과 협상을 벌이는 등 당당히 일을 치러내는 아이들의 태도는 정말 감동 그 자체였죠. 아이들은 점차 더 과단성 있게 행동했어요. 프로젝트 진행을 위해 학교에 공간을 확보한 첫 사례를 만들었고, 그 공간은 미니컴퍼니 활동의 주춧돌이 되었죠. 프로젝트를 진행하며 아이들은 자연스럽게 자폐증 단원에서 배워야 할 내용을 폭넓게 접했고, 자선단체에 대해서도 배울 수 있었습니다."

그녀는 다음과 같이 부연했다. "미니컴퍼니는 전환학년의 우수성을 있는 그대로 보여주는 프로젝트입니다. 실행을 통한 학습이 실제 어떻게 체현되는지 잘 보여주죠. 게다가 미니컴퍼니 프로젝트는 엄청 재미있기도 한데요, 어쩌면 그간 학습에서 재미가 차지하는 비중을 우리가 지나치게 과소평가해왔는지도 모르겠어요. 또 학생들 사이에서 의견 불일치와 말다툼이 일어나는 것을 오랫동안 죽 지켜봤는데 학생들은 이 과정에서도 아주 많은 것을 배운다는 사실을 깨닫게 됐습니다."

교사, 조력자, 안내자, 조언자, 관찰자

미니컴퍼니 프로젝트를 지원하는 교사의 약 40퍼센트 정도가 경영학 교사이며, 나머지 교사의 경우 실용 과목을 가르쳐본 경험이 있는 것으로 추정된다. 2004년 중등교육지원팀이 개발한 전환학년 미니컴퍼니 자료집라이언 등 2004에서는 교사의 역할을 교사, 조력자, 안내자, 조언자, 조용한 관찰자 다섯 가지로 정리했다. 클레어주 섀넌 지역의 성 카민지역학교 타라 오로클런 선생님은 자신의 경험에 비추어 미니컴퍼니 담당 교사는 '모든 학생들의 잠재력이 만개하도록' 주의를 게을리하지 않는 교육의 파수꾼이 되어야 한다고 주장했다. "학생 개개인의 개성이 그룹에서 어떻게 섞일지는 아무도 모르죠. 때로 제가 개입해야 하는 것은 아닌가 하는 생각이 들 때도 있지만 대개는 학생들 스스로 문제를 해결하도록 놓아둡니다. 교사가 학생을 믿어야 학생은 독창적인 아이디어와 해결책을 낼 수 있기 때문이죠." 그녀는 '에이스 디바이스Ace Devices' 미니컴퍼니 사례를 들며 이 부분에 대해 더 자세히 설명했다. 그녀는 학생들이 직접 컴퓨터 코딩을 해서 완벽하게 기능하는 전자상거래 웹사이트를 구축하는 것을 지켜보았다. 에이스 디바이스 회사 인사 담당자인 에번 학생은 핸드폰 충전기 고장의 약 70%가 주로 플러그를 핸드폰에 결합시키는 케이블 부분에서 일어난다는 사실에 착안하여 회사를 설립했다고 한다. 사용한 지 불과 몇 개월 지나지 않아 충전기가 고장 나는 경우도 있었다. "저희는 케이블을 보호하는 간단한 장치를 개발했어요. 단순한 장치지만 제 기능을 발휘했어요." 에반의 급우이자 에이스 디바이스 회사 책임자인 에이버가 말했다.

타라 오로클런 선생님은 "에반, 키안, 동명이인인 또 다른 키안, 쿠르먹과 함께 다섯 명으로 구성된 에이버 팀은 학업 성취도가 높은 학생들이에요. 특히 JC에서 디자인·기술·경영학 과목에서 탁월한 실력을 인정받았던 학생들이죠. 이런 특성이 회사 설립의 탄탄한 밑거름이 되었습니다." 에이버 팀은 아주 세밀한 부분까지 주의를 기울여 에이스 디바이스를 설계했고, 그래픽기술 모듈수업을 통해 3D 프린팅 지식을 차곡차곡 쌓았으며, 지적재산권에 관한 법적 조언도 구했다. "아, 저희 발명품은 '특허 출원 중'에 있어요. 지금 웹사이트www.acedevices.ie를 통해 그 발명품을 전 세계에 팔고 있기 때문에 특허 출원은 중요하죠"라고 에이버가 말했다.

타라 오로클런 선생님은 10년 넘게 전환학년 기업교육을 담당하고 있다. "학생들은 그룹 활동의 역동성을 체감하는 것에서부터 기업이 실제 어떻게 운영되는지에 이르기까지 미니컴퍼니 활동을 통해 실로 많은 것을 배웁니다. 미니컴퍼니는 한마디로 의사소통 향상에 정말 유용한 프로젝트예요. 특히 산업박람회에 참가해서 자신의 발명품에 대해 설명하고, 인터뷰에 응하고, 자신이 개발한 상품·서비스에 대한 질문에 답하며 학생들은 타인과 교감하는 데 자신감을 갖게 됩니다." 그녀는 에이스 디바이스 팀이 솔선수범해서 때로는 그들 스스로, 때로는 다른 팀 학생들과 협업하며 상당히 많은 일을 진행했던 것을 기억했다. "어쩌면 저는 학생들을 좀 더 적극적으로 이끌어줬어야 했을지도 모르겠어요." 이 말을 들으니 교사가 언제 학생을 지원하고, 또 언제 뒤로 물러서서 지켜봐주어야 하는지 적확하게 판단하는 것이 중요하다는 그녀의 주장이 다시금 떠올랐다.

교사전문성개발지원팀의 캐럴라인 맥헤일 씨는 미니컴퍼니 프로젝트가 불러일으킨 '할 수 있다'는 태도를 소중히 여긴다. 학교와 교사를 지원하는 일을 하면서 그녀는 아일랜드 학교 전역에 기업가 문화가 함양되기를 간절히 바란다. "기업가 정신은 단지 회사를 창업하는 것 이상의 의미를 내포합니다. 저는 모든 사람들에게 혁신적 자질이 있다고 믿고, 상상력·창의력이란 머릿속 아이디어를 현실로 전환하는 능력이라는 아인슈타인 말에 동감합니다." 그녀는 전환학년 미니컴퍼니 활동을 학생들의 창의성과 열정, 내적 동기를 꿈틀거리게 하는 만능열쇠로 생각한다. 전환학년 동안 미니컴퍼니 프로젝트를 운영하지 않는다면 학생들은 어마어마한 학습 기회를 영영 잃어버릴지도 모른다.

제4장

심금을 울리는
지역 돌봄 활동

M50 고속도로 12번 출구 서쪽, 탈러 지역 바로 남쪽에 있는 퍼하우스지역학교는 1986년 이후 전환학년을 줄곧 운영해왔다. 황폐한 외관 때문에 지옥불클럽이라는 악명 높은 별칭이 붙은 몽펠리어 언덕의 스산한 건축물 아래 위치해 있다. 퍼하우스지역학교의 '지역 돌봄' 모듈은 학교와 지역단체가 연계하면 얼마나 혁신적이고 흥미진진하게 학습할 수 있는지 그 가능성을 잘 보여준다.

　　전환학년 학생들은 각자 탁아소, 병원, 특수학교, 돌봄 시설 같은 지역 봉사기관에서 일주일 간 돌봄 활동을 한다. 카멀 보일 전환학년 주임은 학생들이 돌봄 활동을 펼치기에 꽤 어려운 기관들도 있다는 것을 시인했다. "그래서 우리 학교는 활동 전에 학생들을 먼저 철저히 준비시키려고 합니다. 또 활동 후에 잘 설계된 발표 프로그램을 따라 학생들이 자신의 경험을 반추해볼 기회를 가져야만 실제 학습효과가 일어난다는 것도 잘 알고 있죠. 따라서 학생들이 자신이 체험한 것을 글로 작성하고, 그 내용을 반 친구들 앞에서 발표하게끔 지도하고 있어요."

학생의 관점

한 무리의 학생들이 지역 돌봄 경험을 공유하겠다고 자청했다. "저는 양로원에서 지냈는데요, 그 일에 썩 마음이 끌리지는 않았어요." 제시카는 솔직하게 첫 마디를 꺼냈다. "저는 주로 할머니 스무 분과 대화를 나누는 일을 했는데 그분들이 원하는 것, 필요한 것이 모두 다 달랐어요. 신체적·정신적 장애가 있는 분들도 계셨기 때문에 무척 힘들었죠. 어떤 분은 자기 자신을 어린아이라고 생각하셨고, 또 어떤 분은 제가 그분 자녀들 중 한 명이라고 여기셨어요. 저는 양로원에서 일하는 분들께 경탄을 금치 못했어요. 양로원에서 일하려면 반드시 힘이 아주 세야 할 것 같아요. 기분 좋은 유머 감각도 필요하고요. 그곳에서 일하는 분들은 얼굴에 늘 웃음을 머금고 계셨지만 저는 눈물을 꾹꾹 참으려고 애썼어요. 저는 원래 저의 할머니와 대화하는 것을 좋아했는데 이건 완전히 다른 차원의 일이었어요. 이전에 이 정도의 장애를 안고 있는 사람을 만난 적이 없었거든요. 전환학년 동안 우리는 각자 자신의 강점을 발견할 수 있을 텐데 제 경우에 노인을 돌보는 일은 아닌 것 같아요. 하지만 양로원에서 봉사했던 경험은 제게 좋은 경험, 눈이 번쩍 뜨일 만큼 아주 놀라운 경험이었다고 생각해요."

제시카와 같은 반인 알렉스는 지적장애 청소년 훈련 센터에서 돌봄 활동을 했다. "처음에는 조금 불편했어요. 정말 이해하기 어려운 아이들도 있었거든요. 그러나 하루, 이틀 지나고 나니 날아갈 것 같았어요. 사실 모든 것은 교감의 문제예요. 정원을 가꾸거나 청소를 하고 있다고 가정해보세요. 우리는 팀으로 일을 하겠죠. 서로 의견을 나누면서 함께 일을 잘해나갈 거예요. 제가 깨달은 것 중 하나는 다른 모든 이들과 마찬가지로 이 아이들도 각자 고유의 개성과 관심사, 취미를 갖고 있다는 점이었어요. 장애가 있기 때문에 단지 좀 더 세심한 지원이 필요할 뿐이죠. 어차피 사람은 모두 다 다른 거잖아요. 우리는 장애보다 그 사람을 봐야 해요."

또 다른 전환학년 학생인 얀은 신체장애나 학습장애를 가진 어린이들이 다니는 특수학교에서 지냈다. "많은 아이들이 걷지 못했고 대다수는 휠체어를 타고 다녔어요." 얀은 그 상황을 또렷이 기억했다. "대화를 나누기가 어려웠는데 제대로 말할 수 있는 아이가 드물었어요. 그래서 다양한 그림을 보여주고 아이들이 '예', '아니오'를 선택하게끔 이끌었어요. 우리는 수화를 배우기도 했고요." 얀은 수화는 아주 조금만 할 수 있다는 단서를 바로 덧붙였다. 얀은 처음에는 특수학교 분위기가 낯설었고 간단한 질문을 해도 말로 답변을 들을 수 없는 상황이 당황스러웠다고 한다. "하지만 전 그곳을 좋아하게 되었어요. 단지 언어에 의해서만 소통이 가능한 것이 아니라는 것을 배웠거든요. 제가 미래에 그런 분위기에서 일하기를 원할지는 잘 모르겠어요. 하지만 전 눈을 뜨게 되었죠. 걷기조차 힘들어 매일같이 물리치료를 받으면서도 공원을 산책하고 싶어 하는 사람들과 함께 일하는 것은 고단한 일이죠." 얀은 지역 돌봄 활동을 하며 사람이 변화할 수 있다고 믿게 되었다며 자신의 사례를 들었다. "솔직히 봉사를 시작하기 전에는 혹여 수고비를 받지 않을까 하고 내심 기대를 했었어요. 봉사한 지 이틀째가 되었을 때 수고비 따위에는 관심조차 없게 되더라고요. 오직 아이들과 대화를 나누는 것에만 관심이 갔어요. 매주 아이들을 만나서 대화를 나누고 돌보고 일하는 것이 보람되었어요. 돈은 완전히 잊어버렸죠. 제 자신보다 다른 사람을 돌보는 것이 더 보람돼요. 행복은 다른 사람 안에 있더군요."

얀은 지역 돌봄 활동이 모든 학생에게 다 잘 맞는 것은 아닐 거라고 했다. "다른 사람과 함께 일하는 것이 그다지 편치 않은 사람들도 있잖아요. 그런 사람은 소매업이나 컴퓨터 게임을 더 좋아할 거예요. 다른 사람이 자신을 돕는 것에 더 익숙할지도 모르고요. 타인을 돕는다는 것은 새로운 차원의 일이에요." 얀의 급우인 반도 이에 동의했다. "그런 점이 싫어서 반나절만 일하고 나머지 시간은 건너뛰는 사람도 있다는 얘기를 들은 적이 있어요. 직업을 경력으로만 바라보는 것은 지나치게 협소한 생각인 것 같아요. 지역 돌봄 활동을 하며 우리가 사는 세상이 생각보다 훨씬 더 넓다는 것을 깊이 깨닫게 되었어요. 더욱 독립적이 되기도 했고요."

"저는 심각한 정신 질환을 앓고 있는 18세까지의 아이들을 돌보는 현장에서 활동했어요." 마사 역시 전환학년 학생이다. "아이들에게 다가가서 말을 걸고, 책을 읽어주고, 대화를 해야 했어요. 아이들 대부분이 말을 할 수 없는데도 말이죠. 두 가지 사물을 아이들에게 보여주면 아이들은 그중 하나를 선택했어요. 예, 아니오라고 말할 수 있는 아이들도 간혹 있었는데 한 번에 알아듣기는 힘들었지만 결국 답변을 이해할 수 있었죠. 함께 점심을 먹기도 하고 음료수를 주거나 음식을 떠먹여주기도 했어요. 그런 다음 아이들은 영화나 TV를 봐요. 아이들은 〈바니와 아이들〉 TV 시리즈를 정말 좋아했어요. 함께 산책하는 날도 있었어요. 산책 중에 여자아이 한 명이 발작을 일으켰을 때 아이들은 그 애에게 뭔가를 먹이려고 애썼어요. 우리는 카페를 갔죠. 그날은 금요일이었는데 저는 발작을 일으킨 아이에게 음식을 먹였어요. 기분이 좋았어요. 그리고 우리는 화원에 갔죠. 아이들은 알록달록한 색과 싱그러운 분위기에 푹 빠졌어요." 이런 유의 활동은 얼마나 고될까? 마사는 그런 곳에서 한 주를 보내는 것을 모든 학생들이 다 원하지 않으리라는 점을 잘 알고 있지만 자신만큼은 정말 좋았다고 한다. 마사는 이미 특별 도움이 필요한 어린이들로 구성된 농구단을 지도하고 있었기 때문에 장애인과 함께한 경험이 풍부했다. "어린이농구단 아이들보다 돌봄 활동을 하며 만났던 아이들의 장애가 훨씬 더 심각했어요. 하지만 저는 여전히 교감할 수 있었고, 이 아이들이 우리와 똑같은 사람이라는 것을 자각하게 되었죠."

반은 돌봄 현장에 기타를 가져갔다. 반은 성인 대상으로 일시적·지속적 치료를 하거나 재활을 돕는 병원에서 일했다. "그 병원에는 대략 35세부터 90세가 넘는 환자까지 계셨어요. 우리는 실질적인 일을 많이 했죠. 스트레칭 운동을 도와드리고, 혈압을 확인하고, 화장실에 같이 가고, 붕대를 감아드리고, 함께 교회에 가거나 산책을 하고, 물론 식사시간에도 도와드렸어요. 빙고나 복스티 같은 게임을 함께 하며 유쾌한 시간을 보낼 때도 많았죠. 96세의 환자 한 분은 십자말풀이 게임을 아주 잘하셨어요. 우리는 노래도 불러드렸어요. 환자들은 젊었을 때 들었던 추억의 옛 노래를 정말 좋아하셨어요. 눈물을 흘리시는 분들도 계셨으니까요. 저는 기타를 가져갔어요. 저도 기타 치는 것을 즐겼지만 그분들도 제가 기타 치는 것을 좋아하셨어요." 반 역시 교감하는 것이 지역 돌봄 활동의 핵심이라는 반 친구들 의견에 공감했다. "환자들은 이야기하는 것을 좋아하셨는데, 특히 당신의 어린 시절 이야기를 들려주는 것을 좋아하셨어요. 그분들의 이야기를 듣다 보면 요즘 우리들의 삶과 얼마나 다른지 비교가 돼서 무척 흥미로웠어요. 어떤 분은 샤워기 사용하는 것이 겁나셨대요." 반은 기억을 더듬었다. 반의 부모는 필리핀에서 아일랜드로 이민 왔다. 반은 병원에서 지역 돌봄 활동을 하며 의사, 간호사, 간병인 같은 다양한 직업군을 눈여겨보았다. "병원에서는 어떤 일을 하든지 인내심이 정말 많이 필요했어요."

교사의 관점

학생들의 진로체험 활동을 면밀히 관찰한 후 퍼하우스지역학교 교사들은 진로체험과 확연히 구별되는 지역 돌봄 모듈을 진행하기로 결심했다. 진로체험 발표시간에 지역봉사 성격을 띠는 곳에서 진로체험을 했던 학생들이 유독 더 진로체험을 열심히 했다는 사실을 교사들이 알아챘던 것이다. 따라서 모든 학생들이 진로체험 외에 지역 돌봄 활동을 하나 더 하는 것으로 결정했다. 앤 데일리 교목은 10년 넘게 퍼하우스직업학교에서 지역 돌봄 수업을 발전시켜온 주축이다. "우리 학교가 다양한 지역 돌봄 기관과 협력관계를 맺기까지는 오랫동안 전환학년 코디네이터로 일하셨던 아일린 머피 선생님의 공이 커요. 저희에게 정말 도움이 되었던 것은 학생들이 기관에서 활동하고 있는 동안 교사들이 그 기관을 방문해서 어떻게 돌아가는지 직접 관찰하고 파악할 수 있었던 것이죠. 우리 학교가 여러 기관 사람들과 교분이 있었기 때문에 가능했을 거예요. 기관에서는 학생들이 난처한 상황에 놓이면 학교에 바로 연락을 취했어요. 지역 돌봄 주간에 저희가 현장을 돌면서 현장 관계자들을 만나 많은 이야기를 나눈 덕분이죠. 제가 지역 돌봄 활동 코디네이터라는 것을 기관에서 아는 것은 제게도 도움이 됩니다. 학교에 연락하는 것이 더 나은 상황에서 기관은 어정쩡한 태도를 취하지 않을 테니까요." 또한 그녀는 학교 담당자는 기관 관계자를 자신감 있게 대하고, 그 기관으로부터 도움을 받고 있는 사람들을 정중하게 대하는 것이 중요하다고 덧붙였다.

퍼하우스직업학교는 9월에 시작하는 전환학년 수업을 제대로 운영하려면 전환학년이 시작되기 훨씬 전인 6월까지는 수업계획을 짜기 시작해야 한다는 것을 잘 알고 있다. 따라서 학생들에게 노인·어린이·장애인 기관 중 선호하는 곳을 큰 틀에서 생각해볼 것을 제안한다. "학생들은 자신이 좀 더 관심 있는 곳에서 활동할 때 더 전념하게 되는 것 같아요." 앤 데일리 교목은 자신의 경험에 비추어 말했다. 전환학년 학생 103명은 세 반으로 나뉜다. 모든 전환학년 학생들은 지역 돌봄 활동은 한 주, 진로체험 활동은 두 주 수행한다. 진로체험의 경우 학생들이 장소를 직접 물색하는 반면 돌봄 활동의 경우 학교에서 돌봄 기관 25곳을 관리한다. 앤 데일리 교목은 자신이 지역 돌봄 현장을 직접 방문하는 것이 가능하도록 유연하게 시간표를 짠다. "이 일이 앤 데일리 선생님 성격에 잘 맞는 측면도 있습니다." 카멀 보일 학년주임이 거들었다. "앤 데일리 선생님은 기관과도 원활하게 소통하시지만 활동 전 준비에서부터 활동 후 발표까지 이 일의 최적임자이세요. 모든 교사들이 다 그렇게 잘할 수 있는 일이 아닙니다."

"전환학년이 흘러갈수록 학생들의 적성을 더 잘 파악하게 되니까 학생과 장소를 연계하는 데 자심감이 붙게 됩니다." 카멀 보일 선생님이 이어서 말했다. "예를 들면, 양로원에서 일할 때와 특수학교에서 일할 때 부딪히는 어려움이 다르겠죠. 학생 개개인이 성장하도록 돕는 것이 학교의 주요 관심사이기는 하지만 학생만이 아니라 현장에 계신 모든 분들도 공평하게 고려해야 합니다."

"지역 돌봄 활동을 통해 무엇을 얻으려고 하는지 물으셨죠? 저희는 학생 모두가 이 수업을 선택하지 않았다면 절대로 경험하지 못할 아주 귀중한 경험을 하고 있다고 믿어요." 앤 데일리 교목은 다음과 같이 길게 설명했다. "학생들은 지역 돌봄 활동을 하며 일상생활에서 쉽게 조우하기 힘든 사람들을 만나죠. 심각한 장애를 앓고 있는 사람들을 만나 그들의 어려움을 가까이에서 몸소 체험합니다. 오랫동안 학생들을 지켜보면서 이런 경험이 학생들의 삶에 얼마나 깊은 영향을 미치는지를 뼈저리게 느끼고 있어요. 이를테면 더 이상 사람들의 장애는 보이지 않고 사람만 보인다고 진지하게 말하는 학생들이 부쩍 많아졌죠. 대부분의 학생들이 공감능력을 발달시켰어요. 이제 타인의 입장에서 더 많은 것을 생각할 줄 알게 되었죠. 기관의 입장까지도 고려하고요. 지역 돌봄 경험을 발표하는 자리에서 교사들은 학생들에게 지역 돌봄 활동에 대해 어떻게 생각하는지 물어봅니다. 즐거웠다고 답하는 학생이 소수이기는 하지만 힘들었다고 답하는 학생들조차도 지역 돌봄 활동이 매우 가치 있는 경험이었다고 덧붙입니다. 고2, 3학년이 돼서 전환학년에 대해 논할 기회가 생기면 학생들은 어김없이 지역 돌봄 활동의 진가를 인정하죠."

카멀 보일 학년주임은 기관·학생 쌍방향 도움의 성격에 대해 부언했다. "전환학년 학생들을 꽤 영리하게 활용하는 기관들도 있어요. 가령 기관 건물에서 노약자를 다른 곳으로 데리고 이동하는 것과 같은 경우죠. 학생들도 기관들의 이런 면모를 간파하고 있는데 지역 돌봄 활동의 주고받기 식 쌍방향 성격을 분명히 보여주는 사례예요. 진로체험 활동을 통해서는 기관·학생 쌍방향 교류의 속성을 거의 느낄 수 없었거든요."

퍼하우스지역학교 학생들·교사들의 '지역 돌봄' 토론을 듣노라니 스탠퍼드대학 넬 나딩스의 감명 깊은 저서, 『학교교육에 돌봄 제안, 교육의 대안적 접근』이 떠올랐다.나딩스, 2005 전직 고등학교 수학교사였고 존 듀이 연구로부터 유독 깊은 영향을 받았던 나딩스는 종래의 학교교육 체제는 인지적·도덕적으로 현대사회에 더 이상 적합하지 않다고 믿었다. 그녀는 전통적 방식의 훈육보다는 돌봄 주제를 따라 교육의 틀을 잡아야 한다고 주장했다.

모든 학생은 자기 자신, 가까운 사람, 세계시민, 식물, 동물, 환경, 인간이 만든 세상, 생각을 돌보도록 이끌어주는 일반교육을 받아야 한다. 이와 같이 정의된 도덕적 삶을 툭 터놓고 주된 교육 목표로 삼아야 한다. 이러한 교육 목표는 지적 발달 혹은 학업성취 목표와 상반되는 것이 아니다. 도리어 지적 발달과 학업성취 양자의 견고한 초석이다.앞 문헌, p. 173

큰 그림으로 보면 전환학년 지역 돌봄 모듈은 나딩스의 교육 비전을 실현하는 길로 나아가는 움직임이다.

카멀 보일과 앤 데일리 선생님은 실제 운영해본 결과 활동 전 사전준비와 활동 후 발표시간이 지역 돌봄 활동의 관건이라고 이구동성으로 강조했다. 카멀 보일 선생님은 '돌봄 현장에서 쓰이는 말 중에는 학생들에게 익숙하지 않은 것도 있다'는 사실을 주시했다. "어떤 말에는 특정한 의미가 함축되어 있어요. 다양한 감정이 숨겨져 있죠. 학생들은 자신이 내뱉은 말이 적합한지 잘 모르겠다며 하소연하곤 합니다. 지역 돌봄 활동을 하며 학생들은 사람들과 대화를 나누는 방식에 점점 더 민감해지죠. 다양성 문제를 체화하기에 좋은 활동이에요." 경험을 나누기에 적합한 장소를 찾고 발표시간을 적절히 분배하는 과정에서 학생들은 언어, 감수성, 공감력의 중요성을 더 깊이 자각하게 된다. 카멀 보일 선생님은 학교가 발표 준비에 공들이는 것을 보면 학교에서 지역 돌봄 활동을 얼마나 소중히 여기는지를 알 수 있다고 한다.

학생들이 본격적으로 돌봄 활동을 수행하기에 앞서 앤 데일리 교목은 자원봉사 정신에 대해 설파한다. 학생들과 인터뷰를 해보니 데일리 교목의 설교는 분명 오래도록 학생들의 뇌리에 남아 있었다. "지역 돌봄 활동을 한다고 해서 돈으로 보상받지는 않겠지만 다른 100배의 대가가 따를 거라는 말로 운을 떼죠. 제가 살아오면서 해왔던 자원봉사 경험이나 무보수 혹은 돈을 거의 받지 않으면서 일했던 경험에 대해서도 들려줘요. 또한 이 세상 어디에서든 자원봉사를 할 수 있다는 사실과 자원봉사자가 필요한 기관에 대한 정보도 줍니다. 지역 돌봄 활동이 자신에게 얼마나 좋은 기회가 될지, 새로운 경험의 문을 여는 것이 얼마나 중요한지, 자신이 배운 것을 보고 스스로 얼마나 놀라게 될지에 대해 방점을 찍어서 얘기하죠."

전환학년이 종래의 학교교육 개념에 반기를 드는 일종의 교육혁신이라면 이 혁신성은 지역 돌봄 모듈에서 두드러지게 표출된다. "아일린 머피 선생님과 저는 자주 토론하며 전환학년의 혁신적 성격을 되새겨보곤 해요." 앤 데일리 교목은 지역 돌봄 활동의 현실적 어려움에 대해 언급했다. "어떤 학생은 지역 돌봄 활동을 아주 곤혹스러워해서 학교 지원이 없으면 도저히 활동할 수가 없어요. 활동을 시작할 때 학교를 벗어나 지역으로 한 발짝 내딛는 것조차 주저하는 아이들도 있거든요. 그래서 저희는 독려하고, 밀어붙이고, 지원하는 것 사이의 균형을 맞추려고 애쓰죠. 돌봄 활동 첫날 찾아와서 더 이상 하고 싶지 않다고 투덜대는 녀석들도 있다니까요. 저희는 쭉 그곳에 붙어 있으라고 설득합니다. 학부모에게 지역 돌봄 활동의 목적을 설명하는 시간도 가져야 해요. 학부모들이 학교를 다녔던 시대에는 지역 돌봄 활동 자체가 없었기 때문에 지역 돌봄의 가치를 제대로 이해하지 못하는 학부모들도 계시거든요. 먼저 서로 신뢰를 쌓아야 해요. 시간이 좀 드는 일이죠."

카멜 보일 선생님은 흥미로운 점에 주목했다. "재미있는 것은 두 명의 학생을 같은 장소에 보내더라도 아주 다른 경험을 하고 돌아온다는 것이에요. 지난주 한 학생과 여성난민촌에서 활동했던 이야기를 나눴어요. 그 학생이 그곳에서 활동의 의미를 그다지 찾지 못했다고 집작했죠. 그런데 같은 곳에서 활동했던 다른 학생은 아주 상반된 이야기를 꺼내는 거예요. 그곳에서 아주 풍부한 경험을 했다고 말이죠. 그래서 저희는 학생들이 자신의 활동을 꼼꼼히 되짚으며 돌봄 현장 활동과 자기 자신에 대해 스스로 질문을 던지도록 유도하고 각자 느낀 것을 반추해보도록 지도합니다. 매우 효과적이에요."

지역 돌봄 활동을 시작하려는 학교는 어떤 조언이 필요할까? 앤 데일리 교목은 다음과 같이 답변했다.

"가장 먼저 얘기해주고 싶은 것은 운영이 결코 쉽지 않다는 점이에요. 먼저 학교 가까이에 활동이 가능한 기관이 있는지 살펴보고, 학생들에게 얼마나 먼 곳까지 다닐 수 있는지 물어봐야 합니다. 그런 다음 기관 관계자와 좋은 관계를 형성해야 하죠. 학교에서 무엇을 하려는지 설명하고, 기관의 관심사도 경청해야 합니다. 직접 만나는 것이 가장 좋겠죠. 수줍음이 많고 예민하고 꺼리는 학생들을 잘 다독이며 학생들 옆에 바싹 붙어서 함께 준비해야 해요. 활동 첫날에는 학생 옆에 앉아서 목적, 절차, 규칙, 안전문제에 대해 알려주고 긴급 상황이 도래했을 때 대처 방안과 같은 실질적 조언을 해주는 등 현장에 대한 충분한 정보를 전달하는 것이 중요합니다. 저희는 일주일 연속 활동을 하는 것이 주 1회 몇 주간 활동하는 것보다 더 낫다는 것을 깨달았어요. 주 1회 활동이 얼마나 한계가 많은지 명료하게 깨우쳐주었던 몇몇 기관들이 떠오르네요. 가령 매주 화요일마다 활동을 하는 학생이 있다고 치죠. 그 학생은 기관에서 프로그램을 짜놓은 대로 공예를 하든 화단을 가꾸든 매주 화요일마다 똑같은 활동만 하고 돌아올 거예요. 하지만 일주일 연이어 활동하면 훨씬 더 풍부한 경험을 하게 되겠죠. 학생들은 처음에는 부담을 많이 느끼지만 점차 활동에 전념하며 자신이 활동했던 그 이상으로 많은 것을 얻어냅니다. 꽤 많은 학생들이 지역 돌봄 활동을 마친 후에도 지역 센터에서 자원봉사활동을 지속하는 것을 저희는 눈여겨보고 있어요. 아주 고무적인 징후죠."

전환학년의 독창적인 시각

1974년 당시 교육부장관으로 전환학년을 처음 제기했던 리처드 버크 아일랜드 의회 의원은 교육혁신의 골자를 다음과 같이 요약했다.

> 우수한 성적을 받아 경쟁에 이겨 성공해야 한다는 학생들의 압박감이 커질수록 교육체계는 점차 학업 중심의 따분한 것이 되어가고 있다. 이러한 압박으로 인해 학교 또한 점점 바깥세상과 단절되고 학생은 자신이 어떤 사람인지, 앞으로 살아가게 될 세상은 어떤 곳이고 언제 사회에 기여해야 할지, 그 사회의 장점과 단점은 무엇인지 알기 위해 '잠시 서서 곰곰이 생각할' 겨를이 좀처럼 없다. 따라서 교육과정 중간 어디쯤에서 1년간 따분한 교육을 멈추고 학생들이 학업에 대한 압박으로부터 벗어나 개인의 성장을 도모하고 지역봉사에 전념할 수 있는 시간을 갖게 하자는 제안을 했다.버크, 1974

지역 돌봄 활동은 본디 전환학년 개념의 중심이었고, 진로체험과 지역돌봄 활동이 전환학년 지침에 공식적으로 제기되어 있지만 모든 학교에서 지역 돌봄 활동을 전개하는 것은 아니다. 병원, 탁아소, 주민자치센터, 돌봄 시설 같은 곳에서 진로체험을 하며 충분히 지역사회에 기여할 수 있다고 주장하는 사람들도 많다. "저희 퍼하우스지역학교는 진로체험과 지역 돌봄 활동이 확연히 구별되는 별개의 활동이라는 점을 명확히 하는 것만으로도 학생들에게 중요한 메시지를 전달한다는 것을 깨달았습니다." 카멀 보일 선생님은 학생들은 지역 돌봄 활동을 하며 이익 추구라는 동기 하나로 사람들이 일을 하는 이유를 모두 다 설명할 수 없다는 점을 알게 된다고 말했다. 학생들은 사회 약자에게 무엇이 필요한지 새롭게 통찰한다. 남학생·여학생 모두에게 돌봄과 공감력이 중요하기에 남녀공학에서는 지역 돌봄 활동의 중요성이 더욱 부각된다. 전환학년 지역공동체 돌봄 활동은 지금 당장 배우고 있는 과목들과 특별히 연결되지는 않더라도 향후 대학에서 돌봄과 관련된 학과를 전공해도 될 학생들의 성향이 어떠해야 하는지 판단할 수 있게 해준다. 돌봄 관련 학과로는 사회학, 정치학, 인류학, 보육학, 교육학, 물리치료학, 심리학, 응용사회학이 있다. 또한 청소년기 학교에서 지역 돌봄 활동을 경험한 사람은 성인이 되어서도 자원봉사를 하며 살아갈 가능성이 높다. "자원봉사는 지역사회에 도움이 되지만 개인의 삶에도 향기를 더해줍니다." 카멀 보일 선생님은 직업이 중요하지만 직업으로 사람을 판단하는 것은 큰 실수가 된다는 생각을 청소년들에게 분명히 심어주고 있다고 한다. "삶이란 직업 그 이상의 것이잖아요."

넬 나딩스는 교육의 울타리에서 돌봄 능력을 기르기 위해서는 무엇보다 인간관계를 잘하는 것이 가장 중요하다고 강조했다.

> 믿음과 돌봄이 깃든 관계를 맺기 위해 요리법처럼 따라야 할 절차는 없다. 타인을 잘 돌보고 싶은 사람은 사람들에게 주의를 기울여 그들에게 필요한 것이 무엇이고 어디에 흥미를 느끼는지 파악하기 위해 에너지를 쏟아부어야 한다. 타인을 돌보는 것은 꾸준히 길러야 하는 역량(혹은 여러 역량의 결합)이다. 시간이 소요된다.^{나딩스, 2005. p. 114}

제5장

진로체험을 통한
개인적·사회적 성장

존 오코너 교장은 시켈거지역학교가 아일랜드에서 지리적으로 가장 외진 곳에 있다고 생각한다. 현재 케리주 교육훈련위원회 소속 학교인 시켈거지역학교는 캐허르시빈에 있으며, 아이비어라 반도의 네 학교가 1990년대 합병되면서 설립되었다. "매년 전환학년 학생 60여 명을 진로체험 기관으로 연결시키는 것은 정말 곤혹스러운 일이죠." 존 오코너 교장은 이렇게 운을 뗐지만 상상력을 발동하고, 이런저런 묘안을 내고, 다양한 학교 네트워크를 활용해서 결국 모든 학생을 진로체험 현장으로 연결시킨다. "골웨이의 숙모를 통해서든 더블린의 삼촌을 통해서든 결국 모든 학생들은 일자리를 갖게 됩니다. 학교에서 배우기 힘든 새로운 것을 체득할 수 있는 의미 있는 장소를 섭외하려고 노력하죠." 정작 그 자신은 관광산업과 관련된 일자리에 유달리 관심이 많다. "단지 지역을 떠나는 것 이상의 더 많은 선택지를 학생들에게 부여해야 해요. 저는 전환학년을 마친 학생들이 몇 년 동안 케리주를 떠났다가 지역 관광산업을 발전시킬 역량을 갖추고 돌아와 이곳에 정착하는 상상을 즐겨 합니다. 진로체험은 이런 대화의 포문을 열어주는 활동이에요."

  시켈거지역학교 전환학년 코디네이터로 일하는 브리드 칼리선 선생님은 진로체험에 대한 자신의 생각을 토해냈다. "진로체험을 통해 학생들은 실제로 일을 해볼 수 있는 기회를 갖습니다. 동물병원 간호사를 희망했던 학생이 진로체험 후에도 여전히 그 일을 하고 싶을까요? 이제 학생들은 물리치료사가 되면 눈앞에 있는 멋진 축구 스타를 치료하기보다 노인들을 주로 대면하게 될 거라는 사실을 알게 됩니다. 물론 잭팟을 터뜨려서 케리주 명물인 스켈리그스 초콜릿 같은 자그마한 사업을 벌이고 싶어 하는 학생들도 있어요. 진로체험을 통해 학생들은 학교에서 중요시하며 가르쳐왔던 모든 것, 가령 예절, 자기주장, 시간 엄수, 공감력을 키울 수 있어요. 진로체험을 하는 동안 대화를 나누고, 자신에 대해 선입견이 없는 새로운 사람들을 만나고, 팀의 일원으로 근무해보는 경험을 갖게 되죠. 학생들은 너나 할 것 없이 진로체험과 사랑에 빠집니다."

마이클 스탠리 선생님은 아일랜드 동부에서 급성장하고 있는 더블린 외곽 지역의 캐슬녹지역학교에서 전환학년 코디네이터로 재직하고 있다. 그는 전환학년 학생 120명을 이끄는 학년주임이기도 하다. "진로체험은 3월과 11월에 각 한 주씩 총 2주간 진행되는데, 그전부터 오랫동안 준비하죠." 그는 학교의 진로체험 프로그램에 대해 상세히 설명했다. "전환학년 네 반이 각각 주 1회 진로체험 준비 수업을 하도록 시간표를 구성합니다. 그 덕분에 진로체험 오리엔테이션과 발표에 세심하게 공을 들일 수 있어요. 전환학년 총회 때 진로체험 준비 수업에 대한 내용을 전달합니다." 또한 학교 상담교사는 학생들이 각자 자신의 강점과 약점을 잘 파악하도록 돕는다고 한다. 학생들은 진로체험 장소를 직접 찾아나서야 한다. "학생들이 장소를 직접 물색하는 것은 정말 유익한데요, 특히 고용주가 학생과 취업 면접을 하는 경우 더욱 그렇습니다. 때로는 부모가 일자리를 알선해주는 경우도 있어요. 부모와 학생이 머리를 맞대고 직업, 경력, 후속 학습 등에 대한 진지한 대화를 나누는 데 도움이 된다면야 좋은 일이죠." 그는 중3 1월경부터 일찌감치 진로체험에 대해 문의하고 장소를 섭외하기 시작하는 학생들이 있다고 강조했다. "대부분 학생들이 매우 열성적으로 진로체험을 합니다."

주 1회 진로체험 준비 수업은 고용주가 고용인에게 기대하는 사규, 동료·상사·일반인과의 대인관계 등의 주제에 따라 운영된다. "진로체험을 떠날 때 학생들에게 학교 공문, 고용보험 세부 사항, 고용주 평가 양식이 들어 있는 봉투를 하나씩 건네줍니다." 고용주 평가 양식은 '출근', '시간 엄수', '복장 상태', '동료 관계', '대인관계', '직무 수행 능력', '장비 사용 능력', '건강·안전 문제에 대한 주의 정도' 같은 소제목 아래 '우수', '양호', '보통'으로 등급을 매기도록 제작되어 있다. "공난에 기재하는 고용주의 서술형 의견도 중요합니다."

진로체험이 진행되는 11월과 3월 각각 현장을 방문하거나 고용주에게 전화를 걸며 약 삼분의 일가량의 고용주를 접촉한다고 한다. "고용주와의 관계는 몹시 중요합니다. 저희가 연락하면 고용주는 고마워해요. 상의해야 할 문제가 있는 경우 저희가 그분들의 말을 경청할 수 있으니까요."

대부분 학교에서 그렇듯이 캐슬녹지역학교에서도 장소를 구하느라 애를 먹는 학생들이 꼭 있다. "이런 경우를 대비해서 우리 학교는 이전에 연계되었던 고용주 목록을 갖고 있어요. 물론 이 목록을 학생들에게 떠벌리지는 않습니다. 학생들이 직접 진로체험 장소를 물색하는 것이 우선이니까요." 그는 학생들 대부분이 대체로 '의미 있는' 곳에서 진로체험을 한다며 만족스러워했다. "학생들은 병원에서 발도넬 공군비행장에 이르는 다양한 장소에서, 아일랜드라디오·TV 방송국 직원에서 수의사까지 다양한 직업을 갖고, 신문제작이나 연구 등의 다채로운 일을 수행합니다. 저마다 자신의 진로체험을 자신만의 화폭에 담죠."

캐슬녹지역학교 마이클 스탠리 학년주임과 동료 교사들은 진로체험의 학습 효과를 극대화하기 위해 진로체험 활동을 되돌아보는 발표 시간이 매우 중요하다고 단언했다. "전환학년을 시작할 때 진로체험뿐 아니라 전환학년 동안 행해진 학습 전체를 기록할 공책 한 권씩을 학생들에게 나누어 줍니다. 자신의 학습 경험을 성찰하기 위한 것이죠. 기록할 때마다 부모의 사인을 받아야 해요. 그 덕분에 부모와 자녀는 전환학년, 특히 자녀의 직업과 경력에 대해 토론을 벌일 수 있습니다."

진로체험의 다양한 목적

대부분 학교들은 다양한 목적으로 진로체험을 전개한다. 여기에는 청소년 진로지도를 강화하고, 청소년의 개인적·사회적 성장과 사회의식을 높이기 위해 청소년들이 다양한 환경을 접하도록 하는 것이 포함된다. 또한 구직에 필요한 특정 기술을 연마하는 것도 진로체험 목적 중 하나이다. 전환학년 지침은 좀 더 폭넓은 교육 차원, 즉 '교외학습'의 맥락에서 진로체험을 고려한다.

전환학년은 다양한 학습 환경을 운용하여 학습은 오로지 교실에서만 가능하다는 관념, 심지어 교실수업이 가장 효과적이라는 관념을 떨쳐버리기 위한 것이다. 이러한 관점으로 교육하고, 직업세계에 대한 예비교육을 실시하는 방법 중 하나는 진로체험을 교육과정의 한 부분으로 구성하는 것이다.교육부, 1993

진로체험 연구 결과

전환학년 항해의 하이라이트로 진로체험을 손꼽는 청소년들이 많다. 이머 스미스, 델마 번, 카멀 하난은 『전환학년 프로그램: 평가』에서 직업세계에 들어갈 채비를 하는 것은 분명 전환학년 사명의 한 축이지만 진로지도 방식은 학교마다 상이한 점에 주목했다.

> 전환학년을 시행하는 거의 모든 학교에서 진로체험은 학생들이 직접 근로현장에서 일하며 직업의식을 고취하는 주요 방식이다.스미스 등, 2004, p. 244

경제사회연구원Economic and Social Research Institute) 소속인 세 연구자는 진로체험 기간과 시기, 체계의 차이를 주시했다. 연구진은 '직업 표본추출'(미래에 종사하기를 원하는 직업군에서 실시하는 진로체험)을 포함하는 진로체험 현장과 '알바'(방과 후에 하는 시간제 일자리와 겹치거나 닮은 진로체험)를 포함하는 진로체험 현장 사이에 두드러진 차이가 존재하는 점을 눈여겨보았다. 연구진은 학교는 '직업 표본추출' 방식으로 진로체험을 하도록 장려해야 하며, '진로체험 준비에서 평가까지 보다 큰 얼개를 갖고 진로체험을 실시하는 것'이 매우 중요하다고 제안했다.앞 문헌, p. 244

에이든 클러킨은 직장생활의 참맛을 보는 것은 학생들이 수업시간에 배웠던 내용을 실제 현장에서 적용하며 개념화하는 것을 도와주기 때문에 학생들에게 반드시 필요하다는 초기 전환학년 개발자들의 생각에 동의했다. 그는 더블린 뉴파크종합학교 존 해리스 전 교장의 사례를 인용했는데, 뉴파크종합학교는 아일랜드 최초로 전환학년을 필수과정으로 운영했던 학교이다. 더블린 외곽 드룸칸드러 지역에 위치한 교육연구센터Educational Research Centre의 연구자인 클러킨은 또한 "졸업 후의 삶과 직업을 준비하고 있는 학생들이 학교 울타리 안에서 미래의 세상을 미리 인지하는 방법으로 진로체험만 한 것이 없다"는 원[2009, p. 52]의 주장도 인용했다.

클러킨은 "진로체험은 학생들이 배운 것을 실행에 옮기며 직업세계를 이해하고, 책임감을 발휘할 기회를 갖고, 성인과 함께 일하고, 전반적인 자기관리 능력(가령 시간관리)을 향상시키고, 사회역량 및 인식을 강화하기 위한 것"이라고 했다. 그는 "직장에서 사람들과 상호 교류하며 학생들이 가치 있게 여기는 책임감 있는 성인으로 대접받아본 경험 자체가 구체적인 직무 기능을 익히는 것보다 훨씬 중요하다"라고 주장했던 켈러헌·루이스[1991] 연구를 인용했다. 학생들은 구직시장을 탐색하고, 자신이 선택한 직장에서 일상적인 업무를 행하며 자신이 이전에 그 직업에 대해 막연히 짐작했던 것이 맞는지 확인한다. 진로체험이 첫 직장 경험인 학생들도 많다.

또한 클러킨은 "그럼에도 불구하고 전통적인 성·계급의식은 학생들이 선택한 다양한 진로체험 활동에서 그대로 드러났다"[제퍼스, 2012]라고 명시했다. 이를테면 "남학생들은 자동차 산업 분야에서 일을 구하는 경향이 있고, 여학생들은 미용 분야에서 일하기를 원했다"라고 했다. 이 연구는 2010~2011학년 동안 진로체험에 참여했던 13개 학교, 853명 학생(남학생 359명, 여학생 494명)의 설문 응답을 토대로 한 것이다. 853명 중 54%는 전환학년 학생이었고, 30%는 직업 계열 고등학교 졸업자격 프로그램Leaving Certificate Vocational Programme, 이하 LCVP 학생, 나머지 16%는 LCA 학생이었다. 90%의 응답자가 진로체험을 '유익' 혹은 '매우 유익'하다고 답했다. 눈에 띄는 연구 결과로는 (1) 전통 직업에 대한 편견이 드러나고, (2) 제약회사나 IT 산업 분야에서의 체험 현장이 상대적으로 부족하고, (3) 성별에 따른 차이가 두드러지게 나타나고, (4) 연구에 참여했던 학교 중 진로체험 활동비를 걷었던 학교의 학생들이 좀 더 전문성을 요하는 현장에서 진로체험을 하는 경향이 있고, 집을 떠나서 심지어 해외에서 진로체험을 하는 경향이 있다는 사실이 제기되었다. 이 연구는 진로체험에 학교가 좀 더 '적극적으로 개입'할 필요가 있다고 결론지었는데, 특히 경제적으로 취약한 학생들이 대다수인 학교에서 더욱 그렇다.

전 상담교사이자 교장이었던 조 모이니핸은 2013년 코크대학에서 박사학위 연구를 마쳤다. 그는 학생 개인의 정체성과 이제 막 시작되는 진로 정체성에 진로체험이 어떻게 영향을 미치는가에 따라 학생들의 고2, 고3 선택과목이 달라지는 점에 주목했다. 그는 "학생들의 삶에서 자기주도성을 향상시키는 데 진로체험이 크게 기여한다"라고 결론을 내렸다. 또한 "진로체험은 학생들이 진로체험을 하지 않았다면 지지부진했을지도 모를 과목 선택을 좀 더 매끄럽게 해줄 뿐 아니라 고2, 고3학년으로 올라가서 공부에 더욱 매진하도록 학습동기를 부여하고, 활동학습·체험학습·자기주도학습 개념을 접하게 해준다"라고 주장했다. 동시에 진로체험은 "학생들의 자신감을 북돋고 개인 및 진로 정체성을 키워준다"라고 부연했다.

조 모이니핸은 고용주의 관점에서도 진로체험의 의미를 살펴봤다. 그의 연구에 따르면 고용주들은 학교에 협조적이며 학생들이 진로체험을 마친 후 학교에 학생 활동평가 자료를 기꺼이 전달했다. 그는 진로체험 현장을 제공했던 고용주가 얻을 수 있는 눈에 보이지 않는 이점 12가지를 정리했다. 자기 회사의 업무를 소개하고 그 일에 대한 학생들의 관심을 높여 미래 일꾼으로 성장시키는 것, 청소년의 포부와 성취감을 강화하는 데 일조하는 것, 별도의 비용 없이 회사 관리 및 경영능력을 비롯하여 직원 역량을 강화하는 것, 단기 및 계절 일꾼을 채용하는 것, 지역 내 고용주의 인지도가 향상되는 것, 청소년의 건강 및 안전 훈련을 강화하는 것, 청소년의 특성에 대해 잘 알게 되는 것, 현재 교육 관행에 대해 통찰하는 것, 지역공동체에 이익을 환원하는 이타주의를 실현하는 것 등이다.

2013년 더블린시티대학 교육학과 아넬리스 캠프와 얼스터대학 교육학과 도러시 블랙은 아일랜드공화국과 북아일랜드 학교의 진로체험을 살펴보는 비교연구를 완수했다. 두 연구자는 교사들이 학생들의 진로체험을 어떻게 개념화하는지에 관심이 많았다. 연구 결과 수많은 시사점이 드러났다. 아일랜드공화국 교사들은 대체로 전환학년을 진로체험 학습의 '본거지'라고 평했다. LC과정에도 다양한 진로체험 프로그램이 있지만 교사들의 인터뷰는 전환학년에 대한 이야기뿐이었다. 진로체험의 이점이 발현되는 '그' 기회가 주로 전환학년에 집중되어 있다는 느낌을 지울 수 없었다. 전환학년제 덕에 아일랜드공화국 학생들은 연구의 다른 대상자인 북아일랜드 학생들보다 더 어린 나이에 진로체험을 시작할 수 있었다.

최근의 경제 불황 여파로 시간제 일거리가 많이 사라지면서 학교 진로체험의 중요성이 더욱 고조되었다. 어느 학생에게는 진로체험이 장래의 고용주에게 내세울 수 있는 유일한 직업 경력이 될지도 모른다. 선택에 의해서든 필요에 의해서든 고등학교 졸업 후 대학교육이나 계속교육을 원하지 않는 학생들에게 진로체험은 특히 중요하다.

캠프·블랙 연구는 교사가 바라는 것과 실제 현장에서 일어나는 것 사이에 뚜렷한 간극이 존재하는 것을 보여준다. 한 예로 아넬리스 캠프는 다음과 같이 밝혔다.

많은 전환학년 코디네이터들과 상담교사들은 진로체험의 이점을 실현하기 위해 전념했고, 교사·학생·학부모·고용주의 입장을 다각도로 고려하며 진로체험을 준비하는 것이 복잡한 일이라는 것을 인지했다. 반면 담임교사들은(교사가 가르쳐서든 학생이 저절로 깨달아서든) 교실에서 배운 학습 내용을 어떻게 진로체험과 연계시켜야 할지 생각한 적이 없거나 생각조차 할 수 없는 경우가 종종 있었다.

캠프·블랙 연구에서는 학생들이 진로체험을 수행하며 깊이 깨달았던 내용을 학교 내 다른 교사들에게도 전달했는지 묻는 질문에 한 교사가 응답한 내용을 실었다.

그럴 수도 있었겠지만 그렇게 하지 않았어요. 사실은… 교사들은 가르치는 것 외에 다른 직업 현장 경험이 많지 않아요. 그리고 이런 생각에 보통 빠져 있죠. '도대체 이게 나와 무슨 상관이람? 나는 수학을 가르치러 이 학교에 왔는데. 그래서 뭘 어쩌라는 거지? 조니는 내가 수학을 가르치는 학생이고 진로체험을 했어. 진로체험은 그 애에게 유익했고. 그렇지만 지금 나는 조니에게 수학을 가르치고 있잖아. 나는 수학교육과정에 따라 가르쳐야 하고 수정해야 할 할 시험지도 갖고 있어. 며칠만 지나면 시험도 다가오지. 나도 조니의 진로체험 얘기를 정말 듣고 싶다고.' 이런 마음속 생각을 아마도 이렇게 표현하겠죠. "하지만 전 들어줄 시간이 없어요. 왜냐하면 제가 조니 얘기를 들어주면 다른 30명의 학생들도 자기 얘기를 들어주길 바랄 테고, 교실에서 한꺼번에 다 듣기는 힘들기 때문이죠." … 수업요강과 교육과정은 촘촘하고 처리해야 할 일은 산더미처럼 많아서 교사들은 거기에 정신이 팔려 있죠. 이론적으로야 진로체험 경험을 모든 사람과 나누면 더할 나위 없이 좋겠지만 현실은 그렇게 녹록지 않습니다. 실제로 저는 전환학년 코디네이터이지만 교사들에게 학생의 경험을 나누고 싶은지 물어볼 여유조차 없었어요. 전환학년 일만으로도 허우적대고 있거든요(아일랜드공화국 인터뷰).캠프와 블랙, 2013, p. 22

정규수업에 진로체험을 통합시키느라 애쓴 다른 두 교사의 인터뷰도 인용했다.

진로체험 활동의 가장 큰 한계이자 장벽은 그런 학습의 중요성에 대한 이해가 빈약하다는 것이다. 진로체험을 한낱 기존 수업에 적당히 덧붙이거나 접목시키는 정도로만 여기는 교육자와 고용주도 있다. 사실 진로체험은 교육과정에서 극히 중요하고 학생들이 현장학습을 통해 얻는 이점은 이루 다 말로 표현할 수 없는데도 말이다(북아일랜드 설문조사).캠프와 블랙, 2013, p. 22

진로체험 주간에 그동안 습득했던 온갖 지식이 학생들 머리에서 모두 빠져나가 성적이 뚝 떨어질 거라고 걱정하는 교사들도 있어요. 그래서 동료 교사에게 가끔씩 진로체험의 가치를 납득시킬 필요가 있습니다(북아일랜드 인터뷰).캠프와 블랙, 2013, p. 23

아넬리스 캠프는 "우리가 내린 결론은 현 교사들의 전문성을 꾸준히 발전시키는 것뿐 아니라 교원양성교육 때부터 전문역량을 길러줘야 한다"는 것이라고 덧붙였다.

또한 캠프·블랙 연구는 정부의 긴축정책이 진로체험활동에 어떤 영향을 미쳤는지 밝혔다는 점에서 상당한 의의가 있다. 아넬리스 캠프는 다음과 같이 설명했다. "불경기로 인해 교원 수, 시간, 운영비 모두 줄었다. 이러한 현상은 '성공'이라는 학교교육의 협소한 평가 잣대와 결부되어 진로체험의 입지를 더욱 좁힐 것이다." 예를 들면 대개 코디네이터와 상담교사, 진로교사 몇 명에게 진로체험 효과를 극대화시킬 책임을 떠넘긴다. 누가 맡든 지나치게 업무가 과중하다. 캠프는 진로체험 활동에 통달한 교사조차도 항상 호흡을 맞춰왔던 고용주들과 함께 일하는 데 얼마나 많은 한계를 느끼는지 예리하게 꿰뚫었다. 이런 교사들은 공문, 활동양식, 보고서, 전화통화를 이용해서 고용주를 관리하고 조력하는 '요령을 터득하고' 있는데도 말이다. 응답자의 82.5%가 '고용주와 함께할 시간 부족'을 진로체험의 질 향상에 가장 큰 장애물로 꼽았다. 두 저자는 이러한 여건에서는 학생·학교·고용주에게 혜택이 돌아가도록 교육혁신을 꾀할 집단지성의 창출은 요원하다고 비판했다.

진로체험의 진화

전환학년이 발전을 거듭함에 따라 진로체험도 점차 자리가 잡혀가고 있다. 그중에는 주 1회 진로체험 모델을 선택한 학교들도 있다. 그러나 개별 경험담을 들어보면 주 1회 진로체험은 학교 시간표 운영에는 부담이 덜 되겠지만 학생들이 학교와 다른 환경에서 일주일 내내 몰입하며 치열하게 활동할 수 있는 소중한 기회를 놓치게 만든다.

진로체험활동을 위해 훌륭한 협약과 문서를 개발한 학교들이 많다. 학교 웹사이트에 협약과 문서를 올려놓은 학교들도 있는데, 간혹 정보가 담긴 비디오를 함께 탑재해놓기도 한다. 들어가 볼 만한 학교 웹사이트로는 더블린주의 포트마녹지역학교와 미드주의 아시분지역학교가 있다.

학교에서 쏟아내는 수많은 질문에 답하고 갑작스러운 요청도 들어줘야 하는 고용주들은 자사만의 진로체험 운영계획을 갖고 있다. 킬데어주 럭슬립 지역의 인텔사, 케리주의 애너데일테크놀로지Annadale Technologies, 더블린시의 마이크로소프트사와 애비극장, 법률도서관(법정 변호사), 외무부, 코크전자산업협회Cork Electronics Industry Association 모두 자체적으로 전환학년 진로체험 프로그램을 상세하게 개발했다. 한편 전환학년 진로체험은 학생들이 STEM 과목(과학·기술·공학·수학)과 관련된 진로를 선택하도록 장려하기 위해 시행하고 있는 '스마트 퓨처Smart Future' 계획의 일환으로 추진되기도 한다.

병원은 잘 조성된 진로체험 현장이다. 예를 들어 더블린 성패트릭정신건강센터St Patrick's Mental Health Services는 전환학년 진로체험 프로그램의 목적을 "학생들이 정신건강 문제를 깊이 깨닫고, 사람들이 정신건강을 추구하도록 돕는 방법을 익힌 후 학교로 돌아가서 정신보건 홍보대사로 활동하는 것"이라고 명시했다. 왕립외과대학Royal College of Surgeons은 의료 분야로 진로를 고려하는 학생들을 위해 '작은손길 의료활동MiniMed' 프로그램을 운영하고 있다. 대학 역시 학자와 연구자 곁에서 일주일간 진로체험을 할 기회를 점차 늘리고 있는데, 특히 STEM 학과에서 이런 경향이 두드러진다. 이의 좋은 사례로 더블린대학과 코크·더블린·칼로·탈라·워터퍼드 공과대학에서 운영하는 일주일 단위 프로그램인 '미래를 설계하라Engineering Your Future'가 있다.

물론 기관에서 원하는 진로체험 주간이 학교의 일정과 늘 잘 맞는 것은 아니다. "활동 기간을 정할 때는 아주 섬세한 균형 감각을 요합니다. 유연성을 발휘하는 것이 전환학년의 중요한 특성이기는 하지만 특정 부분의 전문성만을 고려하여 학교 밖에서 너무 많은 시간을 쏟으면 전환학년에 배워야 할 또 다른 중요한 부분을 놓칠 수도 있어요. 우리 학교는 학생 개개인에 맞춰 그 학생에게 필요한 것이 무엇인지를 먼저 살펴봅니다." 마이클 스탠리 선생님이 강조했다.

이처럼 진로체험 프로그램이 점차 발전하면서 전환학년에 참여시킬 학생과 탈락시킬 학생을 선정하는 문제가 발생한다. 제비뽑기로 결정하는 학교도 있다. 또한 교육기술부의 학교교육기회평등정책 시행 학교에서 전환학년을 보내기 위해 미리 자리를 확보해놓는 학생들도 있다.

핵심 제안들

학생들이 시야를 넓히고 새로운 기회 앞에 섰을 때, 기대했던 것에 도전하다 가로막혔을 때, 자신의 자아상과 학습동기를 진지하게 재정립할 때 진로체험은 이상적으로 학생들에게 특별한 도움을 주는 교육과정의 일부가 되어야 한다. 이를 위해 학교는 학생들이 적절한 진로체험 장소를 찾도록 지원하고, 교실을 떠나 진로체험을 잘 수행하도록 돕고, 진로체험 현장을 주의 깊게 모니터하고, 진로체험 효과를 극대화하기 위해 활동 과정을 되돌아보는 발표시간에 세심하게 개입해야 한다. 또한 학교는 좀 더 체계적인 방식으로 기관 관계자들과 함께해야 한다. 진로체험 후 발표시간을 고려하면 더욱 그렇다. 더 나아가 학교 안팎의 다양한 전환학년 프로그램들과 진로체험을 연계시키는 것은 해결해야 할 과제이다.

마지막으로 모든 전환학년 관계자들, 특히 전환학년 코디네이터, 상담교사, 진로체험 담당 교사가 들으면 정신이 번쩍 들 존 듀이의 생각을 전한다.

참교육이 체험을 통해 가능하다는 믿음은 모든 체험이 실제로 교육적이라거나 똑같은 정도로 교육적이라는 뜻이 아니다. 체험과 교육을 바로 동일시할 수는 없다. 어떤 체험은 잘못된 교육을 낳는다. 어떤 체험이든 체험의 확장을 방해하거나 체험을 왜곡시키는 요소를 내포한 그릇된 교육이 될 수 있다.듀이, 1938

제6장

전환학년은 내 아이에게 어떻게 도움이 될까?

"제 딸은 3년 전 전환학년을 수행하며 아주 중요한 삶의 가치를 습득했습니다." 전국중등학교학부모협의회National Parent Council post-primary, 이하 NPCpp 돈 마이어스 회장이 말했다. "성숙해지고 자신감을 갖게 되면서 딸아이의 삶은 확연히 달라졌어요. 우리 부부는 그 애가 자신감이 차오르고 자신의 생각을 더 잘 표현하게 되는 것을 옆에서 지켜봤죠. 가장 놀라웠던 것은 그 애의 열린 소통 방식이 더욱 향상돼서 주변의 모든 사람들에게 긍정적인 영향을 끼쳤던 점이에요."

돈 마이어스 회장은 전환학년이 '학생들이 삶을 잘 살아가도록 준비시켜준다'고 믿으며 '전환학년을 원하는 모든 학생들이 전환학년을 다 경험할 수 없는 점이 가장 안타까운 일'이라고 생각했다. 그의 말은 그간 전환학년 학부모 연구에서 다루었던 무수한 논제를 떠오르게 했다. 예를 들면 여러 유럽학교에서 오랜 경력을 쌓은 후 1990년대 후반 교육과학부 산하 장학관으로 일했던 이언 머피는 학교 18곳을 대상으로 전환학년 연구를 수행했는데, 학부모들의 태도에 대해 다음과 같이 기술했다.

아이들이 전환학년 프로그램을 수행하며 전환학년을 보내

는 동안 학부모들의 태도에는 의미심장한 변화가 이는 듯하다. 전환학년을 시작하기 전에는 전환학년에 의심의 눈초리를 보내는 학부모들이 많다. 그러나 전환학년을 마칠 즈음에는 전환학년의 이점에 대해 훨씬 더 긍정적인 태도를 보이는 경향이 있다. 전통적 교육 방식인 숙제가 변모해온 과정, 학교의 역할은 오로지 학업에만 매달리는 것이라는 인식, 이 두 요소로 인해 학부모들은 전환학년에 대해 편견을 갖는다. 그러나 전환학년 동안 자녀들이 성장하는 것을 지켜본 후 학부모들은 본래 가졌던 편견을 많은 부분 바로잡는다. 말할 것도 없이 학생들이 전환학년에 전념하지 않는다면, 일부 학생들이 그렇기는 하지만, 학부모들이 전환학년이 자녀에게 도움이 될지 그 가치에 의문을 품는 것은 지극히 당연하다. [머피, 1999]

몇 년 후 교육과학부에서 의뢰받은 연구를 진행하며 나는 다음과 같은 점을 주시했다. 학교 6곳의 전환학년을 관찰한 연구이다.

메이플학교와 오크학교 학부모들과 인터뷰를 하는 동안 학부모들은 자기 자녀의 전환학년 경험에 대해 말할 때는 비교적 편안해 보였지만 이보다 더 넓은 차원의 교육주제를 논할 때는 머뭇거리는 듯 보였다. 두 학교 학부모들 모두 특히 전환학년 코디네이터에게 따뜻한 감사의 말을 전했으며, 전환학년과 전환학년 코디네이터를 동일시했다. 학부모들은 여행과 뮤지컬, 기금 마련 행사와 같이 학교 밖에서 다양하게 학습하는 환경을 중시했다. 종래의 교실에서 대화하는 것에 비해 학교 밖 프로그램에서는 학생과 학생 간, 혹은 학생과 교사 간에 다양한 방식으로 관계를 돈독히 쌓을 값진 기회가 많기 때문이다.

위 연구 결과는 학부모와 교사의 관점을 비교하는 것으로 이어진다.

학부모들은 전환학년에 대해 아는 것이 별로 없다고 자주 토로했다. 그래서 전환학년에 대해 더 많이 알 수 있는 기회가 있다면 반길 것이다. 전환학년에 대해 더 많이 알고 싶다는 학부모들의 이러한 바람은 전환학년에 대한 정보를 학부모들이 충분히 갖고 있다고 믿는 대다수 교사들의 인식과 대조된다.

두 가지 측면에 대한 우려도 제기되었다.

대체로 자녀의 성장에 전환학년이 긍정적 영향을 미친다고 여기지만 실제 발생할 수도 있는 부정적 측면에 대한 우려의 목소리도 높았다. 첫째, 전환학년이 '학업 중심'으로부터 표류할 것이라는 불안이 있었다. 둘째, 전환학년을 시작한 후 LC를 마치지 못한 채 학교를 그만둘지도 모른다는 걱정을 털어놓는 학부모들도 있었다. 오크학교 학부모들은 여학생들은 전환학년을 매우 의미 있게 보내는 반면 남학생들은 그보다 빈약하게 보내는 점을 비교하며 다소 불만을 터뜨렸다.제퍼스, 2007, p. 5

이 연구를 마무리한 후 나는 『아이리시 인디펜던트』에 다음과 같은 논설을 실었다.[2008]

> 학부모들은 주로 자신의 학교 경험을 바탕으로 학교교육
> 에 대한 견해를 형성한다. 많은 학부모들에게 전환학년은 새
> 로운 것이다. 교육과학부로부터 의뢰받아 수행한 후 작년에
> 출판했던 연구에서 내가 내린 결론 중 하나는 전환학년이라
> 는 생각에 마음의 문을 여는 학부모들이 많지만 이들에게
> 전환학년에 대한 정보가 더 많이 필요하다는 것이다.

학부모들은 전환학년 그 자체, 다양한 모듈수업 바탕에 깔린 교육
철학, LC와의 연계에 대해 학교에서 더 많은 정보를 전달해주고 학부
모들과 함께 전환학년을 꾸려가기를 바란다.

덧붙여 학부모회의에서 학생들이 전환학년 경험을 자세히 들려주
는 발표를 종종 하는데, 이는 학부모들이 전환학년 목표를 이해하는
데 실로 도움이 된다.

자녀에게 전환학년의 긍정적 효과가 나타나는 것을 목도하며 많은
학부모들이 전환학년의 가치를 확신하는 징후들이 나타나고 있다. 부
모들은 아이들의 자신감이 향상되고, 학습의 즐거움에 새롭게 눈뜨며,
숨은 재능을 발견하고, 새로운 경험을 열정적으로 만끽하는 것을 흐뭇
한 시선으로 바라본다. 또한 부모들은 '자기주도적 학습자', '의사결정
능력', '민주적 교실'과 같은 용어의 참뜻을 소중히 여긴다.[제퍼스, 2008b]

나는 학교는 "전환학년, 전환학년이 필요한 근거, 전환학년의 염원,
학교교육의 목적에 대해 부모들과 진솔하게 대화를 나눠야 한다"라고
제안하며 『아이리시 인디펜던트』의 논설을 맺었다.

전국중등학교학부모협의회

돈 마이어스 회장이 그렇듯이 "지난 수년간 학부모들은 전환학년의 가치를 훨씬 더 깊이 이해하게 되었다. 학부모들은 전환학년 동안 자녀들이 성장하고, 지속적으로 현대화되어가는 세상에서 살아갈 채비를 한 것을 이제는 고마워한다. 전환학년 동안 경험했던 것과 습득했던 지식이 자녀를 위해 유용하게 쓰이리라는 점을 감사히 여긴다." 돈 마이어스 회장은 전환학년은 "청소년이 성장의 여정에서 한 걸음 더 발전해나갈 수 있는 소중한 기회가 되어야 한다"라고 명시한 NPCpp 전환학년 정책초안을 거론했다. 초안에는 "진로체험, 등산, 미니컴퍼니 같은 활동은 학생들의 성장과 팀워크를 높여준다"라고 명시되어 있다. 또한 NPCpp는 '전환학년 동안 학생들은 자신감을 구축하고, 자신의 사회적 역할을 이해하는 데 도움이 되는 귀중한 정보를 얻는다'고 믿는다.

그러나 NPCpp는 전환학년 프로그램 개발의 자율권을 학교에게 넘기는 것이 한편으로 교육 불평등을 초래할 위험도 있다는 점을 날카롭게 포착했다. "전환학년의 질은 학교마다 천차만별입니다. 대개 전환학년 코디네이터나 학교 예산, 인력에 따라 달라지죠. 다른 학교에 비해 전환학년 학생들을 더 많이 선발하는데도 전환학년에 들어가지 못해 낙담하는 학생들이 있는 학교들도 있어요." 돈 마이어스 회장이 언급했다.

"올해는 유독 이런 문제에 대해 드러내놓고 불평과 걱정을 토로하는 부모들이 더 많습니다. 자녀가 전환학년에 선발되지 못해서 화가 머리끝까지 오른 부모들의 전화를 받는 것은 불편한 일이죠. 전환학년 학생 선발과정에 학부모들과 협의하는 절차나 선발되지 못한 학생들이 이의를 제기할 수 있는 절차를 투명하게 포함시켜야 합니다."

NPCpp 폴 베디 이사가 돈 마이어스 회장의 말을 받았다. "일부 학교에서 전환학년이 학교 내홍과 분열의 원인이 되고 있다는 얘기를 학부모들에게 듣습니다. 전환학년 학생 수가 제한된 것이 문제예요. 오직 한 반, 혹은 두 반 정도로 전환학년을 꾸리는 학교가 많은 듯싶은데 전환학년을 원하는 학생 수가 전환학년 허용 학생 수보다 더 많습니다." 그 역시 불만에 가득 차서 NPCpp 문을 두드리는 부모들을 돕는 것을 몹시 힘겹게 느꼈다. "전환학년 학생 선발 기준에 불만을 표하는 전화와 메시지를 받곤 하는데 대개는 실망을 감추지 못한 부모들이에요. 자녀가 전환학년에 들어가지 못하면 그해에 다른 학교로 전학시켰다가 고2가 될 때 다시 이전 학교로 되돌리는 부모들도 계세요. 그래서 우리 기관에서는 전환학년 학생 선발 과정에 부모와의 협의 절차를 꼭 포함시켜야 한다고 생각하죠. 어차피 아이가 전환학년을 거치지 않고 중3에서 고2로 바로 진급할 정도로 성숙한지 여부는 부모가 가장 잘 판단할 테니까요. 자녀가 전환학년 선발에 탈락했을 때 부모가 이의신청을 제기하는 절차도 포함시키자는 것이 NPCpp 정책입니다." NPCpp는 '자리'가 부족해서 전환학년을 희망하는 학생들에게 기회를 부여하지 못하는 궁지에 빠진 학교들이 많다는 것도 잘 알고 있다.

폴 베디 이사는 아일랜드 중부지역 한 의류회사의 중역이면서 학부모이기도 하다. "전환학년을 필수과정으로 운영해야 하지만 전환학년 교육과정 그 자체는 재검토되어야 해요. 삶의 역량 향상에 좀 더 초점을 둘 필요가 있어요. 가령 운전교습을 시작하기에 전환학년은 더없이 좋은 시간이죠. 세금제도도 있네요. 대부분 사람들에게 진짜 골칫거리잖아요." 그는 사업가 퍼갤 퀸 씨를 언급하며 청소년들이 특히 전화 소통에 서툴다는 말을 꺼냈다. 또한 고2 과정에 적응하기 몹시 힘든 학생들이 있다며 걱정을 내비쳤다. "고2 과정은 폭탄처럼 큰 타격을 줄 테고, 많은 아이들이 대처하기가 쉽지 않다는 것을 알게 될 거예요. 전환학년 동안 학업은 최소한도로 했는데 다시 일상적으로 학업에 매달려야 하는 상황으로 돌아간다는 것이 어렵다는 것을 깨닫게 되겠죠."

또한 폴 베디 이사는 현재의 코디네이터 임명 및 포상 체계에 의문을 제기했다. "학교마다 합의된 임명 체계가 있다는 것을 온전히 이해합니다. 하지만 현 임명체계가 업무 적합성보다 연공서열을 더 중시한다면 이는 현대교육체계에서 반드시 최선의 방식은 아니라고 생각해요. 전환학년 코디네이터 업무에 연륜이 중요하지 않다고 폄하하려는 것이 아니에요. 단지 토론의 불을 지피기 위해 질문을 던지는 거죠. 전환학년을 최대한 잘 실행할 수 있는 사람으로 결정되어야 합니다."

또한 그는 3,230유로(약 430만 원)에서 8,520유로(약 1,140만 원)에 이르는 학교 운영 보조금에 대해 언급했다. 전환학년 조정 업무 현황은 학교마다 차이가 매우 큰데, 특히 2009년 전환학년 조정 업무 책임자 자리를 충원하는 것에 유예 조치가 가해진 이후 더욱 그렇다. 적지 않은 정부 보조금에 발이 묶여 있는 학교들이 있는 반면 독자적인 코디네이터 충원 체계를 갖춘 학교들도 있다. 이 책 전반에 걸쳐 전환학년 조정 업무가 시간, 감정, 에너지, 실행 계획, 창의성 차원에서 몹시 고된 일이라는 사례가 차고 넘친다. 하지만 이와 동시에 외부의 간섭을 최소화하며 학교 고유의 개성을 살린 전환학년을 운영하도록 개별 학교에 힘을 실어주는 것 역시 전환학년의 중요한 특징이다.

돈 마이어스 회장은 다음과 같이 결론지었다. "우리 청소년들의 미래를 밝혀줄 엄청난 잠재력을 갖고 있는 전환학년의 장점과 교육의 질을 생각하면 전환학년은 중등학교의 필수 구성 요소가 되어야 합니다. 학교에서 학생들에게 최적화된 전환학년을 운영하도록 부모들이 적극적으로 나서야 해요. 부모들의 경험은 관계된 모든 이들과 가장 잘 조화될 수 있도록 취합되고 활용되어야 합니다."

새로운 동력

전환학년에 많은 관심을 갖고 있는 부모인 에드윈·아만다 랜드자드 부부는 '아일랜드전환학년Transition Year Ireland' 웹사이트www.tyireland.com를 만들면서 전환학년에 깊숙이 관여하게 되었다. "저희는 두 아이와 함께 남아프리카에서 아일랜드로 이민 왔어요. 저희 부부는 교육에 아주 관심이 많습니다." 부인이 운을 떼자 남편이 말을 이었다. "전환학년이라는 생각에 마음을 모조리 빼앗겼어요. 전환학년은 매우 훌륭한 생각이에요. 하지만 점차 학생들이 이 기회를 최대한 활용하고 있는지 의문이 들었죠. 그래서 학생, 학부모, 학교, 프로그램 제공자가 자유롭게 전환학년 정보를 찾아볼 수 있으면 좋겠다는 생각이 떠올랐습니다. 부모들에게 당신의 자녀가 전환학년을 어떻게 보내고 있는지 물었을 때 별 기대가 없다는 듯 어깨만 한 번 으쓱하고 마는 것을 보고 솔직히 저희 둘 다 충격을 받았어요. 아니, 여전히 충격을 받고 있죠. 그 부모들의 몸짓은 아이들이 많은 기회를 놓치고 있는 것을 여실히 보여주는 상징처럼 보였거든요."

"부모로서 저희도 전환학년 동안 청소년들이 다양한 활동과 프로그램을 시도할 수 있는 기회가 풍부한 점에 주목했죠. 때로는 부모들과 학생들, 심지어 학교 운영책임자조차도 전환학년 동안 어디까지 가능할지 그 잠재력을 완전히 인지하지 못하는 것 같아요." 아만다 랜드자드 씨가 말했다. 랜드자드 부부가 중요하게 생각하는 관점은 학교의 전환학년 프로그램이 아무리 빈약하다고 할지라도 전환학년을 어설프게 보내는 학생들은 없어야 한다는 것이다. 그렇다면 학교에 혼란이 없도록 학교 전체 프로그램보다 개별 학생에게 더 초점을 두고 전환학년을 운영해야 할까? "의당 그래야 하는 것은 아닙니다. 특정 활동을 선택한 학생과 학교의 공식 시간표 사이에 불협화음이 일어나는 경우도 있겠지만 교외활동은 언제나 학습과 동기 모두를 향상시키죠." 에드윈 랜드자드 씨가 답변했다. 진로체험에 대해 기술했던 5장에서 살펴본 것처럼 학교는 이러한 갈등을 해결하느라 고군분투하고 있다.

"부모들이 자녀들의 전환학년 경험에 좀 더 주도적으로 참여하는 것을 보고 싶어요. 솔직히 말해서 많은 부모들이 전환학년에 지나치게 소극적이거든요." 아만다 랜드자드 씨가 덧붙였다. 전환학년 지침에는 학부모에 대한 언급이 적어도 11번은 나온다. 전환학년의 「목적과 목표」 항목에서는 학부모를 '전환학년의 모든 부분'에 참여해야 하는 교육 파트너로 적시했다. 이러한 내용은 뒤편에 나오는 교육과정 내용, 진로체험 및 지역 돌봄 활동, 평가 및 평정 부분에서 구체적으로 반복된다. 이와 덧붙여 지침은 「학교 전체가 함께 나서는 교육 방식」 제하에 다음과 같이 밝혔다.

> 학부모들이 이미 학교 활동에 적극적으로 개입하고 있는 학교에서는 이러한 학부모들과의 연계를 지속하고 강화하며 전환학년을 매우 유익하게 운영할 것이다. 이와 달리 학부모 활동이 저조했던 학교에서는 전환학년이 학부모들 및 지역사회와의 협력관계를 실질적으로 발전시키는 기폭제가 될 것이다.

그렇다면 학생 개개인의 선택권과 선택사항을 훨씬 더 중시하는 랜드자드 부부는 전환학년의 새 지평을 열고 있는가? 페이스북과 트위터 같은 소셜미디어를 창의적으로 활용하게 된 것과 랜드자드 부부의 아일랜드전환학년 웹사이트가 '대인기'를 끌게 된 것은 전환학년에 박차를 가하는 새로운 동력이 되었다. 에드윈 랜드자드 씨는 대학에서 건축학을 가르쳤던 경험에 비추어 '교외' 학습과 프로젝트 학습을 모니터하는 것은 전통적 방식으로 가르치는 것보다 훨씬 더 품이 많이 든다는 것을 알고 있다. 그는 학부모들이 학교의 파트너로서 학생들에게 동기를 심어주거나 멘토의 역할을 수행할 수 있다고 제안했다. 아만다 랜드자드 씨 역시 "아일랜드 교육부는 10대의 성장을 위해 전환학년이라는 눈부신 생각에 도달했지만 각 학교는 대단히 중요한 조정 업무를 수행하는 데 더 많은 시간을 할애해야 한다"는 조언을 남기며 남편의 생각에 동조했다.

제7장

음악·드라마·미술이
어우러진 공연

코크주 밸린카릭은 아일랜드에서 가장 큰 중고등학교가 있는 고장이다. 헬름학교 학생 1,000여 명과 아일랜드어로 가르치는 헬름게일학교 학생 약 400명으로 교정은 늘 생기가 넘쳐흐른다. "1980년대 학교가 창립된 이후 예술은 우리 학교 교육의 중심축입니다." 미셸 슬리니 교장이 말했다.

　"예술이 없는 우리 학교는 상상할 수 없어요. 예술은 축하의 자리를 더욱 뜻깊게 해주고 사람들의 용기를 북돋워주고 슬픔을 견디게 해주죠. 기쁨과 즐거움의 더없는 원천이기도 하고요. 이런 연유로 우리 학교에서 예술은 배움의 여정과 불가분의 관계에 있습니다."

　따라서 음악·드라마·미술 교과가 헬름학교 전환학년 프로그램의 주축인 것은 놀랍지 않다. "뮤지컬 공연은 매년 전환학년의 하이라이트예요." 실제로 「에비타Evita」에서 「마이 페어 레이디My Fair Lady」, 「레미제라블Les Miserables」에서 「헤어스프레이Hairspray」까지 25년 넘게 공연을 펼치며 전환학년 학생들은 관객들을 웃기고 울리면서 그들의 마음을 한껏 사로잡았다. 공연 전문성이 매우 뛰어나서 학교공동체뿐 아니라 그 너머까지도 입소문이 자자하다.

　뮤지컬을 방과 후 수업이나 교사 재량활동 정도로 운영하는 대부분의 학교들과는 달리 헬름학교 수업시간표에는 뮤지컬이 아예 통합되어 있다. 전환학년이 시작되는 9월부터 크리스마스까지는 매주 수요일 오전 40분 수업을 다섯 차례 갖는 것으로 '뮤지컬' 수업시간을 제한했다. "뮤지컬 과정은 오디션과 인터뷰로 시작됩니다. 전환학년 학생 200명은 각자 맡고 싶은 역할을 선택하죠. 연기, 제작, 무대설계, 무대장치, 조명, 분장, 의상, 무대연출 중 하나를 선택해야 해요."

역할을 정하고 나면 어느 해든 대개 무대에 설 100명가량의 출연진이 결정되는데, 이들은 게일육상협회Gaelic Athletic Association 코크지부 부속 공연장에서 리허설을 진행한다. 또한 학생 30여 명은 미니컴퍼니 조직을 활용해서 홍보활동을 펼치고, 후원자를 섭외하고, 프로그램 인쇄물을 제작한다. 나머지 학생들은 11월까지는 매주 수요일 체육수업을 하고, 그 후 크리스마스에 선보일 공연을 준비하기 위해 각자 맡은 세부 역할을 수행한다.

미셸 슬리니 교장은 "공연 준비 과정에서 다양한 차원의 학습이 이루어진다"라고 강조했다. "뮤지컬 연출자이신 캐서린 프로스트, 벨린다 허친슨, 로난 홀로한 선생님 덕분에 뮤지컬은 학교의 자랑거리가 되었어요. 모두 우리 학교 교사들이시죠. 세 분 모두 학생들을 독려하고 설득하고 성장시키고 가장 좋은 결과를 도출해내는 역량이 탁월하세요. 노래·연기·춤에 특별 재능이 있는 학생들이 학교의 지원을 받으며 한 걸음 더 도전할 수 있도록 이끌어주시죠. 그 외의 다른 재능이 있는 학생들도 자신만의 재능을 꽃피울 수 있도록 전문가와 만날 수 있는 자리를 다양하게 마련해주십니다." 그녀는 분장사, 목수, 무대설계사, 제작 보조, 미니컴퍼니 관계자, 극장 경호원을 사례로 들었다. "또한 공연 준비는 또래 리더십을 향상시키기에 매우 좋은 기회이기도 해요. 저희는 매 순간마다 이를 느낄 수 있죠. 뮤지컬 프로젝트

전 과정이 팀워크 훈련에 도움이 되는데, 책임에 대한 압박감을 느끼는 상황에서 함께 일하는 법을 터득하는 것은 아주 의미 있는 일이에요." 그녀는 전환학년 공연을 준비하며 학생들은 자기 내면의 새로운 잠재력을 발견하고 자신감을 향상시킨다고 믿는다. "공연의 성공 여부는 교사들이 얼마나 더 헌신하느냐에 달려 있겠지만 학생들은 훌륭한 작품을 무대에 올려본 황홀한 경험을 하고, 헤아릴 수 없이 깊이 성장하며, 아름다운 추억의 주인공이 됩니다."

학교 웹사이트www.colaistechoilm.org를 방문하면 헬름학교 구석구석 예술의 향기가 물씬 배어 있음을 또렷이 알 수 있다. 전환학년 공연이 무대에 올릴 수 있는 유일한 기회인 다른 학교들과는 달리 2015년 3월 헬름학교에서는 중1부터 고3까지 전교생이 참여하는 연극 리허설이 적어도 여섯 편 진행 중이었다.

전환학년 학생들은 그중 톰 머피의 희곡『어둠 속의 휘파람*Whistle in the Dark*』(영국 코번트리로 이민 간 아일랜드인 이야기-역주)을 결연을 맺고 있는 영국 코번트리의 블루코트학교에서 공연했다. 같은 학기 후반기에 블루코트학교 학생들은 코번트리에서 살고 있는 아일랜드인의 삶을 사진으로 찍어 현상한 후 이를 멀티미디어 장치에 담아 밸린카릭을 방문했다.

다양한 혜택

킬데어주 북부, 미드주 남부 도처에서 매누스학교 전환학년 프로그램 중 가장 잘 알려진 것은 뮤지컬이다. 가히 전설적이다. 1995년「올리버*Oliver*」에서 2015년「지저스 크라이스트 슈퍼스타*Jesus Christ Superstar*」까지 매년 올리는 공연작의 면면이 화려하다. 공연을 관람했던 학부모들과 방문객들은 공연작의 수준 높은 전문성에 호평을 아끼지 않는다. 「오클라호마Oklahoma!」, 「그리스Grease」, 「남태평양South Pacific」, 「요셉 어메이징Joseph and his Amazing Technicolour Dreamcoat」, 「아가씨와 건달들Guys and Dolls」, 「레미제라블」, 「펜잔스의 해적Pirates of Penzance」, 「헤어스프레이」, 「웨스트사이드 스토리West Side Story」, 「오즈의 마법사The Wizard of Oz」, 그 밖의 뮤지컬 중 어느 하나라도 참여했던 학생들은 하나같이 뮤지컬 활동을 아주 즐거웠던 경험으로 떠올렸다. "아이들은 뮤지컬 전 과정에 참여합니다." 학생 1,000여 명이 다니는 매누스학교의 조니 네빈 교장이 강조했다. "무대 위에서 노래를 부르고 연기를 펼치는 것에서부터 무대 배후에 이르기까지, 심지어 공연기금을 마련하기 위해 배낭을 메고 슈퍼마켓을 돌아다니면서 아이들이 배우는 것은 한도 끝도 없습니다."

"학교를 대표하는 특징으로 자리매김하기까지 20년이 넘도록 뮤지컬 활동은 꾸준히 발전해왔습니다." 조니 핸런 음악 선생님이 설명했다. "맞아요, 뮤지컬은 물론 시간이 많이 소요되는 활동이에요. 매년 2월에 공연하는 뮤지컬 준비에 교사들은 엄청난 시간을 들이죠. 대단히 헌신적이십니다." 학교 전환학년 프로그램으로 뮤지컬과 연극을 고려하는 학교들은 어느 곳이든 기금 마련 문제로 머리가 지끈거린다. 매누스학교의 경우 학부모교사협의회와 협력이 아주 잘 이루어지고 있다. 최근 몇 년간 학부모교사협의회는 일렬로 죽 늘어선 계단식 좌석을 마련하는 비용을 댔고, 공연 개막일에는 후원자의 밤 행사를 개최했으며, 공연을 마친 뒤에는 출연진과 공연팀을 위해 파티를 열어주었다.

전환학년 뮤지컬 활동에 대한 소중한 정보를 준 곳은 매누스학교 학생연구팀이었다. 치열한 경쟁을 뚫고 전환학년 학생 13명이 학생연구팀에 합류하였다. "학생연구팀은 학생들의 목소리를 전달하고, 교사와 학생 간에 교수·학습에 대해 허심탄회하게 소통하는 것을 목표로 삼고 있습니다." 클레르 개러히 교감이 설명했다. 연구팀은 간단한 설문지를 제작하고 설문조사 결과를 데이터로 정리했다. 그러고 나서 뮤지컬 활동의 특장점을 보여주는 여러 편의 단편영화를 제작했다.

설문조사 결과를 살펴보면 학생들은 뮤지컬의 장점 중 '친구를 사귄 것'과 '전환학년 친구들이 편해진 것'을 무엇보다 중요하게 생각했다. '팀 활동을 익힌 것', '과제에 전념한 것', '자신감을 얻게 된 것'도 마찬가지로 아주 중요한 것으로 나타났다. '교사와의 관계가 더 돈독해지고 더 깊이 신뢰를 쌓은 것', '뮤지컬을 운영하는 법을 배운 것', '시간을 엄수하고 조직적이 된 것'은 약간 중요하게 여겼다. 이에 비해 '무대 연출을 배운 것', '예수 그리스도의 삶을 배운 것'(이 설문조사는 2015년 「지저스 크라이스트 슈퍼스타」를 공연한 후에 진행되었다.), '무대 설치를 한 것'은 '중요하지 않은' 쪽에 더 가까웠다. 연구부의 설문조사에 참여했던 학생들은 이 외에도 매누스학교 뮤지컬 모듈의 이점이 30가지나 더 있다는 것을 알게 되었다.

왜 예술교육인가?

오랫동안 미국에서 예술교육의 대변자로 각광받아온 엘리엇 아이스너는 청소년들이 예술 활동을 하며 체득할 수 있는 10가지 교훈을 흥미진진한 목록으로 정리했다. 아이스너는 학교는 학교 고유의 정체성과 학습 환경, 그가 일컬은 '학습생태계ecology'를 발전시켜 학생들을 비롯한 학교공동체에 참여하는 모든 사람들이 성장할 수 있도록 도와야 한다고 믿었다.

첫째, 학생들은 예술을 통해 질적 인과관계를 적확하게 판단하는 법을 배운다. '정'답이나 규칙이 지배하는 다른 교육과정과는 달리 예술에서는 보편적 규칙보다 판단력을 더 중시한다.

둘째, 예술은 하나의 문제에 둘 이상의 해결책이 가능하고, 하나의 질문에 둘 이상의 답이 가능하다는 점을 가르친다.

셋째, 예술은 세상을 바라보고 해석하는 길이 무수히 많다는 점을 강조하며 다양한 관점을 갖는 것을 예찬한다.

넷째, 청소년들은 예술을 접하며 복잡한 문제의 해결책이 상황과 계기에 따라 달라질 수 있다는 점을 배운다. 이를 통해 예기치 못한 상황이 도래할 수 있는 가능성을 열어놓고 일을 전개해나가는 능력을 기를 수 있다.

다섯째, 아이스너는 사람들이 예술을 통해 기초적인 문해력과 산술력을 어떻게 뛰어넘는지를 깨달았다. 문자 기호인 단어나 숫자 놀음으로 우리가 이해한 바를 다 표현할 수는 없다. 우리 언어의 한계를 인식의 한계로 규정하지 않는다.

여섯째, 아이스너는 예술의 미묘한 특성에 주목했다. 뉘앙스가 중요하다. 예술은 미묘함을 표현하고 자그마한 차이가 어떻게 큰 결과를 낳는지를 보여준다.

일곱째, 아이스너는 어떠한 예술 유형을 통해서든 사람들이 그 예술을 통해 심상의 이미지를 물질적 실재로 표현할 수 있는 점을 강조했다. 그 과정에서 사람들은 물질을 통해, 또 물질의 테두리에서 사고하는 법을 배운다.

여덟째, 예술은 청소년들이 목소리를 내기 주저하는 것을 분명히 표현하도록 돕는다. 가령 예술작품에 대한 느낌을 말해야 할 때 청소년들은 적절한 표현을 찾기 위해 자신의 시적 역량을 깊이 파고들어야 한다.

아홉째, 예술은 다른 원천으로부터는 불가능한 경험을 가능하게 해주고, 이런 경험을 통해 우리는 우리가 느낄 수 있는 것의 폭과 다양성을 인지한다.

마지막으로 아이스너는 학교교육에서 예술은 성인들이 중요하다고 믿는 가치를 청소년들에게 형상화시켜주는 역할을 한다고 강력히 주장하며 끝을 맺었다.

맥신 그린이 언급하듯이 "예술을 푸대접하는 교육은 '운영하기 쉽고, 예측 가능하며, 평가가 용이한' 교육과 일맥상통한다." 맥신 그린은 죽기 직전 다음과 같은 글을 남겼다.

> 교육에서 예술의 역할을 확신하고 지속하고 확장하려면 교육 표준화 같은 것을 단념해야 한다. 교육 표준화는 예술에 대한 인간 개개인, 때로는 인간 집단의 반응뿐 아니라 예술을 불러일으키는 다양성·충만함·인간성을 사그리 쓸어버린다. 더 나아가 예술을 수행하는 방법에 대해서도 더 깊이 배워야 한다. 예술을 통해 우리가 세상 속에서, 또 세상과 어떻게 오롯이 관계를 맺는지, 어떻게 타인과 타인의 잠재력에 주의를 기울이고 마음을 여는지 학생들에게 보여줄 수 있어야 한다. 그린, 2013

2015 영국보고서UK report(2015년 워릭위원회)는 정규교육에서 예술을 밀어내려고 하는 추세에 대해 개탄하는 글을 실었다. 이 보고서는 학교에서 예술교과 교사들의 고용을 줄이고 있는 실태를 밝혔으며, 76%의 부모들이 상당한 개인 비용을 치르며 자녀를 학교 밖 예술 동아리나 문화 활동에 정기적으로 참여시키고 있는 사례를 실었다. 저자들은 이러한 상황이 문화창조산업에 부정적 영향을 끼칠 뿐 아니

라 부유한 가정의 자녀들은 혜택을 받는 반면 가난한 가정의 자녀들은 경험하기 힘든 '이중적 문화 생태계'를 태동시키지 않을까 하는 우려를 표했다. 보고서의 결론은 분명하다. "예술은 폭넓고 균형 잡힌 학교교육과정의 중심이 되어야 한다."

제8장

청소년 자원봉사자를 양성하라

"우리 단체 프로그램의 핵심은 시간을 내서 노인과 청소년이 즐겁게 교제하는 겁니다." 노인의친구들Friends of the Elderly에서 일하는 더멋 커완 씨가 말했다. "우리는 전환학년과 CSPE(시민·사회·정치교육) 과목을 선택한 학생들을 위해 학교 프로그램을 개발했어요. 이 프로그램에 참여하는 학생들은 노인들과 우정을 쌓아야 하죠. 우정카드를 디자인하고 제작하기, '삶의 흐름곡선' 그리기, '나의 어르신 친구가 젊었을 때~'라는 제목으로 글쓰기 같은 활동을 합니다."

"학생들은 전환학년 프로그램의 일환으로 볼턴가에 있는 노인의친구들 본부로 와서 다양한 활동을 펼칩니다." 그는 최근까지 노인의친구들과 연계된 학교가 20여 곳 있다며, 그중 글래스네빈 지역의 성빈센트학교, 캐브래 지역의 성데클런학교, 리슨가의 가톨릭대부속학교를 언급했다.

그는 더 많은 학교들이 참여하기를 꿈꾼다. 학교는 노인들이 시간을 즐겁게 보낼 수 있는 장소이기 때문이다. "학교는 노인들이 카드, 빙고, 다트 같은 게임을 즐기거나 수영을 할 수 있도록 시설이 잘 갖추어져 있어요. 하지만 노인들이 무엇보다 좋아하는 것은 함께 모여 노래를 부르는 거예요. 학교는 대체로 지역공동체의 중심이고, 거동이 불편한 사람들도 쉽게 접근하고, 노인들을 즐겁게 해드리고 싶어 하는 학생들이 많기 때문에 어르신들께는 안성맞춤인 장소입니다." 그는 노인들은 학교에 초대받는 것을 정말 좋아한다고 강조했다.

노인의친구들은 전환학년에 좀 더 깊이 개입하기를 원한다. "처음에는 계속교육훈련인증위원회 5급 자격증인 노인 돌봄 자격증을 소지한 학생들을 원했는데요, 전환학년 활동을 위해 요구하기에는 이 자격증이 지나치게 전문적이라는 것을 깨달았습니다. 이제는 청소년들의 요구에 부응하여 노인을 돌보는 측면과 사회의식을 견고히 다지는 측면을 잘 통합시킨 활동을 제공하고 있어요. 노인, 전환학년 학생, 학교, 지역사회 모두의 행복을 위해 우리가 지극히 중요하다고 믿고 있는 활동이 지금 실행 중입니다."

기술 연계

핀턴 멀리건 씨는 위클로주에서 단순하지만 탁월하고 고무적인 생각을 실행에 옮겼다. "일대일디지털121 digital('121'은 one-to-one, 즉 일대일에서 비롯됨-역주)[3] 활동의 핵심은 전화, 컴퓨터, 카메라 같은 현대 기술에 능통한 청소년들이 자신의 디지털 전문성을 어르신들과 함께 나누는 것입니다." 2010년 위클로주 소읍의 도미니칸학교와 힐완타인학교, 브레이 지역의 라인학교, 킬쿨 지역의 크리원학교, 아클로 지역의 마라게일학교 이렇게 다섯 학교에서 일대일디지털 활동을 시작했다. 지금은 30여 학교에서 전환학년 모듈로 일대일디지털 활동을 진행하고 있다. 일대일디지털 활동에 대한 피드백은 매우 긍정적이다. "어르신들은 디지털 기기 사용에 대한 자신감이 신장되고 청소년과 함께

---

3. 일대일디지털에 대한 더 많은 정보는 www.121digital.ie를 참조하라.

프로그램을 하는 것이 정말 즐겁다고 말씀하셨어요. 자원봉사로 어르신들께 기술을 전수했던 학생들도 처음에는 어르신을 만나는 것이 좀 어색하지 않을까 싶었는데 유쾌한 '개성'을 소유하신 분들도 많다고 보고했죠." 그는 미소를 띠며 덧붙였다. "상당히 많은 학생들이 교사의 역할을 즐겼어요. 어르신들이 실제 기계를 다루면서 얼마나 빨리 익히시는지를 금세 알아차린 학생들도 있었어요. 물론 이 프로그램 덕분에 인내심을 터득하는 법을 배웠다고 말하는 학생들도 있죠. 많은 전환학년 봉사자들이 전환학년 동안 수행했던 활동 중 일대일디지털이 으뜸이었다고 평가했습니다."

전환학년 코디네이터들은 일대일디지털 모듈이 너무나 성공적으로 운영되어서 깜짝 놀랐다고 한다. "이 모듈을 통해 세대 간 교류가 10대의 성장에 큰 도움이 된다는 사실을 코디네이터들이 깨달으신 것 같아요. 또한 전환학년의 열망이 청소년의 삶 속에서 일부 실현되는 것을 지켜보셨을 거예요."

학부모들의 피드백 역시 아주 호의적이다. "청소년들이 자원봉사를 하며 공동체 정신의 진수를 깨닫고, '사회로 환원하는' 유의 활동을 하는 것이 얼마나 소중한지 강조하셨습니다. 저희는 이러한 경험이 아이들의 삶에 평생토록 좋은 영향을 미치기를 바랄 뿐이죠."

이와 비슷한 아이디어로 언 포스트An Post 회사가 지원하는 프로젝트인 '로그 온, 런Log on, Learn'이 있다. 이 프로젝트는 한편으로는 컴퓨터 활용 능력이 뒤떨어지고 다른 한편으로는 사회의 정보 격차가 격심하게 벌어지면서 현대 생활로부터 고립되는 노인이 많아지고 있다는 자각에서 비롯되었다. 먼저 노인은 전환학년 모듈로 '로그 온, 런'을 운영하는 학교에 등록한다. 그다음 전환학년 학생 한 명과 1:1학습을 하거나 한 반의 일원으로 집단교육을 받는다. 교육은 매주 8회

과정으로 운영된다. 언 포스트는 마이크로소프트사와 결연을 맺고 이 프로젝트를 운영한다.

지역봉사활동

더블린주 블랙록 지역의 뉴파크종합학교 교목은 수잔 해리스 선생님이다. 그녀는 전환학년 학생을 대상으로 종교학을 가르치면서 지역봉사활동 모듈 코디네이터를 겸하고 있다. 지역봉사활동은 학생들을 지역단체와 연계시켜 자원봉사를 수행하게끔 이끄는 수업이다. "뉴파크종합학교 종교교육은 8주 모듈 프로그램으로 짜여 있어요. 매년 저는 프로그램을 다양하게 운영하죠. 최근 몇 년간 우리 학교에서 다룬 주제로는 신앙 여행, 신앙인, 세계종교, 근본 치유, 영화 속 종교, 도덕 논쟁, 종교 토론이 있어요. 지역봉사활동 모듈에서 가장 중시하는 것은 전환학년 학생들이 각자 매주 2시간씩 활동할 장소를 직접 찾는 거예요. 학생들은 청소년단체, 재활용가게, 양로원, 초등학교 같은 지역 기관 곳곳에서 자원봉사를 하죠. 이웃에 살고 계신 어르신을 돌보는 자원봉사를 하는 아이들도 있어요." 그녀가 덧붙였다. "청소년들이 자원봉사를 통해 지역사회에 이바지한 경험을 하는 것은 성찰적이고, 새로운 것을 시도하고, 성숙한 청소년을 양성하려는 전환학년의 목표를 달성하는 데 도움이 됩니다. 자원봉사를 통해 세상의 눈을 뜨기 시작하는 학생들이 많아요. 사람들 곁에서 활동하며 그들에게 필요한 것이 무엇인지 주의 깊게 볼 수 있기 때문이죠. 타인에게 실질적인 도움을 베푸는 것은 학생들에게 매우 긍정적인 경험이 될 거예요." 그녀는 봉사활동주간에 현장을 관리 감독할 수 있는 양식을 활용하는 등 뉴파크종합학교의 지역봉사활동 체계가 잘 잡혀 있다고 한다. 학생들은 학교에서 표준화된 양식에 따라 자신의 출결 상황과 봉사활동,

봉사 태도를 기록하고 있다는 사실을 숙지하고 있어야 한다. 학생들이 취득하는 지역돌봄활동 학점은 전환학년 최종 평가의 한 부분으로 향후 이 보고서를 토대로 통지되기 때문이다. 시간이 흐르면서 지역봉사활동 모듈은 뉴파크종합학교 전환학년의 주축이 되었다. "진로체험과 마찬가지로 지역봉사활동은 전환학년을 규정짓는 프로그램이 되었다고 생각해요."

"교목으로서, 또 교사로서 전환학년에 몸담으며 제 자신이 부쩍 성장했다고 느낍니다." 그녀가 말했다. "학생들이 안심하고 이야기를 나눌 수 있는 공간, 편안하고 신뢰할 수 있는 분위기를 조성하기 위해 저는 아주 의도적으로 움직이는 편이에요. 게임이나 토론을 통해서 얼마나 많은 것을 배울 수 있는지 알게 되었죠. 토론의 불을 지피기 위해 어색한 분위기를 누그러뜨려주는 게임이나 단편영화 클립을 활용합니다. 차와 커피, 과자 같은 다과를 곁들이거나 자료를 활용하면 첫 운을 떼기가 한결 수월하답니다."

연구 결과

볼런티어아일랜드Volunteer Ireland에서 의뢰했던 연구에 따르면 응답자 중 20%가 자원봉사활동의 가장 큰 장벽은 어디에서, 어떻게 자원봉사를 시작해야 할지 잘 모르는 것이라고 답변했다. 그렇지만 고무적이게도 이 연구는 아일랜드 성인 4명 중 1명이 규칙적으로 자원봉사를 하고 있다고 밝혔다. 자원봉사를 하는 가장 일반적 동기는 특정 단체의 활동 목적을 지지하기 위한 것(55%)이었고, 응답자의 53%는 지역사회를 돕는 것을 가장 중시하는 것으로 나타났다.

이 자료는 청소년들에게 자원봉사의 개념을 심어주고, 평생토록 삶의 습관이 될 자원봉사의 첫발을 뗄 수 있도록 돕는 것이 전환학년의 중요한 역할이라고 제기했다. 이러한 관점은 학교가 지역사회와 좀 더 긴밀히 연계를 맺어나가야 하는 측면에서도 매우 유효하다. 따라서 학교에서 전환학년 프로그램을 기획하거나 점검할 때 던져야 할 중요한 화두는 '올해 전환학년 학생들이 지역사회와 어떻게 교감할 것인가?'이다.

제9장

정신건강 및 웰빙 주제로
영화 만들기

2015년 4월 23일 밤 더블린 레드카우호텔은 제3회 CAST영화제에 참석한 청소년 400여 명과 내빈들로 발 디딜 틈이 없었다. 아일랜드 이곳저곳에서 모여든 청소년들은 무도회장이나 아카데미 시상식장에서나 볼 수 있을 법한 옷차림을 하고 있었다. 우리는 정신건강 문제를 긍정적 시각으로 다룬 각각의 단편영화들을 관람한 후 박수갈채를 보냈다. 올림픽 메달을 수상한 권투선수, 아일랜드 문화를 알리기 위한 트럴리장미축제Rose of Tralee 우승자, 정신건강 및 지역 기관 단체장들은 앳된 청소년 영화제작자들의 창조적 노력을 드러내놓고 칭송했다.

영화제 바탕에 깔린 생각은 짧고 명쾌하다. '청소년들이 한데 모여 정신건강 주제로 5분 이내의 단편영화 제작하기.' 영화제 이름인 CAST는 '함께 사회를 돌보자Caring for Society Together'는 생각을 압축한 것이다. 최신식 카메라와 컴퓨터 덕에 막대한 비용을 들이지 않고도 사람의 이목을 끄는 매력적인 영화를 아주 손쉽게 제작할 수 있게 되었다. 다른 많은 전환학년 프로그램들이 그렇듯이 영화제작은 매우 강력한 학습의 장이 될 수 있다.

노엘 켈리 선생님은 CAST 프로젝트가 전환학년 학생들로부터 비롯되었고, 그들이 여전히 지속하고 있는 점을 영화제 이해관계자들이 잊지 않기를 간절히 바랐다. 학생들은 CAST 프로젝트가 다른 영화나 기술 프로젝트와는 달리 정신건강 문제를 다루고 있는 점을 강조했다.

CAST영화제의 시작은 평범했다. "2011년 어느 날 몇몇 학생이 저를 찾아와 영화를 만들고 싶다고 제안했어요." 더블린주 닐스타운, 리피밸리쇼핑센터 인근에 있는 콜린스타운파크지역학교 노엘 켈리 선생님이 당시를 떠올렸다. "우리 지역에 청소년 자살이라는 가슴 아픈 사건이 터지면서 많은 지역 주민들이 청소년 자살 문제를 심각하게 고민하기 시작했죠. 이 아이들은 지역에서 아주 비관적인 대화가 오고 가는 것에 몹시 지쳤던 것 같아요. 정작 친구를 잃은 것은 아이들인데도 말이죠. 아이들은 제게 이렇게 말했어요. '저희는 영화를 만들고 싶어요. 긍정적인 정신건강을 다룬 영화를 만들어서 우리 학교 사람들에게 보여주고 싶어요.' 정말 기발한 생각인 것 같았어요. 저는 영화제작과 관련된 정보를 충분히 갖고 있어야 한다고 일러두었습니다. 그리고 자원이 부족하기 때문에 부딪힐 수 있는 어려움에 대해서도 얘기를 나눴죠. 카메라의 성능을 고려하면 저예산 영화가 될 거라고 얘기하자 모두 고개를 끄덕였습니다. 며칠 후 아이들은 영화 대본 하나를 보여줬어요. 기절할 뻔했죠. 장애, 약물남용, 인간관계, 거식증, 성 역할, 사별 같은 실생활에서 심심치 않게 부딪히는 문제들을 여과 없이 건드리는 지독히 현실적인 대본이었거든요. 대본 전체에 깊은 공감대가 흐르고 있었어요."

아이들은 영화를 촬영하고 편집했다. 최종 편집된 작품은 채 5분이 안 되는 단편영화였다. 전환학년 학생들은 돌아가며 카메라 앞에서 다양한 문제를 거론했다. 모든 학생들은 마지막에 카메라를 똑바로 응시하며 "하지만 난 괜찮아. 말하는 것만으로도 도움이 돼"라고 말하면서 자기 부분의 촬영을 마쳤다.

다음 단계는 제작한 단편영화를 학교 상담교사에게 보여주는 것이었다. 그다음은 교장 차례였다. "작품의 첫 인상은 매우 감동적이라는 것이었어요. 아이들이 만든 영화는 문제를 전혀 미화하지 않았고 학생들의 발언 그 자체에 초점을 맞추려고 했어요." 앨리슨 데일리 상담교사가 말했다.

"영화를 처음 보았을 때 어쩌나 강렬하던지, 거의 압도되었던 것이 기억납니다." 폴린 더피 교장도 당시를 회고했다. "영화를 만든 학생들이 저를 주시하며 제 반응만을 기다리고 있다는 것을 눈치챘지만 정작 강렬하다는 말조차 꺼낼 수가 없었어요. 이 어린 친구들 하나하나가 '하지만 난 괜찮아. 말하는 것만으로도 도움이 돼'라고 얘기하는 것을 들으며 뜨거운 치유의 힘을 느꼈습니다. 지금은 삶을 마감했더라도 이 15, 16세 아이들이 보내는 강렬한 메시지를 듣고 있을 것만 같은 아일랜드 도시와 시골 곳곳의 사람들이 뇌리를 스쳐 가더군요."

노엘 켈리 선생님은 학생들이 처음에 자신을 찾아온 이유가 자신이 청소년사회혁신가 프로그램 조력자였기 때문일 거라고 생각했다. 학생들은 영화제작에 필요한 시간과 공간을 최대한 활용할 수 있는 프로그램으로 청소년사회혁신가를 염두에 두었다.

"아이들은 학교 관계자들에게만 홀로 영화를 상영하고 싶어 하지 않았어요. 아이들은 정신건강주간 행사를 열기로 마음먹었죠. 교장선생님이 아이들의 제안을 경청하며 실행 가능한 것과 실행 불가능한 것, 처리할 수 있는 것과 처리하기 힘든 것, 이런저런 주제에 대한 정보를 얻을 수 있는 인적자원 등 실질적인 조언을 아끼지 않으셨던 것이 기억납니다. 아주 생산적인 회의였어요. 저희는 정신건강주간을 운영했고 학교공동체와 관련된 모든 이들이 이 주간행사를 함께 즐겼습니다. 오래도록 기억에 남았죠. 행사는 좀 독특했어요. 가령 곰 인형을 학교에 갖고 오는 날이나 머리를 미친 듯이 빗어 넘기는 날 같은 행사를 운영했죠. 장내에 설치해놓은 방송 시설을 통해 매일매일 생일 발표가 이어지기도 했고요." 그는 좀 더 부연했다. "아이들에게 왜 머리를 미친 듯이 빗어 넘기고 옷을 거꾸로 뒤집어 입기를 원하는지 묻자 아이들은 '우리는 이 행사에서 남들과 다른 모습을 한 사람들을 볼 수 있지만 그런 모습을 본다고 해도 아무렇지 않잖아요. 우리는 정신건강 문제를 눈으로 볼 수는 없어요. 하지만 사람들에게 그런 문제가 있더라도 아무렇지 않아요'라고 말했습니다. 아이들이 던지고 싶었던 메시지는 남과 좀 달라도, 좀 독특해도 괜찮다는 것이었죠."

'남과 좀 달라도 괜찮다'는 메시지를 청소년들에게 전달하는 것도 중요하겠지만, 이와 같이 일주일 동안 행사를 치르면 그간 학교에서 힘겹게 발전시켜왔던, 종종 교복착용 문제로 대두되었던 이른바 기존의 학교 질서와 이에 순응하는 학교문화가 약화되지는 않을까? "글쎄요, 노엘 켈리 선생님과 마찬가지로 저도 처음 학생들이 정신건강주간 행사를 제안했을 때 많은 질문을 토해냈어요." 폴린 더피 교장이 답변했다. "결국 판단을 내려야 합니다. 제가 경험한 바로는 프로젝트를 추진하는 데 열정적인 사람만 있으면 아주 큰 위험이 도사리지 않는 한 프로젝트는 굴러가더군요. 정신건강주간 프로젝트에는 열의가 넘쳤죠. 학생들도, 조력자인 켈리 선생님도 너무나 열정적이셨어요. 그러니까 프로젝트 성공의 관건인 열정이 그 프로젝트에 가득하다는 것을 저는 알고 있었습니다."

학생들은 영화를 제작했고, 신뢰할 만한 정신건강 자료들을 찾아다녔으며, 지역 심리상담소인 등불상담소Beacon of Light와 자살·자해 위기관리 센터인 피에타쉼터Pieta House를 방문했다. 학생들은 이

두 단체와 더불어 다른 관련 기관 관계자들을 초청하여 학교 강당에서 영화를 보여주기를 원했다. "등불상담소, 피에타쉼터, 로난스타운 청소년센터Ronanstown Youth Service, 아일랜드정신건강센터Mental Health Ireland, 라울러여성개발네트워크Rowlagh Women's Development Network 에서 방문하셨어요." 노엘 켈리 선생님이 말했다. 손님들과 영화를 함께 관람하면서 학생들은 기금 마련에도 열중했다. 학생들은 커피와 차를 준비했고, 콜린스타운 성인교육과의 교육생으로 있는 학생들은 내빈들의 머리를 마사지했다. "저희는 그날 600유로(약 80만 원)를 모았어요. 그 후 TV 퀴즈쇼 큐브를 우리 학교 판으로 보여준 후 600유로를 한 번 더 모았죠." 학생들은 부모와 교사를 비롯한 어른들이 도전 과제와 씨름하느라 진땀을 흘리는 것을 지켜봤기에 이 행사 역시 학생들에게 강렬한 정신건강 메시지를 심어주었다. "관객들은 큐브 밖에서 큰 소리로 외치며 조언할 수는 있지만 참가자를 돕기 위해 밀폐된 큐브 안으로 들어갈 수는 없죠. 관객들은 이 상황을 누군가의 마음속에 불안감이 일어나고 있는 것처럼 느꼈고, 행사의 의미를 이해했습니다."

영화를 상영하던 날 내빈과 모든 전환학년 학생들이 강당에 함께 모여 영화를 관람하고 있는 동안 교실에서 일반 수업을 진행하고 있던 교사와 학생들도 잠시 수업을 멈추고 전자칠판을 이용해서 영화를 봤다. "저희는 영화의 메시지가 아주 강렬해서 전교생이 동시에 이 영화를 본다면 그 효과는 배가될 것이라고 생각했습니다. 혹시라도 영화감상 후 문제가 발생할 것에 대비해서 상담부서를 대기시켜놓았죠."

그는 그 후 빚어진 일에 대해 언급했다. "거대한 동조의 물결이 학교에 일었습니다. 두 가지 일이 벌어졌죠. 영화를 제작했던 전환학년 학생들이 조금씩 유명세를 타게 되었어요. 학생들은 영화를 만든 학생들과 정신건강문제에 대한 이야기를 나누기 시작했죠. 영화가 허구라는 것을 전혀 인식하지 못하는 학생들도 있었어요. 영화가 상당히 설득력이 있었으니까요. 이러한 현상은 오래도록 학교에 퍼져나갔습니다."

"영화 상영 직후 내빈들이 떠나자 학생들은 저를 찾아와서 말했어요. '이 행사를 영화제로 발전시켜야 해요. 다른 학교에서도 영화를 제작할 수 있도록 추동해야 해요'라고요. 처음에 저는 이 애들이 제정신이 아니라고 생각했죠." 노엘 켈리 선생님은 껄껄 웃으며 고백했다. "저는 영화제 준비에 얼마나 많은 공을 들여야 하는지 알려주며 이 일을 계속할 수 있겠느냐고 되물었어요."

그와 학생들은 타 학교와 청소년 기관에게 영화제 이야기를 건넸다. 2012년 10월 어느 날 클라리온호텔 리피밸리점에서 열렸던 제2회 CAST영화제에는 500여 명이 참석했다. 그 무렵 콜린스타운파크 학생들은 청소년사회혁신가와 긴밀히 협력하며 CAST 프로젝트를 한걸음 더 발전시켰고, 이를 '마음 응급처치First Aid for the Mind' 프로젝트로 불렀다. 긍정적인 시선으로 정신건강 사회문제를 조명하는 5분짜리 영화를 관람하기 위해 고등학생부터 어르신까지 초청되었다. '틀을 깨라'는 영화제 주제는 창의적 방식으로 정신건강 문제를 살펴보도록 이끌었다. 예술 프로젝트의 발전을 보여주듯 애니메이션, 다큐멘터리, 창작 이야기, 영화 등 다채로운 방식으로 표현된 작품들이 상영됐다. 출품작들은 사람들의 이목을 끌었고 호기심을 북돋웠으며 정신건강 문제에 대한 해결책을 생각해보게끔 했다. 영화는 어려운 주제를 깊이 파헤치면서도 현실적이고 실행 가능한 해결책을 독자적인 방식으로 제시했다. "학생들이 정신건강 이슈를 탐색하는 방식을 보며 마음을 온통 빼앗겼어요. 황홀했죠. 그야말로 독보적인 행사였어요." 지난 영화제 출품작들은 CAST 웹사이트http://castfilmfestival.com에서 찾아볼 수 있다.

일 년 후에는 출품작 40개 중에서 15편이 영화제에서 상영되었
다. 보건아동부 장관이 공식적으로 행사의 시작을 알렸다. 행사장
은 영화제를 축하하는 휘황찬란한 장식으로 눈부셨다. 정신건강 단
체와 기업은 정신건강 주제로 영화를 만들려고 하는 청소년 영화제
작자들의 생각에 매료되었다. 영화제 초기부터 참석했던 기관으로는
청소년사회혁신가와 던리어리 교육훈련위원회Dun Laogahire ETB(ETB
는 Education and Training Board로 추정됨-역주)가 있다. 클론도킨파
트너십Clondalkin Partnership, 아일랜드정신건강센터, 자살·생존Suicide
or Survive, 소프트웨어 회사 eDocs, 클론도킨자살예방센터Clondalkin
Community Action on Suicide, 스펀아웃Spunout, 정보기술 훈련 업체 FiT,
큐라임신지원센터Cura Pregnancy Support Agency, 10대또래돌봄상담소
Crosscare Teen Counseling 모두 지원을 아끼지 않았다. 암에 걸린 사실
을 당당히 공표하고 #LiveLife재단[4]을 설립했던 케리주의 10대 소년
도널 월시 부모님도 트로피를 수여하기 위해 행사에 참석했다. 통신업
체인 보다폰아일랜드Vodafone Ireland와 그린아일호텔Green Isle Hotel은
훗날 영화제 파트너가 되었다. "영화제는 정말 사람들의 마음을 완전
히 사로잡은 것 같아요." 청소년사회혁신가의 레이철 콜리어 씨는 이
렇게 덧붙였다. "청소년 주도의 영화제는 청소년의 상상력과 에너지
를 교육에 끌어들이면 어디까지 가능한지를 적나라하게 보여주었습
니다."

영화제를 처음 제기했던 전환학년 학생들은 이미 학교를 졸업하고
대학에 들어갔지만 정신건강 프로젝트에 계속 참여하기를 바란다. "매

---

4. 더 많은 정보는 http://donalwalshlivelife.org/를 참조하라.

달 둘째 목요일마다 만나서 다음 단계 활동 계획을 세웁니다. 새로운 일은 계속 일어나기 때문에 활동하기가 어렵지 않습니다." 노엘 켈리 선생님이 말했다. 이 학생들은 지금까지 정신건강 기관들과 유익한 대화를 무수히 나누고 영화제 벽보와 입장권을 디자인하는 것 같은 부수적인 일을 수행했다.

전환학년의 속성상 CAST 프로젝트는 여러 방향으로 변주가 가능하다. 정신건강 주제의 단편영화를 제작하는 것은 어느 한 교과에 국한되지 않는다. "예를 들면 영어, 미술, 미디어교육, SPHE(사회·개인·건강교육), CSPE(시민·사회·정치교육), 종교학 교사들도 단편영화 제작이 유용하다고 생각해요." 한 발 더 나아가 콜린스파크지역학교 정신건강주간 행사는 전환학년 지침에서 옹호하는 범교과 혹은 교과통합의 성격을 띤다. 지침에는 다음과 같이 명기되어 있다. "교과통합 방식은 개별 과목을 엄격하게 분리하여 가르치는 전통적 수업 방식에서는 찾아보기 힘든 통합적 시각을 갖게 해줄 것이다." 또한 정신건강주간은 전환학년 동안 '정규' 시간표 운영을 잠시 멈추고 종종 시행되는 '일회성' 행사도 그 나름 가치가 있다는 것을 분명히 보여준 사례이다.

영화제작은 새로운 기술을 통해 어떻게 학습이 변혁될 수 있는지 그 역동성을 보여준 사례이기도 하다. 콜린스타운파크지역학교 교무팀은 학생들이 영화제를 개최하며 어떻게 상상력과 창의성을 기르고, 팀워크를 높이고, 정신건강 문제에 새롭게 접근하고, 지역단체와 더 긴밀히 연계하고, 조직역량을 향상시키고, 성공한 기업을 끌어들이는 데서 오는 성취감을 맛보았는지 지켜보았다. 또한 CAST 프로젝트는 하그리브스 연구진[1995, p. 80]이 중등학교와 그 교육과정은 학생들이 학습에 전념토록 하는 데 실패했다고 일침을 가했던 것에 대한 희망찬 응답이다. 하그리브스 연구진은 중등학교 프로그램에 세 요소, 유의미

성·창의성·도전성이 부재하다고 강조했다.

폴린 더피 교장과 노엘 켈리, 앨리슨 데일리 선생님은 말할 것도 없고 콜린스타운파크지역학교 교사들은 러덕·플러터[2004, p. 139]의 연구에서 묘사되었던 문구처럼 학생들의 목소리에 귀를 기울이면 학교에 어떠한 변화가 일어나는지를 생생히 보여준 산증인들이다. 두 연구자의 핵심적 관점은 '학습공동체'로서의 학교를 창조하는 것이다. 러덕·플러터에 따르면 학습공동체란 다음과 같다.

> …교사·학생 관계를 보다 참여적·협력적으로 재조정하고, 학생들이 다양한 학교 활동에 적극적으로 기여하도록 학생 역량에 대한 개념을 재검토하며, 주어진 공간에서 법적 교육과정을 이수하는 학습자에서 다양한 역할과 목적을 위해 배우고 익히는 학습자로 학생들이 나아가게 하는 것이다.

학교 설립 이후 콜린스타운파크지역학교는 지속적으로 교육과정 혁신을 학교문화로 정착시켜왔다. 영화제작과 관련된 질문에 폴린 더피 교장이 답변한 내용을 보면 이러한 혁신문화의 측면을 엿볼 수 있다. "우리는 경험을 통해 무수히 많은 것을 배웁니다. 학교교육 혁신의 출발점은 이전에 제안되었던 프로젝트를 살펴보는 거예요. 어느 학교든 훈련이 잘되어 있어서든 본래 가지고 있는 개성 때문이든 새롭고 독창적인 시도에 호의적인 교사들은 늘 있게 마련이죠. 반면에 이를 소리 없이 지원해주는 교사들도 있습니다. 첫 번째 유형의 교사들은 새로운 프로젝트를 위해 에너지가 끓고 추동력을 발휘하는 반면 후자의 교사들은 이러한 에너지와 추동력의 가치를 인정해주는 경향이 있어요. 새로운 시도에 지원의 손길을 내밀면서 말이죠." 교장의 분석을 들으며 세 번째 유형의 교사들에 대한 질문을 안 할 수가 없었다. 새로운 시도에 저항하는 교사들은 없었을까? 반대하는 교사들의 입김이 가장 센 학교들도 있지 않을까? "우리 학교의 경우 프로젝트 초기에 확신하지 못했던 교사들이 마음을 고쳐먹는 경향이 있었어요. 프로젝트가 학생들에게 유익하게 돌아가는 것을 지켜봤거나 동료 교사를 돕고 싶은 마음이 생겼기 때문이죠." 그녀는 문을 열어젖히는 자신만만함도, 문을 다시 걸어 잠그는 배짱도 모두 학교의 혁신문화에서 비롯되었다고 생각했다

"어느 조직이든 구성원으로부터 백 퍼센트 '동조'를 얻어내기란 쉽지 않죠. 하지만 다음에는 그들도 '동조'할 수 있도록 가능성을 열어놔야 합니다. 정신건강주간 행사의 경우 학생들이 이전에 방과 후 활동을 하며 만났던 선생님들의 소위 '다른 모습'을 보는 것이 중요하다고 생각했어요. 하지만 정신건강주간 동안 학생들은 교사, 학년주임, 교감, 교장, 홈스쿨 공동체 담당자 등 누구나 할 것 없이 하나같이 행사를 즐기며 규율을 따르는 것만이 학교의 전부는 아니라고 목소리를 높이는 것을 지켜보았죠. 즐거움을 만끽한 후 다시 제각각 일터로 돌아가는 것을 학생들이 지켜보는 것 역시 중요합니다. 이 행사를 개최한 이후 약속된 시간 안에 행사를 끝마치지 못할 거라고 의심한 적은 한 번도 없어요." 그녀는 정신건강주간 행사를 시작한 이후 전환학년의 본질을 훼손하는 질문, 즉 '학교의 전통과 일상을 오랫동안 멈추면 학교 질서는 흐트러지고 훈육은 사라지지 않을까?'에 대한 자신의 생각을 이처럼 명쾌하게 밝혔다. 콜린스타운파크지역학교 사례를 보면 교육 이점이 확실한 창의적인 시도, 심지어 다소 범상치 않은 시도라 할지라도 교장이 과감히 이러한 시도에 무게를 실어주면 혁신적·실험적 실행은 어느새 '평범'한 것이 되고, 교사와 학생은 새로운 시도를

제안할 수 있는 자신의 자율권이 더 강화되었다고 느끼며, 그 결과 모든 사람들이 다소 예측하지 못했던 문화에도 잘 적응할 수 있게 된다는 것을 알 수 있다.

영화제작자이자 국가 디지털 홍보대사인 데이비드 퍼트남은 교수·학습의 실행을 개선하고 향상시키기 위해 사회는 교사들이 현대 기술을 더 많이 활용하도록 허용해야 한다고 주장했다.[5] CAST영화제 사례는 흥미진진한 교육의 미래를 넌지시 비춰준다.

마지막으로 CAST 프로젝트가 태동되게 된 배경을 생각하면 청소년 영화제는 청소년의 자살을 걱정했던 선의의 어른들에게 의미심장한 메시지를 던져준다. '자살, 그보다는 긍정적인 정신건강에 주력하세요.' 학생들의 메시지는 귀담아들을 만한 충분한 가치가 있다.

---

5. 예를 들어, http://ec.europa.eu/avservices/video/player.cfm?ref=1079556를 참조하라.

제10장

학습과정을 평가하라
-포트폴리오 학습평가

푸른 하늘과 대서양의 맵짠 바람이 도니골주 분더런의 손님을 맞았다. 마에너학교 전환학년 학생인 벤과 딜런은 학년말 포트폴리오 평가 인터뷰를 이제 막 마쳤다. 두 학생 모두 과제물과 불룩한 학습성찰일지가 들어 있는 상자를 들고 있었다. "인터뷰에서 전환학년 전 과정에 대한 질문을 받았어요. 또 가장 좋아했던 과제와 인터넷 블로그에 대해서도 질문을 받았죠. 저희가 전환학년 동안 어떻게 변화했고, 전환학년으로부터 어떤 혜택을 받았는지에 대한 질문도 있었어요." 딜런이 말했다. "인터뷰 전에 긴장되었냐고요? 두말할 것도 없죠." 딜런은 쉬지 않고 말했다. "평가 인터뷰는 정말 진지하게 임해야 하는 인터뷰예요. 인터뷰 전에 질문 받을 내용을 이미 알고 있었는데도 신경이 곤두서 있었어요. 그러나 제 인터뷰에 충분히 만족해요. 저는 일상적인 대화를 나누듯이 인터뷰를 하려고 했어요. 전환학년 동안 실제 여러모로 발전했는데 그 점을 잘 전달해드렸다고 생각해요." 딜런은 처음에는 야외활동센터에서, 두 번째는 카페에서 진행했던 진로체험의 정수가 무엇이었는지 들려줬다. 두 유형의 진로체험을 비교하고 대조하는 솜씨가 탁월했다.

　딜런의 급우인 벤은 인터뷰 과정에 대해 다소 다른 견해를 보였다.

"전환학년 동안 인터뷰 훈련을 꽤 많이 했기 때문에 필기시험보다 인터뷰가 더 낫다고 생각했어요." 벤은 이렇게 운을 떼며 은행설립프로젝트와 진로체험 때 경험했던 인터뷰에 대해 설명했다. 또한 벤은 학교 대표로 공개연설을 한 적도 있다. "그렇지만 지난 크리스마스 첫 평가 때는 전 몹시 불안했어요. 인터뷰 능력이 점차 떨어졌어요." 벤의 유창하고 리듬감 넘치는 도니골 억양에 매료되어 면접관이 바로 눈치채지는 못했겠지만 영어는 벤의 모국어가 아니다. 벤이 집에서 사용하는 주된 언어는 폴란드어다. 벤이 초등학교를 다니던 중에 벤의 가족은 아일랜드로 이민 왔다. 현재 벤은 '자신의 언어 능력을 확장하기 위해' 학교에서는 불어를 배우고 방과 후에는 러시아어를 독학하고 있다. "저는 제가 원하는 것에 집중할 수 있는 전환학년 교육 방식이 참 좋아요. 수업 과목과 교육과정, 진로 등 모든 면에서요. 뭐든 더 열심히 하게 돼요."

벤과 딜런은 인터뷰 방식의 평가 유형은 '우리에게 익숙지 않은' 것이었다고 입을 모아 얘기했다. 벤은 인터뷰 방식의 평가가 다중지능이론Multiple Intelligence theory과 잘 맞는다고 생각했다. 마에너학교 전환학년은 하워드 가드너[6]의 이론을 염두에 두고 구성되었다. 벤·딜런은 사전에 인터뷰할 내용을 고지해주는 점을 높이 평가했는데, 가령 '전환학년에서 도움이 되었던 5가지 활동을 선정하고 그 근거를 제시하라' 같은 질문을 미리 알려주는 것이다. 그 덕분에 벤·딜런은 인터뷰 준비를 위해 친구들과 열띤 토론을 벌일 수 있었다. 새로운 친구들도 사귀었다. 친구들과 토론을 벌였던 주제로는 북아일랜드 학교, 죽마타기, 식수 안전, 진로체험, 대학 천문학 강의, 16km 마라톤 완주, 미니

---

6. 가드너의 MI이론과 학교교육에 대해 간단명료하게 소개한 8분짜리 동영상은 http://www.edutopia.org/multiple-intelligences-howard-gardner-video에서 찾아보라.

컴퍼니 운영, 가서 프로그램, 생활용품 발명, 로봇수업, 어린이 돌봄 활동 등이 있다. 벤·딜런은 LC 과목 선택에 도움이 될 정보를 얻기 위해 전환학년의 활동 폭을 넓혀나갔다. 이들의 학습일지는 매주 학습했던 내용을 되새김질하는 문구들로 가득하다. 진로체험 기간에는 학생들은 매일같이 하루를 성찰하는 일지를 쓴다.

인터뷰 평가의 이 모든 장점에도 불구하고 분명 단점도 있지 않을까? 벤은 학습평가 인터뷰 중에는 진로체험 인터뷰보다 훨씬 더 까다롭게 진행되는 과목들이 있는 점을 지적했다. 딜런은 고2로 올라가는 오는 9월이면 필기시험 위주인 기존 학습 트랙으로 다시 들어가야 하는 현실을 직시했다.

상자와 폴더 채우기

재키 오렐리딜론 교장은 포트폴리오 평가는 1996년 이래 마에너학교 전환학년의 핵심 요소라고 설명했다. "사실 전환학년 지침에 따라 포트폴리오 평가를 실시했다고 볼 수 있어요." 그녀는 처음 포트폴리오 평가를 시작했던 때를 떠올렸다. "저희는 포트폴리오 평가를 진지하게 수용했어요. 전환학년을 시작할 때 학생들에게 학습활동을 기록할 것, 즉 학습성찰일지를 쓸 것을 요청했고 학생들이 행했던 모든 것을 그 일지에 축적해나가게 했죠. 제일 먼저 건축학이나 공학 수업시간에 상자, 다시 말해 과제물을 담아둘 보관함을 만드는 입체물 포트폴리오를 수행하게 했습니다. 상자를 만든 후에는 다른 모듈수업에서 수행했던 과제물을 모두 그 상자에 보관하게 했죠. A4용지에 수행했던 A4 포트폴리오도 함께 넣어두었고요. 학생들은 자기 작품의 견본들을 보관했어요. 이렇게 상자에 보관하는 방식은 인터넷 블로그를 활용하기까지 지속되었죠. 학생들은 평가 면접관에게 이 모든 결과물을 제시해야 해요. 이런 방식의 평가는 아주 효과적입니다."

그녀가 언급했던 전환학년 지침은 평가에 대한 내용을 명쾌하게 기술했지만 전환학년을 아주 창의적으로 운영하고 있는 학교일지라도 평가 과정까지 늘 혁신적인 것은 아니다.

지침교육부, 1993에 따르면 "평가는 교수·학습 과정의 필수 요소이다. 평가는 학생들의 강점과 약점에 대한 정보를 적확하게 전달할 수 있도록 진단 가능해야 하고, 효율적인 프로그램을 기획하고 실행하는 가운데 학생들의 성취를 높일 수 있도록 성장 중심적이어야 한다."

진단 가능하고 성장 중심적인 혁신적 평가 방식이 지지부진하게 진행되고 있는 학교들이 많다면 이는 아마도 지침의 그다음 문장이 혼란을 초래했기 때문일 것이다. "학교 정규평가 과정의 일부분으로 학생들이 전환학년 동안 수행했던 모든 측면에 대해 평가해야 한다." 여기서 말한 '정규평가 과정'을 '필기시험'으로 축소 해석하는 경우가 너무도 잦은 듯하다. 지침은 다음과 같은 내용으로 이어진다.

적절한 평가 양식을 선정하여 다양한 전환학년 수업 방식을 보완해야 한다. 평가 양식은 다음 중 일부 혹은 전부를 포함한다.

- 총괄평가: 학생이 수행한 것에 대한 교사의 서술형 총평
- 쓰기, 말하기, 듣기, 실기 평가
- 진로체험 보고서
- 프로젝트, 포트폴리오, 작품전시
- 개인의 성장을 기록한 일기와 학습일지
- 평가 척도와 학생이 습득한 기능 및 역량 기록

다시 말하건대 전환학년 평가를 '교수·학습 과정'에 통합된 요소로 보기보다 한낱 '부속품' 정도로 취급하는 학교 사례들이 숱하다. 지침은 평가과정에 학생들을 참여시켜야 한다고 분명히 명시했다.

평가과정에 학생이 참여해야 한다. 이러한 평가유형으로는 담임교사와의 면담이 있다. 또한 학생들은 다양한 지표에 따라 자기 평정을 실시하며, 자신에 대해 더 깊이 인식하고, 자기 학습과 성과를 관리하고 책임지는 능력을 키워야 한다.

지침은 다음과 같이 평가 부분의 결론을 맺는다.

평가과정의 종착지는 학생 프로필이다. 이 프로필에는 모든 학습 영역에서 성취한 내용을 기술한 것과 전환학년 동안 수행했던 모든 학습활동이 포함되고, 학생의 자질에 대해 폭넓게 평가한 내용이 담겨 있어야 한다. 모든 평가를 하나로 총체화하는 것은 주로 교사와 담임의 몫이겠지만 학생들의 진지한 의견과 가능하다면 부모가 관찰한 내용까지도 평가에 포함시켜야 한다. 전환학년을 마칠 때 각 학생은 다음과 같은 평가 자료를 지녀야 한다.

- 개별 학생 평가에 활용되는 일기 및 학습일지 완결본
- 학생 프로필 및 학교에서 학생의 성취도를 기록한 내용

전환학년 동안 혁신적 방식으로 교수·학습을 지속하려면 적절한 평가 양식을 다양한 방식으로 통합하는 것이 매우 중요하다. 따라서

마에너학교의 포트폴리오 평가는 특별히 시사하는 바가 크다.

파급효과

벤·딜런과 나누었던 대화의 여운이 채 가시지 않았다. 재키 오렐리 딜론 교장은 포트폴리오 평가에 대해 좀 더 자세히 설명했다. "학생들이 제출한 포트폴리오의 내용과 자료 그 자체보다는 이를 발표하고 소통하는 능력을 저희는 더 중시합니다. 학생들의 자존감과 자신감, 성찰·분석·자기비판능력, 학습한 내용을 다양한 상황에 적용하는 능력을 더 눈여겨보죠." 학생들은 포트폴리오를 개인 전유물로 여기며 애지중지하고 자부심을 갖는다고 한다. 지금은 전자 포트폴리오를 사용하고 있지만 학생들은 여전히 과제물 상자를 선택할 수 있다. "개인적으로는 과제물 상자에 저는 아직도 애착이 많아요." 마에너학교 첫 전환학년 코디네이터이기도 했던 그녀가 말했다. "실제 작품과 그것을 찍어서 올려놓은 사진 사이에는 분명 차이가 있죠. 하지만 학생들은 전자 포트폴리오를 좋아해요. 모듈 과정이 끝날 때마다 학생들은 블로그에 글을 쓰고 사진이나 자격증 같은 학습과 관련된 모든 것을 업로드합니다. 전환학년을 마칠 때까지 자기 학습을 반추해보는 글을 블로그에 무려 30건 이상 올리는 학생들도 있어요." 포트폴리오 평가 방식은 학생들이 교사들과 선택과목에 대해 상의할 때 학생들의 자신감을 높여주는 경향이 있다고 한다. 지금 도니골주 교육훈련위원회는 학생들에게 개별 이메일 계정을 부여하고 있으며, 마에너학교는 학습 증진을 위해 이를 유용하게 활용할 수 있는 방안을 여러모로 모색하고 있다.

그녀는 전환학년 사명에 맞게 포트폴리오 평가의 위상이 정립되기를 간절히 바랐다. 평가와 교수·학습이 더욱 긴밀히 연계되어야 한다고 주장했다. 또한 학부모를 대상으로 전환학년의 목표와 전환학년이 기존 교육 방식과 어떻게, 왜 다른지를 설명해야 하는 필요성에 대해서도 단도직입적으로 말했다. "중3 자녀를 둔 학부모들에게 전환학년은 자기주도적 학습자로서의 역량을 계발하기 위한 것이라고 분명히 말씀드립니다. 우리 학교는 또래 앞에 나서는 능력, 사람들 앞에서 당당히 발언하는 능력, 정보와 데이터를 지식으로 전환하는 능력, 차이를 감지하는 능력을 끌어올려야 한다고 수없이 강조하죠."

각 학생은 크리스마스와 여름에 포트폴리오 인터뷰를 15분간 갖는다. 경우에 따라 30분에 이르기도 한다. "두 번째 인터뷰를 마치고 나면 학생들의 성장이 눈에 확 띕니다. 대부분의 학생들이 '저것은 크리스마스 때의 저고요, 이것은 지금의 저예요'라고 자평하죠."

대다수 학부모들이 참석하는 5월 전환학년 공개행사는 평가 인터뷰와 잘 연결된다. "학생 두 명이 공개행사 사회를 맡아요. 학생들은 선생님과 협의를 거친 후 초대하기로 결정된 모든 이들을 공개행사의 밤에 참석시킵니다. 단막극 공연을 진행하고 나서 학생들은 한 명 한 명 돌아가며 전환학년 동안 가장 의미 있게 배웠던 내용에 대해 발표하죠. 그러고 나서 전환학년 수료증이 수여됩니다." 그녀는 공개행사 역시 학생들이 학교와 지역사회 곳곳에서 쌓아온 전환학년 프로필에 추가되어야 한다고 믿는다. 그녀는 최근 한 아버지와 나누었던 대화를 들려줬다. 그 아버지는 전환학년을 시작할 때까지만 해도 자기 아들을 '상당히 걱정이 많고 예민한 사내애'로 묘사했었다. 전환학년을 거치며 "놀라운 변화가 일어났습니다. 이제 제 아들은 세상 밖으로 나와 그 중심에 서서 사람들을 조직하고 발표하죠. 전반적으로 훨씬 더 자신감이 높아지고 행복해졌어요." 부모들이 들려주는 이와 같은 극적 사례는 지역사회 전역에 울려 퍼지고 있다.

과정중심평가

한 학교의 책임자로서 재키 오렐리딜론 교장은 학교 전체 차원에서 지속적으로 과정중심평가Assessment for learning를 강조해온 것이 포트폴리오 평가라는 결실로 이어졌다고 생각했다. 과정중심평가는 교사들에게 엄청난 융통성을 부여한다고 한다. "과목에 따라 학생들은 프레젠테이션을 하거나 프로젝트를 수행하거나 작품을 만들거나 지면에 글을 써서 제출합니다. 교사들은 사전에 각각의 평가 기준을 반드시 학생들에게 전달해야 하죠. 학생들이 먼저 자기가 수행한 과제에 대해 평가를 내립니다. 그다음 교사가 평가를 진행합니다. 이 과정에서 활발한 대화가 일어나게 되죠." 마에너학교는 대략 2009년 이후부터 줄곧 학교교육 전반에 걸쳐 의식적으로 과정중심평가를 전개해왔다. "과정중심평가는 학업을 중시하는 우리 학교정책과 여러모로 잘 맞는데 교사들이 학생들의 학업 수준을 모니터하고 이를 끌어올릴 수 있도록 도와줍니다. 학생들에게도 매우 유익한 방식인데 특히 전환학년에 더 잘 맞는 것 같아요. 국가 차원에서 수행되었던 연구 중에 전환학년을 거쳤던 학생들이 대개 LC 시험에서 26점을 더 취득한다는 연구 결과가 도출된 것이 있어요. 우리 학교 경험을 보면 이보다 훨씬 더 높은 70~80점을 더 취득할 수도 있습니다. 전환학년 색깔에 잘 맞는 평가 양식이 필요하다는 점을 일찍이 깨달았기 때문이죠. 판서하며 혼자 떠드는 교사는 이제 무대의 중심에 설 수 없습니다. 우리 학교 교사들은 조율하는 역할에 훨씬 더 집중하죠. 따라서 전통적 방식의 기말시험은 더 이상 적합하지 않아요."

"물론 교사가 모든 것을 다 해주지 않고 뒤로 한발 물러나 있는 것을 이해하기까지 시간이 좀 걸리는 학생들도 있습니다. 저희는 스스로 참여하지 않으면 그 결과를 감수해야 한다고 믿어요. 바로 이 지점에서 보고서의 중요성이 대두되죠. 학생들은 다양한 평가 양식에 따라 진행된 피드백뿐 아니라 학습 주도성과 책임감에 대해서도 점수를 받습니다. 그래서 어쩔 수 없이 학생들에게 점수 결과가 왜 이렇게 나왔는지 설명하는 데 시간이 많이 소요되는 편이에요." 전환학년 동안 학교는 진로체험 보고서는 두 차례, 성적표는 크리스마스·부활절·여름방학 세 차례 가정에 발송한다. "우리 학교는 학생들에게 책임감을 심어줘야겠다는 생각에 집중되어 있어요. 대학에 들어가면 아침에 누가 깨워주거나 수업에 들어가라고 잔소리하거나 과제를 제때 제출하라고 챙겨주는 사람이 없잖아요. 전환학년 동안 '다음 주까지 제출해야 할 프로젝트 과제가 무려 10개나 있다'며 쩔쩔매는 학생을 만나는 것은 어렵지 않을 거예요. 이런 상황은 전적으로 시간 관리에 실패해서 벌어진 거죠. 하지만 다음에 과제를 부여받을 때는 학생들은 시간 관리에 훨씬 더 능하답니다. 그사이 엄청난 학습이 이루어진 거죠. 삶의 능력이 향상된 거예요."

"예를 들면 영어시간에는 말하기에 치중합니다. 먼저 말한 것을 녹음하고 녹음한 내용을 들어본 후 이를 발표하는 과정에서 많은 것을 배우죠. 또래평가 기회를 점차 늘려가는데 처음에는 학생들이 아주 겁낼 수도 있어요. 초기에는 학생들은 수업시간에 키득거리기 일쑤였고 부모들은 자녀가 이런 수업을 받을 정도로 영어에 자신감이 넘치지 않다는 쪽지를 보내오곤 했죠. 학부모들과 얘기를 나눌 때마다 자녀에게 아주 유익한 학습 환경이라는 점을 강조했어요. 교육혁신을 위해 '신뢰와 유익한 학습 환경'을 조성하는 것이 얼마나 중요한지 깨달았습니다. 학생들에게 주어질 이점에 대해 설명하면 부모들은 언제나 그 골자를 꿰뚫어보죠. 부모들 머릿속에 필기시험만이 유일하게 타당한 평가 방식이라는 관점이 얼마나 깊이 뿌리박혀 있는지 잘 아시잖아요. 물론 이는 JC 개혁과도 무관하지 않습니다."

과정중심평가로 평가 방식이 전환된 것에 대해 교사들의 반응은 어땠을까? 그녀는 솔직담백하게 지난 이야기를 들려줬다. "저희 교사들은 함께 둘러앉아 평가 방식에 대해 의견을 나누었어요. 마음을 툭 터놓고 진솔하게 말이죠. 처음에는 '어떤 평가가 효과적일지', 우리가 원하는 교육 방향은 무엇인지에 대해 토론했어요. 교사회의에서는 주로 훈육의 관점에서 평가를 논했죠. 저희는 질문을 바꿔보았어요. '우리 학교에는 어떤 평가가 잘 맞을지', '수업을 하는 교사에게도 도움이 되는 평가는 어떤 것일지'로 말이죠. 결국 저희는 과정중심평가라는 결론에 도달했습니다. 커다란 코끼리를 한입에 먹을 수 없는 것과 마찬가지로 평가를 한입 분량 정도로 조금씩, 조금씩 진행했어요." 그녀는 재담가였다. "수학 수업은 '신호등traffic lights'[7] 평가로 시작했어요. 협동학습이 가능하도록 수업체계를 바꿨죠. 그다음 배리 베넷의 '교육지능Instructional Intelligence'[8] 프로젝트에 참여했어요. 이 프로젝트에서는 생각그물 만들기, 수업계획 세우기, 수업 사전 점검, 질문 뼈대 잡기, 고차원적 사고능력 기르기 등의 교수법을 가르쳤기 때문에 교사 훈련 프로그램으로도 손색이 없었어요. 사실 저희 교사들은 그중 많은 것을 이미 수업에 활용하고 있었지만 프로젝트에 참여하며 자신이 활용하고 있던 교수법에 공식 이름을 붙일 수 있게 되었죠. 저희는 이런 부분에 대해서도 서로 이야기를 나누었습니다. 이후 교사 워크숍은 교사회의와 통합되었어요. 현재 학생들이 작성하는 학습일지는 블룸의 분류체계Bloom's taxonomy와 신호등 체계를 활용하기 때문에 학

---

7. 초록빛은 '완전히 이해했으니 다음 단계로 이동할 준비가 됐음', 노란빛은 '이해했는지 불확실함', 빨간빛은 '전혀 이해하지 못함'을 뜻한다. '신호등'은 교사·학생 모두 이용할 수 있으며, 수업시간이나 수행 과제를 평가할 때 피드백을 시각적으로 재빨리 전달하는 데 유용하다.
8. http://pketko.com/Unit%20Design/popups/instructtactics.htm를 참조하라.

생과 부모는 이 학습일지를 보며 학교에서 행하고 있는 것을 더 명확하게 이해할 수 있습니다. 이런 변화를 통해 저희 교사들은 애초에 교사를 꿈꾸었던 이유, 다시 말해 교사의 소명을 다시금 떠올려볼 수 있었죠." 그녀는 잠시 숨을 가다듬었다. "재미있는 점을 말씀드릴까요? 평가 방식의 전환이 일어난 이래 훈육은 더 이상 우리 학교의 주된 관심사가 아닙니다. 학교는 매우 안온하죠. 열린 분위기가 감미롭게 흐르고 있어요."

교사들은 자기 자신이 선호하는 교수·학습·평가 방식이 무엇인지 파악하는 것이 그 무엇보다 중요하다는 것을 깨달았다. "우리 학교는 8월 개학 전에 모든 신임교사들이 집중훈련과정을 받도록 합니다. 이 과정에서 학교 기풍과 가치, 학생의 비행에 대한 학교의 관용 정책, 교육지능, 전환학년, 과정중심평가 등에 대해 집중적으로 다루죠. 또한 각 신임교사에게는 멘토 교사가 한 명씩 배정되고 함께 후속과정에 참여합니다. 과목별 부서를 두는 것은 신임교사에게 학교에서 실행하고 있는 것을 가르치기에 아주 유용한 방법입니다."

그녀는 포트폴리오 평가, 과정중심평가, 능동적 교수·학습, 체험학습을 한데 아우르며 인터뷰의 매듭을 지었다. 학생들의 LC 점수가 향상되고 대학에 진학하는 학생 수가 급증한 것은 물론 선택과목을 선정하는 학생들의 안목도 한결 높아졌다고 한다. 그녀는 마에너학교에서 고득점을 받았던 학생들은 어느 학교에 가서든 상위권을 차지하리라는 점을 인정하면서도 전환학년의 이점에 대한 입장만큼은 고수했다. "이 학생들은 전환학년 동안 익혔던 사회성 기술, 대처능력, 자신감 훈련 같은 것을 이제 더 이상 배울 필요가 없을 거예요. 책, 책, 책만 파고드는 교육은 전환학년의 폭넓은 활동과 조화를 이루어야 합니다." 그녀는 전환학년의 두 번째 눈부신 성과는 교우관계라고 한다.

"전환학년은 오래도록 지속해나갈 우정을 탄탄하게 다지기에 최적의 시간입니다." 그녀는 전환학년을 보낸 지 10년이 지난 졸업생들을 떠올렸다. 그 학생들은 여전히 컨선월드와이드 사회 이슈 토론, 청소년사회혁신가, 재활용품옷만들기 프로그램에 참여하기 위해 더블린과 벨파스트, 코크를 함께 여행하며 이야기꽃을 피운다고 한다. "심지어 전환학년 포트폴리오 상자와 과제물을 아직까지 그대로 간직하고 있는 학생들도 있어요." 그녀는 함박웃음을 지었다. "이처럼 기억에 길이 남을 긍정적 경험을 많이 하도록 학교에서 학생들을 이끌어주는 것이 중요하다고 믿습니다."

교사의 관점

마에너학교 노엘 오도널 선생님은 전환학년에 맞게 변환한 자신만의 평가 방식에 대해 꾸밈없이 들려줬다. 그는 목공과 건축, 컴퓨터그래픽, 도로안전, 컴퓨터 코딩 모듈을 담당하고 있다. "컴퓨터 코딩 같은 모듈이 학생들 간의 격차를 좁혀주는 역할을 하는 것 같아요. 세상에는 컴퓨터 코딩 같은 것에 푹 빠진 아이들이 있죠. 다른 아이들이 이런 아이들을 얼마나 우러러보는지 잘 아실 겁니다. 아이들은 서로를 가장 잘 알아요. 그래서 저는 또래평가를 존중하게 되었어요. 도로안전 모듈을 예로 들어볼까요. 도로안전 캠페인을 펼치기 위해 교육지능 접근 방식, 다양한 협동학습, 생각그물 만들기, 개념지도 그리기, 표 만들기를 활용합니다. 그리고 제기된 안건 하나하나에 대해 반 전체가 집단토론을 벌이죠. 동시에 모든 학생들이 평가자가 됩니다. 처음에는 이런 방식이 몹시 조심스러웠어요. 하지만 집단 활동이기 때문에 어느 누구도 비판을 두려워하지 않는다는 것을 알게 되었어요. 집단 속에 안전성이 숨어 있는 거죠. 또래피드백을 통해 개별 과제를 수행하는 아이들의 자신감은 몰라보게 커집니다. 가끔씩 예전에 학생 한 명을 지목해서 질문을 던졌던 때가 떠올라요. '자, 지미, 넌 어떻게 생각하지?' 이렇게 말이죠. 아이들은 개별적으로 질문을 받으면 심한 고립감을 느끼고 당황해서 아무 답변도 못한 채 쩔쩔매게 됩니다. 그도 아니면 도와줄 친구를 찾아 불안한 눈빛으로 이리저리 두리번거리겠죠. 답변하려고 손을 번쩍 드는 아이는 항상 똑같았어요. 생각하기-짝짓기-공유하기 교수법이 학습에 훨씬 더 효과적이라는 것을 이제는 잘 알고 있어요."

"과정중심평가는 학생들의 성장과 자신감 향상을 부르짖는 전환학년에 정말 잘 어울리는 것 같아요." 그는 배리 베넷 박사가 주도했던 워크숍을 회상했다. "모든 내용이 공감되더군요." 배리 베넷 워크숍은 교사에게 수업혁신의 열쇠가 되었을까? "아마도요." 그는 깊은 생각에 잠긴 듯했다. "워크숍을 시작할 때 베넷 박사는 수업에서 활용할 수 있고, 수업의 질을 높이는 데 도움이 될 작은 교구를 나누어 주셨어요. 학교에 가져가서 수업에 쓸 수 있는 것들이었죠. 눈이 번쩍 뜨였습니다. 그전에 제가 가르쳤던 방법들은 군사작전과 다를 바 없었어요. 오랫동안 제 교실에서 들렸던 목소리는 오직 제 목소리 하나뿐이었죠. 어쩌면 정확성을 중시하는 군대식 교수법이 아직도 제 수업에 남아 있을지 모르겠어요. 하지만 예전에 비해 지금은 아이들이 훨씬 더 활발하게 수업에 참여하고 있습니다. 제 말씀의 요지는 이전에는 참여하지 않았을 아이들이 더 많은 노력을 기울이고 이제 뭔가를 시도하는 데 더 이상 겁을 내지 않는다는 거예요. 어쩌면 제가 실용 과목을 가르치기 때문인 것도 있겠지만 과정중심평가가 제 수업에 잘 맞는 것 같습니다." 전환학년 초반에는 아이들이 포트폴리오 평가 방식을 어려워하지만 1년을 보내면서 확연히 변한다고 한다. "아이들의 자신감과 자존감이 향상됐으니 오늘처럼 선생님께서 우리 학교를 방문하신 것 아니겠어요. 아이들은 인터뷰 평가를 전환학년 과정에서 타당한 것으로 받아들이고 성큼성큼 헤쳐나갑니다." 그는 잠시 멈칫한후 한마디를 남겼다. "물론 포트폴리오 평가가 아이들을 다소 주눅 들게 하는 면도 있습니다. 하지만 전반적으로는 아이들에게 어마어마한이점이 있다는 것을 목도하실 수 있을 거예요."

형성평가의 중요성

『블랙박스 내부: 수업평가로 학업수준 끌어올리기』^{블랙과 윌리엄, 1998}는 특히 형성평가 분야에서 저명하고 영향력이 큰 논문이다. 저자는 500편의 연구논문에서 핵심을 추린 후 형성평가를 통해 학생들의 학업성취 수준을 끌어올릴 수 있다고 명료하게 결론을 내렸다. 또한 형성평가는 모든 학생들에게 이롭다. 특히 학업성취도가 낮은 학생들의 경우 평가 피드백을 자주 받는 것은 학업 증진에 도움이 된다. 두 연구자는 종래의 시험 방식으로는 학생들은 기계적 암기학습을 반복하거나 수박 겉핥기 식 학습을 할 뿐이라고 주장한다. 채점과 등수 매기기를 중시하는 교육현장에서는 학생들에게 꼭 필요한 학습 조언을 놓쳐버리는 기회비용을 치러야 한다. 학생들을 서로 비교하는 교육현장에서는 학생들은 성장의 관점이 아닌 경쟁의 관점으로 평가를 대한다. 성적이 낮은 학생들은 자신의 '능력'을 탓하고 자신을 학습에 소질이없는 무능한 사람으로 간주하며 자퇴를 심각하게 고민한다. 그러면 결국 다른 학생들의 학업에 지장을 주는 학생들이 늘어나고 무단결석자들이 속출하게 된다. 이런 청소년들은 사회에서 고립되어 심각한 사회문제의 유발자가 되거나 정작 본인 자신이 사회의 희생자로 전락하기쉽다.

위 논문이 처음 발표된 지 10년 후 개정판을 쓰면서 블랙과 윌리엄 2010은 "『블랙박스 내부』가 교육에 큰 반향을 일으킨 것은 뜻밖의 놀라움이었다"라고 명시했다. 두 연구자는 현장 사례를 바탕으로 논문을 썼기 때문에 사람들이 그 내용을 적극적으로 수용했을 거라고 생각했다. 또한 이들은 어떻게 가르치는가에 따라 평가는 더욱더 효율적으로 바뀔 수 있다고 주장했다. 두 연구자는 '교사·학생, 또 학생·학생 간의 상호 대화야말로 학생들의 성장을 이루는 골간이며' 이 과정에서 교사들도 크게 성장할 수 있다고 한다. 학습과제는 학생들의 성장 기회를 추동하여 학생들이 자신의 학습을 주도하고 진척시켜나가는 능력을 배양시킨다고 한다. 다음은 블랙·윌리엄이 형성평가에 대해 기술한 내용이다.

> … 형성평가는 교사의 무기에 뭔가 더 보태려고 하는 여타의 생각거리 같은 것이 아니다. … 교사들은 학생들과 관계하는 법, 학생들의 말을 더 잘 경청하는 법, 학생들의 참여를 독려·존중·전개·구축하는 법을 변화시켜야 한다. 이를 위해서 교사들은 용기를 내야 하고 학교에서 지속적으로 전문성 개발이 가능하도록 동료 교사들 간에 상호 지원을 아끼지 않아야 한다.

마에너학교의 경험을 살펴보면 포트폴리오 평가 방식이 전환학년에 실제 뿌리를 내리려면 교수·학습과 분리되어서는 안 된다는 것을 알 수 있다. 포트폴리오 평가는 새로운 교수·학습 방식을 보완하는 동시에 새로운 교수·학습 방식에 의해 보완되어야 한다.

마지막으로 전 세계적으로 해결해야 할 교육문제가 아일랜드에서는

어떻게 나타나고 있는지를 강조하기 위해 더블린 교육과정개발과의
앤톤 트란트 전 과장이 2007년 언급했던 내용을 전한다.

우리 교육과정은 중등학교부터 시험이 주도한다. 말하자
면 시험을 준비시키기 위해 가르치는데 이는 말 앞에 수레
를 다는 꼴이다. 우리는 평가가 교육과정과 절대 분리되어서
는 안 되고 항상 교수·학습 과정에 통합되어야 한다는 경고
를 묵살한다. 학생들의 학습 상태를 수시로 점검하는 과정중
심평가와 학생 선발, 자격증 부여, 학습 수준 모니터 같은 학
생 관리를 위해 치르는 평가 사이에 치명적 차이가 존재한다
는 것을 잊는다. 학생 관리를 위한 평가가 '교육과정을 왜곡
하고, 교사·학생의 활동을 평가절하 하고, 학습 수준 평가의
목적을 폄하하는' 달갑지 않은 결과를 초래하는 것을 일축해
버린다.[p. 189]

제11장

청소년의 목소리에
귀 기울이기

1992년 아일랜드 정부가 UN아동권리조약을 비준한 것과 그 2년 후 전환학년이 정규교육과정으로 편입된 것은 우연의 일치에 가깝다. 그 후 20년 동안 전환학년 책임자들은 청소년들의 목소리를 좀 더 귀담 아듣기 시작했다. 2014년 4월 2일 아일랜드 국회 산하 법무·국방·평 등위원회 회의에서는 이러한 변화를 극적으로 보여주는 사례가 펼쳐 졌다. 전환학년 학생 네 명이 「삶의 거머리-인신매매는 삶을 망가뜨린 다」 프로젝트를 발표하기 위해 그 회의에 초대되었던 것이다.

"저희 모두 인신매매 문제를 심각하게 느꼈기 때문에 입법부 위원 회에 초대되어 발표할 기회를 갖게 된 것이 뛸 듯이 기뻤어요." 네 학 생 중 클레어가 말했다. 코크주 캐슬타운베어 지역의 포바일베러학교 에서 온 네 학생들의 발표를 경청했던 모든 사람들은 인신매매 주제에 관한 아이들의 해박한 지식과 창의적인 제안, 변화에 대한 열망에 크 게 감명받았다. "어려움을 겪은 사람들에게 측은지심을 갖고 도우려 는 마음이 참 놀랍습니다." 법무·국방·평등위원회 위원인 피니안 맥 그라스 의원이 말했다. "학생들이 보여준 사회정의감은 우리 모두에 게 귀감이 되었고, 인신매매에 종지부를 찍으려는 학생들의 결연한 의 지는 하원에서 계속 논의되어야 합니다. 그간 엄청난 노력을 기울여온 포바일베러학교 학생들에게 찬사를 보냅니다." 한 무소속 의원이 언급했다.

전환학년 학생들이 이와 같이 의미 있는 발표를 하기까지 다양한 시도와 지원이 잇따랐으며 수많은 사연들이 점점이 놓여 있다.

교목의 역할

교목이자 청소년사회혁신가 프로젝트를 이끌고 있는 마리 머피 선생님의 지도 아래 학생들은 성적 착취와 노동 불법 거래의 성격을 띠는 인신매매 문제를 연구했다. 학생들이 페이스북을 시작하자 많은 희생자들이 접속하여 인신매매 문제를 사회에 환기시켜준 것에 대한 감사의 말을 남겼다. 학생들은 추후 희생자들과 인터뷰를 진행했고, 이를 통해 이 문제에 대해 더욱 깊이 눈을 뜨게 되었다. 인신매매 근절을 위해 힘쓰고 있는 사회운동가들도 만났다. 학생들은 친구들이 인신매매 문제에 무지하다는 것을 깨달았고 교내에 이 문제를 널리 알렸다. "지금은 친구들도 다 알아요." 상원의원을 비롯한 많은 의원들 앞에서 발표했던 학생 중 한 명인 헬렌이 말했다. 학생들은 사진 전시회를 개최했고 청소년들을 위해 책 한 권을 펴냈다.

위원회 발표 모두에서 엘렌은 인신매매 프로젝트에 대해 간단명료하게 소개했다. "인신매매는 현대판 노예를 의미합니다. 인신매매는 빈곤, 열악한 교육환경, 기회 부족, 성 차별, 사회적·정치적 폭압, 공공서비스 요구 같은 현실적 문제에 뿌리를 두고 있습니다. 대개 인신매매 희생자들은 더 나은 일자리를 보장해준다는 꾐에 빠져 멀리 집을 떠나죠. 그러나 이들이 강요받는 것은 위험하고 불법적이고 폭력적인 범죄뿐입니다. 저희는 프로젝트의 목적을 달성하기 위해 인신매매 문제를 연구하기 시작했고, 친구들과 지역 주민들을 대상으로 이에 대한 교육을 실시했습니다. 또한 저희는 지역·국가·세계로 인신매매에 대한 인식을 확장했습니다. 언론, 정부, 여행, 접대, 교육기관에서 저희의 연구를 활용하고 저희의 권고를 받아주실 것을 간절히 바랍니다. 저희는 사회 변화의 주체가 되어 이전과는 다른 사회를 만들고 싶습니다. 어른들과 또래 친구들 모두 인신매매에 대한 지식과 이해 정도가 몹시 빈약하다는 것을 깨달았습니다." 엘렌은 방대한 통계를 곁들이며 학교 친구들과 철저하게 탐구했던 내용을 계속 설명했다. 그중에는 '전 세계에 걸쳐 매년 2,700만 명이 인신매매되고 있으며, 그 결과 240만 명이 강제노역의 덫에 빠져 있다'는 내용도 포함되었다. 엘렌·헬렌·일레인·클레어 네 학생은 연구가 광범위하게 진행되었던 점에 대해 설명했다. 이들은 혁신적이고 도전적인 제언을 하면서 인신매매 발표를 마쳤다.[9]

학생 편에 선 교사

전환학년에서 청소년사회혁신가 모듈을 담당하는 마리 머피 선생님은 이 모듈을 지도하며 자신도 교사로서 성장하고 있다고 말했다. "학생들은 자신이 열의를 갖고 있는 주제에 대해 과제를 수행할 수 있는 기회를 대단히 소중히 여깁니다. 저는 아이들의 재능을 꾸준히 길러주려고 노력하죠. 웬만해서는 훈육자 역할을 하지 않으려고 해요. 청소년사회혁신가 체계 자체가 지원이 용이하도록 짜여 있어요. 매년 5월 친구들 앞에서 그간 수행했던 과제를 발표하는 연례 발표행사는 아주 훌륭합니다. 저희는 또한 캠페인 활동의 일환으로 페이스북과 트위터 같은 소셜미디어를 활용하는 법을 다 같이 배웠어요."

---

9. 학생들의 발표 내용을 전사한 자료는 http://www.kildarestreet.com/committees/?id=2014-04-02a.415에서 찾아볼 수 있다.

그녀는 전환학년 동안 교목으로서의 역할은 학생들과 교분을 돈독히 쌓는 것이라고 생각했다. "저는 신뢰와 학생 개인의 발달, 성장의 탑을 쌓기 위해 무척 공을 들입니다. 학생 개개인을 부드럽게 독려하고, 채근하고, 조언하고, 성장시켜서 고등학교 남은 과정, 아니 그 너머 세상으로 나갈 채비를 돕는 것을 목표로 하죠. 전환학년에 잘 다져진 관계는 앞으로 남은 고교 과정을 보내는 데 엄청나게 득이 될 거예요." 전환학년 모듈을 발전시키려는 교사들에게 그녀는 혁신적, 창의적이 될 것을 조언했다. "꿈을 크게 꾸세요. 그리고 그 꿈을 학생들의 요구와 이익, 경험과 연결 지으세요." 그녀의 이 한마디는 『변화를 위한 학교교육: 청소년 초기 교육의 재정립』^{하그리브스와 얼, 라이언, 1996. p. 80}의 핵심 내용을 떠오르게 한다. 하그리브스 연구진은 청소년 교육과정을 수립할 때 고려해야 할 공통 과제로 '유의미성, 창의성, 도전성' 세 요소를 들었다. 그녀와 그녀의 제자들이 함께 수행했던 인신매매 프로젝트는 유의미성, 창의성, 도전성을 실행으로 옮긴 사례이다.

학교의 수업문화

이 책의 다른 장에서도 볼 수 있듯이 영감을 주는 교사들은 협력 문화가 잘 조성되어 있는 학교에서 자신의 역량을 유감없이 발휘한다. 열정적인 캐슬린 드와이어 선생님은 2008년부터 포바일베러학교에서 전환학년 코디네이터로 일하고 있다. "전환학년을 마친 후 학생들의 자존감이 눈에 띄게 높아지고, '뭐든 할 수 있어' 식의 태도가 넘쳐흐르고, 전반적으로 이전보다 더욱 성숙해진 것을 확연히 느낄 수 있어요. 드라마, '은행설립', 청소년사회혁신가 그 외의 어떤 프로젝트를 진행하든 전환학년은 개개 학생이 눈부시게 빛날 수 있는 공간이라고 생각해요. 전환학년은 하워드 가드너의 다중지능이론을 바탕으로 하죠."

그녀는 전환학년이 본래 자신이 담당해왔던 과학·생물 과목을 가르칠 때도 긍정적 영향을 미치는 점에 주목했다. "전 삶의 역량을 기르는 데 초점을 두려고 해요. 건강한 몸 상태의 일반적 특징을 설명해준 후 이 특징을 다양한 인체기관들과 접목시켜봅니다. 저는 운이 참좋은 편인데요, 지역 퍼로이게Foróige 청소년단체와 연계하여 인간관계와 성생활 이슈를 다루는 청소년 성교육 프로그램Real U programme에 동참할 수 있게 되었기 때문이죠. 무엇을 가르치느냐가 아니라 어떻게 가르치느냐가 차이를 빚어낸다고 생각합니다. 교사·학생의 관계가 돈독하면 학습을 대하는 학생들의 태도가 사뭇 달라지죠."

또 다른 교사인 니브 오드리스콜 선생님은 전환학년 담임교사이자 기업 모듈을 담당하고 있다. 그녀 역시 전환학년이 얼마나 교사의 성장에 도움이 되는지를 거듭 강조했다. "전환학년 동안에는 학습에 도움이 되는 다양한 학습 전략을 폭넓게 구사해볼 수 있습니다." 그녀는 주로 '생각하기-짝짓기-공유하기', 그룹 활동, 브레인스토밍, 프레젠테이션 교수법을 활용한다. "모든 학생들이 기업정신을 지니게 하고 이를 발전시키도록 독려합니다. 먼저 신선한 아이디어를 창출하고 이를 제품으로 생산한 후 그 제품을 광고하고 사업 기획을 완성하죠. 이 과정에서 '의사소통, 연구, 평가' 능력이 함께 계발됩니다. 협동학습 능력이 좋은 학생일수록 자신감과 자존감도 더 높아요. 시험 대비를 하기 위해 가르칠 때보다 이런 수업에서 학생들이 훨씬 더 활발하게 참여한다는 것을 알게 되었죠."

이 책의 곳곳에서 드러나듯이 게일어 수업은 전환학년 동안 한번 시도해봄직하다. 포바일베러학교의 카트리오나 머피 선생님은 게일어를 가르치는 것이 몹시 흥이 난다고 한다. "저는 항상 목표어로 진행하는 활동수업을 중시합니다. 재미있고 활력이 넘치는 수업 환경에서 학생들은 자연스레 목표어에 몰두하게 되죠. 평가할 때는 학생들의 노력과 참여도에 가산점을 부여합니다. 트라너 게이스트Tráth na gCeist(게일어로 진행하는 퀴즈 프로그램-역주)와 음악 수업은 학생들에게 대단히 인기가 많아요. 저는 짝·그룹 활동을 자주 활용합니다. 소심한 학생들도 수업에 이미지나 예술작품을 활용할 때는 곧잘 응한다는 것을 알게 되었어요. 또한 학생들은 우리 학교와 게일어 사용 지역 학교의 교육을 비교하는 연구 프로젝트도 수행했습니다. 학생들은 이 연구 프로젝트에 흠뻑 빠졌는데 특히 전통음악, 노래, 켈리ceilí(아일랜드 전통춤-역주)에 흥미를 느끼더군요. 저는 터놀 타가이스크Tionól Teagais[10]에 참석했고 거기에서 수많은 활동학습 아이디어를 얻었습니다." 그녀가 전환학년 게일어를 가르치면서 깊이 깨달은 것은 학생들이 다양한 활동에 집중하다 보면 수업 내용을 놓치는 경우가 있기 때문에 학생들과 협의하여 유연하고 실현 가능한 수업계획을 세워야 한다는 것이다. 재미와 학습이 잘 버무려진 수업을 유지하려면 끊임없이 세심하게 수업을 조정해나가야 한다. 또한 그녀는 공정한 평가, 무엇보다도 집단 프로젝트를 공정하게 평가하는 것은 지극히 중요하다고 언급했다. "평가 기준을 선명하게 제시하는 것이 무엇보다 중요합니다." 그녀는 재차 강조했다.

코디네이터의 조정력

웨스트 코크로부터 비교적 멀리 떨어진 학교에서 근무하며 캐슬린 드와이어 선생님은 전환학년 코디네이터에게 '섭외 능력'은 꼭 필요한

---

10. 교사전문성개발지원팀에서 중등학교 게일어 교사들을 위해 진행하는 전국 워크숍.

자질이라는 점을 의심한 적이 없다. "코디네이터가 지역사회를 비롯해서 모듈수업을 지원할 수 있는 초빙인사들을 꿰뚫고 있다면 정말 도움이 되죠." 그녀는 여행 중에 우연히 비행기에서 코크음악학교 교장을 만나게 되었고 결국 멋진 공연을 함께 펼쳤던 사연을 들려줬다. 또한 몇 년 전 우체국에 갔다가 유리창에 붙어 있던 광고를 보고 어느 건축가를 섭외하여 프로젝트를 함께 진행했던 기억도 떠올렸다. 심지어 그 프로젝트는 수상까지 하였다. "기회가 오면 반드시 손에 쥐어야 하고, 또 모든 것이 뜻대로 되지 않는 경우도 많다는 것을 배웠습니다." 더 넓은 차원의 교육과정 속에서 전환학년을 어떻게 자리매김할 수 있을지 묻자 그녀는 망설임 없이 답했다. "전환학년은 생명줄입니다. 지금 교육은 지나치게 협소해요. 단지 지식을 전수하기 위해 가르치는 것은 학생들을 무력하게 만들 뿐이죠."

전 전환학년 코디네이터였던 메리 오설리번 교장이 베어라 반도 곳곳에서 찾아온 학생 300여 명을 가르치는 학교의 교장으로 발탁되면서 캐슬타운베어 지역에는 협력문화가 조성되었다. 오설리번 교장 선생님과 드와이어 선생님 모두 전환학년 성공의 핵심 요소로 교사들의 협조와 운영의 유연성을 꼽았다. 또한 이들은 전환학년 운영비 문제에 대해 민감하게 반응했다. "버스를 대여해야 하는 상황이 많은데 대부분의 외부 일정이 장거리 여행을 요하기 때문이죠. 더블린에서 열리는 청소년사회혁신가 행사에 참여해서 학생들이 얻게 될 엄청난 혜택과 이런 부대비용들 사이에서 균형을 잘 잡아야 해요. 학생들은 팀워크를 쌓기에 더없이 좋은 장소인 활동센터에서 일주일을 보내기도 합니다. 또한 저희는 가서Gaisce 활동을 장려하고 있어요. 우리 학교에서 틀어쥐는 기회는 매년 다릅니다."

평가

캐슬린 드와이어 선생님은 전환학년 코디네이터로서 동료들과 팀을 이루어 함께 운영하는 것이 중요하다고 힘주어 말했다. "톡톡 튀는 의견을 자유롭게 개진하고 부담 없이 조언을 구할 수 있는 분위기에서 일하는 것이 즐겁습니다." 그녀는 실수를 두려워하지 않고 실수를 통해 배우려는 열린 자세를 갖고 있으며, 평가를 전환학년에 생기를 불어넣는 주요 요소로 여긴다. "전환학년을 시작할 때 저희는 '전환학년 동안 너희들은 뿌린 대로 거두게 될 거야'라고 강조합니다. 저는 설령 학생들에게 도움이 되는 측면이 있더라도 경쟁을 통해 이긴 것에 대해서는 학생들의 성취로 평가하지 않으려고 해요. 그 대신 사람들 앞에서 당당히 발표하라는 요청을 받았을 때 예전에는 심장마비를 일으킬 것 같았다던 학생의 태도가 어떻게 변화했는지 쭉 지켜보는 것처럼 다양한 지표를 통해 평가하죠. 사람의 성장을 측정하는 것은 쉽지 않은 일이에요. 하지만 저희는 학생들의 자신감이 어느 정도로 향상되었는지, 학생들의 시야가 얼마나 넓어졌는지는 느낄 수 있습니다. 코디네이터로서 학생들의 진면목을 알면 알수록 이런 부분을 더 잘 파악할 수 있게 되죠."

교육부 전환학년 지침은 평가에 대해 다음과 같이 명시한다.

> **평가** 학교는 학교 경영진, 교사, 학생, 학부모, 진로체험 기관, 지역사회 이해관계자와 긴밀히 연계하여 전환학년운영팀을 구성하고, 이 팀은 정기적으로 전환학년을 점검하고 내부 평가를 실시해야 한다. 이의 일환으로 학교는 학교에서 실시하고 있는 전환학년의 전체 질을 보장하고 끌어올리기 위한 수단으로 적절한 정량적·정성적 평가지표를 개발해야 한

다. 전환학년에 대한 정기적인 모니터링 및 외부평가는 교육부 장학팀과 심리서비스과에서 책임지고 수행할 것이다.^{교육부,}
1993

학교 내부 평가의 한 형태로 포바일베러학교 전환학년운영팀은 학생들이 전환학년에 대해 어떻게 생각하는지 지속적으로 파악하고 있다. 학생들의 의견을 경청하는 것은 전환학년에 대한 사람들의 이해를 높이기 위해 고군분투하고 있는 포바일베러학교에게 큰 도움이 된다. 예를 들면, 전환학년 학생인 숀은 전환학년에 대해 실행을 통한 학습을 강조하고, 학생들의 정서지능을 높여주고, 그룹 활동을 중시하고, 서로 교감할 수 있고, 사회기량을 향상시켜주는 교육이라고 분명히 평했다. 숀은 숀 코비의 『성공하는 10대들의 7가지 습관』이라는 책 제목을 모태로 '성공하는 전환학년 학생들의 5가지 습관'이라는 제목을 붙인 창의적인 목록을 고안해냈다.

첫째, '먼저 해야 할 것을 먼저 하기', 즉 우선순위를 정하는 습관을 들이는 것이다. TV 드라마 〈코로네이션 스트리트Coronation Street〉를 먼저 볼 것인가 아니면 역사 프로젝트를 먼저 끝낼 것인가? 숀이 미니컴퍼니 프로젝트를 수행하여 깨달았던 큰 교훈 중 하나는 우선순위를 정하는 것이었다.

두 번째 습관에는 눈에 보이는 뚜렷한 목표를 설정하는 것이 포함된다. 전환학년 동안 학생들은 다양한 프로젝트에 참여하며 자신이 성취하고 싶은 것을 시각화하고 목적의식적으로 계획을 수립하면서 이러한 습성을 길렀다. 전환학년교육과정지원과에서 개발한 『능동적 교수·학습 프로젝트 활동 지원』은 체계적으로 접근할 수 있는 프로젝트 활동 방법을 찾고 있는 교사들에게 유용할 것이다.

손이 직시했던 세 번째 습관은 말하기·듣기·이해하기 세 차원으로 세부적으로 묘사되는 의사소통에 대한 것이다. 비영리단체 토스트마스터스Toastmasters와 함께 활동했을 때처럼 다양한 수업시간에 프레젠테이션을 해본 경험이 의사소통 향상에 도움이 되었다.

네 번째 습관은 명칭부터 호기심을 자아내는 '상자 부수기'이다. 이는 사람의 작은 결점을 범주화해서 각기 다른 상자에 사람들을 깔끔하게 분류해버리는 사람들의 속성을 바탕으로 한다. 가령 '쟤가 가장 똑똑한 애야, 얘는 미술에 소질이 있지, 그 애들은 육상에 탁월해.' 같은 식이다. 학생들은 전환학년 동안 카약이나 카누를 타고, 함께 래프팅을 즐기고, 지도와 나침반에 의존하며 길을 찾아 나서는 야외활동을 하면서 상자를 부술 수 있는 기회를 누렸다. 또한 그 외의 갖가지 전환학년 프로젝트들 역시 상자 부수기에 도움이 되었다.

마지막으로 '지성을 갈고닦기'는 한낱 시험에 초점을 맞춘 것이 아닌 '균형 잡힌 지성'의 발달을 의미한다. 가서 프로그램, 지역봉사, 승마, 스포츠 활동, 수학초읽기프로젝트, 작가 워크숍, 프랑스어로 스크랩북 만들기 활동은 균형이 잘 잡힌 지성인으로 성장하기 위해 자신을 갈고닦는 활동으로 인구에 회자된다.

학부모들의 목소리

포바일베러학교는 한 쪽 분량의 간단한 설문지를 활용하여 전환학년 학생 평가에 학부모를 참여시킨다. 설문지는 5개 문항으로 이루어졌는데 각 문항 아래 세 줄의 빈칸이 있다. 5개 문항은 다음과 같다.

1. 귀하의 자녀는 전환학년을 통해 무엇을 배웠습니까?
2. 귀하의 자녀에게 큰 영향을 미쳤던 전환학년의 이점은 무엇이었

습니까?

3. 전환학년 동안 어떤 애로사항이 있었습니까?

4. 다음 해 전환학년 운영을 위해 제안하고 싶은 것이 있습니까?

5. 오는 9월 전환학년을 시작하는 학생들에게 해줄 유익한 조언이 있습니까?

부모들은 어떻게 답변했을까? "전반적으로 부모들은 매우 긍정적이었어요." 메리 오설리번 교장이 말했다. "학교는 학생들이 어디에 소질이 있는지 파악해야 하고, 부모들의 견해와 같이 확실한 근거를 갖고 학생들을 지원하는 것이 중요합니다. 저희는 또한 전환학년의 미래를 위해 학부모들의 조언을 귀담아듣고 있어요." 다소 미묘한 답변을 한 학부모들도 있었다. 예를 들면, 자기 아들이 핵심 과목을 유달리 좋아하지 않는다고 써놓고 '자녀가 핵심 과목을 왜 배워야 하는지 이해했다'는 식의 의견을 덧붙였다. 또 전환학년의 가장 큰 이점은 자기 아들이 이미 잘 다루고 있는 엑셀을 더 뛰어나게 다룰 수 있게 된 점이라고 기재해놓고, 아이가 취약한 부분을 학습할 기회를 가진 것 역시 주요 이점으로 부연한 사례도 있다. 전환학년을 높이 평가한 한 부모는 이렇게 언급했다. "전환학년은 처음부터 끝까지 제 딸에게 특별한 해였습니다. … 제 딸은 뛰어난 자기관리자였고, 훌륭한 활동가였으며, 어떤 프로젝트든 포기한 적이 없었습니다." 또한 학부모들은 활동의 폭을 더 넓힐 것, 프로젝트 활동 초기부터 쩔쩔매는 학생들을 격려할 것, 진로체험을 더 많이 할 것, 학생 부담 비용을 줄일 것을 제안했다.

케케묵은?

마지막으로 『학생에게 발언권을 부여하며 학교의 발전 방안 모색하기』에서 러덕과 플러터[2004]는 청소년들의 선택권, 개성 발휘, 자기표현의 기회가 점차 확장되면서 청소년들이 세상을 경험하는 폭과 질이 달라지고 있음에도 학교의 대응은 여전히 더디다고 일갈했다. 두 연구자는 학교조직과 교육체계, 교육 실행 모두 케케묵은 학교들이 많다고 피력했다. 그들은 학교가 앞으로 나아가기 위해서는 학생들의 목소리에 더욱 주의를 기울여야 한다고 강력히 주장했다. 포바일베러학교 학생들이 입법부 위원회에서 발표를 한 것은 이 학교가 이러한 사회 변화에 혁신적으로 응답하고 있는 것을 잘 보여준 사례이다.

제12장

전환학년 40여 년 동안의
눈부신 발전

1974년 교원 연차 총회 주간에 처음으로 전환학년에 대한 생각이 제기되었다. 리처드 버크 당시 교육부 장관은 던리어리에서 열렸던 아일랜드교원노동조합 총회에서 전환학년에 대해 상상조차 하지 못했던 교사들과 국민들에게 자신의 생각을 불쑥 꺼냈다. 2001년 인터뷰에서 리처드 버크 전 장관은 특유의 티퍼레리 고향 사투리를 거칠게 구사하며 말했다. "전환학년은 저의 독주였습니다." 교육부에서는 전환학년을 추진할 계획이 없었다. "교육부의 행정부서, 교육부서 어느 곳도 좋든, 싫든, 무관심하든 전환학년과 관련이 없었어요. 그들에게 전환학년은 어딘가에서 갑자기 툭 떨어진 것으로 교육현장으로 나가 소개하라는 말만 전해 들은 것일 뿐이었어요."

교육부 장관으로 재임 중이던 어느 해 그는 전환학년 시도를 '짐작컨대 교육부 장관으로서 했었던 가장 뜻깊은 생각'으로 묘사했다. 그가 주장했던 교육혁신의 골자는 다음과 같다. "우수한 성적을 받아 경쟁에 이겨 성공해야 한다는 학생들의 압박감이 커질수록 교육체계는 점차 학업 중심의 따분한 것이 되어가고 있다. 이러한 압박으로 인해 학교 또한 점점 바깥세상과 단절되고 학생은 자신이 어떤 사람인지, 앞으로 살아가게 될 세상은 어떤 곳이고 언제 사회에 기여해야 할지,

그 사회의 장점과 단점은 무엇인지 알기 위해 '잠시 서서 곰곰이 생각할' 겨를이 좀처럼 없다. 따라서 교육과정 중간 어디쯤에서 1년간 따분한 교육을 멈추고 학생들이 학업에 대한 압박으로부터 벗어나 개인의 성장을 도모하고 지역봉사에 전념할 수 있는 시간을 갖게 하자는 제안을 했다."버크, 1974

그 당시 교육문화에 역행했던 리처드 버크 장관의 숭고한 염원은 첫발을 떼자마자 회의적 반응과 무관심한 태도에 부딪혔다. 전환학년이 시작되던 해 9월에는 단지 세 학교만이 전환학년 항해를 위한 배에 용감하게 승선했다. 세 학교는 골웨이주 가르벌리의 성조지프학교, 리머릭주 시립공업학교, 더블린주 샐리나건 지역의 홀리차일드지역학교였다. 1년 후 더블린주 블랙록 지역의 뉴파크종합학교, 라스마인즈 지역의 성루이스학교, 티퍼레리주 니나 지역의 성메리머시수녀회학교, 로스코먼주의 컨벤트오브머시학교, 골웨이주 애선라이 지역의 프레젠테이션학교 이렇게 다섯 학교가 전환학년 배에 더 올라탔다.

전환학년을 처음 제기했을 때를 돌아보면 리처드 버크 장관은 사람들이 '자신이 애지중지하는 사업'에 쉽게 마음을 내줄 거라는 환상이 아예 없었다. 전환학년은 '당시의 교육·행정문화의 일부가 될 수 없는 불온한 생각으로 정착하기까지 시간이 소요되는 일이었고, 규정을 정하여 전환학년을 지키는 것이 가장 중요하다는 것'을 그는 간파하고 있었기 때문이다.

따라서 그는 『중등학교 운영 원칙과 프로그램』교육부, 1976에 전환학년에 대한 내용을 실었는데 이는 전환학년 생사를 위해 막중한 일이었다고 한다. 그는 흡족한 표정으로 당시를 술회했다. "이 책자에 전환학년 내용을 싣는 것은 교육부 장관인 제가 전환학년 부분을 삭제하는 정치적 결단을 내리고, 왜 전환학년을 그곳에 삽입했는지 그 이유를 추궁하는 의회 질문에 답변해야 할지도 모르는 일이었죠." 하지만 그는 당시 의회에서 그런 움직임을 보일 가능성은 매우 낮다고 생각했다. 전환학년 발전 초기에 숀 맥카르히 선임 장학관의 역할이 가장 중요하다는 것을 직시했기 때문이다. 숀 맥카르히 장학관은 전환학년을 품으라고 교사들을 다독였고, 실제 전환학년 초기에 동참했던 많은 교사들이 다른 무엇보다 그의 말에 깊이 감화되었다고 밝혔다.

전환학년이 도입될 무렵에는 1973년 석유파동의 여파로 재정이 악화 일로에 있었다. 리처드 버크 장관은 전환학년을 위한 추가 재원을 확보하기가 몹시 어려웠지만 교사들에 대한 믿음이 있었다. 2001년 인터뷰에서 그는 이렇게 말했다. "(교사로서의) 제 경험에 비추어 볼 때 교사들을 수심 깊은 이곳(전환학년)으로 밀어 넣으면 그들은 가라앉든 헤엄치든 둘 중 하나를 선택할 것이라는 점을 저는 잘 알고 있었어요. 하지만 교사들이 헤엄치리라는 것을 확신했죠. 저는 교사라는 직업을 아주 높이 평가하고 본래 소명의식으로 다져진 교사들은 직업적 소명을 자유롭게 펼칠 기회가 주어지면 뛸 듯이 기뻐한다는 것을 알고 있었기 때문이에요. 그것(전환학년)은 주어진 것을 반복하는 따위의 따분한 교육과는 철저히 구분되는 교사들의 직업적 해방을 뜻합니다."

그러나 그 후 10년 넘게 전환학년은 지지부진했다. 1985년까지 JC 이전 제도였던 일반중학과정 졸업자격Intermediate Certificate이나 직업중학과정 졸업자격Group Certificate 시험 응시생 중 채 1%도 안 되는 학생들이 9월에 전환학년을 시작했다.

1980년대 후반 들어 모든 학생들을 대상으로 하는 중학교 3년 과정의 JC가 도입되면서 예기치 않게 전환학년에 대한 관심이 고조되었다. 종래 4년 과정의 일반중학과정 졸업자격을 수여했던 학교들은 전환학년을 시행하면 6년 과정의 중등교육을 운영해야 한다는 것을 깨달았다. 전환학년 학생 수는 급격하게 불어났다. 이에 더하여 국가교육과정평가원의 전신인 교육과정평가위원회는 학교를 위해 창의적인 전환학년 지침을 발간했다. 1993년에는 전환학년 학생 수가 치솟아 전체 학교의 약 13%에 해당하는 163개 학교, 학생 8,499명이 전환학년을 선택했다.

급기야 리처드 버크 장관이 제안했던 전환학년에 한 획을 그을 만한 일이 1994년에 일어났다. 고등학교교육과정이 재정립된 것이다. 이제 모든 학교가 기존의 LC과정 외에 전환학년과 LCA, LCVP까지 네 유형의 고등학교 교육프로그램을 전개할 수 있게 되었다. 또한 교사 역량 계발을 위한 유럽기금이 확보되었다. 교육부는 전환학년 지침을 좀 더 세세하게 다듬고 집약하여 새로운 지침을 발간했다. 처음으로 학교들은 전환학년을 실행하는 조건으로 교사훈련 프로그램에 참여해야 했다.

전환학년 발전을 도모하기 위한 공식 지원체계가 마련되었고 학교들의 지역 네트워크를 뒷받침해줄 지원교사팀이 꾸려졌다. 지원교사팀의 활용은 추후 1990년대에 다른 교육과정을 혁신할 때도 교육과학부가 선호하는 지원 방식이 되었다.

전환학년 초기 지원업무를 담당했던 교사들은 서로 상반된 모습이 혼재했던 교무실을 떠올린다. 학생들에게 유의미하고 창의적이고 도전적인 교육을 하고자 열의가 넘쳤던 교사 옆에 전환학년에 심드렁한 동료 교사가 앉아 있는 풍경. 전환학년을 몹시 멸시했던 후자의 교사들은 금세라도 전환학년이 무너질 것처럼 끔찍한 예언을 퍼부어댔다. 그 결과 지원교사팀은 과연 전환학년이 폭넓게 수용될 수 있을지 의문을 품으며 숱한 나날을 보냈고, 드디어 1994년 초에 이르렀다.

전환학년과 관련된 모든 숫자가 어마어마하게 급증하면서 전환학년은 급물살을 탔다. 1994년 450개 학교에서 학생 21,085명이 전환학년을 시작하였다. 발전은 거듭되었다. 학교와 개별 교사는 점점 더 용기를 내어 프로그램을 더욱더 혁신적으로 운영했다. 이를테면 많은 학교들이 지역사회나 단체와 더욱 긴밀히 연계를 맺었다. 봉사활동과 진로체험 같은 교외활동을 통해 학생들의 개인적·사회적 발전을 꾀하는 데 교육과정을 집중하고자 했던 전환학년 초기 구상은 그야말로 현실이 되었다.

장학 및 평가

전환학년이 정규교육과정으로 전환되었던 첫해에 장학팀은 146개 학교의 전환학년 실태를 살펴보았다. 10개 중 9개 학교가 '만족스러운' 수준으로 전환학년 지침을 따르고 있었다. 장학팀은 다음과 같이 덧붙였다.

> 교장·교사·학생 간에 전환학년에 대한 의견이 일치된 것은 전환학년이 매우 가치 있는 시도라는 점을 방증한다. 학교는 전환학년을 시행하며 참된 학교교육과정을 발전시킬 수 있고, 교사는 지나치게 구획된 독립 교과를 가르치는 것에서 자유롭게 벗어날 수 있는 기회를 가지며, 학생은 자신의 성장을 꾀하고 자신감을 향상시키기 위한 공간과 시간을 확보할 수 있다.교육부, 1996, p. 20

이 보고서는 **지침**에서 중시하고 있는 많은 부분들을 다시 한 번 강조하고 열정과 혁신성을 보여준 학교들을 칭송하면서 다음과 같은 내용을 제안했다.

- 교과통합 및 범교과 교육 방식에 더 많은 관심을 기울기기
- LC 과목 선택을 전환학년 이후로 미루기(일부 학교는 '3년 LC과정' 처럼 보이는 전환학년을 운영하고 있음)
- 지역사회와 좀 더 긴밀히 연계하기
- 보충수업을 더 풍부하게 진행하기
- '진화하고 활력 넘치는' 전환학년을 운영하기 위해 학교들 간의 비공식 네트워크를 더욱 활성화하기
- 더욱 적합한 평가 절차를 마련하기
- 학교 내 평가를 개선하기

『아이리시타임스』는 전환학년에 만족하는 89%의 학교보다 만족하지 않는 10%의 학교에 초점을 맞춰 비록 '교육부, 10% 중등학교는 전환학년을 발전시켜야 한다고 발표'라는 제목을 달긴 했으나 감사팀 보고서 결과는 1면에 싣기에 충분히 가치가 있다고 판단했다.^{아이리시타임스,}
¹⁹⁹⁶

이에 대해 치우침 없이 말하자면 『아이리시타임스』는 전환학년에 대한 입장을 바꿔 종국에는 매우 긍정적인 태도를 취했다. 『아이리시타임스』는 '전환타임스Transition Times'라는 제목의 전환학년 전용 지면을 마련했는데, 이는 전환학년 대중화의 아주 훌륭한 플랫폼 구실을 하였다. 이 지면은 미디어교육을 위한 '미디어의 창'으로 잠시 바꿔었다가 나중에 '전환타임스'로 되돌아왔다.

본 책의 머리말에서 언급했듯이 2004년 무렵 아일랜드 교육제도에 대한 공식입장이 표명되었다. "아일랜드 교육의 주요 혁신 중 하나

인 전환학년은 이제 아일랜드 교육제도에 확고히 자리 잡은 선택과정
이다."

다음 표는 전환학년을 수행하는 학교 및 학생 수가 급증하고 있는
양상을 보여준다.

연도	전환학년 운영 학교 수	전환학년 수행 학생 수	전년도 JC시험(1991년 전까지는 일반·직업중학과정 졸업자격) 응시생 대비 전환학년 학생 수 비율
1974~1975	3	66	0.4%
1979~1980	8	174	0.78%
1984~1985	자료 부재	425	이용 불가
1989~1990	자료 부재	5,564	이용 불가
1994~1995	450	21,083	31.3%
1999~2000	502	22,797	37.1%
2004~2005	522	24,798	44.4%
2009~2010	555	28,657	53%
2014~2015	614	39,348	65%

출처: 교육기술부

교육부를 넘어서

전환학년은 때로는 창의적 프로젝트와 시도를 폭넓게 감행하고, 때
로는 교육과 직접 관련되지 않은 단체들의 지원을 적극적으로 받으며
눈부시게 성장했다. 아일랜드영화연구원Ireland Film Institute, 트로커려,
국제사면위원회 아일랜드지부는 교사들·학생들에게 큰 도움을 안겨
준 최상의 교육 자원이었다. 정규 학교제도 밖에서 교육부를 능가할
정도로 창발적인 시도를 멋지게 펼쳤던 사례는 청소년사회혁신가 프
로젝트일 것이다. 청소년사회혁신가는 전환학년의 틀 내에서 학생들의
사회의식을 고양시키기 위해 우리가 어디까지 할 수 있는지를 보여주
는 강력한 교육지표이다.

오늘날 청소년 중 삼분의 이가 전환학년을 선택한다. 타국의 교육자들은 이토록 독보적인 아일랜드의 교육혁신에 대해 점점 더 관심을 기울이고 있다. 리처드 버크 전 교육부 장관의 독주는 멋진 교육혁신의 창을 활짝 열어젖혔다.

제13장

전환학년을 통찰하는
다양한 연구들

오래전 아주 소수의 학교들만이 전환학년을 선택했던 도입 초기에 교육부는 더블린 드룸칸드러에 위치한 교육연구센터에 전환학년 시행 평가 연구를 위탁했다. 이건과 오라일리[1979, p. 49]는 전환학년 개념에 다소 혼란이 있는 점을 발견했다. 당시의 학교 졸업률을 고려하면 전환학년은 '전환학년을 정규교육의 마지막 해로 마치고 학교를 일찍 떠나게 될 학생들과 LC과정을 수행하기 위해 고등학교 2학년으로 올라갈 학생들 양자'를 위한 것이었다. 두 연구자는 전환학년이라는 명칭 자체가 '서로 다른 두 유형의 학생 전환, 즉 학교에서 노동으로의 전환과 JC에서 LC로의 전환, 양쪽 모두를 의미할 수 있기에 다소 혼란의 소지'가 있음을 지적했다.

　주로 학교에서 노동으로의 전환과 JC에서 LC로의 전환 사이에서 혼란이 일어나고 있지만 두 연구자는 이 외에도 다른 유형의 혼란이 존재한다고 보고했다. 하나는 실질적인 생활교육과 철학·논리학 교육 중 어디에 더 중점을 둘 것인가의 혼란이고, 다른 하나는 단계에 따라 꾸준히 배워야 하는 순차교과(영어·아이리시어·수학)와 전환학년 '신규' 교과 중 무엇을 더 중시할 것인가의 혼란이었다. 이에 대한 학교들의 태도는 다양했다. 그러나 '순차교과의 경우 학습 흥미를 저하시키기에 가능한 한 최소한도로 가르치는 학교들이 많았다.' 순차교과는 철학과 더불어 '타 과목과 비교할 때 대체로 그다지 중요하지 않은 과목으로 여겨졌다.'

이건·오라일리는 전환학년 교육과정에서 특히 중시되는 12가지 분야를 다음과 같이 목록화했다.

1. 순차교과 주요 학업 과목인 수학·과학·언어를 지속적으로 가르치기
2. 철학 및 논리학 철학과 논리학 훈련의 내용 및 방법 소개하기
3. 교사-학생 관계 교사·학생이 인간 대 인간으로 관계할 수 있도록 전통적 교사·학생 역할을 확장하기
4. 사회역량 공개 발표를 하거나 행동할 때 자신감을 더욱 심어주기
5. 예술 및 인문학 음악, 미술, 시, 문화학을 수업 단원으로 추가하여 학업 중심 교육과정의 지적 편향을 보완하기
6. 지역봉사 가난하고 병들고 나이든 사회 약자를 돕는 활동을 펼치기
7. 직장으로의 전환 진로체험을 하거나 가능하다면 직업을 갖고, 직무 기술을 익혀 성인이 되었을 때 직장생활을 잘할 수 있도록 준비시키기
8. 신규 교과 전환학년이 아니었다면 배우기 힘들었을 미디어교육이나 천문학 같은 신규 교과를 도입하기
9. 자기분석 자기성찰 및 자기평가를 독려하기 위해 수련회를 가거나 상담사와 함께 만나며 리더십과 성격을 주제로 집단토론 벌이기
10. 실질적 생활교육 소비자교육을 실시하거나 살림살이를 수리·수

선하는 것과 같이 일상생활에 실제로 필요한 구체적인 생활기술 및 정보를 전수하기

11. **여가교육** 성인이 되어 여가시간을 잘 활용하도록 음악 감상이나 사진촬영 같은 실질적인 역량을 길러주고 학생들이 관심 있는 분야를 가르치기

12. **학업에 뜻이 없는 학생들** 학업에 뜻이 없는 학생들도 학교가 자신을 위한 곳이라고 느끼도록 전환학년을 운영하기

이건·오라일리는 전환학년 개념화에 근본적 문제가 있다는 것을 인식하면서 동시에 다음과 같은 문제도 놓치지 않았다.

> …그들은 결코 전환학년을 중단하지 않았다. 앞으로도 중단할 것 같지 않다. 중단하지 않는 이유는 전환학년에 가장 열정적이고 전환학년을 가장 잘 이해하는 교사들 중 많은 경우 전환학년 개념의 모호성 문제를 생각할 겨를이 없기 때문이다. 그들은 자신이 전환학년을 실행하고 있는 대로 전환학년이 만족스럽게 굴러가고 있다고 생각한다. 그러나 그들이 현재 실행하고 있는 것이 교육부의 청사진과 일정 부분 다르다면 아마도 청사진을 구현하는 데 악영향을 끼칠 것이다.^{앞 문헌, p. 57}

또한 이건·오라일리는 학생들이 "자신과 타인을 더 깊이 인식하고, 사회활동을 더 자신감 있게 하며, 학교 너머의 세상을 더 다양하게 접하고, 장래의 직업에 대해 더욱 확신하게 된 점"에 주목했다.^{앞 문헌, p. 57} 두 연구자는 교사들은 전환학년을 보내며 학생들의 요구를 더 잘 이

해하게 되었고, 전환학년이 "학교 기풍을 세우는 데 뚜렷하게 영향을 미친 학교들"도 있었으며, "자퇴생을 대하는 학교의 태도"역시 더욱 성숙해졌다고 덧붙였다. 마지막으로 학교들은 교육혁신을 경험했고, 평생교육의 관점을 접했으며, 학부모들의 참여를 높이고, 학교와 바깥 세상의 담장을 허물었다.^{앞 문헌, p. 58} 훗날 도일은 자신의 연구에서 평가에 대해 언급할 때 다음과 같은 내용을 실었다.

> 안타깝게도 이 연구에서 제시했던 가장 중요한 제언은 향후 실행되지 않았다. 다시 말해 평가보고서는 체계적인 연구 프로그램의 한 부분이 되어야 하며, 이 프로그램에는 교육부 장학팀과 평가자들의 의견이 포함되어야 한다는 제언은 실행되지 않았다. 이러한 교육 전문가 평가는 전환학년을 효율적으로 지속하고 발전시키는 데 필수불가결한 요소였다. 그럼에도 연구자들이 구상했던 프로그램은 실시되지 않았다.^{도일, 1990, p. 19}

교육기술부에서 전환학년을 '아일랜드 교육의 주요 혁신 중 하나'로 일컬었음에도 아쉽게도 정부 출연 연구는 한정되었다. 그러나 전환학년의 특성을 환하게 비춰준 의미 있는 석사, 교육학 석사, 박사학위 논문들이 있다.

종단연구

1994년 JC 시험을 치른 학생들을 대상으로 실시했던 한 종단연구로 인해 전환학년은 대중들의 관심을 한 몸에 받았다.^{밀러와 켈리, 1999} 1996년 LC 시험을 치렀던 학생들과 이들보다 1년 늦게 LC 시험을 치렀던 학생들−후자의 경우 대다수 학생들이 전환학년을 수행했다−의 점수를 비교한 결과 후자가 전자보다 중앙입학지원처 점수CAO points가 더 높게 나타났다. 성별, 학교유형, JC 성취 정도를 통제하기 전에는 46점 차이가 났고, 이를 통제한 후에는 26점 차이가 났다. 또한 보고서는 취약계층의 자녀가 많이 다니는 학교들과 그렇지 않은 학교들 양쪽 모두 전환학년이 남학생의 발전에 긍정적인 영향을 끼쳤다고 명시했다. 연구 결과 전환학년을 경험했던 학생들이 LC 과목을 선택할 때 교육적 모험을 감행하는 경향이 있었는데, 가령 제1원리 계산을 다루는 자연과학 과목을 더 많이 선택했다. 보고서에 실려 있는 국가교육과정 평가원의 논평은 다음과 같다.

> 이러한 중앙입학지원처 점수 차이가 전환학년을 경험했기 때문이라고 결론지을 수는 없겠지만, 연구 데이터를 분석한 결과 학업성취 향상과 전환학년 사이에 두드러진 상관관계가 있었다.밀러와 켈리, 1999, p. xxvi

어찌 보면 아이러니하게도 수많은 학교들이 이 데이터를 전인교육의 미덕을 칭송하는 자료로 쓰기보다 학생들·부모들에게 전환학년의 가치를 심어주는 자료로 더 유용하게 생각했다.

경제사회연구원의 전환학년 평가

2004년 경제사회연구원 연구자들은 중요한 전환학년 연구 자료인 『전환학년: 평가』를 발행했다. 스미스·번·하난2004은 학교에 따라 전환학년이 어떻게 다르게 운영되는지 주시했다. 학교에서 운영되는 과목 유형, 진로체험 현장의 특성, 평가 유형(예컨대 프로젝트 수행물인지

정규시험인지), 모든(혹은 대부분) 교사들의 전환학년 참여 정도는 학교마다 다 달랐다.

세 연구자는 교장들·교사들은 전환학년을 대체로 성공적인 것으로, 특히 학생들이 개인 및 사회역량을 닦는 데 유용한 것으로 판단했다고 보고했다. 하지만 취약계층의 자녀가 많이 다니는 학교, 소규모 학교, 직업학교의 교장들은 전환학년을 다소 덜 유익한 것으로 생각했다.

연구진은 학생들이 전환학년을 통해 다양한 경험을 맛볼 수 있었고, JC 이후 '잠시 학업으로부터 숨 돌릴 틈이 있었으며', 자신이 더욱 성장했다고 느꼈다고 한다. 하지만 '대충 시간을 때우거'나 '따분하게' 전환학년을 보내는 학생들도 있었다. 대체로 이전에 학교생활을 아주 적극적으로 하지 않았던 학생들이 전환학년을 더 부정적으로 보는 경향이 있었는데, 유독 전환학년을 필수로 운영했던 학교에서 이러한 측면이 두드러졌다.

켈리·밀러 연구와 마찬가지로 경제사회연구원 연구에서도 전환학년 참여자와 비참여자 간의 초기 학업 성취 차이까지 고려했음에도 전환학년은 학생들의 학업성취에 영향을 미치는 것으로 밝혀졌다. "전환학년에 참여한 학생들은 평균적으로 LC 시험 점수가 더 높았으며, 참여하지 않은 학생들에 비해 대학에 더 많이 진학하는 경향이 있었다"고 연구진은 결론을 맺었다.

그러나 연구진은 전환학년을 경험했던 학생들 모두가 더 나은 학업 성취를 이룬 것은 아님을 강조했다. 이에는 두 가지 경우가 해당되었는데 하나는 파트타임으로 일하며 LC과정을 지속했던 남학생들의 경우였으며, 다른 하나는 전환학년을 필수과정으로 시행했던 취약계층 자녀가 많이 다니는 학교의 학생들 사례였다.

스미스·번·하난은 전환학년이 성공적으로 운영된 학교들의 경우 다음과 같은 특징을 보인다고 결론을 내렸다. 전환학년 운영에 전 학교가 나서서 전념함, 전환학년 조정 업무 및 교사들 간에 협력을 도모할 시간을 확보함, 다양한 과목을 가르치며 전환학년을 다채롭게 운영함, 직업세계를 체계적으로 경험하도록 함, 보다 혁신적인 교수법과 학생 평가 및 인정 유형을 실시함, 지속적인 정책 평가를 통해 전환학년을 재설계함.

연구진은 전환학년의 성공적인 운영을 제약하는 것으로 시간 부족과 활동·견학 자금을 확보하기에 충분치 않은 재정 문제를 들었다.

교육과학부 출연 전환학년에 대한 태도 연구 수행

나는 교육과학부로부터 전환학년에 대한 태도 연구를 의뢰받았고 2007년 연구보고서를 발행했다.제퍼스, 2007 전환학년이 '잘 정착된 것으로 인정받고 있는' 소수 학교들에 초점을 맞추고 전환학년에 대한 학생·학부모·교사의 태도를 끌어내라는 연구 지침이 있었다. 연구 대상으로 선정되었던 여섯 학교를 통해 다양한 주제와 혼란들, 문제들이 수면 위로 떠올랐다. 모든 학교의 데이터에서 일관되게 드러난 흐름은 학생들이 전환학년을 보낸 후 더욱 성숙해진다는 것이었다. 또한 학생들의 자신감이 높아지고, 급우 간 유대관계는 더욱 강화되며, 교사·학생의 관계도 더 돈독해진다는 데 학교들의 의견이 합치했다. 이들은 진로체험 같은 활동을 통해 성인의 삶과 직장생활을 경험해볼 기회를 갖는 것을 전환학년의 두드러진 이점으로 치켜세웠다. 전환학년이 학교 기풍을 세우는 데 바람직한 영향을 미친다고 강조했던 교사들이 많았다.

전환학년 학생들은 JC 경험과 전환학년을 종종 비교하고 JC를 시험 중심의 압박감이 있는 교육과정이라고 비판하며 대체로 전환학년에 열광했다. 학생들은 종래의 수업에서 맛보지 못했던 활동학습의 중요성을 강조했고, 자신들의 의견을 묻고 경청해주는 수업을 아주 소중히 여겼다.

중3 학생들로 구성된 심층면접 그룹 인터뷰를 통해 중3 학생들이 전환학년 선택 여부를 결정하는 과정이 임의적이라는 것을 알게 되었다. 연구 대상 학교 중 '취약계층이 많이 다니는' 학교로 지정된 두 곳에서는 학생들의 결정 과정에 교사들이 상당히 깊이 개입했다는 흔적이 있었다.

예상했듯이 고2, 고3학년 학생들은 전환학년 동기들이 주장했던 의견을 많은 부분 반복했다. 개인의 자유가 주어지지만 결국 학습에 대해 더 큰 책임을 짊어져야 하는 측면을 언급했던 학생들도 있었다. 이 학생들은 전환학년 동안에는 개인의 성장을 꾀하도록 LC 과목을 포함해서 폭넓게 교육을 받으라고 강조해놓고 종국에는 LC점수로 평가를 받는 방식이 혼란스럽다고 토로했다.

학부모들은 전통적 교실수업에 비해 자녀들이 더욱 다양한 방식으로 친구·교사와 교분을 쌓을 수 있는 점에서 여행·뮤지컬·모금활동 같은 교외활동을 값지게 여겼다. 이들은 전환학년에 대한 지식이 너무 짧다고 토로했다. 전환학년에 대해 더 많이 알고 싶어 하는 학부모들의 바람은 전환학년 정보를 학부모들에게 충분히 전달했다고 믿는 대다수 교사들의 생각과 심히 대조되었다. 그들은 자신의 자녀가 '학업 중심의 교육'으로부터 표류할지도 모른다는 두려움과 LC를 마치지도 못한 채 학교를 떠날 수도 있다는 불안감에 휩싸였다.

교사들의 답변은 학생들·부모들의 답변보다 더 모호했다. 교사들은 전환학년 목표를 마음 깊이 지지하였고 청소년들이 전환학년을 통해 많은 혜택을 누리는 점, 특히 청소년들의 개인적·사회적 성장에 도움이 되는 점을 인정했다. 그들은 학교의 기풍을 정립하는 데 전환학년이 긍정적 영향을 미친다고 여겼지만 동시에 전환학년에 대한 거리낌이 있다고 표현했다. 전환학년 동안 교사들이 자유롭게 유연성을 발휘할 수 있는 점을 높이 평가한 교사들이 대다수였지만, 교과 교수요목을 미리 정해놓는 것이나 LC 3년 과정처럼 전환학년을 운영하는 점에 대해서는 의견이 확연히 나뉘었다. 설문에 응한 교사들 중 절반가량이 전환학년 실행자원이 부족하다고 믿었다. 이들은 실행자원의 부족은 특정 교과에 국한될 수도 있다고 주장했는데, 이들 중 삼분의 일은 이에 동의하지 않았다.

또한 각 학교는 전환학년 **지침**을 자기 학교 실정에 맞게 조정하는 반면 전환학년의 필수 요소 중 일부를 소극적으로 실행하거나 심지어 건너뛰는 경우도 있었다.

연구는 다음과 같은 제안을 하며 결론을 맺었다.

전환학년 프로그램을 일관성 있게 운영하기 위해서는 특히 다음과 같은 부분이 요구된다.

- 유의미하고 창의적이고 도전적인 학습을 중시하는 프로그램을 계획하고 문서화하는 작업에 전 학교공동체가 참여하기
- 전환학년의 목표와 체계를 학부모들과 명확히 소통하기
- 창의적이고 유용한 방향으로 프로그램을 조정하기
- 교장과 교감은 전환학년을 분명하고 일관되게 지원하기

교사들은 전환학년 프로그램을 기획·개발·이행하는 데 훨씬 더 많은 지원이 필요하다고 주장했다. 특히 '순차과목'과 '지속과목'에 대한 지원이 시급하다고 했다. '취약계층 자녀가 많은' 학교에서 전환학년이 깊이 뿌리내리지 못하는 이유는 한편으로는 전환학년 학비가 너무 비싸다는 인식, 다른 한편으로는 1994년 이후 교육과학부에서 지급하는 전환학년 학생 보조금이 인상되지 않을 것이라는 우려 때문일 수도 있었다.[11]

마지막으로 전환학년의 정규교육화가 이루어지기까지 그 긴 여정에서 우리가 얻은 유산 중 하나는 학생, 학부모, 교사, 학교 지도자, 정책 입안자, 지역사회 간에 학교교육의 목적에 대한 논쟁의 불이 붙고 그 논쟁을 지속하고 있는 것이었다.제퍼스, 2007, p. 28

후속 연구제퍼스, 2008에서는 전환학년이 파편적, 불연속적으로 운영될 수 있는 위험을 강조했다. 즉, 전환학년에 울타리를 두르고 '별개의 세계'인 것처럼 운영하면 전환학년 이전 과정인 JC, 이후 과정인 LC와 단절될 수 있음을 지적했다.

전환학년이 분절적, 불연속적, 일관성 없이 운영된 결과 전환학년에 대해 다소 어정쩡한 입장을 취하는 청소년들과 학부모들이 있다. 즉 이들은 LC 시험 점수를 취득하는 것과 같은 학교교육의 '핵심 사업'이 전환학년과 분리되었다고 생각하며 전환학년을 다소 현실과는 동떨어진 별개의 세계로 간주한다. 전환학년을 이렇게 운영하면 도구주의자와 실용주의

---

11. 2007년 4월 20일 킬데어주 네이스에 위치한 아스프레이 호텔에서 열렸던 첫 전국전환학년 회의의 결과에 따라 교육과학부 메리 하나핀 장관은 더 많은 학교에서 전환학년을 운영하기를 바란다고 천명하며, 그해 9월부터 전환학년 정부보조금을 학생당 100유로로 인상할 것이라고 공표했다. 이는 지난 1994년 이래 처음으로 보조금을 인상한 것이다.

자는 전환학년이 교육과 아무 상관없는 것이라고 비교적 쉽
게 일축할 수 있다.앞 문헌, p. 366

개인적·사회적 성장 연구

개인적·사회적 성장에 특히 주목하며 전환학년 연구를 포괄적으로
살펴본 클러킨[2012]은 전환학년의 향후 발전은 산적한 과제들이 해결
되는 방식에 달려 있다고 결론지었다. 그는 학교 차원에서 전환학년의
가치와 LC 사이에 긴장이 있음을 지적했다. "학업성취에 대한 질문은
전환학년의 요체, 즉 학생 개개인의 발달을 도우려는 전환학년의 목
표와 공식적으로는 관련이 없어 보인다. 그러나 탁월한 LC 시험 성적
을 거두었던 학생들의 사례를 살펴본 많은 연구들을 보면 시험 위주
의 교육에서 벗어나 전환학년을 보내는 것이 학생들의 학업성취에 부
정적인 영향을 미칠 수도 있다는 우려를 불식시키는 방향으로 흐르고
있음은 분명하다"고 강조했다. 그는 이러한 우려 때문에 '전환학년 프
로그램이 다소 보수적으로 설계될 가능성'이 있음을 주시했다.

클러킨은 전환학년이 학업성취에 부정적인 영향을 미칠 수도 있다
는 생각은 시험이 가장 큰 관심사인 사회 환경에서 측정 중심의 교육
을 해온 결과가 투영된 것이라고 주장했다. 그는 "미래의 교육현장, 또
는 인생의 기로에서 시험 결과가 유일한, 심지어 부분적이더라도 결정
적 기준이 된다면 우리 사회는 시험 결과를 유용하지만 틀릴 수도 있
는 학업성취의 지표로 생각하기보다 학교교육의 핵심 목표로 설정하
는 경향을 갖게 된다"는 마다우스[1988, p. 43]의 말을 인용했다.

또한 클러킨은 아일랜드의 빈약한 재정 문제에서 비롯되는 위험도
직시했다.

학업성과와 경제성과와는 달리 전환학년의 성과를 심리사회적으로 수치화하는 것이 어렵다고 생각하면서 전환학년에 계속 투자하는 것이 옳은지에 대한 공청회와 정치토론의 불이 붙었다. 이전 연구에서 심리사회적 지표가 어느 정도 결핍되었던 것은 분명하다. 유용한 정보들을 잘 가용할 수 있을 때 우리는 전환학년의 실행과 내용을 향상시키는 방법에 대해 해박한 토론을 벌일 수 있고, 이에 못지않게 중요한 전환학년의 목표를 달성하는 방법에 대해 더 깊이 자각할 수 있다.클러킨, 2012, p. 12

클러킨은 청소년의 일과 직업 발달에 대한 짐머-겜벡과 모티머2006의 연구를 인용하며 의미 있는 질문을 제기했다. "두 연구자는 전 세계 정책입안자들에게 중요한 화두를 던졌다. '학교와 개인의 발전이라는 문턱을 넘지 않고 청소년들이 어떻게 성인 세계로 입문할 수 있겠는가?'"클러킨, 2012, p. 12

제14장

전환학년 코디네이터들은
어떤 역할을 할까?

이 담화는 2014~2015학년이 끝날 무렵 매누스대학에서 진행되었다. 글렌다 그룸 선생님은 킬데어주 킬컬런의 크로스앤드패션학교 전환학년 코디네이터이며, 아이슐링 새비지 선생님은 미드주 라토스학교에서 전환학년 프로그램 조정 업무를 맡고 있다. 두 학교 모두 남녀공학이다. 전자의 학교는 학생 수가 약 700명, 후자는 약 1,000명이다. 다음은 담화 내용을 편집한 것이다.

제리 제퍼스 두 분이 전환학년 조정 업무를 어떻게 맡게 되셨는지부터 이야기를 나눠볼까요.

글렌다 그룸 저는 2004년에 코디네이터 일을 시작했어요. 그 당시 저는 영어와 종교학 교사로 크로스앤드패션학교에서 4년째 근무하던 중이었죠. 전환학년 업무에 종종 관여했었고, 학교 시간표에 있는 전환학년 수업을 상당히 많이 담당했어요. 전환학년과 사랑에 흠뻑 빠져 있었죠. 또 청소년사회혁신가 프로젝트의 경우 초기부터 관여했고요. 우리 학교는 1994년 전환학년을 도입했고 제가 맡기 전에 두 분의 코디네이터가 더 계셨어요. 코디네이터 자리가 공석이 되었을 때 당시에는 코디네이터가 책임져야 할 공식 직책이 아니었음에도 저는 지원했고 선정됐죠. 그 후 2007년 우리 학교는 학교전체평가Whole School Evaluation를 받았고, 당시 장학관은 전환학년 실행의 측면에서는 감명을 받았지만 조정 업무를 직책으로 두고 있지 않은 점은 납득할 수 없다고 평가했습니다. 그래서 그 후 우리 학교는 코디네이터(전환학년·LCA·LCVP)를 공식 직책으로 두기로 결정했고, 제가 그 직책을 담당하게 되었어요.

제리 제퍼스 새비지 선생님, 선생님의 이야기는 다르시죠?

아이슐링 새비지 아주 다릅니다. 저는 2000년 다른 학교에서 교직 생활을 시작했어요. 처음부터 전환학년 코디네이터 일에 눈길이 갔죠. 당시 코디네이터 선생님을 뵐 때마다 '전 선생님 일이 좋아요. 정말 좋아요!'라고 말씀드렸어요. 저 역시 영어와 종교학 수업을 맡고 있고 전환학년에 아주 깊이 관여했습니다. 모의UN활동, 뮤지컬, 또래교육 프로그램, 가서 프로그램 등 학생들과 함께 할 수 있다면 무엇이든 했죠. 저는 전환학년 학급 담임이었고, 다른 전환학년 담임들과 함께 일하고 고용주에게 전화를 거는 등 진로체험에도 관여하면서 전환학년이 마냥 좋았어요. 지역 돌봄 모듈도 정말 좋아했죠. 학생들은 언제나 지역 돌봄 활동을 '삶의 판도를 바꾼 획기적인 사건'으로 묘사했어요. 지역 돌봄 활동처럼 학생들이 학교 너머 지역사회로 파고드는 것은 환상적인 생각이에요. 저는 그 학교에서 8년을 근무했습니다. 전환학년 코디네이터가 정말 되고 싶었지만 그 학교에서는 되기 힘들다는 것을 진작 알고 있었고 사실 학교가 집에서 너무 멀기도 했어요. 라토스학교가 더 가까웠죠. 라토스학교는 신생 학교였고 매우 혁신적이었어요. 두 차례의 인터뷰를 거쳐 라토스학교에서 근무하게 되었을 때 코디네이터 자리는 이미 물 건너가고 없더군요. 하지만 어쨌든 라토스학교에서도 전환학년에 깊숙이 개입했죠. 라토스학교에 모의UN활동을 소개했는데 잘 운영되지 않았고 이와 비슷하게 청소년사회혁신가 프로젝트도 불발되었어요. 한 학교에서 잘 운영되었던 프로그램이더라도 다른 학교에서는 실행되기 힘들 수 있다는 점을 산교육으로 터득한 셈이죠. 그러던 중 전환학년 코디네이터가 출산휴가를 떠나게 되었고, 당시 저는 맡고 있는 직책이 없었기 때문에 그 자리에 지원하고 싶다고 말씀드렸어요. 프레젠테이션과 인터뷰를 거쳐 지난 12월에 코디네이터가 되었습니다. 그래서 저는 글렌다 그룸 선생님에 비하면 정말 풋내기에 불과해요. 선생님의 지혜를 배우고 싶어요. 저는 그저 일이 술술 풀렸고 전환학년 경험을 사랑했을 뿐이죠.

제리 제퍼스 모든 학생들이 전환학년을 수행하나요?

아이슐링 새비지 이전 학교에서는 전환학년이 필수였어요. 라토스학교에서는 선택과정이에요. 모든 학생들이 전환학년을 필수로 수행하는 방침이 전 더 나은 것 같아요. 제게 전환학년 중 한 가지를 바꿀 수 있는 권한이 주어진다면 전환학년을 필수과정으로 만드는 것일 거예요. 우리 학교에서는 오는 9월 학생 100명이 전환학년을 시작할 예정이에요.

글렌다 그룸 우리 학교는 120명이 시작할 거예요. 우리 학교 전환학년은 필수인데요, 전환학년이 도입된 이래 쭉 그래왔어요. 가끔 전환학년을 거치지 않고 더 빨리 졸업하는 개별 사례들이 있긴 한데 대개는 그런 경로를 거치지 않으면 학업을 마치기 힘든 경우죠. 전환학년을 안 하려고 사력을 다해 요리조리 피해 다녔던 학생 한 명이 기억나네요. 학업성적이 우수했죠. 저희는 오랜 토론 끝에 전환학년을 하는 것이 그 학생에게 가장 득이 된다는 결론에 도달했어요. 그 학생의 부모는 학교운영위원회에 이의를 제기했습니다. 그러나 운영위원회는 이의를 받아들이지 않았고, 그 학생은 타 학교에 지원했지만 거기에서도 고2로 다니는 것이 실현되지 않았어요. 결국 그 아이 부모는 당신 딸이 전환학년 첫 몇 주간 직면하게 될 문제들을 잘 해결할 수 있도록 학교에서 적극적으로 지원해줄 것을 당부하며 학교와 타협했습니다. 그런데 아주 놀랍게도 전환학년은 그 학생에게 아주 멋진 경험이 되었어요. 그 학생은 엄청나게 많은 것을 배웠죠. 가감 없이 말씀드리면 그 학생은 전환학년 초반에 치열하게 전환학년에 맞섰지만 이내 마음과 정성을 다해서 전환학년에 임했고 전환학년은 그 학생에게 아주 값진 경험이 되었어요. 그 애는 실로 많은 것을 얻었습니다. 이 학생과 비슷한 사례를 저는 몇 가지 더 떠올릴 수 있어요. 물론 이유야 어떻든 전환학년 동안 이만큼 많은 것을 얻지 못하는 학생들도 더러 있죠.

아이슐링 새비지 전환학년에 극심하게 맞섰던 그 여학생은 전환학년이 시작되는 9월부터 바로 열정적으로 변했나요? 아니면 선생님께서 그 애를 설득하셔야 했나요?

글렌다 그룹 아마도 한 달쯤 걸렸을 거예요. 그 애가 갖고 있던 편견이 아주 빨리 눈 녹듯이 사라진 것 같아요. 전환학년 예비교육 첫날 저는 전환학년과 관련된 정보를 전달하고, 학급을 구성하고, 당해의 전환학년 목표를 설정하는 것을 가급적 함께 진행하려고 해요. 그리고 둘째 날은 모험을 즐기며 교우관계를 형성하는 날인데 언제나 학교 밖에서 하루를 보내게 하죠. 시험에 초점을 맞췄던 JC로부터 벗어나 전환학년 동안 교육적으로 견실함을 유지하면서도 기본적으로 체험학습을 잘 조화시키는 것은 학교에서 반드시 해내야 하는 막중한 과제라고 생각해요. 그래서 우리 학교 전환학년은 매우 체계적인 편이에요. 또 세부 학습일지를 계속 발전시켜왔고요. 비록 저에게 보여주기 위한 것일지라도 학생들은 매일매일 숙제를 합니다. 또 우리 학교는 평가를 아주 다양하게 진행해요. 코디네이터로서 저는 학생들이 자신의 목표를 분명히 설정하고 지혜로운 결정을 내리도록 옆에서 끊임없이 조언합니다. 그리고 학생들에게 진로조사를 시키죠. 학생들은 마지막에 조사한 내용을 발표해야 하기 때문에 진로조사 프로젝트는 공개 발표 능력과 연구 능력을 연계하는 활동이기도 해요. 저는 전환학년이 (LC)과목을 결정하기 전 자신에게 잘 맞는 과목을 사전에 탐색해보는 플랫폼 역할을 한다고 강조합니다.

제리 제퍼스 말씀하신 이런 특성들 때문에 크로스앤드패션학교 전환학년이 아주 잘 굴러간다는 생각이 듭니다. 그 외에 덧붙이실 말씀이 있으신가요?

글렌다 그룹 저는 조정시간을 아주 신중히 쓰는 편이에요. 제가 일 년 내내 계속 가르치는 수업은 매주 1시간 있어요. 또 매주 각 학급과 모임을 갖도록 시간표를 구성하죠. 그 덕분에 실생활에서 그렇게 해야 하는 것처럼 가능한 한 마감 기한을 맞추도록 학생들을 독려하고, 이미 끝낸 과제에 대해 대화를 나누고, 혹시 그 과제에 좀 더 다양한 방법을 결합시킬 수 없는지 학생들과 명확하게 의사소통을 할 수 있죠. 비단 연구와 에세이를 지도하는 것에서 그치지 않습니다.

제리 제퍼스 자, 지금까지 전환학년 체계, 오리엔테이션, 전환학년의 목표 설정, 조정시간의 지혜로운 활용에 대해 말씀해주셨습니다.

전환학년 그 자체는 어떻게 운영되고 있나요?

글렌다 그룸 학문 탐구와 체험학습이 균형을 정말 잘 이루고 있습니다. 저희는 42개 과목을 운영하고 있는데 그중에는 핵심 과목들도 있죠. LC 선택과목 표본도 만들었고요. 전환학년 맞춤형 과목도 운영하죠. 수업에 다양한 교수법을 아주 폭넓게 활용하는데, 가령 개인·그룹 연구 활동, 일차·이차 자료 연구, '가장 높이 탑 쌓기' 같은 팀워크 활동, 개인·그룹 활동일지 쓰기, 토론, 논쟁, 저차원·고차원 질문(블룸의 분류체계), 프로젝트 활동, 적절한 영화·음악 클립 활용, 맞추기 게임, 인도 여성의 전통의상인 사리 입는 법과 같은 생활능력 익히기, 그래픽을 활용한 사고 조직법이 있어요. 목록이 길죠! 42개 과목 외에 교외활동도 나갑니다. 가령 매년 학생들은 더블린박물관을 가죠. 물론 교사가 동행하고 학습활동지도 가져갑니다. 올해는 자연사박물관에서 동물전시회를 배경으로 우수 셀카 찍기 대회를 열었어요.

제리 제퍼스 새비지 선생님의 학교는 어떠신가요?

아이슐링 새비지 그룹 선생님처럼 저도 오리엔테이션과 전환학년 목표 설정을 우선시해야 한다고 생각해요. 우리 학교도 전환학년을 시작한 지 2주 이내에 1박 2일 여행을 떠나서 유대관계를 다집니다. 보통 칼링포드모험센터로 가곤 했었는데 작년에는 미드주 서쪽에 있는 릴리퍼트모험센터로 갔어요. 굉장했죠. 릴리퍼트를 강추합니다. 수상스포츠, 모험, 팀워크, 캠핑, 요리 모든 것을 다 할 수 있는 곳이죠. 환상적이었어요.

제리 제퍼스 비용이 비쌌나요?

아이슐링 새비지 한 사람당 60유로(약 8만 원)였는데 모든 비용이 포함되었어요.

제리 제퍼스 더블린으로 장거리 여행도 떠나지 않나요?

아이슐링 새비지 예, 실제 벨파스트와 더블린을 갑니다. 벨파스트 여행은 정말 멋져요. 타이타닉박물관 방문과 도시 도보여행, 학생들은 두 활동에 대한 경험을 함께 나눕니다. 학생들은 벨파스트 여행을 손꼽아 기다려요. 여행을 떠나기 전 수업시간에 벨파스트에 대해 차근차근 탐색하고, 여행에서 돌아온 후에는 후속 활동을 실시하죠. 올해 학생들은 더블린에서 도시탐험을 했어요. 도시탐험은 '21세기 역량'이라고 불리는 과목과 연계되었죠. 또 학생들은 학교와 지역사회 주변에서 다양한 프로젝트를 수행했는데, 전교생의 손바닥 자국이 찍힌 학교 담장을 기획했고 결국 담장을 세웠습니다. 모의난민캠프를 열기도 했죠. 좀 색다르게 들리시죠! 학생들은 야영을 했어요. 사전조사를 실시했을 때 필요할 거라고 느꼈던 어떤 물자도 몸에 지니지 않은 채 말이죠. 그 후 약 2주 전에 아이들은 더블린시 중심가로 가서 일련의 모험을 펼쳤습니다. 말하자면 셸본호텔을 찾아가서 호텔 수위와 셀카 찍고 오기 같은 과제 말이죠. 아이들은 미리 정해둔 만남의 장소까지 스스로 찾아가야 했기 때문에 길을 찾는 과정에서 어쩔 수 없이 특정 장소를 계속 찾아나가야만 했어요. 더블린에서 아이들은 홀로 트램을 타고 다녔는데 스스로 트램 티켓을 구입한 다음 정해진 시간까지 A장소에서 B장소로 계속 이동했죠. 한 장소에 도착하면 주어진 과제를 수행했어요. 예를 들면 어느 교회에 도착해서 그 교회 첨탑의 지름을 측정하는 것이죠! 짜릿한 경험이었어요. 도전 목록은 더없이 훌륭했고요. 너무나 감사하게도 그날 비가 내리지 않았죠!

제리 제퍼스 교사들이 이런 창의적인 교외활동 아이디어를 내는 것은 일종의 학교문화라고 봐야 할까요?

아이슐링 새비지 그럼요, 학생들은 천문관을 방문했어요. 초콜릿 공장과 미술관, 자연사박물관도 갔죠. 학생들은 각자 이런 여행이나 견학과 관련된 기록물을 학습성찰상자에 보관하고, 이는 학교 평가의 한 축이 되죠. 전환학년을 시작할 때 전환학년을 보내는 한 해 동안 이 상자를 살찌워가야 한다고 미리 설명합니다. 학습성찰상자에는 과제물, 사진, 직접 제작한 시계, 직접 만든 둥글납작한 빵 사진 등 전환학년 동안 수행했던 갖가지 활동 자료들이 담겨 있어야 해요. 저는 학생들에게 전환학년을 한마디로 묘사해보라고 묻습니다. 전환학년이 끝날 무렵 학생들은 저나 담임교사, 학년주임 앞에서 이 내용을 발표해야 하죠. 학생들은 이런 방식으로 전환학년을 어떻게 보냈는지 한 해를 되짚어봅니다.

제리 제퍼스 이와 같은 방식을 포트폴리오 평가라고 부르는 학교도 있던데 저는 '학습성찰상자'가 좋군요.

글렌다 그룸 일 년에 한 번 이런 시간을 갖나요?

아이슐링 새비지 예, 한 번 합니다. 일 년 내내 학생들에게 상자를 채우라고 자주 상기시키죠. 인터뷰는 전환학년 말미에 진행됩니다.

제리 제퍼스 교실을 떠나 여행·견학을 가는 것은 매우 버거운 일로 알고 있는데 도리어 이색적이고 흥미롭게 들립니다. 두 분 학교 모두 전환학년 동안 여행·견학을 많이 다니는 것 같아요. 그럼 '교실에서 주로 수업하는 교사들'은 어떻습니까? 그들도 전환학년에 그만큼 열정적인가요? 핵심 교과를 담당하는 교사들은 전환학년 동안에 수업 내용이 지속된다고 느끼나요?

아이슐링 새비지 전환학년 전 해에 걸쳐 대략 6, 7차례 여행을 다닙니다. 글렌다 그룸 선생님이 말씀하신 것처럼 우리 학교도 교실수업이나 필기과제 등 학업과 균형을 맞추려고 노력해요.

제리 제퍼스 그럼, 그 균형이 잘 맞고 있는지는 누가 모니터하나요? 코디네이터인 선생님께서 담당하시나요?

아이슐링 새비지 음, 올해의 경우 이미 계획을 세워서 운영하고 있던 중에 제가 결합했어요. 대신 내년 전환학년 계획은 제가 세우고 있죠. 우리 학교에서는 올해 몇 가지 변화가 생겼어요.

제리 제퍼스 선생님께서는 어떤 변화를 주목해서 보시나요?

아이슐링 새비지 음, 우리 학교 전환학년 프로그램은 이미 훌륭한 편이에요. 그렇지만 전환학년이 태동된 이래 변화가 없었죠. 저는 우리 학교에서 더 시도해볼 만한 것은 없는지 살펴보고 싶어요. 우리 학교는 올해 모듈식 수업시간표를 도입했어요. 네 학급과 파랑·빨강·노랑·초록 네 개의 시간표가 있는 것을 머릿속에 그려보세요. 어느 학급의 학생은 파랑시간표로 전환학년을 시작합니다. 8주가 지난 후 그 학생은 빨강시간표로 이동하고, 다시 또 8주가 지난 다음에는 노랑시간표로 이동하고, 마지막에는 초록시간표에서 마치는 거죠. 다시 말해, 학생들은 8주 단위로 시간표가 바뀌고 교사들은 전환학년에 같은 모듈을 네 번 가르칩니다. 학교에서는 이런 계획을 교사들에게 전달했고, 그분들이 이전에 한 번도 가르쳐본 적이 없거나 아니면 전환학년 학생들에게 한번 가르쳐보기를 원하는 수업을 선택할 기회를 드렸어요. 또한 전환학년 주제를 정하자는 의견을 제시했죠. 매우 현실적이면서도 절묘한 방식으로 전환학년을 버무려내기 위해서였어요. 우리 학교 전환학년 주제는 '슈퍼히어로'입니다.

제리 제퍼스 모듈식 수업시간표는 영어·국어·수학·언어 같은 지속 과목과도 잘 맞나요?

아이슐링 새비지 저를 포함한 영어교사 네 명이 한 팀으로 일하는데요, 서로 연계를 잘하고 있어요.

글렌다 그룹 우리 학교는 라토스학교 방식을 섞어서 운영하고 있어요. 저는 고2 때 배울 과목을 선택한 후 그 과목을 선택한 것을 후회하는 학생들에게 지대한 관심을 기울이는 편이에요. LC 선택 과목 표본을 잘 선정하는 것이 중요하죠. 저희는 전환학년을 네 학기로 운영하다가 세 학기로 바꿨습니다. 그래야 진짜 8주 단위 운영이 가능하기 때문이에요. 실제 운영해보니 달력의 8주를 액면 그대로 적용하기가 쉽지 않았어요. 이제야말로 교사들은 한 학기에 진짜 8주 수업을 합니다. 진로체험에 두 주를 보내죠. 저는 주 1회 진로체험 대신 2주간 연속 진로체험을 하는 방식을 지키느라 고투하고 있어요. 저희는 전환학년 동안 뮤지컬 공연을 펼치는데 이는 음악 재능을 타고난 학생들을 빛나게 해주려는 것이 아니라 모든 학생들에게 참교육 경험을 심어주기 위한 것이에요. 전환학년 내내 뮤지컬 리허설과 준비 때문에 네 반으로 나누어 운영합니다. 뮤지컬을 공연하기 전 2주 동안은 오전 9시부터 오후 4시까지, 때로는 더 늦게까지 온종일 뮤지컬에 매진합니다. 연기, 노래, 리허설뿐 아니라 무대연출, 광고주와의 만남 등 그 밖에 꼭 필요한 일들을 수행하느라 다들 분주하죠.

또한 저는 여행·견학 프로그램을 간소화하는 방향으로 조율했어요. 학생 수가 너무 많아서 한 곳으로 120명을 동시에 데리고 다니기가 쉽지 않기 때문이기도 해요. 그래서 한 반이 미디어공부를 위해 매누스대학의 카이로스스튜디오를 방문하면 다른 반은 골프 치는 법을 배우고, 또 다른 반은 운전교습을 받고, 네 번째 반은 킬데어 지역에서 도보로 역사기행을 합니다. 프로그램을 운영하는 날짜가 다 다르기 때문에 학생들은 결국 네 가지 모두를 체험하게 되죠. 그 밖의 프로그램으로는 더블린을 방문하는 것과 네 학급 학생들이 다 같이 서핑을 즐기러 떠나는 것을 들 수 있습니다.

제리 제퍼스 두 분 모두 전환학년에 열정이 넘치셔서 참 보기 좋습니다. 그런데 혹시 애로사항은 없으신가요?

아이슐링 새비지 어느 학교 교사든 똑같은 말을 하겠지만 시간문제는 언제나 넘어야 할 산이에요. 전환학년이 막바지로 치달아갈 때 교사들은 '난 정말 이렇게 하고 싶었는데 혹은 난 저렇게 하고 싶었는데'라고 얘기합니다. 하지만 모든 것을 다 할 시간이 없잖아요. 돌이켜보면 교사들은 이런 말도 하곤 했어요. '이 프로그램은 정말 멋질 거야.', '오후에 그것을 시도해볼 수 있지 않을까? 아니야, 오후는 힘들 거야. 우리는 이것저것 해야 하잖아.'

제리 제퍼스 동기가 낮았던 학생들의 경우는 어떻습니까? 이를테면 학생들의 출석이나 프로그램 참여도 문제로 어려움을 겪고 계시지는 않나요?

아이슐링 새비지 아니에요. 올해 출석 문제로 골치 아팠던 적은 없었어요. 아이들에게 무엇을 던져주든 유독 잘 참여했죠. 하지만 과거에는 그런 일이 있었을지도 모르겠네요.

글렌다 그룹 아무래도 라토스학교의 경우에는 전환학년이 선택과정이기 때문에 학생들의 동기가 높은 것이 아닐까 싶어요. 필수로 운영되는 학교에서는 학생들에게 동기를 심어주어야만 해요. 저는 학생들에게 학교는 학생들의 훈련장이니까 실수를 해도, 아주 많은 실수를 하더라도 아무 문제없는 안전한 곳이라고 수시로 얘기해줍니다. 또 우리 교사들은 학생들이 실수를 회복하도록 돕기 위해서 학교에서 일하는 거라고 강조하죠. 직장에서는 서너 번 실수를 저지르면 해고되겠죠. 저는 명확한 것을 좋아해요. 전환학년 평가 총점 중 출석에는 20%, 수업활동에는 40%를 부여합니다. 학업에 아주 뛰어난 학생들도 있고 반 친구들과 전혀 어울리지 않지만 학년이 끝날 무렵에 훌륭한 프로젝트를 떡하니 완수하는 학생들도 있어요. 따라서 우리 학교는 꾸준히 노력한 부분을 높이 평가하려고 해요. 마지막으로 남은 40%는 포트폴리오와 학습일지에 할당됩니다. 포트폴리오 평가 인터뷰 때 학습일지도 함께 점검하죠. 아이슐링 새비지 선생님이 말씀하셨던 학습성찰상자와 일부 비슷해요. 우리 학교 학생들은 수시로 점수를 쌓아갑니다. 전환학년에서 최우수 성적을 받으려면 총점이 85% 이상이어야 합니다. 64%에서 84% 사이의 점수를 취득하면 우수성적에 해당하죠. 맞아요, 점수가 40%도 채 안 되는 학생들도 있어요. 이런 경우 대부분 학생들이 고2로 올라가서 학업을 계속할 수 있을지 걱정이 많기 때문에 이런 학생들을 돕기 위한 지원시스템을 신중하게 가동합니다. 학생들 외에 그 부모들과도 인터뷰를 진행하고 지원체계를 이용해서 고2에 잘 정착할 수 있도록 돕죠.

아이슐링 새비지　전환학년이 필수과정이 아니다 보니 학생 230명 중 오직 100명만 전환학년을 시작할 수 있어요. 자리를 얻지 못해 낙담한 학생들을 대하기가 정말 버겁습니다. 쉽지 않아요. 이것이 세상의 끝이 아니라고 말해주어야 해요. 이 모든 것이 제게는 너무 큰 난관이죠.

제리 제퍼스　학생들이 전환학년을 선택할 수 있다면 교사들도 전환학년을 선택할 수 있어야 하지 않을까요?

아이슐링 새비지   전혀요! 글쎄요, 실제로는 잘 모르겠네요. 교사들은 매년 시간표 검토 양식을 받아요. 그 양식에는 다시 가르치고 싶거나 가르치고 싶지 않은 것 또는 주어진 시간표에서 만족스러운 것과 만족스럽지 않은 것에 대해 기입하도록 되어 있어요. 올해 우리 학교 전환학년은 새롭게 모듈식 시간표로 운영했기 때문에 교사들은 자신이 9월에 무엇을 가르치게 될지를 4월이 되어서야 알게 되었죠. 교사들이 수업계획을 세우고, 발표자를 초빙해야 할 경우 적절한 시간을 두고 연락을 취해야 하는 것처럼 필요한 일을 진행하기 위해서 자신이 맡을 과목을 빨리 알 필요가 있다는 것을 뼈저리게 느꼈어요.

제리 제퍼스   새비지 선생님, 코디네이터 역할을 대신 맡아서 하는 것 때문에 발생하는 어려움은 없으신지 궁금합니다. 특히 더 나이 든 교사들이나 확고히 자리 잡은 교사들과 함께 일하는 것에서 말이죠.

아이슐링 새비지   (웃음을 터뜨리며) 전혀 없어요! 저는 그저 전환학년이 마냥 신났고 꿈같은 일을 얻었을 뿐이에요. 그리고 관리자로서의 제 유형을 알게 되었죠. 저는 굉장히 바쁜 교사들, 헌신적인 교사들, 열심히 일하는 교사들에게 일부러 더 가까이 다가갔고, 제가 갖고 있던 전환학년에 대한 생각을 강요하기보다 설득하고 싶었어요. 물론 그 교사들이 저와 함께 전환학년 배에 승선해 주기를 바라면서요. 그 모든 것 사이에서 나름 균형을 잘 잡았다고 생각해요. 그러고 나서 학생들·부모들을 위한 전환학년 출항의 밤 행사를 열었어요. 그 교사들도 함께 들떴죠.

글렌다 그룹   우리 학교에서는 모든 교사들이 함께 전환학년을 준비합니다. 생기 넘치는 교사들이 계셔서 엄청난 도움이 된다는 말씀을 드릴 수 있어서 기쁘네요. 교사 팀워크는 정말 중요한데 감사하게도 우리 학교는 이미 잘 실현되고 있습니다. 반대로 학교에서 '팀' 없이 일하는 것은 어떤 것인지 상상조차 할 수 없죠. 아마 매우 힘들 거예요. 다른 학교에 비해 전환학년에 더 심취한 교사들이 계신 것만은 틀림없어요. 물론 전환학년 수업을 선호하지 않는 한두 분의 교사들이 계시지만 서른여덟 분이 전환학년을 가르치고 있죠. 대부분 전환학년 수업을 즐기십니다. 전환학년이 학교에 잘 스며들었기 때문인 면도 있어요. 어쨌든 우리 학교는 학생들을 세심하게 도와서 자기계발을 이루도록 하는 데 온 관심을 기울입니다. 이러한 학교 풍조 덕분에 전환학년이 꽃피울 수 있었죠. 또한 우리 학교는 학생들의 심리적 안정에 반드시 필요하다고 입증된 마음챙김 모듈도 운영합니다. 힌두교와 관련된 모듈도 있고요. 전환학년의 목표는 학생들이 지식을 쌓고, 연구 능력을 높이고, 타 문화와 종교체계를 깊이 공감하고 이해하는 것이에요. 또한 말 산업에 열의가 넘치는 교사 한 분이 계신데, 이는 우리 학교가 고급 순종 말로 유명한 킬데어주 한가운데에 자리하고 있는 것과 무관하지 않죠. 그 선생님은 확고한 사업의 관점을 갖고 말 연구 모듈을 가르치고 계세요. 조금 전 새비지 선생님께서 여행·견학 프로그램을 기획했던 교사들에 대해 말씀하셨잖아요. 그 선생님도 말 연구 수업과 연관된 여행 프로그램을 준비하고 계십니다.

제리 제퍼스 이 지점에서 운영비 문제가 떠오르네요. 이런 전환학년 활동을 전개하려면 많은 비용이 들 것 같은데요.

글렌다 그룹 우리 학교는 외부 활동을 할 때마다 돈을 걷기보다 전체 비용을 정해놓고 한 번에 일괄적으로 걷어요. 그 덕분에 전체 프로그램을 조망하며 다채롭게 운영할 수 있죠. 매 행사 때마다 돈을 걷으면 스트레스가 엄청 쌓여요. 전환학년이 필수과정이라서 모든 학생들이 워크숍, 여행, 외부 인사 강연에 참여하기 때문에 가능한 방식이기도 해요.

아이슐링 새비지 우리 학교도 같은 방식을 고려하고 있어요. 학생들은 전환학년에 선발되었을 때 경비 일부를 예치해놓고 나중에 부족분을 더 냅니다. 크로스앤드패션학교보다 우리 학교 운영비가 좀 더 많이 드는 것 같아요. 여기 오기 전에 그룸 선생님 학교 웹사이트를 미리 살펴보았거든요.

글렌다 그룸 저희는 400유로(약 54만 원)를 부과합니다.

아이슐링 새비지 저희는 450유로(약 60만 원)예요.

제리 제퍼스 그럼 그 비용으로 벨파스트와 더블린 여행을 비롯한 각종 여행 프로그램 외에 외부 인사 초청 강연비까지 전부 충당하는 건가요?

아이슐링 새비지 그럼요. 그 이상이죠. 하지만 버스 임대료로 너무 많은 돈이 들어가요. 그래서 저는 학생들이 대중교통수단을 더 자주 이용하기를 내심 바라지만 시간을 딱 맞추기가 어렵고 심지어 대중교통수단을 이용하기 힘든 곳도 있어요.

글렌다 그룸 우리 학교도 모두 충당합니다. 제 생각에 전환학년 운영비에 가장 큰 영향을 미치는 것은 장소 같아요. 나중에 우리 지역으로 되돌아와야 하기 때문이죠. 제가 여행·견학 프로그램을 보람되게 여기는 만큼 우리 학교가 저희 지역사회에 아주 좋은 영향을 끼쳐서 보람되었던 활동이 두 가지 있어요. 하나는 로그 온 런 프로젝트로 지역 주민들에게 컴퓨터 사용법을 교육하는 것이고, 다른 하나는 이를 발전시킨 일대일디지털 프로젝트[12]입니다!

두 프로젝트 모두 혁신적이면서 지역을 기반으로 하는 것이죠. 강의 중간 쉬는 시간에 드시라고 마련한 다과 값을 포함해서 지역 주민들이 이 두 프로젝트를 위해 학교에 내야 하는 비용은 단 한 푼도 없답니다.

제리 제퍼스 적은 비용으로 혁신적인 생각을 펼친 정말 훌륭한 사례군요. 또 다른 사례는 없나요?

아이슐링 새비지 우리 학교는 지역사회 모듈을 3시간 연속 블록수업으로 운영해요. 학생들은 지역 초등학교를 방문해서 어린이들과 대화를 나누고 책 읽는 것을 도와주죠. 또 학생들은 드라마나 프레젠테이션 기법 수업도 받아요.

제리 제퍼스 초등학교 방문은 진로체험 프로그램과는 별개로 진행되는 거죠?

아이슐링 새비지 그렇습니다.

글렌다 그룸 다른 유의미한 활동으로는 빈곤주간 행사가 있습니다. 전환학년 동안 가장 소중했던 경험으로 빈곤주간을 손꼽는 학생들이 있는데요, 흥미롭게도 그 아이들은 학업성취 면에서 아주 뛰어나거나 아주 부족한, 말하자면 학업성취 스펙트럼의 양 끝에 놓여 있는 학생들이었던 점이 기억납니다. 빈곤주간 행사는 현실을 있는 그대로 직면하는 활동이었죠.

아이슐링 새비지 저희는 정신건강주간 행사를 운영했어요. 아주 큰 영향을 미친 행사예요. 내년에는 이 행사를 피에타쉼터를 위한 기금 마련 행사와 연계할 예정이에요. 올해는 '어둠에서 빛으로' 걷기 행사를 한 학생들이 있었어요. 또한 학생들과 함께 프로젝

---

12. 이는 10대 청소년들이 노인들에게 컴퓨터, 핸드폰, 그 외의 다양한 유형의 하드웨어·소프트웨어를 사용하는 방법을 가르쳐드리는 프로그램이다. 8장 '청소년 자원봉사자를 양성하라'를 참조하라.

트를 운영해나갈 사람들도 알게 되었습니다.

제리 제퍼스 교장, 교감과 같은 학교 지도자들은 어떻습니까? 그분들과는 관계가 어떠신지요?

아이슐링 새비지 음, 저의 경우 제가 하고 싶은 게 뭔지 잘 알고 있었지만 교장 선생님과 금요일마다 격주로 회의를 했어요. 처음에는 교장 선생님께서 제가 그린 큰 그림에 어떻게 반응해주실지 짐작하기 어려웠죠. 뒤에서 자신을 지원해주는 운영팀이 있는 것은 정말 든든합니다. 저는 인생에서 모든 것이 가능하다고 믿는 그런 부류의 사람이에요. 그래서 '자, 새비지 선생님, 이게 우리 학교의 현실이에요'라고 알려주면서 제가 실행계획을 잘 세우도록 이끌어주는 사람이 필요해요. 그러니 교장 선생님께서 '좋아요, 이렇게 한번 해보죠'라고 허락해주실 때 날아갈 것 같았죠. 교장 선생님을 믿고 그분의 판단을 확신하는 것이 중요해요. 그리고 교장 선생님도 저를 신뢰하는 것이 매우 중요하죠.

글렌다 그룸 맞아요. 시간표를 짜는 것과 같은 기본적인 일에서조차도 신뢰는 중요하죠. 교장 선생님께서는 제게 '선생님의 드림팀은 누구죠?' 혹은 '수업시간표를 더 잘 구성하기 위해 한 가지를 선택할 수 있다면 그것은 무엇일까요?' 같은 질문을 던지세요. 교장 선생님은 대단히 명석하십니다. 필요 없는 것은 버리고 집중해야 할 것만 생각하시죠. 이전 교장 선생님도 마찬가지셨어요. 덕분에 저는 제가 하고 싶은 희망목록을 하나하나 쌓아갈 수 있었어요. 물론 저는 다른 교사들과 협의하며 운영했어요. 전환학년을 성공적으로 이끌어나가기 위해서 평가도 아주 중요한 부분이라는 점을 말씀드리고 싶어요. 교무회의 시간에 전환학년에 대해서도 함께 논의합니다. 저는 교사들을 그룹으로 나눈 후 여러 장의 A2용지를 돌려요. A2용지에는 전환학년의 모든 측면, 가령 여행 프로그램, 평가, 교사-학부모회의 등 전환학년의 큰 그림에서부터 세세한 부분에 이르기까지 모든 질문들이 담겨 있어요. A2용지는 그룹에서 그룹으로 교무실에서 계속 돌아다니죠. 모든 교사들이 각 질문 항목에 자신의 의견과 전환학년을 어떻게 보냈는지를 기재합니다. 학생들 역시 전환학년을 평가합니다. 모든 프로그램과 활동을 되돌아보죠. 판단을 내리기에 충분할 만큼 피드백이 쌓이면 이를 바탕으로 저희는 계속 유지할 것과 그만두어야 할 것을 결정합니다. 다른 사람의 의견을 경청하는 것은 아주 중요해요. 코디네이터를 위험에 빠뜨리는 것은 '자, 나는 이 일을 잘 알고 있어'라고 자만하는 거예요. 코디네이터는 전환학년이 더 잘 운영될 수 있는 가능성을 항상 염두에 두어야 합니다. 저는 제가 이끌고 있는 전환학년운영팀 동료 교사들에게 당해 전환학년을 반추해보고 다음 해 프로그램을 숙고하는 데 도움이 될 만한 12가지 항목을 정리해서 이메일로 보내드려요. 피드백과 조언을 구하기 위해서죠. 그리고 모든 의견을 한데 취합합니다.

제리 제퍼스 두 분 모두 정말 헌신적이고 열정적인 코디네이터이십니다. 그렇지만 새비지 선생님이 말씀하셨듯이 시간이 큰 문제네요. 수업 부담도 만만치 않으실 것 같은데요. 개인적으로는 전환학년 지침이 워낙 유용해서 전환학년운영팀에 권하면 좋지 않을까 싶어요.

글렌다 그룹 저도 그렇게 생각해요. 2004년부터 대략 올해 3월까지 저는 전환학년운영팀 없이 일했어요. 이루 말할 수 없이 힘들었죠. 그때는 수업시간을 뺀 나머지 일분일초를 모조리 다 전환학년에 쏟아부었던 것 같아요. 일 년간은 다른 교사와 전환학년 업무를 분담해서 진행했죠. 전환학년에 시간을 몽땅 써버렸기 때문에 학교에서 생각할 겨를이라곤 전혀 없었어요. 또 집에서는 아이들을 재운 후 밤늦게까지 제가 맡은 수업을 준비했죠. 수업 준비를 위해 할당된 근무시간은 모두 전환학년과 씨름하는 데 써버렸으니까요. 특히 혁신적으로 운영하려고 애쓰다 보면 시간은 순식간에 사라지죠.

아이슐링 새비지 선생님은 LCA 조정 업무도 담당하시나요?

글렌다 그룸 아니에요. 제가 학교에서 코디네이터 직책을 맡고 있기는 하지만 다른 두 분의 교사들과 업무를 분배했어요. 그래서 한 분이 LCVP를 담당하시고, 다른 한 분이 LCA를 담당하고 계세요.

제리 제퍼스 전환학년운영팀에 대해 좀 더 자세히 말씀해주셨으면 합니다.

글렌다 그룸 교육부 장학사가 전환학년운영팀을 둘 것을 권고했습니다. 지금 우리 학교는 7명으로 구성된 아주 훌륭한 팀을 갖고 있죠. 제가 먼저 그분들에게 다가가서 팀의 일원이 될 생각이 없는지 여쭈었어요. 모두 그렇게 하겠다고 흔쾌히 대답하셨죠. 우리 팀은 각자 대표하는 교과 영역이 다양하기 때문에 교수 경험을 폭넓게 나눌 수 있어서 아주 운이 좋은 편이에요. 다들 아주 헌신적이십니다.

제리 제퍼스 정기적으로 회의를 하십니까?

글렌다 그룸 바쁠 때는 더 자주 만날 수 있다는 것을 전제하고 3, 4주에 한 번씩 만나요. 주로 점심시간에 만나죠. 모든 것은 전적으로 의지에 달려 있어요.

아이슐링 새비지 제 경험은 좀 다른데요, 우리 학교는 전환학년 담임교사들, 학년주임, 코디네이터로 구성된 전환학년운영팀이 늘 있어왔어요. 저희는 정기적인 모임도 갖고, 동시에 아예 화요일 오후는 시간표에 전환학년운영팀 회의로 배정해놓기도 했어요. 또 전환학년 담당 교사 전원은 일 년에 3차례, 약 30~40분간 회의를 합니다.

제리 제퍼스 일 년 내내 이메일로 굉장히 많이 소통하셨으리라 짐작됩니다.

아이슐링 새비지 맞아요. 이메일을 많이 주고받죠. 정말 유용한 방법이에요. 엄청 빠르고요. '학생들은 오늘 수업 3시간을 외부에서 진행한다'는 사실을 모든 교사들이 즉시 알게 되죠. 하지만 알고 보면 이메일로 알리는 것도 시간이 아주 많이 소요되는 일이기는 해요. 그렇더라도 저는 그렇게 개인적으로 연락을 취하는 방식이 좋습니다. 하지만 전환학년을 함께하고 싶은 사람들이 있거나 이미 몸담고 있는 사람들이 더 즐겁고 열정적으로 참여하게끔 하고 싶다면 직접 만나서 이야기하는 것만큼 좋은 것은 없어요.

글렌다 그룸 동감해요. 저도 이메일을 자주 활용해요. 전환학년 교무실 게시판도 수시로 이용하고요. 게시판에는 전환학년 사명과 당년 전환학년 주제를 적어놓고 시간표와 다양한 사진들도 붙여놓죠. 저는 '전환학년 진행현황'도 추가해놓고 매주 내용을 업데이트합니다. 새비지 선생님이 말씀하신 1:1 소통도 중시하죠. 도움을 주려고 나서는 사람들은 매번 똑같은 것 같아요. 우리 학교에서 뮤지컬은 엄청나게 중요한 프로젝트예요. 그러나 모든 교사들이 3일 밤을 다 함께 동참할 수는 없어요. 그냥 지원할 수 없는 경우도 있잖아요. 예를 들면 멀리 살고 계셔서 출근하려면 시간이 꽤 많이 걸리는 교사들도 있거든요.

제리 제퍼스 이쯤에서 더 근본적인 질문을 드릴까요? 두 분을 포함해서 교사들 중에는 왜 그토록 전환학년에 열정적인 분들이 계실까요? 특히 전환학년과 관련된 모든 일들이 시간이 꽤 소요되는 일이라고 말씀하신 것을 듣고 나니 더욱 궁금해집니다.

아이슐링 새비지 교사든 학생이든 전환학년 같은 유형의 교육에 남들보다 더 매혹을 느끼는 부류들이 있어요. 코디네이터의 운영방식과도 연관 되겠죠. 저는 전환학년 말에 한 부모로부터 감동적인 감사 이메일을 받은 적이 있습니다. 그 이메일은 이렇게 시작됐죠. '저는 제 아이가 전환학년을 선택하기를 바라지 않았어요. 전환학년에 열의가 없었죠. 하지만 제 아이는 정말 뜻깊은 한 해를 보냈어요. 단단한 껍질을 벗고 다양한 것을 배웠습니다.' 그래서 저는 '일단 시도해보고 결과를 지켜보자'는 관점을 교사들과 공유하고 있어요.

글렌다 그룸 맞아요. 하지만 저는 전환학년에 얼마나 열정적인지는 각자의 가치관과 깊은 연관이 있다고 생각해요. 사람과 자아실현을 가장 소중히 여기는 교사는 전환학년과 사랑에 푹 빠질 거예요. 반면에 시험 결과와 점수를 지나치게 중시해서 자기 학생을 영어·수학시험 점수로 판단하는 교사라면 전환학년에 시큰둥하겠죠. 제가 지금 흑백논리를 펼치고 있다는 것을 압니다. 그렇지만 솔직히 한 사람의 가치관이 가장 큰 영향을 미친다고 믿어요.

아이슐링 새비지 저는 이따금씩 전환학년을 나들목으로 묘사하곤 해요. 학생들은 시험이라는 고속도로에 놓여 있죠. 중고등학교 과정을 밟는 순간 각종 시험과 기말시험, JC 시험, LC 시험을 치러야 합니다. 그저 한 방향을 향해 돌진해야 하죠! 대학으로 가는 도로를 질주하기 위해 가능한 한 빨리 페달을 밟아야 합니다. 전환학년은 이렇게 미친 듯이 내달려야 하는 고속도로에서 잠시 벗어날 수 있는 나들목으로 들어간 것과 같습니다. 하지만 저는 결국 학생들이 되돌아와 두 길을 병합해낼 거라고 믿어요.

글렌다 그룸 전환학년은 자기 학습, 자기 삶, 자기관리 능력에 대한 책임감을 가르치는 현장이에요. 전환학년이 나들목인지 확신할 수는 없지만 전환학년 동안 이토록 놀라운 일을 해놓고 '숟가락으로 일일이 떠먹여줘야 하는' 고2, 고3으로 학생들을 다시 밀어 넣어야 하는 현실에 좌절감을 느낍니다.

아이슐링 새비지 우리 학교는 전환학년이 선택과정이기 때문에 학생들을 비교할 수 있는데요, 고2 첫 달인 9월 제 영어 수업시간에 전환학년을 보냈던 학생들이 LC 에세이 시험에서 두각을 나타내는 것을 똑똑히 지켜볼 수 있었어요. 그 학생들이 더 몰입했죠. 전환학년의 열정이 그대로 이어진 것인지는 모르겠지만 집중력이 더 좋은 것은 분명합니다.

글렌다 그룸 전환학년을 마치고 나면 학생들의 성장이 눈에 띄죠.

아이슐링 새비지 아이들은 이미 성장할 준비가 되어 있어요. 이제는 전환학년이 끝나서 슬프다고 말하는 아이들조차 있어요. '전환학년을 다시 해도 되나요?'라고 농담조로 묻는 아이들도 있다니까요. 하지만 그 애들은 이내 '저는 고2로 돌아갈 준비가 되었어요'라고 덧붙입니다.

글렌다 그룸 아이들이 성장할 준비가 되어 있다는 선생님 말씀에 동의하지 않는 것은 아니에요. 제가 좌절하는 부분은 저희가 발 딛고 있는 이 교육체계가 전환학년 동안 활용했던 그토록 훌륭한 교수법을 더 이상 허용하지 않는다는 점이에요. 고2, 고3학년 학생들은 전환학년만큼 자기학습에 대한 주인의식을 느끼지 못하고 정해진 기준에 따라 주어진 정보나 읊조려야 하는 체계로 돌아갑니다. 이는 전환학년 동안 아이들이 누렸던 혜택과 보상을 이제는 더 이상 누리지 못하는 것을 의미해요. 저는 전환학년 동안 학생들이 얼마나 반짝거렸는지 두 눈으로 지켜보았습니다. 이는 마치 아이들에게 멋진 세상을 살짝 보여준 후 다시 컴컴한 상자로 집어넣고 문을 철컹 닫아버리는 것과 같은 거죠. 아이들은 고속도로로 돌아가 다시 질주할 수 있는 회복탄력성을 갖고 있지만 여전히 불만에 꽉 차 있습니다. 교사들은 LC과정을 가르치느라 이렇게 훌륭한 교수법을 활용할 여유가 없노라고 목소리를 높여야만 합니다. 전환학년과 LC과정이 단절되어 있어요. 사람과 사람의 단절보다 훨씬 더 큽니다. LC 교육과정에 대한 교육부 계획과 평가 방식에 단절이 존재해요.

제리 제퍼스 대담이 막바지에 이르렀습니다. 처음으로 전환학년을 도입하려고 하는 어느 학교의 코디네이터가 두 분을 찾아와서 '바람직한 방향을 제시해달라'고 부탁하는 상황을 상상해보세요. 어떤 조언을 해주시겠습니까?

아이슐링 새비지 글쎄요, 엄청난 질문인데요. 하지 말아야 할 것을 얘기해주는 것은 어떨까요? 저라면 기본적인 것을 다 얘기할 거예요. 진로체험, 지역봉사, 전환학년을 한눈에 다 보여주는 가서[13] 프로그램과 가서의 네 활동 분야, 모의유엔활동, 핵심 과목, LC 선택과목 표본, 전환학년의 구체적인 활동들, 학교의 구체적인 전환학년 목표 설정, 우리가 조금 전 얘기를 나눴던 오리엔테이션 프로그램 등 모두 다 말이죠.

---

13. 29장을 살펴보라.

글렌다 그룸 하지 말아야 할 것을 생각해보는 것은 정말 중요하죠. 전환학년을 계획할 때, 특히 출발선에 서 있을 때 전환학년의 목적에 대한 명확한 관점을 갖고 있어야합니다. 우리는 왜 전환학년을 하려 하는가? 우리의 궁극적인 목표는 무엇인가? 단기·중기·장기 목표는 무엇인가? 다시 말해 교육 가치에 관한 것이죠. 그러고 나서 학교의 지리적 특성에서부터 재정 지원에 이르기까지 가용할 수 있는 모든 자원을 샅샅이 고려하며 전환학년 체계를 구축해야 해요. 본보기가 될 만한 실례들을 찾아봐야겠죠. 저는 양육 도서부터 장학사가 작성한 학교보고서에 이르기까지 닥치는 대로 자료를 탐독했어요. 『전환학년에 대한 태도』 같은 연구 자료를 읽고 회의 때 동료 교사들과 내용을 공유했죠. 펄펄 끓는 용광로와 같은 열정이 있었기에 무엇이든 다 도움이 되었어요. 학교의 기풍도 고려해야 합니다. 우리 학교는 무엇을 중시하는가? 그런 다음 특정 학생들도 주시해서 봐야 해요. 그 학생들에게, 그 학생들의 개인적·사회적 성장과 학업 발달에 무엇이 최선일까? 또한 변화를 받아들일 활짝 열린 마음을 갖고 있어야 해요. 전환학년을 시작하는 것은 정말 손이 많이 가는 엄청난 일입니다.

제리 제퍼스 감사합니다. 도움이 되도록 요점을 조목조목 잘 정리해 주셨습니다. 1993년 전환학년 지침은 전환학년에 대해 충분히 명확하게 기술했다고 생각하십니까?

글렌다 그룸 예, 그렇습니다. 하지만 명확한 성과가 도출되는 명확한 교육과정을 원하는 교사들이 문제예요. 많은 교사들이 규칙을 좋아해요. X를 넣으면 Y라는 결과가 도출되는 식의 함수관계 말이죠. 때로는 교사들이 지나치리만큼 경직된 규칙을 바라는 것 같아요. 전환학년 **지침**이 뼈대만 제시하고 교사들에게 자유의 여지를 많이 남겼기 때문에 전환학년이 부담스럽다고 느끼는 교사들이 있습니다. 그들은 많은 것을 걱정하죠. 학부모들은 어떻게 말할까? 학생들은 실제로 뭘 배울까? 뭐라 딱 꼬집어 얘기하기 힘든 전환학년의 이점을 행하는 것이 어렵다고 호소하는 교사들도 있어요. 그들은 눈으로 볼 수 있고 확실하고 측정 가능한 것을 선호하죠. 사실 전환학년 동안 행했던 수많은 놀라운 경험들은 세월이 흐르고 흘러 나중에야 그 가치가 드러나는 법이잖아요. 그러니 이런 부분을 설득하는 것이 만만치 않죠.

아이슐링 새비지 동의해요. 학생들·학부모들이 한참 뒤에 가서야 전환학년을 돌이켜보며 정말 전환학년이 도움이 되었다고 평가를 내릴 수 있는 일을 우리가 지금 하고 있는 거잖아요. 전환학년 뼈대를 잡는 것과 관련해서 그룹 선생님이 말씀하신 부분에 모두 동의합니다. 하지만 어떤 면에서는 코디네이터로서의 기량, 다른 교사를 이끌어나가는 재주에 달려 있는 문제라고도 생각해요. 지난주 학부모 한 분을 뵈었는데 다른 학교에서 교편을 잡고 있는 친구 분 얘기를 들려주셨어요. 그 친구 분은 자기 학교가 학생들을 위해 하는 것이 아무것도 없다며 매우 실망스러워한다더군요. 많은 요소들이 뒤엉켜 있는 것 같아요.

글렌다 그룹 하지만 그런 미비한 모습이 전환학년의 신선함을 더해줄 때도 있어요. 우리 학교에는 양초제작 모듈이 있었어요. 학생들에게 대단히 인기가 높았죠. 어느 날 담당 교사가 출산휴가를 떠나면서 양초제작 모듈이 중단되었어요. 대신 남자 교사 한 분이 사진 모듈을 시작했고 학생들은 렌즈 대신 작은 구멍을 뚫은 바늘구멍사진기를 만들었습니다. 그 후 우리 학교는 디지털카메라를 구입했죠. 이렇게 수업이 진척되어가는 방식이 전환학년을 새롭게 유지시켜준다고 생각해요. 우리 학교는 전환학년 21주년 자축행사를 준비하고 있어요. 전환학년을 늘 새롭게 유지하는 것은 무척 중요합니다. 저는 늘 새로운 아이디어를 찾느라 눈을 번뜩이고 있어요. 제가 전환학년교사전문성네트워크TY Teachers Professional Network 활동을 하는 이유 중 하나도 바로 이 때문이랍니다.

아이슐링 새비지 맞아요. 꾸준히 발전하는 학교에서 근무하는 장점 중 하나는 매년 신임 교사들이 영입되는 거예요. 새로운 재능, 새로운 관심거리가 함께 유입되는 셈이죠. 어떤 수업을 하고 싶으세요? 우리 학교에서는 체스와 철학 모듈이 곧 시작된답니다. 간혹 과목명이나 수업명까지 바꾸는 경우도 있어요. 영어를 '말'이라고 부르는 것처럼요.

제리 제퍼스 대담을 마치기에 적절한 말인 것 같습니다. 글렌다 그룸 선생님, 아이슐링 새비지 선생님, 두 분께 진심으로 감사드립니다.

제15장

전환학년을
'새롭게' 유지하라

마이클 오리리 선생님은 전환학년의 정규교육과정화를 논할 수 있는 독보적인 인물이다. "1994년 저는 킬케니의 크리스천브라더스학교에서 수학·과학 교사로 재직했어요. 당시 저는 전환학년의 정규교육과정화를 준비하고 있던 팀에 합류할 것을 제안받았죠. 전국 도처에서 모두 교사 68명이 모였어요. 첫해에 저희는 워크숍을 개최했고, 자기 학교 수업을 그대로 해나가면서 타 학교들을 방문했습니다. 1995년 저는 파견 교사 14명으로 구성된 전환학년지원팀에 선발되었고 이후 3년 동안 함께 일했어요." 전환학년지원팀의 다른 교사들과 마찬가지로 그 역시 당시를 생생히 기억했다. "저희 모두 교육 지형이 바뀌는 변곡점에 서 있었죠. 교사들끼리 교육과정 혁신에 대해 논하는 것 자체가 아일랜드에서는 새로운 움직임이었으니까요. 때로 교사들은 전환학년 생각 전체를 거의 확신하지 못했어요. 전환학년 체계도 교육과정도 모두 빈약해서 두려움이 앞섰기 때문이죠. 물론 큰 시험 없이 학생들에게 동기부여가 가능할지 의아해하는 교사들도 있었고요. 이런저런 두려움 때문에 교사들이 저희를 적대시하던 때도 있었습니다. 하지만 우리 팀은 수많은 사례들을 공유하면서 점차 역량을 쌓아갔고 더욱더 확신에 찼죠."

1998년 전환학년지원팀의 상근 교사가 6명으로 축소되었을 때도 그는 팀 일원으로 계속 남았다. 훗날 전환학년지원팀은 더욱 축소되었고 중등교육지원팀과 교사전문성개발지원팀 같은 새로운 조직이 구축되면서 그는 명실공히 '전환학년지원팀의 최후 일인'이 되었고, 2003년 이후로는 중등교육지원팀의 국가 코디네이터로 일했다. 그는 2013년 상근 교사로 은퇴했지만 지금도 개개 학교의 교사들과 활동을 지속하고 있고 리머릭대학에서는 비상근으로 일하고 있다.

가슴 뿌듯했던 지난 20년 세월을 회고하며 그는 한마디, '창의성'을 강조했다. "전환학년을 훌륭하게 운영하면 청소년들의 창의성이 살아나는 것은 분명합니다. 그와 동시에 교사들의 창의성도 만개하죠. 전환학년 초기에 교육과정의 유연성을 강조하고 학교시험이라는 '잣대'를 없애자 전전긍긍하는 교사들이 있었습니다. 자신의 역량에 의구심을 품는 교사들이 많았죠. 교사들은 자신의 교육적 상상력을 파헤치고, 교수 레퍼토리를 넓히고, 다양한 방식으로 청소년들과 교감을 해야 했어요. 사실 전환학년이라는 도전에 멋지게 응대하며 능력을 뽐냈던 교사들도 많았습니다." 그는 많은 학교들과 함께하며 그 자신도 창의성을 길렀다는 사실을 잘 알고 있다. "돌이켜보면 저도 처음에 제 자신의 잠재력을 깨닫지 못했어요. 훌륭한 코디네이터들, 교사들, 동료들과 긴밀하게 일하면 자신의 능력을 최대한 발휘할 수 있는 것 같아요."

우수했던 실행 사례들에 대해 묻자 그는 수십 가지 활동, 행사, 교육혁신 사례를 줄줄이 토해냈다. 그중 최근에 참석했던 전환학년 졸업의 밤 행사로 말문을 열었다. 그 학교는 용기를 내어 학생들이 행사의 구성 방식을 모두 결정하도록 허락했고, 학생들은 각자 친구들과 가족들이 둘러앉아 있는 테이블의 '접대'를 맡는 것으로 결정했다. "아주 멋진 행사였어요." 그는 칭찬을 아끼지 않았다.

이전에 과학교사이기도 했던 그는 학생들의 과학 문해력을 높이고 과학을 일상생활과 연계시켰던 다양한 사례들을 열거했다. 후자의 예로는 지역 수영장, 호텔, 회사, 레스토랑의 다양한 측면을 분석했던 것과 식물군·동물군 지도를 그렸던 것을 들었다. 또한 학생들이 기후변화 문제를 자각하면서 셀 수 없이 많은 환경연구가 촉발되었다고 한다. "학생들이 전환학년 프로그램으로 에너지 소비, 쓰레기, 탄소 발자국, 공해, 지속가능성 같은 사안을 탐구하면서 실제로 자기 학교의 환경문제를 직접 해결했던 경우도 있었어요. 이의 연장선상에서 프레젠테이션, 질의응답, 영화제작 등의 방법을 활용하며 어린이들을 교육하기도 했죠. 결과적으로 이 과정에서 전환학년 학생들의 지도력이 배양되었습니다."

그는 전환학년 초창기에 보았던 아주 훌륭했던 전환학년 수학 프로그램 몇 가지를 떠올렸다. 2005년 수학 중등과정을 검토한 후 등장했던 프로젝트수학Project Maths 프로그램과 깊은 관련이 있는 것들이다. "창의적인 교사들은 모스부호와 바코드 같은 것을 그냥 지나치지 않았어요. 미술과 연계시켰죠. 좌표, 기하학, 수학의 역사를 전환학년에 맞게 조정했고, 게임과 수수께끼 같은 것을 이리저리 분석한 후 대수학의 기본 개념을 확실히 심어줄 때 활용했어요. 근삿값 단원을 새롭게 강조한 것도 인상적이었고요. 계산기에 점점 더 의존하는 사회현상을 생각하면 이런 발상의 전환은 정말 중요합니다." 그가 들려주는 '기본 개념 강화' 사례를 듣고 있자니 전환학년에서 가장 폄하되고 가장 난해한 두 가지 문제가 떠올랐다. 하나는 교정과 보완의 문제이고, 다른 하나는 전환학년·LC 교수요목의 연계에 대한 문제이다.

다음은 전환학년 지침에서 두 사안과 관련된 부분을 발췌한 것이다.

교정과 보완 학습　전환학년 동안 개개 학생의 요구에 맞춰 주요 분야에서 기본 역량을 키우는 것은 극히 중요하다. 여기에는 적절하게 교정하는 것도 포함된다. 전환학년의 목표는 학생들이 자신의 약점을 파악한 후 극복하고, 자신감과 태도를 발전시켜 LC 과목이나 다른 학습 프로그램을 선택할 때 최적의 고려를 하도록 돕는 것이다. 보다 효율적으로 학습하기 위해 학습법을 향상시키고, 자기주도적·개방적으로 학습하기 위해 학습역량을 함양시키는 것으로 전환학년 목표는 확장될 것이다.

교육과정 내용　전환학년 프로그램은 LC 요소를 절대 배제해서는 안 된다. LC 학습 경험을 늘리고, LC 학습의 기초를 확고히 다지고, 직업세계에 대한 예비교육을 실시하며, 무엇보다 학생들의 개인적·사회적 인식 및 성장을 충족시키려는 관점으로 프로그램을 구성해야 한다. LC 내용을 다룰 때는 LC 2년 과정과는 확연히 다른 독창적이고 지적 자극을 꾀하는 방식으로 탐구해야 한다는 점을 숙지한 후 가르쳐야 한다.교육부, 1993

어이없게도 '절대 배제해서는 안 된다'는 부분을 LC 내용으로 전환학년 과목을 운영해도 좋다고 허락한 것으로 해석하는 교사들이 있다. "이런 생각은 독창성이나 지적 자극이 거의 없는 LC과정을 3년으로 늘리는 효과만 있을 뿐이죠." 마이클 오리리 선생님은 탄식했다. "전환학년에 대해 제대로 이해하자면 전환학년은 LC의 기초를 강화할 수는 있겠지만 다른 많은 전환학년의 특징처럼 학생들은 창의적이 되어야 합니다."

또한 그는 1993 전환학년 지침을 수정할 필요가 있지 않을까 하는 의문을 품었다. '절대 배제해서는 안 된다'는 부분 직전에 전환학년과 LC 요소에 대해 다소 모호한 관점이 표출되었기 때문이다.

전환학년 동안 학생들은 시험 압박 없이 학습하고 성장하고 발전할 기회를 가져야 한다. 따라서 학교는 모든 학습 분야에서 전환학년 프로그램과 이에 상응하는 LC 교수요목 간에 명확한 구분을 두어야 한다. 전환학년은 LC의 일부가 아니며, 2년이 아닌 3년 동안 LC 내용을 학습할 기회로 여겨서도 안 된다. 이는 전환학년이 지적 내용이 빈약한 프로그램이라는 것을 뜻하지 않는다. 도리어 전환학년 동안 학생들이 모든 분야에서 거듭 발전하도록 도전 과제를 던져주는 것이 극히 중요하다. 전환학년을 마친 후 LC 프로그램을 시작하는 학생들은 전환학년을 경험하지 않았던 학생들보다 학습 준비가 더 철저히 되어 있고 더 진지한 학습 성향을 지니고 있어야 한다. 전환학년 후 바로 직업전선에 뛰어든 학생들 역시 잘 성장한 성찰적 청년이 되어 있어야 한다.

"전환학년과 LC는 흑백논리의 문제가 아닙니다." 그는 창의적 글쓰기와 언어 능력의 중요성에 대해 강조했다. "예컨대 창의적 글쓰기와 말하기 능력은 LC 학습의 질을 높여줍니다. 이런 능력을 길러주는 전환학년 프로그램들이 셀 수 없이 많아요." 그는 또 영어교사들에게 인기 있는 교수법을 지나가듯이 들려줬다. "교실 선반에 별의별 이상한 물건으로 가득 찬 상자 두 개를 올려놓습니다. 학생들은 돌아가며 보지 않고 각 상자에서 물건을 하나씩 짚습니다. 그러고 나서 두 물건을 연결시키면서 느낌과 생각을 쏟아내죠. 마술 같은 수업이에요!"이러한 창발적 수업 드라마는 배우이자 감독으로서 오래도록 워터게이트 극장과 관계하고 있는 그에게 깊은 울림을 주었다.

전환학년을 지원하기 위해 특별히 제작되었던 창의적인 수업자료가 있는지 묻자 그가 맨 처음 언급한 것은 TG4 드라마 〈루스 너 룬Ros na Rún〉(게일어로 '비밀의 나무'를 뜻함-역주)을 활용한 수업 계획이었다. "몇 년 전 일이기는 하지만 게일어교사들에게는 참 훌륭한 수업 모델이었어요." 그는 일부 게일어교사들이 전환학년 동안 말하기·듣기 능력을 강화하기 위해 활용했던 창의적 수업 방식에 대해서도 열변을 토했다. "켈트연구Celtic Studies 수업과 연계하여 흥미로운 시도를 한 것을 본 적이 있어요." 그는 언어, 전통 문화, 시, 역사, 음악, 춤을 녹여 내며 게일어수업이 더 풍부해졌다고 부연했다.

그는 각 학교만의 색채가 뚜렷한 전환학년을 운영하도록 학교 수십 곳을 지원하고 있다. "일회성 행사, 진로체험, 야외활동, 미니컴퍼니, 뮤지컬, 여행, 강연 같은 전환학년 맞춤형 수업은 수준이 꽤 높은 경우가 많아요. 그러나 LC 선택과목 표본을 만들거나 지속과목을 가르치는 것 역시 극히 중요합니다. 이런 과목들을 창의적으로 가르치는 것은 더욱 도전해볼 만한 일이죠. 수업이 흥미롭게 진행되어 학생들이 물리·화학·생물의 단맛을 듬뿍 느끼면 향후 LC 과목으로 이러한 주요 과목들을 선택할 수도 있겠죠. 회계·경영·경제 같은 경영 과목도 마찬가지고요." 또한 그는 전환학년을 아직 덜 부각된 LC 과목을 '맛보'거나 '표본화'하면서 미리 '살펴볼' 수 있는 호기라고 생각했다. 이를테면 학생들이 LC 과목으로 스페인어, 음악, 디자인, 그래픽커뮤니케이션, 종교학, 기술, 고대그리스로마연구 과목을 선택하는 비율은 지리, 프랑스어, 미술, 가정, 역사 과목을 선택하는 비율보다 낮다.

"전환학년 지침에서는 교과통합이나 범교과 수업을 권유하지만 교사들은 편안하게 자기 담당 과목에만 집중하고 싶어 하는 것을 아시잖아요. 그래서 교과통합이나 범교과 수업이 쉽지 않습니다. 드라마나 뮤지컬을 무대에 올리는 것이 좋은 사례가 될 수 있을 거예요. 또 미니컴퍼니 운영도 이런 성격이 아주 뚜렷하죠. 유럽주간이나 사법주간처럼 학교에서 하나의 화두나 주제를 중심으로 한 주를 온전히 집약하는 발상도 참 좋습니다."

전환학년 조정 업무

"제 생각으로는 가장 이상적인 코디네이터는 전환학년이 왜 필요한지 그 근거를 항상 염두에 두며 오롯이 열정을 쏟는 분입니다. 그분들은 전환학년을 깊이 이해하고 전환학년의 진가를 알아보시죠." 그는 단호히 말했다. "학생들에게 많은 혜택을 주는 전환학년의 힘을 정말이지 강하게 믿고 계세요. 전환학년을 새롭게 유지하고 발전시키기 위해 늘 눈에 불을 켜고 다니시는 분들입니다. 그러려면 창의적이면서도 조직적인 성품을 지녀야 해요. 단지 연장자라는 이유 하나만으로 코디네이터의 책임을 맡기는 것은 어리석다고 생각해요."

그는 전환학년을 새롭게 유지하는 것은 끊임없이 전투를 치르는 것과 진배없다는 것을 잘 알고 있다. "다른 모든 분야가 그렇듯이 썩 뛰어나지 않은 교사들을 배려한답시고 작년에 했던 것을 올해 그대로 우려먹고 싶은 유혹이 있을 수 있어요. '아무 문제도 없는데 왜 바꿔야 하지'라고 생각하는 교사들도 있지만 무디게 반복하는 것은 비단 학생들뿐 아니라 교사들마저도 따분하게 만들 뿐이에요. 전환학년운영팀을 구성하는 것은 좋은 생각입니다. 한 사람(코디네이터)의 어깨에 모든 책임을 올려놓는 것은 결국 지속가능하지 않으니까요." 그가 힘주어 말했다. "이상적으로는 학교 전체가 나서야 합니다. 전환학년을 탐탁지 않게 여기고 코디네이터에게 지나치게 많은 짐을 지우려고만 하는 교장들도 분명 계셨어요. 그러나 전환학년을 '깊이 이해'하면서도 LC 점수나 대학 진학 학생 수가 줄어들지 않게 하려고 사력을 다하는 교장들을 만난 적도 있었죠."

그는 어느 한 학교의 전환학년을 시간표를 보고 판단하는 태도에 심히 우려를 표했다. "시간표는 교실에서 어떤 일이 일어나고 있는지 거의 가르쳐주지 않습니다. 전환학년의 핵심은 학생들이 적극적으로 학습하고 자신의 성장과 개인·사회·직업·교육·학업 차원에서 스스로 발전을 도모하는 것이죠. 이를 판단하기는 어렵습니다."

학교들이 전환학년을 발전시키도록 돕는 데 20년 인생을 고스란히 바친 그는 2004 전환학년 선언을 생각하면 만감이 교차한다. 교육부는 아일랜드 교육제도에 관한 요약 보고서를 발간했는데, 그 보고서에는 "아일랜드 교육의 주요 혁신 중 하나인 전환학년은 이제 아일랜드 교육제도에 확고히 자리 잡은 선택과정이다"라고 명시되었다. "한편으로는 가슴이 벅찼습니다. 그 문구는 1994년에는 미래가 불투명했던 전환학년이 성공적으로 정규교육과정으로 안착했다는 것을 만천하에 천명한 것이니까요. 그렇지만 동시에 그 상태에 만족하고 안주하게 만든 면도 있습니다. 실제로 가끔 '이제 다 됐어. 멋진데 뭘 더해!'라는 식의 태도와 마주칠 때가 있죠. 그러나 최상의 전환학년은 학생들의 요구와 기회에 창의적으로 응답하며 제 스스로 끊임없이 새롭게 갈고닦는 것이라고 생각합니다." 그는 과정중심평가 역시 매우 중요한 전환학년 요소라고 덧붙였다. 또한 교사들이 다 같이 전환학년 관련 문서를 업데이트해나가는 것도 막중한 일이라고 굳게 믿었다. 그의 말은 교육부가 새천년 첫 공람 문서에서 몹시 강조했던 내용을 떠오르게 했다.

　　성공적으로 잘 운영되는 전환학년에는 교육과정, 모듈, 과목 각각의 세부 목표 및 목적뿐 아니라 전환학년의 총괄 목표와 목적이 명확하게 명시되어 있는 문서 프로그램이 잘 개발되어 있다. 문서 프로그램을 정교화하기 위해서는 교장과 코디네이터, 교사 간의 팀워크가 필요하다. 프로그램의 문서화와 프로그램의 이행 과정에서 힘을 발휘하는 이러한 팀워크는 전환학년을 잘 운영하고 있는 학교의 두드러진 특징이다. _{교육과학부, 2000a}

　마이클 오리리 선생님이 가장 걱정하는 것은 코디네이터의 높은 이직률이다. "전환학년을 처음 접하는 신참 코디네이터와 교사에게 지원을 아끼지 않아야 합니다. 전환학년은 아차 하는 사이 학교의 시급한 사안에 흡수되기 쉬워요. 전환학년을 새롭게 유지하기 위해서는 끊임없이 도전해야 합니다."

　인터뷰 내내 그는 전환학년 동안 수행되었던 다양한 시도들과 프로젝트들을 수시로 언급했다. "전환학년 초창기에는 수많은 개인들과 단체들이 전환학년 동안 활용할 수 있는 아주 유용한 자원들을 많이 개발했어요. 가령 정신건강문제Mental Health Matters는 아주 유용한 단체였어요. 아일랜드왕립건축가협회Royal Institute of the Architects of Ireland는 10대들을 위해 주어진 환경에서 활용할 수 있는 공간창출 프로그램을 개발했죠. 시민정보센터Citizens Information Centres는 유익한 자료 꾸러미를 건네주었고요. 또 아주 훌륭한 프로젝트들도 많습니다. 청소년사회혁신가나 노인들께 IT기술을 가르쳐드리는 아름다운 활동인 로그 온 런이 있어요. 가서 프로그램도 있네요. 더할 나위 없이 훌륭한 프로그램이죠! 재활용품옷만들기, 미니컴퍼니 운영, 주니어어치브먼트Junior Achievement 활동, 아일랜드영화연구원 활동, 기자증Press Pass 활동도 있습니다. 환경보호협회Environmental Protection Agency는 '우리가 사는 환경'이라는 수업자료를 만들었고요, 아일랜드지속가능에너지협회Sustainable Energy Authority Ireland에서는 학교 수업 시간에 활용할 수 있는 유익한 자료를 만들었어요. 게일육상협회, 아일랜드럭비축구연합Irish Rugby Football Union, 아일랜드축구협회Football Association of Ireland, 인종차별반대아일랜드스포츠Sport Against Racism Ireland 같은 체육기관도 전환학년이 지속적으로 활기를 띨 수 있도록 저마다 기여했습니다. 그 외에도 정말 많은 곳이 있죠." 그는 마지막으로 다음과 같은 말을 남기며 인터뷰의 마무리를 지었다. "전환학년의 생기를 되찾고 싶은 학교라면 어느 곳이라도 활동학습을 촉진시켜주는 훌륭한 지역 자원을 활용하면서 전환학년을 구축할 수 있습니다. 전환학년을 새롭게 유지하기 위해 굳이 비싼 프로그램을 구입하느라 돈을 들일 필요가 없어요. 오로지 상상력과 창의력으로 가득한 계획을 입안할 시간만 필요하죠."

제16장

다섯 전직 교장이 들려주는
전환학년 이야기

이 장은 전직 교장 다섯 명의 대담 내용을 엮은 것이다. 이 대담은 2014년 10월 9일 매누스대학에서 열렸다. 질문 중 일부는 사전에 전달되었기에 각 교장은 전환학년에 대해 떠오르는 것, 도전 과제, 교사의 태도, 교육 자원, 지원, 학교평가, 전환학년에서 후회스러웠던 일들도 미리 생각해 왔다. 난처할 수 있는 사안에 대해서도 최대한 자유롭게 입장을 밝힐 수 있도록 대담 내용을 익명으로 남기는 데 다섯 교장 모두 합의하였다. 따라서 가명으로 정리하였다. 실제 대담은 90분 넘게 진행되었으며 다음은 편집본이다.

제리   전환학년에 대해 떠오르는 것을 말씀하시는 걸로 대담을 시작할까요?

리엄   때로 교사들은 비교과활동을 운영하며 가르치는 기쁨에 젖기도 합니다. 전환학년을 도입하자 우리 학교교육과정에 홀연히 비교과활동들이 생겨나게 되었어요. 전환학년은 교사들이 자유롭게 창의성을 발휘할 수 있는 매력적인 공간이었죠. 수업활동에 참여하려면 뒤로 빼는 학생들이 없을 테니 교사들이 방과 후에도 학교에 머무를 필요가 없다는 생각은 교사들에게 크나큰 해방감을 안겨주었습니다. 이런 유의 교육에 일찌감치 전념했었던 교사들은 전환학년의 속성을 누구보다 빨리 간파했고 아주 열정적으로 임했어요.

제리 교사들이 비교과활동에 적극적으로 참여하게 된 것은 기존의 교육과정으로는 한계가 농후하다고 생각했기 때문일까요?

리엄 교사로서의 직업의식과 더 연관되었을 것 같은데요, 교육과정이란 실제로 어떠해야 하는지에 대해 이성적으로 판단한 결과였다고 봅니다. 교사들은 각자 JC와 LC 정규과정을 가르치는 것 외에도 학생들의 발달에 도움이 된다면 축구와 헐링hurling(아일랜드 전통 스포츠–역주), 역사 프로젝트, 미니컴퍼니 등 자신이 할 수 있는 것을 행하기 위해 시간을 확보하느라 진땀을 흘렸어요. 교실을 벗어나서도 여전히 학생들과 교육적 관계를 유지하면서 동시에 활발하게 활동을 전개했던 기량이 출중한 교사들도 있었죠. 학생들을 데려가서 학습 모험을 즐기게 한 것은 충격 그 이상이었어요. 협소한 교수요목으로는 할 수 없는 것이었죠. 당시에는 고2 학생들을 대상으로 이런 활동을 펼치는 교사들이 많았는데요, 그 교사들은 고2가 비교과활동을 운영하기에 적기라고 여겼지만 그들이 고3을 맡게 되었을 때 자신들이 압박감에 시달리고 있음을 깨닫게 되었어요. 따라서 전환학년 동안 교사들은 영어든 수학이든 가르치는 과목에 상관없이 점심시간이나 방과 후 시간, 수업시간을 활용해서 영화동아리, 미니컴퍼니, 정신건강회를 구성했습니다.

제리 그러니까 전통적 교수요목으로는 한계가 많다고 판단했던 교사들에게 창의성을 발휘할 수 있는 자유가 주어진 것이 전환학년을 정착시키는 데 엄청난 플러스 요인이 됐겠군요. 오늘 대화의 첫발을 잘 떼어주셨습니다.

노엘 저는 두 가지 이야기로 말문을 열겠습니다. 저는 제가 근무했던 학교의 첫 번째 코디네이터였어요. 학교운영위원회는 저에게 전환학년에 대해 연구하고, 실행 준비를 하고, 전통적인 남학교에서 전환학년에 대해 제기될 만한 모든 저항에 대처하라고 당부했습니다. 교사들은 '우리 학교는 지금 학업에 충실하고 있잖아. 그러니 전환학년을 할 겨를이 어디 있겠어'라는 식의 태도를 보였어요. 그래서 전환학년을 시도하기 전 준비 과정에 엄청나게 공들였던 것이 기억납니다. 기존 교사들은 '전환학년을 하더라도 결국 LC 3년 과정이나 다름없을 것'이라며 전환학년을 LC의 '아류' 정도로 취급했어요. 이런 전환학년의 준비 과정과 기존 교사들의 회의적 태도가 제가 말씀드리려던 첫 번째 이야기입니다. 한편으로는 LC 프로그램을 바로 이수하기에는 남학생들이 지나치게 미성숙하다는 의견도 있었어요. 이런 자각이 점차 팽배해졌고 그덕에 우리 학교는 겨우 모퉁이를 돌아서 부모와 교사 양측에 전환학년을 소개할 수 있게 되었죠. 학생들은 JC를 마친 후 바로 고2로 진급하려고 했기 때문에 전환학년에 대해서는 아예 신경을 끄고 있었고요. 그해에 학생들의 성장을 촉진시켜야 한다며 격렬한 논쟁을 펼쳤던 것이 떠오릅니다. 교사로서 저는 당시 협소한 교육과정으로는 아이들의 잠재력을 끌어내지 못할 거라는 다중지능이론에 심취해 있었어요. 나중에 전환학년은 우리 학교에서 드라마와 공개 발표 활동의 중심축이 되었습니다. 또한 전환학년에 지극히 회의적이었던 교사 한 분이 지역 역사에 대한 모듈을 담당하셨는데, 도리어 그 모듈을 진행하며 전환학년에 대한 입장이 완전히 바뀌었어요. 제 딸이 인근의 여학교에서 전환학년을 하고 있었으니 저는 참 운이 좋은 편이었죠. 제 딸 학교는 전환학년을 모범적으로 잘 운영하고 있었고 저는 그 학교의 활동 사례를 끌어와서 우리 학교에 적용할 수 있었으니까요. 나중에 저는 교감이 되었고 다시 또 교장이 되었습니다. 교장으로서 저는 코디네이터 자리에 코디네이터에 최적인 교사를 앉히는 것이 전환학년을 지속하는 관건이라고 생각했어요. 저는 전환학년이 퇴색되는 것을 원치 않았기 때문에 새 코디네이터와 심혈을 기울여 일했습니다.

모린 코디네이터를 어떤 교사가 맡느냐가 중요하다는 말씀에 동의해요. 절대적으로 중요하죠. 제가 근무했던 남녀공학에서는 LCA 과정을 도입하면서 소수의 학생이기는 하지만 LCA 2년 과정으로 직행하는 것을 허용했어요. 그럼에도 전환학년은 필수과정이었죠. 우리 학교에는 학년별로 담임과 학년주임을 두는 제도가 있었는데, 대체로 전환학년 담임들과 학년주임을 맡았던 분은 그 학생들이 고3을 마칠 때까지 학생들과 쭉 함께하셨어요. 전환학년에는 학년주임과 긴밀히 연계하며 함께 일하는 코디네이터가 계셨죠. 전환학년 코디네이터는 전환학년만 담당했습니다. 교장 책상은 언제나 결재를 기다리는 제안들, 행사들, 수업들, 프로젝트들로 빈틈이 없었어요. 규모가 제법 큰 학교의 교장이라면 교사들에게 이 모든 사안을 전달할 시간이 턱없이 부족하겠죠. 그래서 저는 이 결재거리들을 코디네이터에게 보내서 내용을 판단한 후 적합한 학급과 학생들에게 직접 전달하게 했습니다. 이 방법은 꽤 효율적이어서 매년 전환학년을 새롭고 순조롭게 굴러가게 하는 데 도움이 되었어요. 아주 또렷하게 기억나는 것 중 하나는 전환학년을 지속적으로 점검한 거예요. 잘 진행되는 것과 잘 진행되지 않는 것을 확인하고, 수업·시간표·학교 일정을 수정하고, 매년 같은 시기에 같은 활동이 반복되지 않도록 점검하고, 이번 학기에 지나치게 자주 일어났던 일들과 충분히 해결되지 않았던 일들을 파악했죠. 또 다른 기억으로는 제가 교장이 되기 수년 전부터 전환학년을 실행해왔음에도 학생들과 부모들, 교사들에게 전환학년에 대해 여전히 '납득시켜야' 했던 점입니다. 전환학년과 연관된 부정적인 면들도 언제나 최고조에 달했던 것 같아요.

노엘 '빈둥대는 해' 증후군 말씀이시군요.

모린 학생들이 '저희는 아무것도 안 하고 있는데요'라는 말을 쉽게 했어요. 그래서 학생들에게 앞으로 미니컴퍼니를 할 거야, 뮤지컬을 할 거야, 그 외의 무엇이든 하게 될 거야라고 그냥 툭 던지기보다 학생들이 발달시켜야 할 역량은 무엇인지, LC 시험을 준비하는 학생들에게 전환학년은 어떻게 자리매김될 수 있는지와 같이 전환학년 밑바탕에 깔린 철학을 상세히 설명해주어야 했어요. 중3 말에 부모들을 대상으로 전환학년 설명회를 여는 것은 여전히 부담스럽죠. 전환학년을 시작할 때나 전환학년 동안이나 전환학년을 마칠 때나 학부모들에게 계속 설명을 해야 해요. 별다른 이유 없이 납득시키기 힘든 분들도 계셨고, 전환학년을 안 하기로 결정했던 학생들도 있었고, 타 학교에 학생들을 빼앗기기도 했습니다. 그 학생들을 놓친 것이 지금도 안타까워요.

퍼트리샤 저는 전환학년을 체계적으로 잘 운영한 것으로 정평이 나 있던 어느 코디네이터의 뒤를 이어 여학교에서 코디네이터로 일했어요. 제가 최근 은퇴할 때까지 코디네이터로 보냈던 나날들을 돌이켜보니 노엘이 얘기한 것처럼 제 자식을 포함한 청소년들이 전환학년 동안 얻었던 가장 큰 혜택은 전체 성장 과정에 도움을 주었던 전환학년 교육 방식이더군요. 학업에 열의가 있든 없든 아이들은 고2로 올라가서 대처를 더 잘할 수 있도록 전환학년 동안 성장합니다. 이러한 성장을 바탕으로 다른 역량도 키울 수 있겠죠. 읽고, 쓰고, 연산하는 좁디좁은 교육 때문에 압박받지 않습니다. '시험을 잘 보려면 이것을 반드시 알아야 해' 같은 중압감으로부터 자유로워진 거죠. 이 과정에서 이루어낸 성장은 이루 말할 수 없이 값집니다. 사실 전환학년의 성패는 많은 부분 프로그램에 달려 있어요. 제 경우에는 뮤지컬 활동에 아주 깊숙이 관여했는데 학생들은 이전에 한 번도 함께한 적이 없었던 사람들과 어떻게 호흡을 맞추는지를 배우고 새로운 역량, 말하자면 팀워크 역량 같은 것을 닦습니다. 또한 저는 소셜믹스(지리적으로 대조적인 곳을 언급하며)의 귀감이 될 만한 상황을 전환학년 동안 볼 수 있었어요. 우리 학교 여학생들은 전국 각지에서 모인 또래집단과 함께하는 여행과 합숙, 활동이 자신들에게 얼마나 소중한지 자주 말했어요. 전환학년 동안 학생의 개인적 발달이 엄청 일어난다고 생각해요. 부모로서도 저는 좋은 프로그램과 미흡한 프로그램 모두를 경험했는데요, 어느 경우든 전환학년에 형성되었던 우정은 한결같이 매우 끈끈하더군요. 전환학년 동안 친밀한 우정을 나누었던 소녀들이 기억나네요. 지금은 30대가 되었겠죠. 어린 시절 왕따 경험이 있었던 다른 학생도 떠오르는데 전환학년이 그 아이를 완전히 바꿔놓았어요. 지금까지도 그 애는 전환학년을 통해 새롭게 태어났다고 말하곤 한답니다.

제리 한 학교의 코디네이터에서 다른 학교의 교장으로 옮겨 가신 것은 어떠셨나요?

퍼트리샤 안타깝게도 옮겨 간 학교의 코디네이터에게 감명을 받지 못했어요. 그분은 코디네이터를 은퇴하기 전에 한 번 거쳐야 하는 단계로 쉽게 생각하고 결정하셨던 것 같아요. 결과적으로 교장인 제가 이런저런 일들을 밀어붙이며 프로그램을 발전시키기 위해 많은 시간을 쏟아부어야 했죠. 전환학년운영팀 회의에도 참석했고요. 모린 학교와는 다르게 전환학년에 대해 사람들을 납득시킬 필요는 없어서 그나마 운이 좋았던 셈이죠. 학부모들은 전환학년에 마음이 활짝 열려 있었어요. 그분들은 아이들의 성장을 견인하는 전환학년의 이점과 그 밖의 많은 특장점을 깊이 인지하고 계셨어요. 맞아요, 우리 학교 전환학년은 필수과정이었어요. 아마 한두 명 정도의 학생만 이수하지 않았을 거예요. 코디네이터가 엄청난 차이를 빚어낸다는 모린과 노엘의 말에 전적으로 동의합니다. 코디네이터가 핵심이죠. 제가 밀어붙이지 않았다면 전환학년은 이미 논외의 것으로 전락했을지도 몰라요.

모린 퍼트리샤의 말은 훌륭한 코디네이터 못지않게 전환학년을 확신하는 교장도 중요하다는 점을 역설해줍니다. 교장이 되기 전에 저는 코디네이터가 아닌 학년주임을 역임했고 전환학년에 대한 확신에 차 있었죠. 퍼트리샤가 교장으로서 전환학년에 대한 믿음을 갖고 완연히 해낸 것처럼 교장의 믿음이 확고하면 전환학년의 잠재력을 촉발시켜 결국 발전을 이루어냅니다. 가령 시간표에 전환학년을 우선으로 배정하는 것이 가능해지는 것처럼요. 전환학년 프로그램을 대폭 없애거나 간소화하는 것이 더 유익한 경우도 있을 거예요. 저는 코디네이터 혼자의 힘만으로는 전환학년을 온전히 끌고 갈 수 없다고 생각해요. 코디네이터도 교장도 혼자서는 전환학년을 추동해갈 수 없죠. 다른 사람들과 협력해야만 합니다.

노엘 맞아요. 팀으로 일할 사람, 과정을 중시하는 사람과 함께하는 것이 필요해요.

퍼트리샤 제가 마지막으로 근무했던 학교에서는 학년주임 자리가 별도로 있었어요. 하지만 제가 코디네이터로 일했을 때는 두 역할을 겸임했죠. 코디네이터와 학년주임 두 역할을 분리하는 것이 이상적이라는 모린 말에 동의해요.

올리버 저는 코디네이터를 한 적은 없습니다. 교장으로 임명되기 전에는 교감이었어요. 그전 어느 해인가 여름방학을 보내고 돌아왔더니 전환학년이 시간표에 들어 있더군요. 우리 교사들은 모두 '대체 이건 어디에서 온 거지?'라며 의아한 눈빛으로 서로를 둘러보았습니다. 이제는 먼 청동기 시대에 일어난 일인 것처럼 까마득하게 느껴지네요. 아주 진보적이고 자유분방했던 한 교사가 전환학년을 시작하자고 교장을 설득했죠. 그 후 교장이 내리 바뀌었는데, 두 분은 수녀였고, 한 분은 전환학년에 문외한이었어요. 또 자유방임적으로 운영하다 보니 조금 전 노엘이 말했던 '빈둥대는 해' 증후군이 일어났죠. 아주 좋았던 경험도 몇 가지 있었어요. 네덜란드와 벨기에, 덴마크, 프랑스 학교들과 결연을 맺을 수 있었던 유럽연구 모듈이 기억납니다. 미니컴퍼니와 청소년사회혁신가 프로그램도 좋았고요. 제 딸도 전환학년을 보냈는데 자신감이 하늘을 찔렀죠. 믿을 수 없을 정도로요. 그렇지만 우리 학교 전환학년 운영은 등락이 심하다 보니 어떤 부분은 호평을 받고 어떤 부분은 혹평을 받았어요. 완전히 임의적으로 운영되어 전환학년을 필수과정으로 정할 수가 없었어요. 몇 년간 운영이 정말 잘되다가도 돌연히 그다음 해에는 침체되어 아무도 전환학년을 원하지 않았어요. 숨만 겨우겨우 붙어 있는 경우도 있었죠. 전환학년을 한 주 보내고 난 후 아들이 이렇게 말했어요. '아빠, 제발 전환학년에서 저를 빼주세요. 도무지 견딜 수가 없어요. 아일랜드 생태 지도를 만들라니 저는…' 저는 그 애의 말을 경청했고 그 애는 고2로 올라가서 순풍에 돛 단 듯이 학교를 다니고 있어요. 코디네이터가 바뀌면서 전환학년은 한 단계 나아졌습니다. 코디네이터가 관건이라는 의견에 동의합니다. 과정을 중시하는 분, 팀 활동이 가능한 분, 그리고 무엇보다 가장 중요한 것은 영감을 불어넣어주는 분이어야 해요. 지금은 아주 뛰어난 코디네이터가 계세요. 그녀는 전환학년을 위해서 사는 분 같아요. 저의 유일한 걱정이라면 그분이 지치지 않을까 하는 것입니다.

제리 교육부에서 전환학년을 위해 발간했던 1993『학교를 위한 전환학년 지침』에는 코디네이터 임명에 대해서 꽤 명료하게 제시되어 있죠. 그런데 전환학년운영팀에 대해서도 명확히 명시할 필요가 있지 않을까 싶습니다. 이는 코디네이터가 느끼는 극도의 피로감 문제와도 결부되겠죠.

퍼트리샤 맞습니다.

제리 그렇지만 함께 운영해나갈 팀을 구성하는 것이 쉽지 않은 사례들이 있어요. 대부분 학교들이 팀보다는 코디네이터 개인에게 기대는 것 같습니다.

여러 목소리 예. 그렇습니다. 맞아요.

모린 몇 년 전, 학년주임과 담임교사 네 분, 코디네이터가 참석하는 운영팀 회의를 아예 수업시간표에 수업시간으로 못박아두었어요. 아주 시원하게 소통이 잘됐죠. 담임교사에게 크로크공원을 가라고 지시하거나 학교에 강연자 한 명이 올 거라는 말을 전달하는 데서 회의가 그쳤다면 회의는 별 볼 일 없었을 거예요. 시간표에 추가 수업시간으로 정해지기는 했지만 전환학년을 이끄는 학교의 주축들이 정기적으로 회의를 가졌다는 점에서 의미가 있었습니다. 회의 후에는 이를 뒷받침하는 실무팀, 이를테면 뮤지컬 준비팀 같은 것이 꾸려질 수 있겠죠.

올리버 우리 학교는 명목상 고2 학년주임 밑에 전환학년을 두어서 어려움을 겪었어요. 실제로 제대로 굴러가지 않아서 전환학년 일은 몽땅 코디네이터의 몫이 되었죠.

모린 학년주임이 그날그날 실시해야 하는 훈육 과제나 출석처럼 일상적 사안을 관장하는 면에서 중요한 사람이라면, 코디네이터는 부모들과 교감하고 학생들에게 이런 프로젝트, 저런 모듈을 제안하는 조직책이에요. 기쁜 소식을 전달하는 사람이기도 하죠.

노엘 모린 생각에 동의합니다. 하지만 학년주임과 코디네이터가 한 팀으로 활동하는 것도 매우 중요해요. 저는 그 두 사람이 첨예한 갈등을 겪었던 어느 학교 이야기를 들은 적이 있어요. 전환학년이 가시밭길을 걷게 되었죠.

모린 그리고 매년 코디네이터가 바뀌면 전환학년 성격이 달라져서 일관성이 없을 수도 있어요.

노엘 아주 작은 팀으로 전락하고 말죠.

퍼트리샤 우리 학교는 수년간 전환학년 담임교사팀을 바꾸지 않고 그 안에서 변주를 해왔어요. 좋았던 점은 그분들이 자발적으로 선택했다는 거예요. 전환학년과 무관하게 지내고 싶어 하는 교사들도 있잖아요. 우리 학교는 사회활동을 중시하는 규모가 큰 모듈이 많았는데 이를 운영하려면 가정방문처럼 학교 밖에서 시간을 많이 보내거나 가욋일도 도맡아 해야 하죠. 전환학년 담임교사를 자원했던 네 분은 본인들이 어떤 책임을 짊어지게 될지를 잘 알고 계셨어요. 아, 그분들은 스키여행 프로그램도 시작하셨습니다!

제리 리엄이 오늘 대담 첫머리에서 꺼냈던 교사 내면의 창의력이 제대로 발현되지 못했던 이야기로 돌아가고 싶은데요, (1974년 전환학년을 처음 제기했던) 리처드 버크 전 장관과 2001년 인터뷰를 진행했던 것이 기억납니다. 당시 그는 전환학년을 통해 교사들이 교육 전문가로서 참교육을 실현할 거라는 주장을 아주 강하게 펼쳤습니다. 리처드 버크 장관의 주장을 매년 교사를 비롯한 학교 관계자들에게 전환학년의 가치를 심어주기 위해 애쓰셨던 모린의 이야기와 연결시켜볼까요.

모린 매년 전환학년이 끝날 무렵 코디네이터는 광범위하게 평가를 실시했어요. 교사, 학생, 부모 모두 설문조사에 참여했죠. 부모들의 피드백은 대체로 전환학년에 매우 호의적이었어요. 그러나 단 한 명이더라도 부정적 견해를 주시는 분들도 늘 있죠. 교사들의 피드백은 영어, 국어, 수학 같은 소위 핵심 교과, 원하시면 학업 위주의 과목이라고 해둘게요. 그 과목들을 담당하는 교사들과 전환학년 맞춤형 모듈을 담당하는 교사들 사이에 견해 차이가 있었어요. 모듈수업을 진행하는 교사들이 훨씬 더 전환학년에 열중했죠. 아일랜드어교사나 수학교사들 중에는 교과서로 진행하는 전통 수업 방식을 더 편하게 생각하는 분들도 계셨어요. 평가 방식에서도 이분들은 포트폴리오나 프로젝트 과제와 상반되는 필기시험 유형을 더 선호했습니다. 핵심 교과 교사들과 미니컴퍼니·무역박람회·전시회·모금활동 등을 펼치느라 항상 학생들을 밖으로 데리고 나가는 것처럼 보이는 교사들 사이에 분열이 일기도 했죠. '교실에서 수업하는 교사들'은 자발적이지 않은 학생들

과 뒤에 남겨졌다고 느끼곤 했어요. 대체로 핵심 교과 교사들은
그간 자신이 해왔던 수업 방식으로 창의성을 발휘하는 것에 엄청
난 부담을 느꼈습니다.

제리 여기에 두 측면의 긴장이 존재하는 것 같군요. 우선, 연구 결
과를 살펴보면 교실의 네 벽을 벗어나서 학습하는 것은 전환학년
학생들에게 대단히 인기가 많습니다. 그런데 모린이 핵심 교과라
고 일컬었던 수업에서는 배움이 더 악화되는 경향이 있죠. 과학,
프랑스어, 역사, 지리 수업에서도 마찬가지일 테고요.

올리버 부모들 중에는 LC를 고려해서 수학과 아일랜드어 같은 과
목, 아마도 영어는 좀 덜할 것 같은데요, 수업의 지속성을 살리는
방식으로 전환학년을 운영하기를 원하는 분들이 계십니다.

노엘 올리버 말이 맞아요. 저는 전환학년에도 학업 요소를 강하게
띤 프로그램이 있다는 것을 누차 강조하며 학부모들과 교사들,
학업을 매우 중시하는 학생들을 납득시켜야 했어요. 고2로 올라
갈 때 '이제야말로 우리는 진짜 공부하기 위해 되돌아가는 거야'
라고 느끼기를 바라는 사람은 아무도 없었죠.

제리 그래서 어떻게 하셨나요?

노엘 우리 학교는 조회시간을 활용해서 설득했고 교사들과 프로그
램을 수시로 점검했어요. 그 결과 LC 프로그램을 3년으로 연장하
듯이 운영하지 않으면서 전환학년 동안 과목별 학문 탐구가 실제
가능해졌습니다. 중3 말과 전환학년 초, 전환학년 말에 언제나 학
부모들과 대화를 풍부하게 나누는데요, 이때 교과 수업의 지속성
은 학교에서 주안점을 두고 추진해나가는 사안이라고 항상 안심
을 시켜드리죠.

퍼트리샤 저희는 학부모들이 전환학년의 현장감을 놓치지 않도록

정기적으로 소식지를 발간했어요.

노엘 일부 부모들은 수업이 '제멋대로' 흐를지 모른다는 불안감에 사로잡혀 있는 듯했어요. 이런 부모들에게는 전환학년 시간표가 얼마나 정교하게 짜여 있는지 직접 보여주는 것이 유익했습니다.

제리 수업시간표뿐 아니라 전환학년에는 일회성 프로그램 일정표도 있잖아요. 동물원 나들이 같은 프로그램이 있기 때문에 일회성 프로그램을 '진짜' 학습과는 다소 거리가 먼 게임이나 유희처럼 판단할 수도 있을 것 같은데요.

모린 그런 면이 없지 않아 있지만, 체험학습을 위해 교실을 꼭 벗어날 필요는 없습니다. 체험학습이란 것이 비단 교실을 떠나 어딘가를 방문해서 뭔가를 수행하는 것만을 의미하는 것은 아니니까요. 사실 체험학습은 교사들에게도 도전거리예요. 수업 전략이나 평가 방식 모두 조정해야 하잖아요. 체험학습은 새로운 JC에서도 병행되어야 한다고 생각해요. 또한 프로젝트 수업은 역사·지리 프로젝트처럼 LC의 특성으로 점차 자리 잡아가고 있죠. 전환학년 동안 프로젝트 수업을 도입하는 것은 LC를 준비하는 학생들과 교사들을 돕는 겁니다.

리엄 지금 거론되고 있는 모든 이야기를 이해합니다. 처음에 우리 학교에서는 모든 면이 다 달라져야 하고, '전환' 요소를 장착해야 하고, 수학·영어·아일랜드어를 포함해서 기존의 교육과는 다른 샛길로 살짝 비켜서서 이상적인 교육을 실현하려고 애썼습니다. 교사들은 기꺼이 그렇게 할 용의가 있었어요. 하지만 저희가 직면했던 것은 기대야 할 지지대가 어디로 사라졌는지 학생들이 어리둥절해하는 것이었어요. 얼마간 시간이 흐른 후 교사들도 지지대가 어디로 갔는지 궁금해했죠. 부모들도 지지대가 어디로 사라진 건지 분명 의아해했고요. JC와 LC 사이에 교육의 지속성을 보장해주는 지지대를 구축할 필요가 있다는 점이 명백해졌어요. 따라서 시간표를 짜는 것 자체가 아주 창의적인 일이 되었습니다. 프로그램, 학교 일정, 수업시간표를 다 함께 고려해야 하니까요. 일반 교육과정의 경우 학교 시간표가 확정되면 저절로 수업이 관리되는 경향이 있는 반면 전환학년 시간표는 다면적이었습니다. 어느새 전환학년을 넘어서는 것에도 영향을 미쳤어요. 사실 전환학년을 처음 시작할 때부터 전환학년의 경계가 어디까지인지는 논란거리였어요. 그렇지만 전환학년의 경계는 확장되어갔죠. 전환학년팀과 학교 곳곳에 전환학년의 발길이 닿았습니다. 처음에는 전환학년 때문에 잃어버린 화음을 찾아 헤매는 것 같았어요. 그러나 화음은 끝끝내 발견되지 않았죠. 우리는 화음을 잃어버린 적이 없었으니까요. 교육과정의 조화를 이루기 위해 찾아 헤맸던 그 모든 화음들은 우리 안에 있었습니다.

제리 가벼운 불협화음이 있는 경우 교장이 중요한 역할을 수행할 수 있나요?

리엄 절대적으로요. 교장의 역할은 극히 중요합니다. 교장이 원하든 원하지 않든 교사들은 교장을 보면서 교장으로부터 어떤 신호를 감지해내죠. 교장이 뭔가에 대해 뜨뜻미지근한 태도를 취하면 교사들도 그것을 달갑지 않게 여겨요. 교장이 확신을 못 하면 어느 누구도 확신하지 못합니다. 지금 소통에 대해 말씀드리고 있는 거예요. 우리 학교의 소통 방식은 전환학년을 통해 탈바꿈되었어요. 저는 '전환'이라는 말을 달리 해석해서 전환학년을 '변혁학년'이라고 부릅니다. 전환학년은 사람을 탈바꿈시키니까요. 사람들의 삶에 놀라울 정도로 영향을 미치죠. 전환학년은 자기발견을 뜻합니다. 학습과정에서 경험했던 모든 것이 자기발견의 동력이 되죠. 전환학년은 알프스 산맥에 대해 알게 되거나 스키를 즐기며 눈의 성질을 이해하는 정도의 것이 아닙니다. 전환학년은 이러한 활동을 하는 가운데 자기 자신을 발견하는 것이에요. 전환학년에 아이들은 그간 미처 깨닫지 못했던 자기 자신의 잠재력을 발견합니다. 올리버, 자신감에 대해 얘기하셨죠. 자신감이 핵심입니다. 소통과 신념에 관한 것, 그리고 자신감은 비단 전환학년하고만 관련된 것은 아니에요. 우리는 때로 뭔가 한 번 성공적으로 수행하고 나면 그 자신감이 삼투압처럼 공동체 곳곳에 영원히 배어들 거라고 생각하는 경향이 있어요. 마치 의구심과 부정적인 생각에 대한 항체가 만들어진 것처럼요. 그런데 한 번의 접종으로 항체가 생기는 것이 아닙니다. 우리는 자신감을 쌓아가고, 쌓아가고, 또 쌓아가야 해요. 중학생들, 또 그 아이들의 부모들하고도 함께 자신감을 쌓아가야 해요. 무엇보다 학부모들이 선택의 기로에 놓여 있을 때 교장은 '자신감을 쌓을 수 있는 점이 당신의 자녀에게 이 프로그램이 유익하다고 믿는 이유'라고 설파해야만 합니다. 그러나 가장 영향력 있는 학교 프로그램 홍보 방식은 교장이 혼자 주장을 펼치는 것이 아니라 자녀와 부모가 식탁에 둘러앉아 두런두런 이야기를 나누는 것입니다.

제리 퍼트리샤, 조금 전 예전에 왕따를 당했었던 남학생이 완전히 바뀌었던 사례를 말씀하셨죠. 그 학생은 이제 30대가 되었을 테고 전환학년을 함께 보냈던 친구들이 있을 거예요. 다른 분들도 이와 유사한 학생들의 변화 사례를 알고 계신가요?

올리버 저는 어제 한 가게에서 만났던 청년을 생각했어요. 그 가게의 직원으로 일하고 있었죠. 그 친구는 동성애자였고 전환학년 때 커밍아웃을 했어요. 전환학년이 아니라면 어디에서 그 사실을 밝힐 수 있었겠어요? 그 친구는 진심 어린 지지를 받았어요. 특히 전환학년 친구들한테요. 고2, 고3이 되어서도 내내 지지를 받았죠. 그 당시 두 명이 더 커밍아웃을 했습니다.

노엘 이야말로 전환학년에 발현된 공동체 정신의 유형이네요. 우리 학교는 동성애 학생들이 잘 어우러지도록 이들을 섞어서 전환학년을 운영했기 때문에 고2로 진급해서도 학생들 모두 서로 잘 알고 있었어요. 이 점이 전환학년을 도입한 후에 변화된 부분입니다. 전환학년을 도입하기 전에는 고2가 되어도 서로들 잘 몰랐고, 어떤 면에서는 동성애가 다소 고상한 것인 양 어깨를 으쓱거리게 만드는 특성이었죠.

퍼트리샤 오십보백보인데 말이죠.

제리 학생들을 고루 섞는 것은 성적에 따라 학급을 편성하는 것과도 연관되었죠.

퍼트리샤 맞아요. 우리 학교는 성적에 따라 반 편성을 했어요. 전환학년 동안 아이들을 고루 섞는 것은 정말 중요합니다. 특히 공연을 하거나 아일랜드남북협력Co-Operation North 활동을 펼치거나 아까 말씀드렸던 스키여행처럼 공동 프로젝트를 진행할 때 유용하죠. 무대에 서서 노래를 부를 수는 없었지만 무대 뒤에서 열심히 못질을 하던 학생이 당당히 수학 1등급을 거머쥐는 것을 상상하는 것이 즐거웠어요. 조금 전 말씀드렸던 학부모들에게 전환학년을 납득시켰던 이야기를 좀 더 해볼까요. 때로 학부모들은 영어를 일주일에 고작 3시간만 하느냐고 투덜거릴 수도 있어요. 이에 대해 저는 전환학년 활동집에 들어갈 드라마와 창의적 글쓰기, 미디어교육 같은 모듈을 예로 들며 이 모든 내용들이 영어로 작성된다고 답변을 합니다. 때로는 학부모들이 전환학년을 지엽적으로 이해하고 있기 때문에 전환학년의 요소, 요소를 점점이 연결시켜 총체적으로 파악할 수 있도록 도와드려야 해요.

제리 전환학년에 반감이 컸던 교사들의 얘기와 이런 교사들의 문제에 어떻게 대처하셨는지 좀 더 들려주셨으면 합니다.

리엄 상황에 따라 다르겠죠. 올리버, 시간표에 전환학년이 삽입된 것을 교사들이 막 알았을 때 반응이 어땠나요?

올리버 충격과 두려움 그 자체였죠! 유럽교과 모듈이 곧 전환학년이라고 생각하는 교사들도 있었어요. '메리, 전환학년 과학을 가르칠 거야?', '난 뭘 가르치지?', '우리는 잘할 수 있겠지?' 같은 말들이 오갔어요.

노엘 그런 임기응변식 결정이 위험해요.

리엄 맞습니다. 끔찍하리만치 위험하죠.

퍼트리샤 물론이죠, 매우.

노엘 저희가 기댈 건 준비, 준비뿐입니다. 특히 보다 전통적 방식으로 가르쳐온 교사들에게는 말이죠.

올리버 LCA과정이 들어왔을 때도 비슷한 일이 일어났죠. 9월이 되어서야 LCA 프로그램이 시작된다고 들었어요.

퍼트리샤 학교에 미리 협의하는 기풍이 없었던 것만큼은 틀림없군요.

올리버 음, 말씀드렸듯이 지난 5년이 넘도록 교장이 수시로 바뀌었어요. 얼마 못 가서 계속 바뀐 거죠.

노엘 교사들의 태도에 대한 제리의 질문에 답하자면, 교무회의 시간에 '우리 학교의 교육철학이 정확히 무엇인가?'를 되짚어볼 수 있는 공개포럼을 갖는 것도 필요하지 않았을까 싶어요. 학부모들에게도 마찬가지였고요. 많은 분들이 점수를 중시하니까요. 학부모들과 저녁 모임을 갖고 '자녀가 어떻게 성장하기를 바라시나요?' 같은 질문을 던졌어야 했어요. 그러면 '바로 그것이 저희가 성취하고자 구슬땀을 흘리고 있는 것입니다'라고 답변할 기회가 있었겠죠. 교사들끼리도 마찬가지였고요.

리엄 예, 저도 그 점을 중시합니다. 마이클 풀란은 '준비, 이행, 목표'를 얘기했죠. 흥미로운 공식이기는 하나 완전히 재앙을 불러일으킬 수도 있다고 생각해요. 누가 준비하죠? 교장이 준비해서 시간표에 삽입해야 하나요? 목표를 정확히 설정하기까지 대략 7년이 소요됩니다. 그 사이 부작용도 많겠죠. 전환학년이나 LCA 프로그램 같은 것은 정말로 주도면밀하게 준비하지 않으면 아이들을 실험의 희생양으로 내몰 수 있는 위험의 소지가 다분합니다.

퍼트리샤 물론이죠.

노엘 재앙입니다.

리엄 처음에 우리 학교는 전환학년 비전을 마음 깊이 이해하고 우리 학교 실정에 맞게 적용하려고 노력했어요. 우리는 매우 자유로웠죠. 전환학년에 참여하고 싶은 사람이라면 누구든 시작하게 했어요. 전환학년은 선택과정이었고 한 번도 필수로 운영한 적이 없습니다. 많은 아이들이 전환학년에 들어왔고, 후에 고2 과정을 다 마치지 못했어요. 전환학년에 맞지 않았던 거죠. 전환학년은 그들에게 적합한 선택이 아니었어요. 제가 전환학년에 대해 후회하는 점이 있다면 바로 그 점일 거예요. 전환학년은 지금도 여전히 선택과정이고 학생 24명으로 구성된 네 학급을 운영하고 있습니다. 전환학년을 선택으로 남겨둔 것은 잘한 일이에요. 다른 학교들은 우리와는 다른 경험을 했으리란 것을 잘 압니다. 하지만 전환학년이 유익하지 않았다면 아이들은 전환학년을 선택하지 않았겠죠. 전환학년을 선택하는 행위는 마치 전환학년에 대한 지지를 표명하는 투표행위 같은 것이었어요. 전환학년이 좋은 프로그램이고 계속 진화하고 있다면, 또 프로그램이 매년 점검되고 부모들·학생들과 소통을 잘하고 있다면 전환학년은 제대로 굴러갈 거예요. 부모들과의 교감은 매우 중요하다고 생각합니다. 부모들이 새로운 생각을 제안할 때 우리는 8, 9년 전에 이미 그런 생각을 했고 그 결과 지금 이런 활동을 하는 것이라고 말하기 위해서 부모들과 평소에 교감을 하는 것이 중요합니다. 부모들 중에 전환학년을 직접 경험했던 분은 안 계시기 때문에 전환학년에 대한 교육이 필요해요. 그분들이 창의성을 발휘하도록 다가가는 것 또한 전환학년 과정의 중요한 부분이죠. 학부모들은 '왜 이것을 안 하나요?, 왜 저것을 시도하지 않죠?'라며 학교에 자신의 생각을 자유롭게 표출할 수 있어야 합니다. 2년 전 우리가 이미 시도했고 그 성과를 알고 있더라도 학부모들에게 여전히 더 많은 정보를 들려드려야 해요.

퍼트리샤 제리, 교사들에 대해 말씀드리자면, 교장으로서 저는 전환학년에 참여하기를 원하지 않았던 교사들을 전환학년에 배정한 적이 없어요. 창의적인 교사가 되고자 애쓰면서 전환학년을 선택했던 교사들이 있는 반면 전환학년을 내켜 하지 않는 교사들도 있었어요.

제리 그런 교사가 많았습니까?

퍼트리샤 음, 몇몇 교사들이 그랬어요. 교무실에서 자기 책상만 지키고 있다가 수업시간에 내용만 전달하는 데 급급했던 아일랜드어교사가 있었죠.

노엘 단지 지식만 전달하는 수업 말이죠!

퍼트리샤 맞아요. 전환학년에 그와 같은 교사들을 끌어들이는 것은 의미가 없어요. 그런 행동은 전환학년을 죽일 뿐이죠. 전환학년을 내켜 하지 않았던 수학교사들도 있었고요, 영어교사들도 두어 명 있었습니다.

모린 교장들은 교사들을 잘 알고 있고, 또 어떤 일이 일어날지 예측할 수 있죠. 저항감은 보통 두려움, 잘 모르는 것에 대한 두려움에서 기인합니다. 전환학년은 이상한 동물 따위처럼 보일 수도 있지만 오랜 시간 진행하다 보면, 특히 매년 네 학급을 운영하다 보면 많은 교사들이 전환학년에 참여하게 되죠. 동료 교사들로부터 '죽지' 않고 살아남았다는 긍정적 피드백을 듣는 것만으로도 도움이 됩니다. 또 중요한 변화 요소 중 하나는 학생들에게 LC 선택과목 표본을 만들도록 기회를 준 것이었어요. 예를 들어 JC에서 가정, 기술, 미술을 배우지 않았던 학생들에게 전환학년은 LC 선택과목을 확장할 수 있는 아주 중요한 공간이 되었죠. 이로 인해 '와, 앞으로 10주 동안 가르칠 학생들이 눈앞에 있어', '수업을 하며 학생들과 교류해야지'라고 편하게 얘기하는 다양한 과목의 교사들을 많이 끌어들일 수 있었습니다. 많은 교사들이 참여했죠. 영어, 수학, 아일랜드어를 선택하는 학생들이 없기 때문에 그런 과목들이 다르게 평가된다는 생각에 동의해요. 일반적으로 교장들은 교사를 잘 파악하고 있고, 전환학년에 긍정적 입장을 취하는 교사가 있다면 당연히 끌어올 수 있다고 생각해요. 그러나 '안 돼. 저 교사와 함께하면 제대로 돌아가지 않을 거야'라고 결단을 내려야만 하는 상황도 있습니다. 그럼에도 저는 어느 교사든 처음부터 배제한 적은 없어요.

퍼트리샤 맞아요, 분명히 결정을 내려야 하죠. 전환학년에 참여했던 교사들은 전환학년에 아주 적극적이었어요. 그중에는 전환학년 준비를 위해 정말 많은 일을 해야 한다는 것을 잘 알고 있는 교사들도 있었을 거예요.

제리 매우 유익한 말씀입니다. 특히 학교에 전환학년의 뿌리를 내려야 하는 힘겨운 과제와 관련해서 말이죠. 그럼 전환학년을 운영하는 동안 전환학년의 '혁신성'이 무뎌지는 경우도 있을까요?

여러 목소리 아닙니다. 아니에요. 전혀 그렇지 않아요.

노엘 전환학년을 운영하고 있다면 매년 점검을 한 후 교사들에게 '보세요, 이것은 잘 운영되고 있지 않아요', '뭔가 조치를 취해야 할 것 같군요'라고 말할 수 있어야 합니다.

퍼트리샤 특히 진행되고 있는 모듈을 없애고 새로운 모듈로 대체해야 하는 경우에는 더욱 그렇죠. 전환학년 동안 교장은 교사들과 끊임없이 대화를 나누고 교사들이 '전 이런 생각을 했어요'라고 의견을 내놓으면 그것을 시도해보도록 독려해야 합니다. 교사들이 전환학년을 늘 염두에 두고 어떤 새로운 프로그램을 제시하면서 그 프로그램 평가를 어떻게 해야 할지 의견을 내는 것 자체가 전환학년이 잘 굴러갈 거라는 조짐이거든요.

모린 교사들의 저항과 관련된 얘기로 되돌아가야겠네요. 교사들은 간혹 아주 훌륭한 생각을 펼치기도 해요. 하지만 그 프로그램을 글로 작성해보라고 하면 끙끙 않습니다. 특히 학습 성과 같은 것과 관련해서 더욱 그렇죠. 다른 관점에서 생각해보면 교장으로서의 제 임기가 다해갈수록 전환학년을 반드시 일 년 동안 지속해야 하는지 의혹이 일기 시작했어요. 전환학년 마지막 학기에는 바로 다음 단계, 즉 고2 준비와 관련된 전환 요소를 포함시키는

게 필요하지 않을까 하는 생각으로 기울었어요.

올리버 아이들이 고2로 올라갔을 때 다소 이상한 나라의 앨리스들이 된 것처럼 저는 느껴지더군요. 아이들은 고2 과정을 매우 형식적이고, 경직됐다고 느끼며 충격을 받았어요.

제리 그렇다면 문제는 전환학년일까요? 고2 과정일까요? 아니면 아이들이 체험학습의 힘을 깨닫게 된 것일까요?

올리버 그런 것이 주요 문제는 아닌 것 같습니다. 좀 어렵네요.

퍼트리샤 아이들은 그 과정(고2)이 어렵다고 생각하지만 실제로는 준비가 되어 있어요. 아이들은 전환학년 동안 놀라운 경험을 했고 이제 다른 단계로 넘어갈 수 있게 되었죠.

올리버 이 지점에서 지금 막 한 단어가 떠올랐어요. 바로 '숙제'입니다. 숙제는 우리 학교에서 몇 가지 골치 아팠던 거예요. 고2 과정은 하루에 9시간 수업, 그럼 아마도 다음 날 혹은 그 주에 제출해야 할 숙제가 9가지 있겠죠. 반면에 전환학년에는 계획 수립까지 포함해서 보다 긴 시간을 요하는 프로젝트와 보고서를 수행해야 하죠. 그런데 이제 숙제는 바로 내일 닥친 문제가 되었어요. '수학 숙제는 어디 있지? 영어는? 국어는?'

모린 제가 드린 말씀에 오해가 없도록 좀 더 부연하면, 부활절에 그 과정(전환학년)을 완전히 마치자는 뜻이 아닙니다. 우리 학교는 학생들이 정말 좋아하는 아주 중요한 유대감 강화 프로그램을 두 가지 진행하고 있어요. 하나는 전환학년을 시작할 때 델포이모험센터로 야외활동을 떠나는 것인데 전환학년의 첫출발 프로그램으로 손색없죠. 학교로 되돌아올 때쯤이면 학생들은 전환학년을 함께 보낼 모든 친구를 사귀게 됩니다. 봄 학기에는 전환학년 학생 전체가 참여하는 규모가 아주 큰 주요 행사인 뮤지컬 공연이나 패션쇼를 진행해요. 그 과정에서 아이들의 유대감은 말할 수 없이 깊어집니다. 학생들에게 전환학년에 대해 물으면 이 두 행사를 첫손가락으로 꼽는 학생들이 많을 거예요. 학생들은 교실 안팎을 오가며 외부에서 많은 시간을 보내죠. 저는 대략 전환학년 마지막 4, 5주를 남겨둔 시점에 전환학년을 마무리 지어야 한다고 생각해요. 학교 운영의 측면에서도 그렇게 하는 것이 필요합니다.

퍼트리샤 전환학년이 끝나갈 즈음 우리 학교 학생들은 거대한 작품 전시회처럼 비디오나 활동 사례를 보여주면서 전환학년 활동을 공유하는 고별의 밤 행사 준비에 심혈을 기울여요. 학부모들도 행사에 참석하시죠.

노엘 많은 학교에서 전환학년 고별의 밤 행사를 진행하죠.

리엄 모린은 전환학년과 고2 간의 불연속성 문제를 지적하셨어요. 사실 중3과 전환학년도 불연속적이기는 매일반이지만 그것은 해방을 의미하죠. 그러나 다른 경우(전환학년에서 고2로 가는 것)는 감옥에 다시 갇히는 것과 같습니다. 우리 학교는 이런 불연속성 문제를 직시했고, 다가올 전환학년 운영 밑그림에 이런 부분에 대한 지도 방침을 포함했어요. 학생들이 전환학년을 마칠 때 반드시 갖추어야 할 구체적인 역량과 태도, 적응 내용이 제시되었죠. 우리 학교는 오래도록 이 문제를 진지하게 다루었고 그 결과 고2 9월에 냉수욕을 하듯 혼이 쏙 빠지는 혼란은 없었습니다. 효과적이었어요. 그런데 여전히 효과적인지는 잘 모르겠어요. 전환학년은 수많은 도전 과제를 던져주니까요. 경험으로 점철된 세상에서 인간으로 살아간다는 것은 무엇을 의미하는지, 그러한 세상에 어떻게 대처해야 하는지, 세상을 더 낫게, 더 긍정적인 곳으로 어떻게 만들 수 있는지, 툭 불거져 나온 혹과 뾰족한 가시를 어떻게 없앨 수 있는지 전환학년은 끊임없이 질문을 불러일으킵니다. 전환학년은 프로그램을 살피며 늘 상황에 맞게 조정해가야 하는 지속적 과정이 아니던가요? 어쩌면 사람들은 초기에 부딪히는 몇몇 문제 때문에 전환학년은 전혀 실효성이 없을 거라고 속단하는 지도 모릅니다. 9월 들어서야 전환학년이 수업시간표에 내려앉았다면 이런 대비를 할 수 있는 기회를 갖지 못했을 거예요.

올리버　우리 학교에서 전환학년은 꽤 오랜 기간 동안 아슬아슬한 상태에 놓여 있었어요. 진화한다는 것이 좋은 말이기는 하지만….

리엄　LCA와 관련된 경험이 불현듯 떠오르네요. 우리 학교는 1986년에 고등학교 졸업자격증 제도를 도입했고 LCA는 여러 가지 면에서 전환학년 훈련과정의 성격을 띠었어요. 과제 중심의 활동이나 사회교육과 같은 몇몇 뛰어난 모듈은 훌륭했죠. 전환학년에 참여했던 교사들 중에 이와 같은 LCA 모듈을 전환학년 과정으로 끌고 왔던 분들이 계셨어요. 의사소통 모듈 역시 LCA 수업을 조정한 것이죠. 또한 코디네이터와 함께 전환학년팀을 꾸리고 정기적으로 회의를 한 사례는 전환학년의 토대를 구축하는 데 아주 큰 도움이 되었습니다. 점심시간에 회의를 했는데 전환학년 내내 지속되었죠. 학교에서 점심을 제공했는데 점심시간에 회의를 끝마치지 못하는 날은 학교가 파한 후인 4시 이후에 다시 만났습니다. 교무회의에서도 전환학년을 상당히 중요하게 다루었고요. 그 후 노사관계의 판도가 바뀌었지만 전환학년은 여전히 잘 굴러갔습니다.

제리　전환학년의 밑거름이 되어준 LCA에 대한 말씀을 들으며 전환학년에 대해 더 풍부하게 이해할 수 있었습니다. 동시에 전환학년과 최근 시행된 JC의 연관성에 대한 질문을 촉발시키기도 하는군요. 여러분 중에는 JC가 시행되기 전에 은퇴한 분들도 계시다는 것을 알고 있습니다만, 이 점에 대해 어떻게 생각하시나요?

노엘 전환학년은 JC의 훌륭한 준비 과정이죠.

퍼트리샤 전환학년 동안 우리가 일구어놓은 것들이 새로운 JC의 준비 역할을 톡톡히 하고 있다고 논하는 이들이 많습니다. 올해 JC를 처음 가르치는 영어교사들은 그다지 어렵지 않을 거예요. 전환학년 동안 워낙 비슷한 활동을 많이 했으니까요. 또한 전환학년 모듈은 단기 과정에 잘 부합한다고 생각해요.

제리 그럼 중학교 3년 과정과 전환학년, 도합 4년을 비슷비슷하게 보낸 후 고2가 될 때 리엄이 언급했던 냉수욕을 하거나 감옥에 다시 갇히는 신세가 될 거라고 생각하시나요?

모린 학생들은 전환학년에 애정이 넘칩니다. 프로젝트, 다양한 활동 방식, 자유로움 등 전환학년은 다채롭게 운영되기 때문이죠. 그러나 중학교 3년 동안 이미 달콤한 맛을 보고 올라온다면 전환학년의 변화가 지금처럼 극적으로 느껴지지 않을 거예요. 전환학년을 위해 프로그램을 잘 조정하는 것이 도전 과제가 되겠죠. 이와 비슷한 일은 중학교 졸업자격 학교프로그램Junior Certificate School Prpgramme, 이하 JCSP이 처음 실시되었을 때 JCSP와 LCA 사이에서도 일어났습니다. LCA 초기에는 아주 달랐어요. 학생·교사 협력 활동은 몹시 훌륭했죠. JCSP를 이수했던 많은 학생들이 LCA과정으로 들어갔고 두 프로그램은 별반 다르지 않았어요.

노엘 맞습니다. 우리가 고2, 고3까지 멀리 내다보며 전환학년을 접근하지 않는 이상 리엄의 냉수욕 비유만 달라질 뿐 고2, 고3으로 올라가는 사다리를 타야 할 거예요.

제리 LC 개혁 사례도 많이 있나요?

여러 목소리 오, 그럼요. 물론이죠. 그렇습니다.

제리 지금 우리는 한 시간가량 이야기를 나누었습니다. 이제 시간을 의식해야겠네요. 오늘 대담을 위해 준비해 오신 말씀 중에 아직 언급되지 않은 게 있다면 그 밖에 어떤 주요 사안이 있을까요?

노엘 앞서 전환학년 자원에 대해 물어보셨죠. 저는 전환학년을 운영하게 되면 많은 추가 자원이 필요하게 될 거라고 전환학년 초기 단계에 운영위원회를 납득시켰습니다. 그분들은 전환학년의 이점을 스스로에게 확신시킬 필요가 있었죠.

제리 전환학년 운영자금을 확보하고 있었는지, 아니면 버스 임대료와 같은 특정 비용이 있었는지 여쭤봐도 될까요?

노엘 처음에 우리 학교는 그때그때 경비를 걷어서 운영했지만 나중에는 델포이여행(야외활동)을 포함한 모든 여행 경비를 한꺼번에 책정한 후 분할 납부하도록 했습니다.

올리버 경비가 많이 부족하지는 않았나요?

노엘 약간 부족했어요. 학생들은 대개 4월 델포이모험센터로 떠나기 전에 마지막으로 약간의 비용을 더 내야 했습니다.

퍼트리샤 우리 학교는 학생들에게 350유로(약 47만 원)를 부과했는데 여기에는 칼링포드모험센터와 스키여행 경비는 포함되지 않았어요. 대신에 전환학년을 시작할 때 코지농장에서 성대하게 치르는 유대의 날 행사비와 다양한 견학·여행 경비들이 포함되었습니다. 전환학년 총 경비 3만 유로(약 4,000만 원)~4만 유로(약 5,400만 원) 중 학생들이 많은 부분을 감당했던 셈이에요. 자원이 부족하면 좋은 프로그램을 운영할 수 없어요. 여행마다 동반해야 하는 구급대원 비용을 치러야 하고, 자격을 갖춘 수영강사나 좋은 강연을 부탁할 연사를 섭외해야 하고, 문구류 따위를 구입해야 합니다. 학생들에게 걷은 돈은 난방비나 전기세를 해결하기 위한 학교 비자금으로 비축해두어서는 안 되고 반드시 전환학년 활동비로 직접 쓰여야 한다는 것을 절실하게 느꼈어요. 그것이 학생들이 자신의 돈을 가치 있게 쓰는 길이라고 생각하거든요. 이 부분에 대해 운영위원회와 다소 논쟁을 벌이기도 했죠. 운영위원회는 학교는 자금이 없어서 모든 것이 빠듯하고 앞으로 더 빡빡해질 거라는 언질만 주곤 했으니까요.

모린 우리 학교는 한꺼번에 모든 경비를 걷지 않았어요. 그러나 학생 한 명 한 명에게 소요되는 비용을 절감하는 것은 언제나 힘겨운 일이었죠. 활동비를 치를 형편이 안 된다는 이유만으로 활동에서 배제되는 학생이 생기는 것을 원치 않았기 때문이에요. 우리 학교는 여름 전에 델포이여행 경비를 모았어요. 오랫동안 델포이여행만큼은 꼭 가야 한다는 강력한 입장을 취해왔지만, 지난 2년 넘게 델포이여행은 뒷전으로 밀렸어요. 일부 학생들이 여행 경비를 충당하기 어려웠기 때문이죠. 학교에서 보조를 했지만 결국 힘든 결정을 내려야만 했습니다. 응급처치활동처럼 학생들이 반드시 참여해야 하는 활동의 경우에도 학생들에게 경비를 부과했어요. 역시 학교에서 보조금을 일부 지급했지만 전반적으로 프로그램의 질은 다를 수밖에 없었죠.

제리 모린, 조금 전 체험학습을 위해 반드시 교실 밖으로 떠날 필요는 없다는 점을 강조하셨죠.

모린 예. 그래도 만일 드라마 전문가들을 학교로 부르면 비용이 발생하겠죠. 설혹 코디네이터가 명목상의 적은 금액만 지불해도 되는 전문가를 발굴하는 데 능하다고 해도 어느 정도의 비용이 발생하는 것은 부인할 수 없어요. 비용 문제는 잠시 접어두고요, 우리 학교는 유학생들을 유치했는데 때로는 유학생들과 그 부모들에게 전환학년을 설명하는 것이 아주 곤혹스러웠습니다. 대학 진학을 위해 학점을 따는 데만 급급한 유학생들도 있었죠. 이 아이들은 자신이 왜 이 모든 개인적·사회적 성장에 집중해야 하는지를 의아해했어요. 이사회에 비자가 곧 만료될지 모른다고 호소해서 우리 학교는 특례를 만들었습니다. 또 자녀가 야외로 견학·여행을 떠나는 것을 원치 않는 회교도 부모들도 계셨고요. 제가 말씀드리려는 요지는 이민 온 학생들이 있는 학교에서는 예기치 않은 문제들이 발생한다는 거예요. 해결해야 할 특별한 전환학년 과제가 생기게 되는 거죠. 우리 학교의 경우 전환학년을 수행했던 유학생들이 꽤 많았고 놀라울 정도로 잘 이수했습니다. 전환학년 그림은 실로 입체적이에요. 제가 드리고 싶은 또 다른 말씀은 여기 계신 분들 모두 전환학년을 아주 긍정적으로 생각하시고 각 학교에서 아주 훌륭한 전환학년 경험을 학생들에게 선사하셨지만, 우리 학교들처럼 전환학년에 전념하지 않는 학교들도 있다는 사실입니다. 여전히 불만족스럽게 운영되는 전환학년들을 접할 수 있어요. 전환학년을 전 지구적 차원에서 전개해나갈 때 비로소 사람들, 특히 학부모들은 전환학년이 뜻하는 바를 더욱 풍성하게 이해하게 될 거예요.

노엘 모린, 전적으로 옳습니다. 눈에 불을 켜고 전환학년을 반대했던 한 학부모에게 그 이유를 물었더니, '자기 딸이 다른 학교에서 전환학년을 수행했는데 그건 재앙'이었다고 답변했던 것이 기억납니다. 이렇게 전환학년을 형편없이 운영하면 전 사회에 걸쳐 도미노 효과를 일으키게 되죠. 언론에도 연쇄반응을 일으키고요.

리엄 형편없는 전환학년에 대한 노엘 생각에 동의합니다. 그러나 형
편없는 중학교 졸업자격, 형편없는 LC 후 과정도 있습니다. 모든
것이 형편없어요.

모린 그렇지만 선생님 학교는 높은 평가를 받았던 학교잖아요. 학
교도 아름다운 곳에 있고요. 형편없이 운영하는 학교들은 전환학
년에 대해 말만 번지르르하니 앞세우죠.

리엄 그런 학교에서 전환학년을 운영하도록 허용해서는 안 됩니다.
전환학년을 빈약하게 운영하는 것은 학생들에게 위험을 초래할
뿐 아니라 전환학년 전체 평판에도 먹칠을 하게 되니까요. 돌이켜
보면 학교라는 곳을 대기실 정도로 취급하고 LC 이후에 삶이 시
작된다고 여기는 관점이 있었어요. 전환학년과 LCA는 교육이 곧
삶이고, 그 안에 기쁨이 있다는 생각을 끌어냈죠. 거기에는 피와
땀과 눈물도 배어 있습니다. 삶이란 그런 것이니까요. 우리는 LC
이후에나 삶이 시작되도록 기다리지 않습니다. 삶은 학교에서 일
어나고 있어요. 삶이 녹아 있지 않다면, 특히 노엘이 다중지능을
언급했듯이 모든 단계에서 정서적 교감이 없다면 그때야말로 학
교는 대기실에 불과할 겁니다. 전환학년이 학교가 곧 삶이라는
생각의 눈을 뜨게 해줬다고 생각해요.

모린 제리가 언급했던 LC 개혁의 논점으로 돌아가볼까요. 학생들
은 한 살, 두 살 더 먹으며 더욱 성숙해지고 성인다운 삶을 살고
있습니다. 그러나 우리는 여전히 아이들에게 교복을 입히고, 'An
bhfuil cead agam…' 따위의 뜻을 질문하라고 학생들에게 요구
하죠. 저는 학교에서 성인들이 부딪히는 현실을 충분히 다루고
있는지, 운전이나 투표처럼 19세 청소년에게 보다 적합한 내용을
가르치고 있는지 확신할 수 없어요. LC과정을 위해서도 해결해야

할 문제라고 생각해요.

제리 12세 학생들에게 친근하면서 19세 학생들에게도 적합한 교육환경을 형성하는 것이 학교 지도자에게는 아주 큰 과제이겠군요.

리엄 중학생들에게 친근한 학교를 만드는 것과 관련해서 말씀드리면 우리 학교의 경우 전환학년 학생들이 중학생들의 멘토 구실을 톡톡히 하고 있습니다. 교장이 공감하는 태도를 보이면 학생들은 교장과 함께하려 할 테고, 이는 미래의 리더십을 양성하는 데 좋은 영향을 미치겠죠. 이와 같이 전환학년은 학생들뿐 아니라 학교 전체의 변화를 위해서도 중요한 과정입니다.

퍼트리샤 맞아요. 중학교 초기에 받는 멘토링은 학생들에게 엄청난 기회를 부여하죠. 우리 학교는 전환학년 또래중재팀을 훈련시켜서 전환학년 학생들이 중학생들의 소소한 갈등을 중재하게 했어요. 이 아이들이 고2, 고3이 되어 성인 문제에 직면했을 때 이러한 활동을 하면서 자신의 문제해결능력이 커졌다는 것을 새삼 깨닫습니다. 전환학년은 별도의 비용을 치르지 않으면서 학생들이 누릴 수 있는 가능성과 기회들로 꽉 차 있어요. 참, 또래중재팀 훈련은 교사가 담당했습니다.

모린 좀 더 말씀드리면, 현재 전환학년을 위한 정기 교사연수가 실시되고 있지 않기 때문에 학교가 교사를 끌어모으고 훈련시키는 엄청난 책임을 떠맡고 있어요. 매년 전환학년 정신을 낯설어하는 신규 교사를 맞이해야 하고 그들을 전환학년에 참여시키기 위해 모든 자원을 쏟아부어야 하죠.

노엘 또한 중1부터 고3에 이르기까지 일관된 교육철학이 있어야 합니다. 다른 학년과 딴판으로 전환학년을 운영해서는 안 되고 이러한 일관된 철학을 바탕에 두고 교사를 유입해야 해요. 총체적으로 '학교란 과연 어떠해야 하는지'에 대한 교육철학 토론에 어느 누구도 배제되어서는 안 되고 모든 교사가 참여해야 합니다.

리엄 교육철학 토론을 하는 것은 매우 건설적입니다. 그 누구보다 개별 교사그룹들에게 더욱 유익하겠죠.

퍼트리샤 제리, 앞서 하셨던 질문 중에 평가단 지원과 관련된 것이 있었죠. 저는 전환학년 동안 장학사를 만난 적이 없어요.

리엄 저도 마찬가지입니다.

퍼트리샤 학교의 거의 모든 부분을 평가받았지만 전환학년은 아니었어요. 평가단이 전환학년도 살펴보면 정말 좋겠어요.

제리 학교전체평가를 받지 않으셨나요?

퍼트리샤 받았어요. 그러나 전환학년은 거의 살펴보지 않았어요.

리엄 우리 학교의 경우에는 살펴보기는 했지만 그다지 관심을 보이지 않았습니다.

올리버 우리 학교에서도 그랬죠.

퍼트리샤 저는 학교전체평가를 두 차례 받아봤는데요, 한 번은 교감으로서 경험했고, 다른 한 번은 2년 후 다른 학교에서 교장으로서 경험했습니다. 우리는 평가단에게 전환학년 프로그램 등을 전달했는데, 평가단은 유독 전환학년에 관심이 없었죠. 마지막에 받았던 평가 중 한 번은 부수적 평가였어요. 저는 '전환학년 평가를 받을 수 있는 기회가 있는지' 물었어요. 그 당시 전환학년 실행 단계에서 평가를 꼭 받고 싶었으니까요. 그러자 장학사가 이렇게 말하더군요. "제가 어떻게 할 수 있을지 알아보겠습니다."

리엄 우리는 특별히 LCVP에 초점을 맞춰서 학교전체평가를 받은 적이 있는데요, 전환학년에 대해서는 그다지 관심이 없다는 인상을 받았습니다.

노엘: 전환학년에 익숙한 장학사들이 많지 않은 것 같아요. '전환학년에 대해 충분히 알지 못한다'고 토로했던 어느 장학사와 대화를 나눴던 것이 기억납니다.

모린 몇 년 전 우리 학교는 전환학년 평가를 받았어요. 다른 평가를 받을 때와 마찬가지로 많은 준비를 했고, 수많은 서식을 작성했고, 증빙 자료를 모았죠. 또한 우리 학교만의 독특한 모듈수업을 비롯해서 많은 이야기를 들려줬어요. 유익했죠. 장학사는 많은 수업을 참관하며 질문을 쏟아부었고 코디네이터는 녹초가 되었어요. '이것을 모두 기록해두었는지' 되풀이해서 물었거든요. 20~30개에 이르는 모듈을 똑같은 표준 양식에 기재한다는 것은 정말 버거운 일입니다.

퍼트리샤 저라면 아마도 기존의 틀에서 벗어난 생각과 학습 성과를 분명히 기록해두기 위해 모듈 내용을 문서화하라고 교사들을 괴롭혔을 거예요. 하지만 종이 기록물은 교실의 역동성이나 학생들에 대한 교사들의 열정을 고스란히 보여주는 데는 한계가 있겠죠.

모린 그렇죠. 우리 학교의 경우 장학사가 학생들과 인터뷰를 하며 학생들의 열정을 몸소 깊이 느꼈으리라 믿어요. 학생들은 전환학년 동안 무엇을 했는지, 무엇을 좋아했고, 또 무엇을 싫어했는지를 장학사에게 아주 적극적으로 전달했답니다.

리엄 평가보고서 내용은 어땠나요?

모린 아주 훌륭했죠. 전환학년을 충만하고 유익하게 운영한 것에 대해, 또 전환학년의 목표를 성공적으로 달성한 것에 대해 학생들과 교사들에게 깊은 찬사를 보냈습니다.

올리버 이전 코디네이터와 함께 다시 보고서를 확인해보았는데요, 1990년대 운영되었던 교육부 지원 활동이 아주 훌륭했다고 기록되어 있더군요.

퍼트리샤 맞아요. 당시 지원 활동은 훌륭했죠.

리엄 우리 모두 같은 생각일 겁니다. 굉장했죠. 공식적·비공식적 네트워크를 통해 코디네이터를 지원한 것은 아주 도움이 되었어요. 잘 조직된 회의는 에너지가 넘쳐흐르고 활기를 북돋워주었어요. 전환학년과에서 지급했던 특별보조금도 전환학년 운영상의 차이를 빚어냈죠.

올리버 교육부 지원의 한계가 뚜렷한데도 전환학년이 어떻게 계속 유지되는지, 심지어 어떻게 그토록 뛰어나게 운영되는지 놀랍지 않으신가요? 전환학년은 학교의 자랑거리입니다. 어쩌면 평가단은 학교를 그냥 내버려둬야 할지도 몰라요.

퍼트리샤 자원에 대한 논의를 좀 더 해보면 몇 년 전 시간표대로 운영하기에는 인력이 턱없이 부족했어요. 그래서 학교 밖에서 진행되는 진로체험을 한 번에 연이어 하는 대신 일주일에 하루씩 나가는 것으로 조정했죠. 진로체험을 그런 식으로 진행해도 되는지 의구심이 들기는 했지만 다른 선택의 여지가 거의 없다고 느낄 만큼 활동의 제약이 많았어요.

제리 어떤 의구심을 말씀하시나요?

퍼트리샤 저는 일주일에 하루 진로체험을 하는 것은 교육적으로 폐해가 크다고 생각해요. 한 번에 연이어 진로체험을 하면 단계를 밟아가며 더 원활하게 일을 익히겠죠. 좀 더 일관되게 진로체험을 할 테고요. 그러나 주 1회 하게 되면 존재감이 미미했던 아이들은 진로체험을 완전히 거를 가능성이 높습니다. 게다가 진로체험의 질에도 문제가 없을지 노심초사하게 되고요. 몹시 고통스러운 결정이었고 제 뜻과도 맞지 않았지만 제가 운영해야 할 학교가 눈앞에 있고 자원은 빈약했죠. 우리는 지금도 전환학년 동안 서로 다른 세 곳에서 진로체험을 해야 하고 대다수 학생들이 진로체험을 통해 많은 것을 얻습니다. 하지만 모니터링을 해본 결과 꼭 그런 것만도 아니더군요. 또한 일주일에 하루 진로체험을 할 경우 진로체험을 마치 시간제 알바처럼 대하는 고용주들 때문에 골치가 아프기도 했어요.

모린 교수 자원에 압박감을 느낄 때마다 전환학년은 타격을 입곤 하죠. 우리 학교는 전환학년 동안 한 주에 한 시간씩 수업을 단축했는데 이 부분이 평가보고서에서 부정적으로 평가되었어요.

리엄 주 1회 진로체험 방식은 어불성설입니다.

제리 마지막으로 하실 말씀들이 있나요?

올리버 전환학년이 학교의 교과부 활동을 활성화하는 데 지대한 영향을 끼쳤다고 생각해요. 교수법, 특히 혁신적·활동적 교수법들이 논의되었고, 또 공유되었죠. 전환학년 교사들은 전환학년 교사로만 머무르지 않았습니다. 다른 학년을 가르칠 때도 활동적 교수법을 활용하기 시작했으니까요.

노엘 마지막으로 드릴 말씀은 전환학년 코디네이터 경험은 교장의 역할을 충실히 수행하는 데 아주 유익한 준비 과정이 되어준다는 점입니다.

퍼트리샤 동의해요. 제가 코디네이터였을 때 당시 교장 선생님께서 제가 교장이 되면 교장 일은 식은 죽 먹기라는 것을 깨닫게 될 거라고 말씀하셨어요. 전환학년을 운영했던 경험에 비하면 말이죠.

모린　전환학년은 모든 것을 전체적으로 조망하는 눈, 특히 시간표 운영에 대한 혜안을 갖게 해줍니다.

퍼트리샤　교사들을 잘 다룰 줄 알아야 해요. 교사들을 전환학년 배에 승선시키고 모든 것을 조율하고, '난 안 할 거야'라고 외치는 교사들을 상대하고, 그 밖에 무엇이든 해야 해요.

올리버　저는 다른 경로를 통해 전환학년을 접했습니다. 저는 학교 발전계획지원팀의 코디네이터였기 때문에 학교를 돌아다니면서 어떻게 학교를 다르게 운영하는지 눈으로 직접 목격했어요. 특히 전환학년의 접근 방식이 학교마다 어떻게 다른지를 말이죠.

퍼트리샤　전환학년이 말하기 능력 향상의 기회가 되었던 점을 잊지 말아야 해요.

모린　또한 학생들은 한데 잘 섞이는 경향이 있기 때문에 전환학년은 교사들이 차별화된 학습을 실행해볼 수 있는 좋은 여건이기도 하죠.

올리버　전환학년의 또 다른 혜택은 ICT 분야였어요. 우리 학교에서 ICT 수업은 전환학년을 통해 도입되었습니다. 보다 구체적으로는 조금 전 말씀드렸던 유럽연구 모듈수업에서 종종 활용됐죠.

제리　학생들이 실험의 희생양으로 전락할 수 있다는 리엄의 경고에도 불구하고 전환학년은 처음에 언급되었던 창의성을 발휘하기 위해 수많은 것을 시도해볼 수 있는 안전지대인 것 같습니다.

모린　하지만 교장으로서 우리는 교사들을 보호해야 해요. 열정이 넘치는 사람들은 이내 지칠 수 있어요. 어쩌면 가장 큰 위험은 훌륭한 프로그램을 만들어놓고 이제 모든 사람들이 그 프로그램을 잘 알 것이라고 추정하며 성공에 안주하는 것일지도 몰라요. 전환학년은 끊임없이 진화하고 있고 매년 새로운 요소를 투입해

야 합니다. 동시에 전환학년 점검을 게을리해서는 안 되고 교사
들을 뒷받침해주어야 해요.

제리 토론을 끝내기에 좋은 말씀인 것 같군요. 감사합니다.

제17장

아일랜드 고유의
언어, 문화, 학습

"물론 전환학년에 아일랜드어를 가르치는 것은 쉽지 않죠." 개로딘 오드와이어 선생님이 답변했다. "하지만 제 경험에 의하면 전환학년은 아일랜드어를 가르치는 적기이기도 해요. 가령 전환학년에는 아일랜드어 말하기 수업에 주력할 수 있고, 실수를 바로잡을 시간과 여지가 충분하죠. 시험에 초점을 둔 수업에서처럼 방해를 받지 않으면서도요. 또한 아일랜드어 수업은 아일랜드 문화의 보고이자 전환학년 교육 목표를 더욱 공고히 다질 수 있는 훌륭한 교육의 장이기도 합니다. 그래서 아일랜드어 수업은 가능성으로 충만하죠."

그녀는 교육과정 쇄신의 역사로 이름난 더블린 소재 뉴파크종합학교에서 교사로 재직하고 있다. 1974년 처음으로 전환학년이 제기되었을 때 당시 뉴파크종합학교 존 해리스 교장은 이에 열광하면서도 일단 호흡을 가다듬었다. 존 해리스 교장은 다음과 같은 글을 남겼다.

우리는 이와 같이 결이 다른 교육과정을 도입하기 전에 1년 정도 계획을 수립하고 싶다고 … 장관에게 전했다. 뉴파크종합학교는 1975년 전환학년의 첫발을 뗐으며 고등학교 1학년 전체 학생을 위해 전환학년을 운영한 첫 학교였다. 그

이후 줄곧 전환학년을 실행하고 있다.해리스, 2010, p. 48

개로딘 오드와이어 선생님은 뉴파크종합학교가 끊임없이 교육혁신을 꾀해온 점을 잘 알고 있다. 그녀는 아일랜드어 수업 외에도 신경과학 내용을 깊이 다루는 수평적 사고 모듈을 담당한다.

"교사인 저희들부터 가르치는 일이 시험제도에 억눌려온 상황을 때로 과소평가하는 것은 아닌가 싶어요. 전환학년의 큰 강점 중 하나는 기말시험으로부터 해방된 것이죠. 그 덕분에 교사들과 학생들 모두 자신의 관심과 열정을 좇을 수 있는 굉장한 유연성을 갖게 됐고요. 전환학년 동안 교사들은 교과 내용을 전달하는 데만 급급하지 않고 학습과정을 더욱 섬세하게 준비할 수 있습니다. 가령 한 주제를 끝까지 파고들거나 체험학습 활동을 광범위하게 펼치는 것이 가능해졌어요."

"따라서 전환학년 아일랜드어 수업에서 말하기 능력을 향상시키는 데 시간을 할애할 수 있게 되었어요. 이 과정에서 학생들은 설사 좀 불완전하더라도 소통하는 데 자신감을 갖습니다. 전환학년을 보내며 의사소통이란 본디 언어를 완전무결하게 구사하는 것이 아니라 소통 능력을 뜻한다는 점을 처음으로 깨닫는 학생들도 있어요. 저희는 이런 변화에 주목합니다."

학생들의 상황을 고려하며 수업을 운영한다는 원칙을 전제하면서 그녀는 베르러Béarla(게일어로 '영어'를 뜻함-역주)로 학급토론을 진행하고 다양한 아일랜드 문화를 탐구하는 것이 학생들에게 더 유익하다는 것을 깨달았다. "영어는 학생들의 일상어잖아요. 아일랜드어의 역사적 변천과 아일랜드 문화의 정체성·자긍심에 대해 폭넓게 토론하면서 학생들은 아일랜드에 정서적으로 더 깊이 동화되고 학습 내용을 더 잘 파악하게 돼요."

그녀는 시간이 흐를수록 상호문화주의 관점을 갖고 토론하는 것이 교육적으로 의미 있다고 생각했다. "오늘날 아일랜드에 다양한 국적과 문화, 신념체계가 출현한 것은 아일랜드의 유산과 정체성을 온전히 이해하는 데 새로운 위기감으로 작용하기도 하죠. 전환학년 수업을 통해 학생들은 세계 곳곳에서 아일랜드 국민들이 일구어놓은 뛰어난 업적에 대해 배우고, 다른 나라 사람들이 아일랜드 국민들에게 경의를 표하고 많은 관심을 갖고 있다는 것을 깨달으면서 점차 자신감과 자긍심을 키워나갑니다." 언어를 탐구하고 아일랜드 문화 지형의 변모에 대해 공부하며 아이들은 두 언어를 사용하는 것의 가치에 대해서도 종종 토론을 벌인다고 한다.

특히 수업시간에 전환학년 동안 학습했던 내용을 아일랜드어로 발표하는 것은 어휘력 확장에 실제 많은 도움이 된다. "자원봉사, 미니 컴퍼니 운영, 진로체험, 연구 활동 등 전환학년 동안 수행했던 갖가지 활동들을 아일랜드어로 설명하면서 학생들은 언어 능력을 향상시킬 뿐 아니라 학습 내용도 더 깊이 이해하게 됩니다. 닫힌 교실에서 교과서 내용을 순차적으로 짚어가는 것만이 교육의 다가 아니라고 아이들이 자각하는 것이 정말 중요하죠. 개인적 성장과 여행 기회, 사회역량 발달, 진로 잠재성 모색, 자원봉사, 희망 품기 같은 더 큰 그림을 그리는 데 전환학년의 중점을 두는 것은 극히 중요해요. 나머지 중등과정 5년 동안에는 이런 부분을 충분히 강조하고 있지 않죠." 그녀는 잊었다는 듯이 재빨리 다음 말을 덧붙였다. "그렇다고 해서 독해력, 청취력, 작문, 문법을 가르치지 않는 것은 아니에요. 수업시간에 그 부분들도 다루죠. 다만 말하기 수업에 시간을 훨씬 더 많이 할애합니다."

뉴파크종합학교는 전환학년 학생들이 다양한 활동을 스스로 선택하게끔 한다. "학생들은 자신이 원하면 아일랜드어 동아리나 아일랜드어 대회, 그 밖의 다양한 활동에 참여할 수 있습니다. 개인의 동기와 자기주도 학습을 중시하는 학교의 교육관과 일맥상통하죠."

이미 짐작했겠지만 그녀는 학급토론의 신봉자이다. "대부분 수업이 짝·그룹 중심의 활동학습 성격을 띱니다." 그녀는 CSPE(시민·사회·정치교육) 수업을 가르쳤던 경험이 풍부하기 때문에 체험학습이 부담스럽지 않다. "또 연구 활동, 프로젝트, 논쟁도 수업시간에 활용하죠. 흥미진진한 즉흥 과제나 작품의 각색, 연극도 효과적이에요. 무엇보다 학생들이 자신의 교육활동에 대해 스스로 계획을 세우고 혁신적이 되게끔 이끌어나가죠."

20년이 넘도록 전환학년에 몸담아온 그녀는 이제 막 전환학년 모듈 수업을 시작하려고 하는 교사에게 어떤 조언을 할까? "먼저, '목표를 염두에 두고' 긴 호흡으로 시작하세요. 아이들이 무엇을 경험하고 성취하기를 원하는지 스스로에게 거듭해서 묻고 거꾸로 거슬러 가세요. 둘째, 수업 내용과 시간을 운용할 때 전환학년 특유의 유연성을 잘 활용하고 이를 흠뻑 즐기세요. 셋째, 용기를 내어 학생들과 진솔하게 관계를 맺으세요. 학생들의 말을 경청하세요. 학생들이 자신의 재능과 관심사, 가능성에 대해 선생님이 더 고려하려고 애쓰신다는 점을 느끼게 해주세요. 더 나아가 선생님 수업에 대한 진심 어린 피드백을 구하고 선생님 수업의 참 주인이 되세요. 넷째, 전환학년 사명이라는 큰 그림을 절대 잊지 말고 학생들이 '크게 생각하도록' 독려하세요. 학생들이 '나는 춤·노래·연설을 할 거야'라고 당당히 선언하고 참신하고 깜짝 놀랄 만한 활동을 시도할 수 있도록 힘을 북돋워주세요. 새로운 모험과 새로운 학문 탐구의 길을 떠나는데 굳이 부자일 필요가 없다는 점을 자꾸 되새겨주세요. 전환학년은 학생들이 자기 자신을 더 깊이 이해하고, 자신이 선호하는 학습이 무엇인지 알아내고, 미래를 향한 꿈을 꾸기에 최적의 공간입니다." 그녀는 현실을 예리하게 직시하는 말로 노련하게 인터뷰를 맺었다. "학교의 지원이 미흡할 거라고 생각되면 소박하게 시작하세요. 그 프로그램을 유지하고 동료 교사들과 함께 일구어가세요. 전환학년은 점차 '참'교육에 가까워지겠지만 교사들은 좀처럼 완벽해질 수 없는 '제도'라는 틀 내에서 가르칠 수밖에 없다는 사실을 명심하세요. 그럼에도 전환학년을 위해 계속 분투하세요. 무엇보다 선생님 교실에서는 그렇게 하셔야 합니다."

전환학년 지침

전환학년의 취지가 전체적으로 녹아들어 있는 전환학년 지침은 아일랜드어 수업에 관해서는 관점을 제시하기보다 두루뭉술하게 교사 재량으로 남겨두고 있다. 뉴파크종합학교의 개로딘 오드와이어 선생님처럼 교사들 스스로 수업을 독창적으로 빚어낼 것을 독려한다. 첫 단락은 이렇게 시작된다.

전환학년은 말하기에 초점을 두고 아일랜드어 수업을 진행하고, 말하기 교수법에 유용한 환경을 구축하기에 좋은 기회이다. 일반적으로 토론, 연극, 아일랜드 전통 춤, 아일랜드 민요, 아일랜드어 대회 같은 프로젝트를 수행하며 말하기·쓰기 소통의 기초를 탄탄하게 닦을 수 있다.교육부, 1993, p. 22

지침은 계속 이어진다.

아일랜드 문화와 역사 프로젝트를 수행하고 지역·국가·유럽·세계 차원에서 대두되는 사건들을 집중적으로 다룰 수 있다.

1993년에 지침이 발간되었지만 전환학년의 실행을 돕고자 제시되었던 수많은 수업 예시들은 아직도 유의미하다. 혹자는 그 후 전환학년 예시 목록이 확장되었으리라는 것, 특히 ICT 수업의 예시를 포함시켰으리라는 것을 짐작하고도 남을 것이다. 다음은 게일어와 관련된 활동 예시들이다.

> … 지역의 역사, 역사적 상상력을 자극하는 지역·지방 답사, 지역의 주요 기관 및 사건, 아일랜드어로 진행하는 라디오 및 TV 프로그램, 아일랜드어와 다른 언어들, 서로 다른 삶의 족적을 따라 형성된 개인의 성격 차이에 대해 아일랜드어로 학급 대담 및 토론하기, 학교 교환 프로그램을 포함하여 아일랜드어 사용 지역 방문.

제18장

역사의 발자취를 따라

킬케니주 크리스천브라더스학교는 전환학년 네 학급을 운영하고 있다. 각 학급은 일 년 동안 매주 40분짜리 역사 수업을 두 차례 듣는다. 학급 담임이 직접 역사 수업을 담당하는 점이 의미 있다. 제러르드 마리시 선생님은 전환학년 담임이면서 코디네이터를 겸하고 있다. "대부분의 과목이 일정 기간에 따라 순환되는 모듈수업으로 운영됩니다. 역사 수업의 경우에는 교실을 벗어나는 경우가 꽤 많기 때문에 1년 동안 진행하는 것이 타당하죠." 크리스마스와 5월에는 보통 더블린을 방문한다. 그곳에서 킬메넘감옥, 아일랜드브리지에 있는 국립묘지, 아버언덕, 글래스네빈공동묘지, 크로크파크박물관을 방문하고 경기장 관광을 실시한다. 킬케니 지역의 풍부한 문화유산을 음미하기 위해 정기적으로 지역 역사기행도 다니고, 2월에는 독일 바이에른을 방문하여 뒤틀린 역사를 머릿속으로 그려보는 역사기행을 선택 프로그램으로 진행한다.

"집단학살은 전환학년 역사시간에 깊이 다루는 주제 중 하나입니다. 나치주의에 대한 지식을 장착하면서 학생들은 No 12 Arcisstrasse 뮌헨 주소가 뜻하는 바를 알게 되죠. 올해 전환학년 학생들과 교사들은 1938년 9월 30일 뮌헨협정 사인이 이루어졌던 역사 장소인 105호히틀러 사무실을 들러 깊은 침묵 속에 한참을 앉아 있었습니다." 그는 한숨을 길게 뱉은 후 말을 이었다. "바로 그곳이 당시 영국 수상이었던 네빌 체임벌린이 등장했던 방이죠. 그는 영국으로 돌아가 애끓는 심정으로 기다리던 영국 국민에게 역설적 문구인 '우리 시대의 평화를'이라고 선언했습니다. 학생들과 교사들이 이와 같이 아주 숨 막히는 역사를 공유하고 나면 이미 형성되었던 이들의 유대감은 더욱 굳건해지죠."

전환학년 코디네이터인 그는 역사의 잔향이 남으면서도 학생들의 흥미를 자극하는 역사 모듈의 필요성을 절감했다. "우리 학교는 따분하지 않고 관심, 재미, 참여 삼박자를 고루 갖춘 역사 수업을 운영하는 데 심혈을 기울였습니다. 그 결과 모든 학생들이 발전하는 세계 정치뿐 아니라 다양한 역사 주제를 맛볼 수 있는 기반이 마련되었죠."

학교에서 나치주의에 초점을 맞추게 된 것은 작가 토미 라이헨탈이 학교를 방문해서 가슴 뭉클한 감동을 선사하면서부터였다. 1935년 슬로바키아에서 태어난 그는 강제수용소에서 어떻게 살아남았는지를 담담히 기술한 『나는 벨젠의 소년이었다 I was a Boy in Belsen』를 펴냈다. "아주 무기력한 학생조차도 역사의 목격담을 직접 들으며 깊은 감명을 받았습니다." 학교에서는 매년 전환학년 역사 프로젝트를 대상으로 토미라이헨탈상 Tomi Reichental Award을 수여한다고 한다. "일년 내내 역사에 매료되어 열정적으로 활동을 전개해나간 학생에게 상이 돌아갑니다. 표준화된 점수 체계로 산정되는 학업시험과는 결이 다르죠."

역사 시간에 BBC 다큐멘터리 〈발렌티나 이야기 Valentina's Story〉나 〈쉰들러 리스트 Schindler's List〉, 〈줄무늬 파자마를 입은 소년 The Boy in the Striped Pyjamas〉, 〈호텔 르완다 Hotel Rwanda〉, 〈다니엘에게 보내는 편

지〈Letter to Daniel〉 같은 영화를 관람하며 집단학살 주제에 대해 더 깊이 인식한다. 학생들은 전환학년 역사 수업시간에 나치주의를 통찰하는 것 말고도 1994년 르완다와 1995년 보스니아에서 어떤 일이 일어났는지, 이라크 쿠르드족에 대한 알 안팔 군사작전은 얼마나 참혹했는지 그 실상을 파헤친다.

킬케니 지역 역사

학교 문턱만 넘으면 바로 만날 수 있는 풍부한 문화유산을 생각하면 지역 역사 수업에 관한 한 킬케니 역사교사들은 유달리 운이 좋다. 그중에는 물론 제러르드 마리시 선생님도 있다. "맞습니다. 우리 주에는 성케이니시스대성당, 킬케니성, 도심에 위치한 블랙수도원, 저포인트수도원, 캐슬커머탄광, 우드스턱대저택, 돈모어동굴이 있으니 행운이죠." 그는 수긍했다. 게다가 관심 있는 학생들이 읽을 만한 킬케니 관련 역사서들이 입이 떡 벌어질 정도로 풍부하다.

교과통합 수업 지향

전환학년 지침은 역사, 지리, 사회, CSPE(시민·사회·정치교육) 모두를 아우르는 보다 넓은 차원의 환경·사회학의 관점에서 역사 수업을 자리매김한다. 이는 세계적 추세이기도 하다. 지침은 교과 간 조율과 교과통합, 주제별 접근 방식을 권고한다. 또한 "환경·사회교육은 지역·국가·세계 차원에서 적극적으로 책임을 다하는 시민의식을 갖도록 학생들을 준비시킨다"는 대단히 중요한 교육 이상을 제시한다. 「역사학」 제하에는 지역 역사, 예술 및 공예의 역사, 고고학, 건축학, 고대 그리스·로마 연구, 사회 역사, 문화유산 연구 등이 있다. 「지리교육」 제하의 목록은 지역 지형 및 환경, 계획과 개발, 관광 인식 등으로 구성되어 있다. 「사회학」과 관련된 지침 목록에는 과학 원리 및 이론의 실질적 적용, 산업 및 환경에 미치는 과학의 영향, 인간 및 생물계, 생태학, 오염, 인구 동향이 있다. 마지막으로 「CSPE(시민·사회·정치교육)」 제하에는 시민의식, 권리와 책임, 정부기관, 유럽공동체, 세계시민교육 등의 목록이 있다.

전환학년이 정규교육과정으로 편입된 지 얼마 지나지 않은 1990년대에 아일랜드 교육부는 유럽위원회 대표부의 지원을 받아 학교 수업시간에 활용할 수 있는 교과통합 자료인 『유럽을 찾아서*In Search of Europe*』를 펴냈다. 이 자료는 주제별로 구성되었다. 교육부는 각 학교에 2부씩 보냈고 자료를 수업에 활용할 수 있도록 지역 워크숍을 열었다. 역사교사들은 「1945년 후 유럽통합의 개요」 수업 꾸러미에 포함된 소책자가 무척 유용했다고 보고했다. 실제 학교의 요청을 받아들여 유럽위원회는 책자 수천 권을 재판했다. 하지만 수업자료는 긍정적 평가를 받은 반면 교과통합 모듈은 그다지 인기가 없다는 피드백이 뒤따랐다. 많은 학교에서, 특히 여러 교사들이 조화를 이루어 가르쳐야 하는 학교에서 지침의 교과통합 수업의 염원은 대체로 실현되지 못한 듯하다.

유연성

제러르드 마리시 선생님은 전환학년 교사들이 유연하면서도 시의에 민감해야 한다고 믿는다. "어떤 사건으로 인해 세계 정치가 술렁이면 그 사안의 시의성과 긴박성이 학생들의 관심을 확 끌어당깁니다." 그는 최근 몇 년간 학생들에게 제시했던 주제로 미국 대선공약과 아랍의 봄, 우크라이나 내전을 예로 들었다. "역사교사인 저는 오늘의 일이 곧 내일의 역사가 된다는 사실을 분명히 보여줄 수 있는 기회를 꽉 움켜쥐어야 해요. 또한 나치 전범을 재판했던 뉘른베르크 법정 600호실을 통해 깊이 깨달았던 것처럼 전쟁 책임자에게 범죄의 죗값을 단호히 물어야 하는 점도 배워야 하죠. 전쟁 후 평화 협상도 그에 못지않게 중요하게 다루는 수업의 단골 소재입니다."

킬케니 크리스천브라더스학교 역사 프로그램의 또 다른 줄기는 지난 100년의 세월을 비교하며 20세기 초 아일랜드 현대사를 살펴보는 것이다. "켈트 문화 부흥 운동으로 표출된 당시의 신민족주의 경향을 살펴보고, 영국으로부터 아일랜드 독립을 선포한 1916선언의 서명자들을 개괄적으로 훑어봅니다. 세기의 전환기에 아일랜드 국민의 일상생활을 들여다보는 것 역시 중요한 주제죠. 1901년에서 1911년까지의 인구통계 자료를 보존하고 있는 국가기록원의 자료들을 학생들은 자신의 가족사와 자연스럽게 연결시켜봅니다. 가계도를 그리고 가문의 문장을 분석하면서 자신의 정체성을 더 분명히 인식하게 되죠." 그 후 학생들은 자신의 가족에게 의미 있었던 일이나 가족의 특성에 관한 프로젝트를 수행한다.

JC CSPE(시민·사회·정치교육) 수업에서 학습했던 내용을 한 단계 더 발전시켜 전환학년에는 다원주의, 사회주의, 공산주의, 자본주의, 좌파, 우파, 민족주의 같은 정치 이데올로기의 핵심 개념을 살펴보고 이를 아일랜드 정당과 간략히 연계한다.

마지막으로, 어떤 면에서는 킬케니주가 헐링의 역사로 이름을 떨치고 있기에 놀랍지 않겠지만 학생들은 아일랜드 전통 스포츠의 발전과 유산, 또 아일랜드 전통 스포츠와 문화 및 사교생활에 공헌한 바가 큰 게일육상협회에 대해 살펴본다. "인터넷 신문 아카이브는 이와 관련된 자료들의 보고입니다."

평가

"전환학년 학생들이 더욱 자기주도적인 학습을 실행해나가도록 전자 포트폴리오라고 불리는 개인 웹사이트에 모든 개인 및 그룹 과제를 탑재하게 합니다. 전자 포트폴리오는 학생들이 각자 만든 것이죠." 전자 포트폴리오에 탑재된 과제들은 전환학년이 끝날 무렵인 5월 초 한두 명의 교사들이 평가 인터뷰를 진행할 때 함께 검토된다. 인터뷰 시간에 학생들은 자신이 수행했던 과제를 프로젝터로 보여준다. 면접관은 전자 포트폴리오의 구성과 내용, 제시 방식에 대한 질문을 던진다. "바이에른 역사기행을 떠날 수 있어서 운이 좋았던 64~74%의 학생들은 어김없이 이 5일간의 여행에 특별한 애정을 쏟아붓습니다."

포트폴리오 인터뷰를 진행하는 것 외에 각 역사교사는 수업시간에 학생들의 발표를 일일이 듣고 평가하며, 에세이와 정기 프로젝트 과제를 검사하고, 학급 시험을 실시한다. "프레젠테이션은 학생들에게 매우 유익합니다. 프로젝트 과제를 6, 7개의 슬라이드로 압축한 후 친구들과 교사들 앞에서 발표하죠. 과제를 수행할 때뿐 아니라 발표 현장에서 피드백과 조언을 들으면서 학생들은 많은 것을 배웁니다. 이러한 프레젠테이션 경험은 전환학년 말에 진행되는 전자 포트폴리오 인터뷰의 사전 준비 효과도 있어요." 또한 그는 학생들의 교감 능력과 자신감을 향상시키는 것은 더 넓은 세상에서 교류하며 살아가도록 사회적 성숙을 꾀하고자 하는 전환학년의 장기 목표와도 잘 부합한다고 믿는다.

본 책의 다른 장에서도 분명히 언급한 것처럼 프로젝트 과제는 양날의 칼이다. 학생들에게 유익한 기회를 주는 동시에 유혹의 함정에 빠뜨릴 수 있다. "전환학년 역사 수업에서는 학생들이 각자 관심을 갖고 있는 분야에서 스스로 지적 자극을 꾀하도록 개인 연구 활동을 장려합니다. 물론 '구글'에서 주제어를 검색한 후 찾은 내용 중 일부를 오려 붙이고 상투적인 몇 마디 답변을 달아서 제출할 가능성이 있으니 교사들은 정신을 바짝 차려야 하죠." 그는 이렇게 경고하며 한마디를 덧붙였다. "사람들은 그보다 더 창의적이 되려고 애쓰며 살고 있잖아요!"

그 밖의 자산들

전환학년 역사 모듈을 통해 역사에 대한 관심이 촉발되고 본격적으로 불이 붙으면서 학생들 중 약 30~35명 정도가 고2 때 LC 과목으로 역사를 선택한다. 반면에 역사와 달콤한 사랑에 빠졌음에도 지난 수년간 LC 과목으로 역사를 선택하지 않았던 학생들도 적지 않다. 후자의 학생들은 수준 높은 영어를 구사하며 연구 조사를 하고 에세이를 쓰느라 엄청난 분량의 학습을 소화해야 한다는 것을 이미 잘 알고 있기 때문이라고 자인했다.

마지막으로 역사교사이자 코디네이터인 제러드 마리시 선생님은 학생들이 고등학교 과정을 마치고 졸업을 목전에 둔 상태에서 학창 시절을 죽 돌아보며 전환학년을 즐거운 추억 중에서도 노른자위로 여기는 것을 볼 수 있다고 한다. "학생들은 우정과 동료애에 대해 설파합니다. 수많은 국내·해외여행을 다니며 우정과 동료애가 얼마나 공고해졌는지를 말이죠. 전환학년 동안 학생들이 어느 정도 성숙해졌고 어느 정도로 개인 발달을 이루었는지 논하려면 이 아이들이 한 해 동안 얼마나 깊은 우정을 쌓았는지를 살펴보면 됩니다. 또 다른 징표로는 교사를 대하는 학생들의 태도를 들 수 있어요. 교사를 단순히 권위와 지식의 소유자로서가 아니라 한 인간으로서 존경하는 학생들이 많습니다."

제19장

반짝반짝 빛나는
자선 모금활동

『아이리시타임스』 칼럼니스트이면서 더블린 머크로스파크학교에서 교사로 재직하는 브레다 오브라이언 선생님은 2014년 칼럼에서 다음과 같이 언급했다.

> 사람들은 청소년들이 얼마나 소극적이고 무관심한지를 자주 논한다. 그렇지만 전환학년 학생들이 홀로 모금활동을 펼치지 않는다면 아일랜드의 수많은 자선단체들이 얼마나 어려움을 겪을지에 대해서는 거의 입도 뻥긋하지 않는다.

더블린 그래프톤가를 따라 무심코 길을 걷던 방문객은, 유독 금요일 오후에는, 교복을 입고 짤랑대는 모금함을 들고 다니는 수많은 청소년들의 맹공을 받을 수 있다. 질문을 몇 마디 건네보면 대개는 이 아이들이 전환학년 학생이라는 것을 알아차린다. 이리저리 좀 더 캐물으면 학생들은 모금함에 적힌 자선단체에 대해 짧은 지식이나마 또박또박 설명한다. 이때 불현듯 불편한 질문들이 뇌리를 스친다. 이 아이들은 자원봉사자인가 모금 징집원인가? 이 아이들은 얼마나 철저히 준비되었는가? 자선단체는 이 과정에서 어떤 역할을 하는가? 학교 전환학년 프로그램으로 모금활동은 얼마나 적절할까? 혹여 모금활동이 금요일 오후 시간을 때우기 위한 게으른 활동 방식은 아닐까?

　전환학년 프로그램으로 모금활동을 활발하게 전개하고 있는 학교로는 메이오주 밸리나의 성메리학교가 있다. "우리 학교는 전환학년 모금활동을 세 부분으로 뚜렷하게 구분하여 진행하고 있습니다." 패치 스위니 교장이 설명했다. "첫 학기에는 지역사회의 요구에 집중하죠. 마침 사순절도 있는 두 번째 학기에는 세계 이슈에 초점을 맞춥니다. 마지막 학기에는 전국 단위로 활동하는 아일랜드 자선단체 한 곳을 집중적으로 지원하기 위해 거액 모금활동을 전개합니다." 이러한 모금활동 방식은 학교와 수많은 자선단체 모두에게 유익하다. "전환학년을 처음 시작할 때부터 우리 학교는 모금활동을 전환학년 사회봉사 프로그램의 주축으로 삼았어요. 모금활동에 대한 계획을 세우고 시간표로 구성하고 엄격하게 관리하고 있죠." 성메리학교에서 장기근속하고 있는 아네트 레너드 선생님이 덧붙였다. 그녀는 수많은 창의적 모금활동의 견인차 역할을 톡톡히 하고 있다. "혁신적 모금활동은 우리 학교 전환학년의 두드러진 특징이 되었습니다."

　성메리학교는 모금활동 방식을 면밀하게 체계화하면서도 여전히 유연성을 발휘할 수 있는 여지를 남겨두었기 때문에 비상사태나 재해가 닥쳤을 때 학생들은 즉각 대응할 수 있다. 이를테면 2004년 인도양에서 쓰나미가 일어났을 때 학생들은 선박 구입비를 모금했고, 2010년에는 아이티 지진 희생자들에게 전환학년의 밤 뮤지컬 공연 수익금을 기부했다. 최근에는 낭포성섬유증Cystic Fibrosis이라는 단체를 도왔다. 낭포성섬유증 서부지부는 메이오종합병원에 낭포성섬유증 부서를 신설하기 위한 모금활동을 전개해왔는데, 성메리학교 학생들은 그 단체가 모금 목표액을 달성하도록 지원했다(낭포성섬유증은 아일랜드에서 많이 나타나는 유전 질병 중 하나임 – 역주).

"전환학년 첫 학기에는 저희 지역 자선단체인 성빈센트드폴공동체 St Vincent de Paul 밸리나지부를 다각도로 지원하는데 그중 하나가 모금활동입니다." 패치 스위니 교장은 사회봉사나 가서 활동의 일환으로 청소년 성빈센트드폴공동체에서 자원봉사를 하는 여학생들도 있다고 한다. "모든 전환학년 학생들은 첫 학기의 가장 중요한 모금활동인 크리스마스 모금에 동참합니다. 장난감, 화장품, 보석 외에 음식 기부까지도 가능하죠."

모든 학교는 자기 학교만의 의식과 전통을 확립하고 이를 바탕으로 학교 기풍을 세운다. 교원과 함께하는 크리스마스 팬터마임은 1990년대 초 이후 성메리학교에서 손꼽아 기다리는 연례행사로 확고히 자리 잡았다. 행사 수익금은 모두 성빈센트드폴공동체에 기부한다. "재능이 넘치는 드라마부에서 매년 사랑스럽고 재기 발랄한 팬터마임을 공들여 준비합니다. 팬터마임에 참여한 교사들과 학생들은 똑같이 관객들의 찬사를 받거나 빈축을 사죠. 교원 30여 명이 출연진으로 참여하고 있어요." 교장의 두 눈이 반짝거렸다. "공유되지 않는 비밀이나 사건 같은 것은 없습니다." 모금된 선물과 성금을 지역 성빈센트드폴 자원봉사자들에게 기부하는 것으로 행사의 마지막을 장식한다. "필요한 가정에 물품을 나누어 주는 것이 몹시 신중을 기하는 일이라는 점을 잘 알고 있어요. 사실 대상자 중에는 우리 학교 학생들의 가정도 많답니다."

두 번째 학기에 전환학년 학생들은 모금을 통해 트로커려, 컨선월드와이드, 목표Goal, 국제구호트러스트Mercy International Trust를 돕는다. 국제구호트러스트는 은퇴한 교사 중 한 분이 현재 몸담고 있는 단체이다. "사순절에 많은 학생들이 24시간 금식을 합니다. 그리고 난 후 자선단체 관계자가 부활절에 학교를 찾아와 자기 단체의 활동 현황에 대해 설명하면 학생들은 수표 한 장씩을 기증하죠."

세 번째 학기에 전환학년 학생들이 전국 단위로 활동하는 아일랜드 자선단체를 돕기 위해 모금활동을 펼치면서 성메리학교는 전국적으로, 심지어 전 세계적으로 주목받게 되었다. "이 모금활동은 1990년대 초 농구마라톤 행사로 아주 소박하게 시작되었어요." 이번에는 아네트 레너드 선생님이 말문을 열었다. "주로 전환학년 학생들이 참여했죠. 리엄 맥헤일 선수 등 밸리나 내셔널 리그 농구선수들도 찬조 출연을 했어요. 1995년 전환학년 여학생들은 농구선수, 교사, 친구들의 도움을 받으며 오전 11시에서 오후 3시 45분까지 쉬지 않고 농구 경기를 펼쳤죠. 학교 체육교사들이 심판을 봤던 그 농구 경기를 통해 크럼린 어린이병원 후원 기금 2,000유로(약 270만 원)가 모였어요. 이 행사는 이제 막 날갯짓을 시작한 어린이병원Children's Hospital 캠페인, '기쁨을 위한 도약Jump for Joy'의 한 부분으로 시행되었습니다. 전국 캠페인 관계자들이 감사의 뜻으로 학생들에게 농구복 한 세트를 선물했던 것이 기억나네요. 값진 경험이었죠."

'기쁨을 위한 도약' 캠페인은 '어린이 4명을 위한 신나는 모금Fun Raise 4 Kids' 켈로그 전국 캠페인으로 발전했다. 수익금은 더블린주 크럼린 지역의 우리여성병원Our Lady's Hospital 의료연구재단에 기증된다. 학교 참여를 독려하기 위해 우리여성병원은 '톰 콜린스 우승컵Tom Collins Trophy' 행사를 개최했고 성메리학교는 매년 수여되는 이 상을 이미 여러 차례 거머쥐었다. 최근 몇 년간 이름을 날린 또 다른 학교로는 케리주 리스토얼의 성마이클학교와 킬데어주 라어롸인학교, 티퍼레리주 털러스의 어슐린학교가 있다. 매년 참신하면서도 창발적인 모금 아이디어를 내는 것은 힘겨운 일이다. 그런데 2009년 밸리나의 성메리학교는 다시 한 번 대박을 터뜨렸다. 아주 재치 있게도 모든 여학생들이 하이힐을 신고 달리는 경주대회를 주최한 것이다. 학생들은 어린이병원을 위해 1만 유로(약 1,300만 원)를 모금했을 뿐 아니라 기네스 세계신기록 보유자로 공식 등재되었다. 기네스북에는 다음과 같이 수록되었다. "하이힐을 신고 달리기를 한 가장 많은 인원수는 2009년 4월 24일 아일랜드 메이오주 밸리나시 성메리학교에서 주최한 행사에 참여했던 763명이다."

기네스 세계기록 보유자가 되는 것은 중독성이 있어서 2012년 전환학년 학생들은 또 다른 세계기록을 경신하는 활동의 중심에 섰다. 약 1,600명의 사람들이 익히 잘 알려진 '세상 흔들기Rock the Boat' 춤을 함께 췄다. 이는 1,428명이 함께 추었던 기존의 기록을 뛰어넘는 것이었다. 인터넷에서 유튜브 자료를 찾아볼 수 있다. "세계기록을 보유하는 것은 두말할 것도 없이 학생들의 사기를 엄청 진작시켜줍니다. 또한 학생들이 본래 목적했던 바를 실현하는 데도 도움이 될 뿐 아니라 전환학년의 핵심이기도 한 혁신적 사고의 힘을 일깨워주죠." 패치 스위니 교장이 말했다. 그녀는 이러한 활동의 효과를 당연히 알고 있었다. 그녀는 교장으로 부임하기 전 성메리학교의 코디네이터로 일할 때 전환학년지원팀에 파견되었으며, 2001~2002년 동안 전환학년지원팀의 국가 코디네이터로 근무했다. 그 시절 수많은 학교에 혁신적 교수·학습 프로젝트를 소개했고 참신한 생각이 학교교육에 얼마나 크나큰 영향을 미치는지를 가까이에서 목도했다.

모금활동 이야기는 여기에서 끝이 아니다. 학생들은 '도제를 이겨라Beat the Apprentice'라는 또 다른 도전을 감행했다. 학생들은 이 활동을 통해 '기회 잡기, 기록 세우기, 기록 깨뜨리기, 세상 흔들기'라는 신선하고 매력적인 제명과 함께 '기네스 월드 챌린지Guinness World

Challenge'에 등극하는 영예를 안았다. 또한 빌 쿨런과 재키 래번이 도제 스타로 학교를 방문했다. 당시 빌 쿨런은 전환학년에 대해 매우 비판적인 입장을 취하고 있었다. 2009년 『아이리시 인디펜던트』는 "쿨런, '빈둥대는 해' 전환학년 폐지를 원하다"라는 머리기사를 실었다. 존 월시 기자가 쓴 그 기사는 "도제 스타인 빌 쿨런은 지난 밤 전환학년을 폐지시켜야만 하는 '재앙'으로 낙인찍었다"라는 문구로 시작되었다. 존 월시는 "학생들은 나쁜 습성에 빠져 서로에게 해가 되는 친구가 될 수 있다. 그저 게으른 습관에 길들여질 뿐이다"라고 이어나갔다. 그러나 빌 쿨런은 성메리학교 방문 후 밸리나 지역 라디오 방송에서 성메리학교의 전환학년 프로그램을 칭송했고 지금까지 자신이 방문했던 최상의 학교 중 한 곳이라며 기존의 입장을 공개적으로 철회했다!

성메리학교 모금활동의 핵심 전략은 모금활동의 수혜자인 자선단체 대표들과 함께 모금활동을 전개하는 것이다. 전환학년 학생들이 크럼린병원을 방문하는 것 역시 중요하다. "병원에서 학생들은 유명 인사 대접을 받습니다. 특히 모금활동이 집중되는 성 존 종양학 병동에서는 더욱 그렇죠." 크럼린 어린이의료연구재단의 홍보마케팅실 실장인 피오나 웰란 씨는 자신이 밸리나 학생들을 '믿을 수 없을 정도로 놀라운' 사람들로 여긴다고 한다. 또한 그 외의 많은 학교들이 함께 호흡하고 있으며 학생들의 후원은 더없이 소중하다고 한다. 그녀는 '또 다른 훌륭한 사례'로 킬데어주의 클롱고즈우드학교 이야기를 들려줬다. "학생들은 20년가량 저희를 위해 모금활동을 펼쳐왔습니다. 학생들은 전환학년 학생이라면 반드시 거쳐야 할 통과의례가 된 오리밀기(커다란 오리 모형을 함께 밀면서 전국을 돌며 모금활동을 펼치는 행사-역주) 연례 모금행사를 진행하죠."

대조적 관점

'모금'이라는 말은 교육부 전환학년 지침 어디에도 등장하지 않는다. 하지만 모금은 많은 학교에서 전개하는 전환학년 핵심 활동이 되었다. 성메리학교 사례에서 보았듯이 모금활동은 '서로 연계되고 보완되는' 다음 세 가지 전환학년의 목표를 실현하기에 특히 적합하다.

- 학생 개개인의 발달에 역점을 둔 성장교육. 개인의 사회의식과 사회역량을 높이는 것을 포함한다.
- 교양·기술·학업능력을 촉진하는 교육. 교과 연계 및 자기주도적 학습을 바탕으로 한다.
- 성인의 삶과 직장생활을 체험하는 교육. 이를 통해 개인의 발달 및 성장의 토대를 마련한다.

최근 몇 년간 각종 물의를 일으키며 많은 압박에 시달리고 있는 자선단체들은 보다 투명하게 기관을 운영해야 하는 필요성을 통감하고 있다. 무엇보다 자금 운용의 면에서 그렇다. 웹사이트 www.GoodCharity.ie 는 자선단체를 후원하고자 하는 사람들이 자선단체에 대해 반드시 점검해야 할 사항을 다섯 가지 질문으로 정리하여 제시하였다. 이 질문 목록은 학교들, 전환학년 코디네이터들, 학생들에게 유용한 활동의 길잡이가 되어줄 것이다.

1. 자선단체가 해결하기 위해 애쓰고 있는 사안은 무엇인가?
2. 그 사안을 해결하기 위한 자선단체의 활동 방식은 적절한가?
3. 자선단체가 지금까지 이룩한 것은 무엇인가?
4. 자선단체는 직업 규범에 동의했는가?

5. 자선단체는 사람들이 참조할 수 있도록 재정 정보를 투명하게 공개했는가?

JC CSPE(시민·사회·정치교육) 수업의 연장선상에서 전환학년 모금 활동을 전개하며 교사들과 학생들은 새로운 각도에서 자선 활동을 고민해볼 필요가 있다. 미국 사회학자 재닛 포펜딕은 사람들이 과연 사회정의보다 자선활동을 선호하는지 의문을 제기했다. 자선활동의 중요성을 깨닫고 이를 실행하는 것은 과연 사회의 '도덕적 안전장치'로 작용할까? 그녀는 노숙자를 위해 시위에 동참하거나 가난한 자를 돕는 밥차에 마카로니와 치즈 한 상자씩을 기부하는 것은 도리어 끝도 없이 계속되는 빈곤과 어마어마한 부가 공존하고 있는 근본적 사회 부조리를 해결하는 데 걸림돌이 될 수 있다고 일침을 가했다.

아일랜드 연구자인 브라이언과 브래컨[2011]은 학교에서 세계시민교육을 할 때 '말랑말랑한' 행동주의, 즉 모금·단식·재미 세 요소를 좇는 경향이 있음을 깨달았다. 그들은 개발 문제를 비판적 시각으로 바라보지 않는 것은 "개인이 자선을 베푸는 식의 단순한 '미봉책'으로 복잡하고 난해한 개발 문제를 덮으려는 것"과 다름없다며 우려를 표했다. 그러나 두 연구자는 "이러한 자신들의 견해가 자선활동이 장기적으로 개발에 기여하는 점을 부인하거나 개인의 사회 행동주의 그 자체를 비판하려는 것이 아님"을 덧붙였다. 작은 발걸음 하나하나가 커다란 사회 변화를 이루고, "사람들이 진정 원하는 세상의 변화를 갈구했던 간디 철학에는 논해야 할 내용이 많다"는 점을 인정했다.

성메리학교 밸리나 지역 사례에서 알 수 있듯이 체계가 잘 잡힌 모금 프로그램은 더 큰 차원의 교육 목표와 자연스럽게 연결된다. 모금 활동은 책임감 있고 능동적인 시민으로 학생들을 양성하려는 전환학년의 목표를 달성하기 위해 반드시 필요한 사회의식을 학생들에게 함양시키는 중요한 역할을 담당한다. 모금활동을 통해 학생들은 프로젝트 운영, 연구, 예산, 캠페인, 홍보 능력을 배양할 수 있다. 또한 학생들은 지역적·지구적 차원의 이슈와 씨름하는 데 자신의 에너지와 역량, 열정을 아낌없이 쏟아붓는다. 마지막으로 모금활동은 기부와 자원봉사를 하며 사회에 대한 관심의 끈을 놓지 않는 사람으로 청소년을 사회화시켜야 하는 학교의 의무를 다하도록 학교 활동의 발판이 되어준다.

제20장

글쓰기 재능의
싹을 틔우기

카멀 힌천 교수는 리머릭대학에서 교생을 대상으로 영어교육학을 강의하고 있다. 이전에는 코크주 카리걸라인지역학교에서 교사로 근무했다. "당시 제가 심혈을 기울였던 것 중 하나는 글쓰기를 통해 학생들이 자기 목소리를 찾게 하는 것이었어요. 아이들의 번득이는 생각과 글쓰기 재능을 접할 때마다 깜짝깜짝 놀라곤 했죠." 실제 20년도 더 된 일이지만 그녀는 학생들이 지었던 시와 소설을 아직까지도 생생하게 읊을 수 있다. 그녀는 "자기 목소리를 찾는 것은 자기의 느낌을 자기의 언어로 표현하는 것이며, 그 언어에는 언어 자체에 대한 느낌마저 배어 있다"는 아일랜드 시인 셰이머스 히니의 말을 인용했다. 그녀는 수년 동안 지켜본 것을 다음과 같이 표현했다.

생각과 말을 가지고 놀면서, 또 자기 자신과 타인에게 주파수를 맞추면서 의미 있고 흥미롭고 재미있고 강렬하고 뭉클하고 현실적이고 신비롭고 이색적이고 감정적이고 개인적이고 사색적인 무언가를 표현하도록 학생들의 재능을 어떻게 길러주고 이끌어주어야 할지…. '작가'로서의 정체성이 또렷해질수록 학생들의 자신감과 자부심 또한 커지는 것을 보았어요. '작가가 되었다'는 성취감은 얼마나 가슴을 콩닥콩닥 뛰게 하는지.

"교사인 저희는 청소년 내면에 깃들어 있는 생명력과 관심, 의식을 끌어내야 해요. 교육학자인 맥신 그린은 '틀에 박힌 시각'에서 벗어나 '잠재성의 모자'를 써야 한다고 상기시켰죠. 창의적 글쓰기는 우리를 해방시켜 자신과 타인의 내면으로 들어가게 합니다. 그린[1995. p. 123]은 '다양한 유형의 예술을 접하는 것은 최소한 자신의 경험을 더 깊이 들여다보고, 평상시에는 들리지 않던 주파수에도 귀를 기울이고, 무심결에 지나쳤던 일상생활과 자신을 짓눌렀던 습관과 관습을 자각하게 해준다'고 강조했습니다."

가능한 수업활동들

전환학년 지침은 「영어」 소제목 아래 풍부한 활동 목록을 제시한다. '즐거움을 위한 폭넓은 독서활동'으로 시작되는 지침 내용은 "드라마 제작 참여, 영화감상, 라디오 청취, 연극 상연(미리 정해진 것도 포함), 학교 잡지 간행 및 원고 기고, 특정 장르 글쓰기를 통한 개개 학생의 재능 계발, 가능하면 그 특정 장르와 연관된 대회 참가, 학급 차원에서 라디오와 비디오 제작, 교내 및 교외 학교 토론, 완수된 프로젝트에 대한 개인 및 학급 차원의 토론(가령 가장 좋아하는 작가에 대한 토론), 단어 연구, 단어의 기원 연구, 서로 다른 언어 사이의 연관된 단어 연결, 영문학의 역사에 대해 간략하게 압축한 기사 작성" 활동을 장려한다.

활동 목록은 영문학, 역사, 음악, 미술, 언론 등의 범주를 아우르며 특정 주제나 시기(예컨대 세계대전)를 중심으로 수업 내용을 집중하는 교과통합 수업 방식을 제안하며 끝을 맺는다.

　지난 20년 동안 전환학년 수업에 이 폭넓은 수업 틀이 운용되었을 뿐 아니라 그 목록은 점차 확장되어가고 있다. 실제 일부 창의적 글쓰기 활동은 교육현장에서 교육적 상상력이 잘 발동되고 있는지를 보여주는 지표이다.

리스토얼 작가 주간

　전통적 수업을 능가하는 글쓰기 활동 사례들이 풍부하다. 최근 몇년 동안 진행되었던 리스토얼 작가주간의 작가와의 만남 행사는 이의 좋은 사례이다. 케리주 전환학년 학생들은 작가 주간 행사에 초빙되어 작가들이 출판된 자신의 작품을 낭독하는 것을 경청하거나 인터뷰하는 모습을 지켜보았다. "학생들은 자기 작품을 낭독하는 작가의 실제 목소리를 듣는 것을 정말 즐거워합니다." 캐슬스랜드 지역의 프레젠테이션학교 교장이자 영어교사인 캐서리너 브로데릭 선생님이 말했다.

　"우리 학교에서 작가와의 만남 행사가 얼마나 인기 있고 가치 있게 여겨지는지는 학교 일정표에 작가주간 행사가 이제 한자리를 차지한 것, 또 행사 일정과 겹치지 않도록 시험을 계획하는 것을 보면 알 수 있죠."

　"살아 있는 작가와 만나는 것은 정말 짜릿한 경험이 될 거예요. 나일 맥모너글이 폴 더컨 시인이나 존 보인 소설가와 인터뷰하는 것을 지켜보며 작가로부터 작법에 대한 설명과 베스트셀러를 완성하기까지의 이런저런 부침에 대해 직접 들었던 것은 영원히 잊지 못할 추억이죠." 그녀는 말을 계속 이었다. "무대는 편안하고 대화는 물처럼 흘러갑니다. 학생들은 작가에게 질문을 던지는데 이 역시 영원히 간직할 뜻깊은 경험이겠죠. 지금 근무하는 학교나 예전에 근무했던 학교에서의 제 경험에 비추어 보면 학생들은 아주 특별한 문학 체험을 했다는 것을 깨닫고 작가주간 행사에서 가슴 한가득 열정을 품고 학교로 돌아옵니다." 또한 그녀는 교실로 작가를 초빙하는 것이 학생들에게 이로울 거라는 두터운 믿음을 갖고 있다. "제가 케리주 북부의 코즈웨이 종합학교에서 재직했을 때 토미 프랭크 오코너 같은 작가들이 학교를 방문해서 학생들과 작품에 대한 대화를 나누었어요. 마법이 일어나는 것을 똑똑히 보았죠. 토미 오코너가 '저와 함께한 학생들은 이제 창의적 글쓰기 과정이 무엇인지 이해합니다. 학생들은 앞으로 교수요목에 예정되어 있는 작가들을 훨씬 더 자신감 있게 대할 거예요'라고 말했던 것이 떠오르네요."

'파이팅 워드'

2009년 로디 도일과 숀 러브 씨는 파이팅 워드Fighting Words라고 불리는 창의교육활동의 시동을 걸었다. 이들은 어린이와 청소년에게 창의적 글쓰기의 출구를 만들어주고 싶어 했다. "작가의 땅이라는 자부심이 강하면서도 정작 글을 쓸 기회가 좀처럼 주어지지 않는 아일랜드에서 이 사업은 바보 같은 짓일 수도 있겠다고 생각했습니다." 두 창립자는 입을 모아 말했다.

더블린 크로크공원에서 그리 멀지 않은 러셀가 베한 스퀘어에 위치한 파이팅 워드 센터에는 첫 6년 동안 10대 청소년과 어린이 5만 명이 다녀갔다. 교사와 멘토 500명이 자원봉사자로 활동했기에 가능한 일이었다. 전국 각지에서 방문한 전환학년 학생들과 교사들은 **파이팅 워드**를 입에 침이 마르도록 칭송했다. 이 프로젝트 운영을 위해 어떠한 국가지원금도 받고 있지 않지만 "우리 센터의 모든 워크숍과 프로그램, 여름 캠프는 무료로 진행되고, 각계각층의 아이들이 모두 동등하게 환영받고 동등하게 참여하고 있습니다"라고 숀 러브 씨는 힘주어 말했다.

2015년 4월 『아이리시타임스』는 다섯 번째 파이팅 워드 증보판을 펴냈다. '졸업생들'이 증언한 글을 읽는 동안 파이팅 워드의 가치를 느낄 수 있다. "나는 2010년 9월 전환학년 학생으로 파이팅 워드의 문을 처음 열고 들어갔으며 지금까지 함께하고 있다." 케빈 버드 씨가 언급했다. "그 시절 내가 심취해 있던 것을 펼칠 수 있는 공간을 알게 되었고 거기에서 엄청난 경험을 쌓았다. 내가 쓴 단편소설들을 한 권의 책으로 펴냈고, 『아이리시타임스』에 실었으며, 피코크극장에서 내 작품을 상연하였다. 무엇보다 나처럼 글쓰기에 흥미가 있는 사람들을 만났다. 그 후 나는 트리니티대학에 진학해서 영어를 전공하고 있으며 파이팅 워드에서 초등학교 글쓰기 워크숍 자원봉사자로 활동하고 있다."

지금은 베이징에서 공부하고 있는 더블린시티대학 학생 세라 매리만 씨는 전환학년 진로체험 기간에 파이팅 워드에 처음 발을 들여놓았다고 한다. 그녀는 파이팅 워드에서의 경험을 '탄복'할 만한 것으로 묘사했다. 세라 매리만 씨 역시 자신의 작품을 피코크극장에 올렸으며 지금까지 자원봉사를 지속하고 있다.

2013년 프란체스카 로렌지와 아이린 화이트[14]는 파이팅 워드의 창의적 글쓰기 모델을 평가한 후 다음과 같이 결론지었다.

> … 파이팅 워드 모델은 청소년의 개인적·사회적 성장뿐 아니라 학업 발달에도 긍정적 영향을 미친다. 연구 결과 다른

---

14. 이 두 연구자는 더블린시티대학 교육학과의 문화적책임연구평가센터에서 일한다. 연구보고서 전체 내용은 http://www.fightingwords.ie/publications/dcu-report-fighting-words-mode에서 찾아볼 수 있다.

무엇보다 다음과 같은 긍정적 영향이 명백하게 드러났다. 파이팅 워드 참여자는 창의적 글쓰기와 학교 활동을 더욱 활발히 하고, 학습동기·자신감·자존감을 높이고, 자신의 창의적 재능에 대해 인지하고 이에 자긍심을 느끼며, 협동학습에 훨씬 더 능하고, 읽고 쓰는 능력을 향상시킨다.

파이팅 워드 웹사이트를 보면 알 수 있듯이 숀 러브와 로디 도일 씨는 파이팅 워드 프로젝트가 창의적 글쓰기를 장려할 뿐 아니라 시민사회의 목적을 구현한다고 변함없이 믿고 있다. 숀 러브 씨는 2013년 센터를 방문했던 마이클 디 히긴스 대통령의 말을 인용하며 파이팅 워드 프로젝트의 이상을 요약했다.

읽고 쓰는 법, 한 페이지에 담긴 문자를 이해하는 법, 이러한 문자를 가지고 자신의 문장을 창조하는 법을 배우는 것은 고귀한 선물이다. 이 선물을 통해 우리는 사회에 온전히 몸담을 수 있고, 자신의 잠재력을 실현하기 위해 마음의 문을 열어 스스로 깨우치고 정보를 습득할 수 있으며, 신세계를 발견하고 새로운 사고방식을 터득할 수 있다.

파이팅 워드 프로젝트 평가 결과 두 창립자는 활동 목적을 '개방성, 기계식 암기학습과 대별되는 창의성, 자율성'을 높이는 것으로 정의했다. 학생들의 자존감을 향상시킨 것 역시 반복적으로 거론되는 파이팅 워드 활동의 성과이다.

국가교육과정평가원 원장인 앤 루니는 파이팅 워드 프로젝트 평가의 일환으로 진행되었던 인터뷰에서 다음과 같이 언급했다.

나에게 파이팅 워드는 목소리를 내는 것이다. 그러니까 파이팅 워드는 학생들이 설사 지금은 고투하고 있더라도 자신의 관점, 의견, 생각, 개념, 질문을 분명히 표현할 수 있도록 … 학생들에게 도구를 쥐어주는 것, 학생들에게 도구를 쥐어주고 여건을 마련해주는 것 그리고 … 자신의 목소리를 찾게 할 뿐 아니라 자신감까지도 심어주는 것이다.

　연구 인터뷰에 응했던 어느 한 교장은 "전환학년이 끝날 무렵 학생들에게 그간 참여했던 다양한 활동들을 평가해보라고 하면 **파이팅 워드**는 언제나 학생들이 가장 좋아했던 활동으로 손꼽힐 것"이라고 응답했다.

　학생 약 25명으로 반을 구성하고 협동작업 방식으로 글쓰기 프로젝트를 시작한다. 로디 도일 씨의 말대로 "다른 어떤 것보다도 겁이 덜컥 나게 하는 백지가 주어진다." 학생들은 역할놀이를 하며 시나리오 작업에 들어간다. 대사를 쓰고, 인물의 성격을 구축하고, 배경을 설정하는 과정이 주어진다. 이 과정에서 모든 학생들은 영감을 얻고 첫 문장을 시작할 수 있는 자신감을 얻는다. 첫 단어들만 입력한 후 그 글자를 프로젝터로 보여주는 것은 학생들의 생각을 끌어내기에 매우 효과적인 방식이라고 한다. 숀 러브 씨는 글쓰기 과정에 대해 구체적으로 설명했다. "학생들이 자신의 생각을 꺼내놓기 시작하면 … 저희는 즉흥적으로 대사를 치면서 연기할 수 있는 시나리오를 건네줍니다. 잠시 동안 펼쳐진 학생들의 대화를 들으며 그 내용을 입력하죠. 어떤 학생이든지 간에 이 방식이 실패하는 법은 없습니다. 시나리오가 그럴듯해 보이면 학생들은 시나리오를 가필하고 그 작품에 대한 주인의식을 갖습니다."

연구에 참여했던 교사들은 **파이팅 워드**의 유용한 측면을 학교 수업으로 끌고 왔다고 보고했다. 한 교사는 "이야기를 사랑하는 학생들 사이에 집단 유대감을 형성하는 데 도움이 되었다"라고 평가했다. 교사들은 창의적 글쓰기 활동을 발전시키기 위해 학생들이 창의적 생각을 나눌 수 있는 글쓰기 전용 공간을 확보해줄 것을 학교에 요청했다. 그 밖에 담임교사의 지원이 필요한 점과 저명한 작가를 프로젝트에 참여시키는 방안에 대해서도 학교에 제안했다.

숀 러브 씨는 특수교육이 필요한 학습자들이 글쓰기 과정에 참여한 것은 **파이팅 워드**에 뜻밖의 즐거움을 안겨주었다고 한다. "저는 특수교육이 필요한 아이들이나 성인들을 대상으로 하는 워크숍에 애착이 많습니다. 워크숍에 참여했던 학생들과 그 부모들, 교사들, 그 밖에 학생들을 데려오신 분들 모두 창의적 글쓰기가 학생들에게 말할 수 없이 큰 도움이 되었다는 피드백을 남겨주죠. … 특히 아스퍼거증후군을 앓고 있는 자녀의 학부모들이 저희 기관이 자녀에게 문을 열어준 점에 대해 감명을 받는 모습을 보노라면 저 역시 가슴이 뭉클해집니다. … 또, 시각 장애 학생들을 위해 … 이 모든 학생들과 함께 워크숍을 진행하는 것은 그야말로 즐거움 중의 즐거움이죠."

연구 인터뷰에 응했던 교장들은 창의적 글쓰기는 정신 질환을 앓고 있는 청소년들, 수줍음이 많아서 자기표현을 제대로 하지 못하는 청소년들, 행동장애가 있는 청소년들에게 긍정적으로 영향을 미친다고 언급했다. 특히 한 교장은 학교 차원에서 학생들의 창의성을 기르기 위해 골몰하고 있었다. "우리 학교는 교육과정을 폭넓게 운영하는 반면 교수요목이 지나치게 경직되다 보니 학생들이 상상력을 펼치는 데 한계가 많습니다. … 대체로 사실, 사실, 사실만을 반복적으로 주지시키죠. 그 사실에 덧붙여 뭔가를 표현할 수 있는 여지가 없어요. … 대개 학생들에게 기회가 주어지지 않죠. … 학생들의 상상력은 풍부한데 이 아이들이 상상력을 갖고 있다는 사실을 잊어버립니다. 중압감에서 벗어나기 위해 적극적으로 멍 때리고 상상의 나래를 펼치는 것이 얼마나 중요한지 아시잖아요. … 아이들을 해방시키는 방법이죠. 상상력은 아주, 아주 중요합니다. 상상력은 중등교육과정에서 충분히 장려되지 않은 것이며 우리가 소중하게 다루어야 하는 것입니다."

시 낭독 대회

시인 스티븐 머리는 날이 갈수록 전환학년 교실에서 더욱 친숙해지는 인물이다. 그는 '전환학년의 잠재력을 최대한 끌어올릴 때까지 전환학년의 한계를 뛰어넘기'라는 사명을 내걸고 있는 영감지대 Inspireland의 대표이다. 영감지대는 패기만만한 예술가들이 모인 단체이다. 웹사이트에 따르면,

> 영감지대는 창의성, 마술, 교육을 통합한 학교 프로그램을 진행하는 단체이다. 학생의 기억에 영원히 남을 혁신적이고 흥미진진한 예술 및 문해 프로그램을 가르친다.

스티븐 머리는 1980년대 미국에서 사회운동 차원으로 시작된 시 낭독 대회Slam Poetry의 옹호자이다. 시인들은 현장의 청중 앞에서 시를 낭독하고 심사위원들은 표결한다. 수많은 예선을 거쳐야 하는 시 낭독 대회도 있다. 스티븐은 아일랜드 청소년 시인들을 위해 시 낭독 대회를 주최했고 이 대회에 청소년 5,000명이 참가했다. 그 결과 네 학생이 우승자로 당선되었고, 이들은 2015년 여름 미국 케이블TV HBO의 시 낭독 대회 프로그램인 멋진 새로운 목소리Brave New Voices에

참가하기 위해 미국으로 떠났다.

네 우승자 중 한 명이면서 아일랜드 학생팀의 공동팀장이었던 멜리사 캐버나는 시 낭독 대회로 시작되었던 인터뷰를 전환학년 이야기로 다시 끌고 갔다. "저의 선생님이셨던 코널리 선생님께서 저희 모두에게 유튜브 동영상을 보여주시면서 멋진 새로운 목소리 프로그램을 소개해주셨어요. 스티븐 머리 시인을 우리 학교로 초빙한 분도 코널리 선생님이셨고요. 저는 스티븐 머리 워크숍에서 「겨울밤」이라는 시를 썼어요. 그리고 전국 아일랜드 학교 시 낭독 대회에 「겨울밤」으로 참가했고 2등에 당선되었죠. 그 후 한 번도 펜을 놓아본 적이 없어요."

멜리사는 시는 자신의 삶을 긍정적으로 이끌어주는 삶의 추동력이 되었다고 한다. "사람의 가장 깊은 내면에 자리 잡고 있는 생각과 느낌을 표현하는 데 시처럼 유용한 것이 없어요. 특히 보통 때는 그렇게 표현할 기회를 좀처럼 갖기 힘든 학생들의 경우에는 더욱더요. 이렇게 말씀드리는 것이 진부하게 들릴지도 모르겠는데요, 시는 삶의 전환점을 만들어줄 수 있어요. 제가 시를 더 잘 쓸수록 타인을 도울 수 있는 저의 잠재력 또한 더욱 커지리라는 생각으로 시를 대해요. 최근 아일랜드팀은 초록리본캠페인Green Ribbon Campaign을 지원하기 위해 선데이베스트축제Sunday Best Fest에서 공연을 펼쳤어요. 낯선 사람들로 꽉 찬 공연장에서 환호를 받으며 제가 골몰하고 있는 정신건강 문제를 갖고 공연을 펼치는 것은 정말 짜릿했죠. 그런데 그날 밤 가장 황홀했던 순간은 저의 공연이 타인을 돕는 데 쓰였다는 것을 알게 되었을 때였어요. 저는 이전에 이런 문구를 들은 적이 있어요. '음유시인인 나는 한 사람의 목소리면 족하다는 것을 알고 있다. 그 한 사람의 목소리를 수백 명이 들을 테니. 따라서 한 사람의 목소리면 변화가 가능하다.' 그 말을 아직도 가슴에 새기고 있죠."

멀리사의 전환학년 교사였던 리사 코널리 선생님은 더블린 클룬도 킨 지역에 있는 브리더학교에서 근무한다. 그녀는 학생들과 함께 창조적 공간의 문을 열어젖히며 열심히 활동하고 있다. 자신의 역할을 어떻게 생각하는지 묻자 그녀는 조리 있게 답변했다. "저는 작가는 아니지만 제 자신이 곧 이야기이죠. 저는 작가는 아니지만 창의적 글쓰기를 가르칩니다. 저는 작가는 아니지만 학생들의 재능을 알아볼 수 있어요. 저는 글을 쓰는 데 실패한 작가가 아니고 이와 같이 교사입니다. 저는 가르치는 데 실패한 교사가 아니고 이와 같이 제 이야기를 다 발현시키지 못한 작가입니다. 저는 학생들이 자신의 이야기에 몰입하는 것을 지켜보는 관찰자이고 학생들이 자신의 이야기에 몰입할 때 이를 예찬하죠. 창의성은 본디 예측 불가능하고 억지로 발현될 수 없습니다. 창의성은 이치를 따지고 구조와 논리를 부여하는 것이 아니에요. 창의성은 마음을 여는 것, 신뢰하는 것, 직관하는 것, 감지하는 것, 잇는 것입니다. 우리는 모두 저마다의 이야기 덩어리예요. 이야기는 '가르치는' 것이 아니라 공유하는 것입니다. 교사들은 물리적 공간과 지문, 문학기법, 문학의 전통 양식을 지나칠 정도로 과하게 강조합니다. 이런 요소들 때문에 질식할 것 같고 그만큼 혼란스럽고 위축될 수 있는데도 말이죠."

그렇다면 독자들은 이렇게 물을지도 모르겠다. 코널리 선생님, 이 모든 것을 전환학년 교실에서 어떻게 실행하시나요? "창의성이 발현되는 지점은 인간의 잠재의식 영역입니다. 잠재의식은 학생들이 의식의 심연에서 친숙한 것을 길어 올리고 아무런 거리낌 없이 타인과 그것을 나누기에 안전하다고 느끼는 안식처 같은 곳, 열린 틈이죠. 문학적 영감을 얻기 위해 교실 밖으로 나설 필요는 없어요. 사람이 곧 영감이니까요. 학생들의 창작품을 비평하며 비교하는 것은 진정한 자유와 몰입감을 만끽하는 데 역효과를 초래해서 결국 학생들을 불안하고 무기력하게 만들 수 있습니다."

또한 실용주의자들은 이런 질문을 덧붙일 것이다. 어떠한 '교육 효과'가 있는지 어떻게 알 수 있죠? "좋은 학생이란 어떤 학생이죠? 스스로를 일깨우는 교사 같은 학생. 좋은 교사란 누구인가요? 열심히 배우고 익히는 학생 같은 교사. 작금의 교육체계는 푸아그라를 얻기 위해 거위에게 강제로 먹이를 먹이는 것과 같습니다. 학생들에게 학습 내용을 퍼붓고 기법을 완벽하게 가르치면 학습 내용을 더 깊이 이해하고 기법을 더 정교하게 구사할 거라는 착각에 혼이 쏙 빠져버린 거죠. 사실 창의성의 관점에서 보면 성과는 언제나 맨 마지막에 나타납니다. 이렇게 터무니없는 기대를 갖고 학생들을 압박하면 학습에 몰입하기 힘들고 자신감은 맥을 못 추게 되어버려요. 학생들이 기대치에 미치지 못하면 교육체계는 그저 그 학생들을 포기하고 맙니다. 이는 작가의 길을 걷는 것이 무가치한 일이라고 역설적으로 말하는 거나 다름없죠."

마지막으로 리사 코널리 선생님은 다른 교사들에게 어떤 조언을 할까? "관행을 저버리세요. 유명 작가의 무게를 들이밀면서 섬세한 재능의 싹을 서둘러 짓밟지 마세요. 글을 쓸 수 있는 공간을 확보하고 분위기를 조성해서 학생들이 자발적으로 글을 쓰게끔 이끌어주세요. 관습과 창의성은 본래 물과 기름의 관계입니다. 그 둘이 공존할 수 있다는 생각에 의구심이 들어요. 하나는 다른 하나가 단단한 토대를 구축할 수 있도록 사라져줘야 합니다. 10대들이 모험을 무릅쓰고 뭔가에 몰입하는 것은 자연스러운 일입니다. 아이들의 정체성은 아직 확고하지 않기 때문에 아이들은 손으로 더듬으며 나아가고 있어요. 모든 형태의 물을 시험하고 있어요. 교사로서 제 역할은 아이들이 편안하게 탐험하도록 환경을 잘 조성하고 유지해서 아이들이 맘껏 뛰놀게 해주고, 다른 사람들이 이 아이들을 섣불리 판단하거나 방해하지 않도록 주의를 기울이는 것입니다. 물론 이를 위해 제 자신이 먼저 매우 자각적, 현실적이어야 하고 아이들을 평등하게 대우해야 하죠. 이는 종래의 교사들의 관점과는 다르겠지만 어차피 저는 그 관점에 완전히 동화되어 있지는 않았으니까요!"

"자신의 삶과 교실에서 유령 같은 사람이 되지 마세요. 깨어 있고 인지하고 생기 넘치는 사람이 되세요. 학생들이 선생님을 깜짝 놀라게 하거나 기쁘게 할 때를 주시하세요. 그러나 더 중요한 순간은 학생들이 자기 자신을 깜짝 놀라게 하거나 기쁘게 할 때입니다. 그렇게 하면 고도를 기다리며 어정쩡하게 남겨진 학생은 없을 겁니다."

제21장

과학의 무궁무진한 잠재력

전환학년 과학 수업은 아직 그 잠재력을 다 꽃피우지 못한 사례로 종종 회자된다. 리머릭대학의 세라 헤이스 연구진은 사회에서의 과학의 역할을 강조한 전환학년 지침과 JC·LC의 협소한 과학 교수요목을 비교했다. 연구진은 "전환학년 동안 제대로만 운영된다면 과학교사들은 과학 문해력이 높은 시민으로 학생들을 양성하고, 과학에 적극적인 태도를 갖게끔 이끌며, 과학 이론 및 활용에 대한 흥미를 높일 수 있다는 점에서 전환학년이라는 기회는 몹시 소중하다"고 밝혔다.^{헤이스}

와 차일즈, 오드와이어, 2013, p. 739 또한 연구진은 전환학년 과학교육은 "많은 학생들에게 풍부하고 가치 있는 과학 경력의 토대를 닦을 수 있는"기회라고 평했다.

그러나 전환학년 과학교육의 이러한 잠재력에도 불구하고 헤이스 연구진은 다음과 같이 밝혔다. "과학은 전환학년의 핵심 과목으로 그 가치가 현저히 높지만 실제 행해지고 있는 과학교육, 즉 교수·학습 내용을 들여다보면 과학 교육과정이 참신하고 차별되는 학교에서조차도 변화에 부응하지 못한다."^{앞 문헌, p. 740} 이들의 연구에 의하면 "대다수 교사들이 전환학년 과학 수업을 학생들의 과학적 시야를 틔워줄 기회로 삼는 대신 LC 과학 교육과정에 따라 가르치고 있다"^{앞 문헌, p. 742}고

한다.

또한 연구진은 전환학년 지침이 모호하기 때문에 학교는 과학교육에 대해 '엇갈린 메시지'를 받는다고 지적했다. 즉, 전환학년 지침 중 "전환학년은 LC 프로그램의 일부가 '아니'기에 교사들은 LC 수업 요소를 가르쳐서는 안 된다"교육부, 1993, p. 5는 문구와 "전환학년은 LC 수업 요소를 굳이 배제할 필요는 없으며 향후 LC 학습의 기반을 확고히 다지기 위해 전환학년 동안 LC 수업을 많이 경험하도록 LC 수업 요소를 활용해야 한다"는 상반된 문구를 비교했다.앞 문헌, p. 5 그 결과 교사 중 66%는 "전환학년 동안 LC를 가르치는 것을 '규범'으로 여기게" 되었다.헤이스 등, p. 741 연구진은 다음과 같이 결론을 맺었다. "교사들 역시 익숙한 방식에서 벗어나는 것을 두려워하고, 일상적 관행이 주는 안정감과 그간 의지해왔던 교수요목 없이 '정해진 틀 밖'에서 수업하는 것을 우려했다."

헤이스 등2013, p. 742은 "연구 결과는… 현장 사례를 바탕으로 진행되었던 이전 연구 결과에 힘을 실어주었다. 즉, 과학교사들은 전환학년 동안 가르치기에 적절한 수업자료를 찾느라 씨름하고 과학 교수법을 불만족스럽게 느꼈지만 그렇다고 해서 수업과 수업자료를 스스로 설계할 만한 역량도 갖추지 못했다."과학교사들이 전환학년 동안 보다 효율적으로 가르칠 수 있도록 적절한 수업자료를 개발해서 JC와 LC의 간극을 좁히는 것은 분명 필요하다.

연구 결과가 발표된 후 리머릭대학 헤이스 연구진은 '전환학년 과학 프로젝트'를 개발했다. 지금까지 12개가 넘는 과학 모듈을 자료로 펴냈다. 각 모듈은 다음 기준을 준수하며 개발되었다.

1. 중학교 과학 과정을 바탕으로 수업을 구축한다.

2. 과학을 일상생활과 연결시킨다.

3. 소통 역량을 향상시킨다.

4. ICT 역량을 발전시킨다.

5. 생활 역량을 발전시킨다.

6. 질문·조사 능력을 향상시킨다.

7. 그룹 활동 능력을 기른다.

8. 과학 문해력을 높인다.

9. 특정 주제에 따라 관련된 모든 주요 과학 분야를 연계하는 교과 통합의 관점을 장려한다.

과학 수업에 대한 더 많은 정보는 국가수학과학교수학습수월성센터 웹사이트에서 찾아볼 수 있다.

전환학년 지침

개별 교사의 사례를 다루기 전에 먼저 1993 교육부 지침을 살펴볼 필요가 있다. 교육부는 학생들이 폭넓게 과학 활동을 하도록 전환학년을 십분 활용하기를 원한다. 전환학년 수업 사례로 천문학과 화학 산업, 식량, 농업을 제안한다. 전환학년의 근본 취지에 맞게 지침은 "활동을 중심으로 교수·학습을 전개해야 한다. 실제 수업은 LC과정의 일반적 사례보다 더 탐구적이어야 한다"라고 명시했다. 사회 맥락과 연계시켜 과학교육을 실시하는 것뿐 아니라 과학의 응용에 대해서도 살펴볼 수 있는 기회를 중시한다.

전환학년 과학 모듈은 과학 내용을 더 깊이 탐구하기 위한 기초를 닦는 데서 그치지 말고 과학과 사회의 연계를 모

색해야 한다. 이의 한 사례로 에너지 개념에 초점을 맞춘 모
듈, 가령 에너지 자원, 에너지 보존, 환경영향, 비교생산비 같
은 모듈을 진행할 수 있다. 이와 같은 모듈은 다양한 타 과
목을 포괄하는 교과통합 학습의 성격을 띨 수 있다.^{교육부,}
^{1993, p. 27}

헤이스 연구진이 고안한 과학 모듈수업 개발의 9개 기준은 이와 같
은 전환학년 지침 내용을 창의적으로 발전시킨 것이다.

사고력을 키우는 과학

"저는 과학 수업을 통해 청소년들이 적절하게 질문하고 답하는 법
을 익힐 수 있다고 믿어요." 위클로주 브레이 지역의 라인학교에서 물
리, 과학, 수학, SPHE(사회·개인·건강교육)을 담당하고 있는 테리 물케
히 선생님이 말했다. 그는 교사들이 직업적 판단을 이렇게 저렇게 내
려볼 수 있는 전환학년의 자유로움이 참 좋다고 한다. 그는 25년 넘게
학교의 전환학년 발전에 일조해왔으며 과학교과 코디네이터와 학년주
임 보직을 맡고 있다.

"제가 현재 가르치고 있는 전환학년 과학 모듈은 학생들에게 색다
른 관점을 제시해줍니다. 예컨대 '우리 모두 이제 과학자야. 그러니까
모든 것을 실험해보자'는 식의 과학교육 접근법이랄까요. 총 네 모듈
이 있는데 각 모듈은 뚜렷이 구분되면서도 긴밀히 연결되어 있어요.
첫 번째 모듈은 다양한 과학 영역에서 학생들이 문제해결을 시도해
본 후 문제해결 방식이 다양하다는 것을 깨닫는 것입니다." 이런 방식
의 수업을 힘겨워하는 학생들도 있는데 '과학 개념에 대해 골똘히 생
각할 때보다 문제해결 방식의 수업이 더 정신없이 바쁜 경우가 많기

때문이다.' 이런 점을 잘 알고 있기에 그는 상상력을 가동하여 만화나 유튜브 동영상을 주로 활용하는 등 수업에 흥미 요소를 가미하려고 애쓴다. "이 모듈수업을 통해 학생들은 사고란 무엇인지, 또 우리는 어떤 과정을 통해 사고하고 배우는지에 대해 깊이 이해할 수 있습니다."

"두 번째 수업 줄기는 '소통하는 과학'입니다. 학생들은 과학 잡지나 과학책, 논픽션에 실린 수많은 정보를 탐독하고 탐구한 후 발표 과제 하나를 선택하죠." 이 수업에 열심히 참여하는 학생들조차도 프레젠테이션만큼은 부담스러워한다고 한다. "그럼에도 프레젠테이션 과정이나 프레젠테이션 후에 아이들의 자신감이 얼마나 향상되었는지 피부로 느끼실 수 있을 거예요. 제 경험에는 많은 학생들이 프레젠테이션의 폭과 다양성을 즐깁니다. 마치 학습이 아닌 것처럼 느끼는 것 같아요. 기말고사류의 평가를 진행하지 않는 것을 내심 불편해하는 학생들도 있죠. 관행에 깊이 물들어 있던 이런 학생들이 새로운 과학 수업 접근법을 통해 도리어 뛰어나게 과제를 수행하고 전환학년 동안 자신이 성취한 것을 뿌듯해하는 것을 볼 때마다 놀라움을 금치 못합니다."

세 번째 전환학년 과학 프로그램은 빅뱅이론 중심의 거대과학 과정이다. 그리고 마지막 네 번째 줄기는 세부 과목과 진로지도를 통합하는 것으로 혁신적 과학교육 사례이다. "각 학생은 자신이 27세의 성인이 되었다고 가정하고 현재 어떤 일을 하고 있는지 자신의 직업 이야기를 들려줘야 합니다. 어떻게, 왜 그 직업을 선택했는지 상세히 설명해야 하죠. 이 모듈수업을 하며 학생들은 자신이 왜 그 직업에 더 끌리는지 고민하게 됩니다. 이 과정에서 학생들은 정보수집 능력을 발전시키고 진로에 영향을 미치는 정보를 식별하여 결정을 내리는 혜안을 갖게 되죠."

그는 학생들이 발전시키고 잘 보관해놓은 과학 포트폴리오를 평가한다. 학생 평가 총점은 출석, 참여도, 포트폴리오, 파워포인트 프레젠테이션, 진로 프로젝트로 결정된다.

그는 과학 평가를 실시하며 JC에서 과학을 지독히 싫어했을 것 같은 학생들이 전환학년 동안 과학에 대한 태도가 적극적으로 변한 것에 주목한다. "우리 학교 학생들은 모두 과학 분야 중 한 과목을 LC 과목으로 선택합니다. 전환학년의 경험을 주춧돌 삼아 물리와 화학을 고려하는 학생들도 있죠. 그저 생물만을 선택하지는 않습니다. 학생들은 또한 새로운 것을 시도해요. 전환학년이 아니었다면 접하지 않았을 자료를 탐독하고, 생각하는 것, 학습하는 것을 조금씩 조금씩 배워나가죠. 마감 기한에 맞춰 발표를 준비하고 끝내는 실질적 생활관리 능력도 키워나가고요."

테리 물케히 선생님의 교육법은 청소년 프로그램은 유의미하고 창의적이고 도전적이어야 한다는 하그리브스·얼·라이언[1996] 주장에 깔끔하게 부합하는 사례이다. "맞습니다. 저는 활동 중심의 학습을 선호해요. 비판적 사고도 강조하죠. 그룹 활동과 토론은 핵심 요소고요. 교사가 직접 설명하는 방식과 또래 간 협동학습을 잘 섞어서 가르칩니다. 모든 단계에서 ICT를 활용하죠. 학생들은 프로젝트 수업을 경험합니다. 조금 전 말씀드렸듯이 문제해결 방식과 열린·닫힌 질문 모두 제가 자주 활용하는 제 수업의 특징이에요. 평가에 대해 말씀드리면 다양성도 평가의 핵심 요소입니다. 출석, 참여도, 열린 주제 탐구, 체계적 독서활동, 열린 독서, 포트폴리오, 프레젠테이션 모두 평가에 포함되죠."

성찰 훈련

테리 물케히 선생님은 스티븐 브룩필드[1995]가 칭했던 '깊이 성찰하는 교사'의 전형이다. 브룩필드는 자신의 '참 목소리'를 끊임없이 갈고 닦는 교사야말로 훌륭한 교사라고 생각했다. 깊이 성찰하는 교사는 한결같이 자기 확신을 갖고 스스로 용기를 북돋고 수업 목표를 달성하는 경우가 많다. 또한 학습동기가 분명하고 깊이 성찰하는 학생들을 양성한다. 브룩필드는 교사들은 가능한 한 많은 시각을 접하며 자기 수업의 현주소를 더 깊이 자각해야 한다고 한다. 특히 깊이 성찰하기 위해서는 네 유형의 특별 렌즈가 필요하다고 주장했다. 첫째, 자서전적 렌즈, 곧 자아성찰 렌즈이다. 이는 기본 렌즈로 교사가 예전에 학습자로서 경험했던 것을 바탕으로 구축될 뿐 아니라 교사로서 가르치는 동안 적용했던 가설들을 반추하며 형성된다. 두 번째 렌즈는 학생의 시선으로 보는 렌즈이다. 학생들을 상담할 때 자신의 수업의 질에 대한 내용도 포함시켜야 한다. 학생 렌즈를 통해 교실 내 권력관계를 재조명하고 교수법 중 유용했던 것은 확정하는 반면 부족했던 것은 재점검한다. 브룩필드의 세 번째 렌즈는 멘토 혹은 조언자의 역할이 가능한 동료 교사 렌즈이다. 교육 전문가들과 함께 대화를 나누며 자신의 수업을 공유하고 동료 교사들의 건설적 피드백을 듣는다. 네 번째 렌즈는 교실수업 여건을 폭넓게 이해하는 것이다. 관련 문헌을 탐독하는 것을 포함한다.

테리 물케히 선생님은 다른 어떤 교사보다도 브룩필드의 깊이 성찰하는 교사상에 들어맞지만 정작 그는 이런 평가에 손사래를 쳤다. 그러나 브룩필드의 네 렌즈는 그의 온몸에 배어 있었다. 자신의 학습 경험을 바탕으로 한 자아성찰, 학생들의 평가에 대한 언급, 교육 전문가들과의 대화, 폭넓은 독서로 이야기는 물 흐르듯 자연스럽게 넘어갔다. 그는 다양한 관점을 접하며 자신의 가설을 점검하고 실행력을 높이기 위해 대학원에서 디플로마나 석사학위 과정을 밟는 것이 중요하다고 언급했다. 또한 다른 교사들의 사례를 경청하며 수업에 쓸 만한 묘안이나 기술을 배울 수 있는 편안한 분위기의 '당일 혹은 1박 2일 교사 연수'를 의미 있게 생각했다. 그는 왕성한 독서가이기도 하다. 과학교사로서 그는 객관적 사실을 다룬 책들에 흠뻑 빠져 있다. 대개 이런 책들은 증거를 기반으로 사고하거나 의사결정을 내리고 논쟁을 펼치는 내용을 담고 있다. 그는 수업 취지와 내용을 더욱 풍부히 해줄 책으로 카너먼의 『생각에 관한 생각*Thinking Fast and Slow*』, 윌킨슨·피켓의 『사회 평등의 수준*The Spirit Level*』, 더브너·레빗의 『괴짜 경제학*Freakonomics*』, 브리어스의 『사이코배블*Psychobabble*』, 스노의 『두 문화*The Two Cultures*』, 핀커의 『마음은 어떻게 작동하는가*How the Mind Works*』를 예로 들었으며, 학생들이 이 책들을 읽고 책의 관점에 대해 토론하도록 독려한다. 자신이 해온 주장을 교육적 관점에서 성찰하기 위해 최근에 읽은 책으로는 애디와 딜런의 『나쁜 교육*Bad Education*』, 크리스토둘루의 『교육에 관한 7가지 미신*Seven Myths about Education*』이 있으며, 과학교육의 적합성 프로젝트를 통해 통찰했던 바를 언급했다.

발견학습

칼로주 성메리아카데미학교 수학·과학교사인 에일린 테넌트 선생님은 전환학년 동안 지속가능한 삶 모듈을 담당하고 있다. 이 모듈은 매주 2시간 블록수업으로 운영된다. "주요 관심사를 중심으로 수업을 구성했습니다. 특히, 지속가능성 이슈를 중심으로요. 기본적인 삶과 관련해서 점차 관심이 고조되고 있는 식품문제에 초점을 맞추었고요. 학생들은 탄소발자국을 추적하고 이를 줄일 수 있는 방안을 강구하죠. 가정의 에너지 소비량을 측정한 후 분석하기도 합니다. 또한 기후변화 이슈는 과학 주제로도 다루지만 인권 이슈로도 다룹니다." 많은 전환학년 학생들이 세계시민의식, 특히 환경에 대한 책임감을 갖고 열심히 활동한다고 한다.

교수법에 대해 묻자 그녀는 기민하고 자세하게 답변했다. "저는 과학교사이기 때문에 언제나 발견학습을 선호했어요. 특히 전환학년 동안 다양한 교수법을 활용하며 교수 레퍼토리를 넓혔죠. 학생들은 포스터 만들기, 걸으며 토론하기, 견학, 영화평론 과제를 수행합니다. 또한 초빙 인사들이 진행하는 워크숍에 참여하고, 프로젝트 수행과 프레젠테이션으로 이루어진 평가에도 대비하죠."

"저는 '에드-모도Ed-modo'라는 가상 학습 환경 프로그램을 활용하는데요, 학생들에게 프로젝트와 과제를 부여하거나 평가를 진행할 때 유용합니다." 그녀는 이 에드-모도 프로그램을 '학생들과 소통하고 학생들의 과제에 피드백을 줄 때 요긴하게 쓰이는 도구'라고 평가했다.

그녀는 과학 과목이 전환학년과 궁합이 잘 맞는다고 생각한다. 개별 학교 차원을 넘어 폭넓은 사회 이슈를 다루는 프로젝트를 수행하며 학생들이 사회구조를 깨닫고, 그 이슈에 대해 흥미를 느끼고, 자기동기를 부여하는 것이 얼마나 소중한지 그 진가를 높이 평가한다. 지난 10년 넘게 그녀는 전환학년에서 과학·공학, 발전을 선도하는 과학, 환경과학, 세계시민교육, IT·수학 모듈을 가르쳤다. 또한 청소년과학자 프로젝트와 청소년 환경운동가 프로젝트, 과학축제 프로젝트의 멘토로도 활동했다. "프로젝트를 진행하기 위해 청소년들을 소그룹으로 묶는 것은 여러모로 학습 효과가 매우 큽니다."

그녀는 환경 이슈에 관심이 많은 편이다. 창의적인 동료 교사들과 함께 수업을 참신하게 진행하기 위한 방안을 모색하며 교육과정 개발의 경험이 더욱 풍부해졌다. "저는 지속 개발 프로젝트에 참여했어요. '사회개발 이슈-전환학년 과정'을 실험적으로 운영한 후 이를 수정했죠. 이 수업과정은 칼로주 성메리아카데미학교의 조지프 클로우리 선생님과 포틀리셔 성메리크리스천브라더스학교의 카트리나 폴리 선생님, 셀프헬프아프리카의 패치 톨런드 씨가 공동 개발한 것입니다. 이 과정을 가르치며 전환학년에서의 제 역할을 곰곰이 생각해보게 되었어요. 저는 지식을 전수하는 사람이기보다 학습 조력자에 더 가깝더군요. 학생들이 발전시켰으면 좋겠다 싶은 역량을 키워주는 데 좀 더 주력하죠." 이 과정을 가르쳤던 경험을 바탕으로 그녀는 조지프 클로우리 선생님과 함께 세계 개발 경향에 발맞춰 2015년 사회개발 이슈 수업과정의 내용과 교수법을 업데이트하느라 구슬땀을 흘렸다. "발견학습은 일종의 과학 수업의 규범이 되었어요. 제 교수 레퍼토리가 몰라보게 확장되었고, 중1부터 고3에 이르기까지 제 수학·과학 수업의 질이 좋아졌죠." 이러한 발전은 학교에도 영향을 끼쳐 수업시간을 1시간 단위로 늘렸다. "1시간 수업을 하면 활동 중심의 교수법을 전개할 수 있는 시간이 좀 더 늘어나서 수업 내용을 좀 더 깊이 파고들 수 있어요. 깊이 성찰하고 학습하기 위해 꼭 필요한 토론과 피드백을 행할 수 있는 여유도 생기고요."

"우리 학교는 전환학년 동안 활동 중심의 프로그램을 짜려고 노력합니다. 물론 학생들의 흥미와 경험을 반영하면서요. 학생들이 열정을 갖고 있던 주제에 몰두하며 점차 연구자로 변모해나가는 이런 수업 방식이 참 좋습니다. 전환학년 동안 청소년들은 숨통이 트이면서 자기 정체성을 찾고, 독창적이 되고, 자신감을 높이고, 세계 속에서의 자신의 위치를 가늠할 수 있게 되죠. 또한 LC 과목으로 과학을 선택하는 학생들에게 전환학년은 분명 교두보의 역할을 합니다."

그녀는 전환학년이 교사들에게도 큰 도움이 된다고 믿는다. "전환학년은 저희 같은 교사들이 전문지식을 공유하고 관심 영역을 넓혀나갈 기회입니다. 보다 학생 중심의 학습 환경을 조성하도록 유연성을 발휘할 수 있게 해주죠. 이로 인해 학생들은 자기주도적 학습자로 변해갑니다. 학습 환경이 얼마나 중요한지를 알 수 있죠. 또한 학생들과의 관계가 더욱 끈끈해져서 학생-교사 관계가 훨씬 건강해져요." 학생들과 과학 프로젝트를 함께 진행하면 학생-교사 간의 유대감이 더욱 깊어진다고 한다. 그녀의 경우 BT 청소년과학자 '발전을 선도하는 과학' 상을 받았던 학생들과 사하라 사막 이남의 아프리카로 연구 여행을 떠난 적이 있다.

그녀가 가장 최근에 참여했던 프로젝트는 아일랜드·탄자니아 중등학교 네트워크의 국제 환경 프로그램으로 기후정의 학교 프로그램을 공동 설계한 것이다. 그녀와 학생들은 다른 공동 설계자인 카르뉴의 브리더학교, 칼로주의 다른 두 학교들과 함께 수많은 워크숍을 개최하고 지구 개발 문제를 논하고 있다. 또한 프로그램의 일환으로 아일랜드와 탄자니아 교사들이 상호 방문하고, 기후변화의 영향이나 인권문제의 도미노 효과와 관련된 활동에 더 활발하게 참여하고 있다. 탄자니아청소년과학자는 아일랜드·탄자니아 중등학교 네트워크의 중심축이며 활동 현장을 지원한다. "이는 가슴 벅찬 교육의 발전을 의미합니다. 전환학년이 얼마나 많은 변화를 일으킬 수 있을지 도무지 예측 불가능하다는 것을 보여주는 지표이기도 하죠." 그녀는 열변을 토했다.

논쟁의 힘

매누스대학 강사이자 과학교육 프로그램 책임자인 매젤러 뎀프시 씨는 전환학년의 잠재력에 열광한다. "전환학년 동안 학생들은 실제 벌어지고 있는 세계 이슈를 조사하고 토론·논쟁·주장을 펼치며 결론을 도출합니다. 전환학년은 청소년들이 참 과학자로 활동할 수 있는 공간이죠. 제가 좋아하는 인용구가 있어요. '관찰과 실험은 과학을 정립하는 기반이 아니다. 그보다는 논쟁을 통해 지식과 주장을 정립해 나가는 이성적 활동의 보조물이다.'"뉴턴과 드라이버, 오스본, 2010, p. 555

"청소년들이 우리가 살고 있는 세상을 제대로 이해하기를 바란다면 세상 속으로 들어가게 해야 합니다. 그들은 일상적으로 사용되는 가공품들이 어디에서 오고 어떻게 생산되었는지를 알아야만 합니다. 소비재가 앞으로도 공급 가능한지를 전 지구적 차원에서 생각하고 지속가능성에 대한 의문을 품어야만 해요. 이러한 지속가능성 이슈가 세계적·지역적으로 미치는 영향을 인지해야 하죠. 전환학년에는 생태학교, 청소년과학자, 청소년사회혁신가, 세계시민교육을 통해 지속가능성 이슈를 프로젝트로 다룰 수 있는 여지가 많습니다."

그녀는 뛰어난 전환학년 수업을 참관한 적이 있다. 학생들이 '참 과학자가 된다는 것이 무엇을 의미하는지 고민하고, 자신만의 지식 세계를 구축하고, 문제를 해결하고, 학급토론에 참여하며, 그룹 활동을 전개하는 것'을 직접 관찰했다. "아이들이 직접 조사해서 생성한 데이터를 갖고 자신의 입장을 열심히 피력하는 것을 지켜보노라면 이 아이들이 심도 있게 학습하고 있다는 사실을 분명 감지하실 수 있을 거예요."

혁신

끝으로 능숙한 전환학년 과학교사들은 이제 막 첫발을 떼려는 교사들에게 어떤 조언을 할까? 에일린 테넌트 선생님은 이렇게 조언했다. "혁신적이 되세요. 현대 청소년들의 삶을 반영한 자료, 과학의 발달, 환경, 기술을 다룬 자료를 갖고 수업을 진행하세요. 선생님에게 특별한 주제나 선생님의 관심사도 수업자료로 활용할 수 있습니다. 수업의 목적과 목표를 분명히 설정하고 현실에 맞게 조율해나가세요. 실행 가능한 시간 틀을 설계하세요. 가급적이면 학생들이 자기 학습과 평가를 주도적으로 이끌어나가도록 지도하세요. 그래서 자신이 성취한 것을 스스로 책임지게 하세요. '모든 사람들에게 다 잘 맞는 모자는 없다'는 말을 뇌리에 새겨두세요. 전환학년 과학 수업을 듣는 학생들의 재능과 관심은 늘 다양하게 뒤섞여 있는데 이러한 상황에 대응할 수 있도록 신경을 써야 합니다. 발표 능력, 컴퓨터 프레젠테이션 기술, 시간관리 능력, 연구기법 등 다양한 평가 전략을 구사하세요. 평가 계획, 즉 시간관리, 소통 능력, 발표 능력, 연구 능력 같은 항목에 대한 배점을 정하고 이 성취기준을 학생들에게 미리 알려주세요. LC과정을 야금야금 가르치지 않도록 주의하세요!"

테리 물케히 선생님의 답변도 비슷했다. "수준과 재능에 상관없이 모든 학생들이 참여할 수 있는 선명하고 세밀하게 계획되어 있고, 학생들의 흥미를 유발하고, 도전거리가 풍부한 프로그램을 운영하세요. 유머감각을 활용하세요. 교외 수업 기회를 만드세요. 학생들이 학습 분야와 관련된 수준 높은 자료를 탐독하고 활용하게끔 북돋워주세요. 전환학년은 서서히 타오릅니다. 지금 가르치고 있는 내용이 학생들에게 유익한 것으로 입증되기까지 아주 오랜 시간이 걸릴지도 몰라요. 그러니까 고대했던 성과가 지금 바로 분명히 나타나지 않는다고 해서 낙담하지는 마세요. 실수를 저지르세요!"

제22장

학생들과 깊이 교감하기

"전환학년을 가르치는 것은 신바람이 납니다." 숀 딩글 선생님은 15년간 전환학년 프랑스어, 10년간 심리학, 1년간 조류학을 가르쳤다. 그는 더블린주 래널러 지역의 곤자가학교에서 교편을 잡고 있다. 곤자가학교는 예수회 산하의 남학교로 학비를 걷는다. "학생들이 자유롭게 다양한 기회를 모색할 수 있는 점이 전환학년의 정수죠. 우리 학교는 도전해볼 만한 학업 과제를 학생들에게 제시합니다. 또한 워크숍이나 사회봉사 프로그램처럼 학업 이외의 도전 과제들도 던져주고요. 무엇보다 전환학년을 통해 학생들은 한 인간으로 성장하죠."

"교사로서 전환학년 동안 다양한 교수 전략을 구사해보는 것이 참 즐겁습니다. 빡빡하게 짜인 수업이나 시험 준비, 교육과정을 준수해야 하는 압박감에서 벗어나는 것은 교사에게 굉장한 해방감을 던져주죠. 전환학년 동안에는 다양하면서도 보다 인간적인 방식으로 학생들과 관계를 맺어요. 이런 유대감은 남은 고등학교 과정 내내 지속됩니다." 전환학년을 '살짝 골칫거리'로 생각하는 교사들도 있는 것을 알지만 그들이 '마음을 열고 전환학년의 가능성을 품으려는 의지'만 있다면 학생들의 다양한 관심사와 높은 참여도, 깊은 교우관계와 사제관계를 지켜보며 입을 다물지 못할 거라고 굳게 믿는다.

약 550명의 학생들이 다니는 곤자가학교는 전환학년 과목과 모듈, 활동을 다채롭게 운영한다. 여기에는 천문학, 그리스어, 수사학, 양궁, 항해술, 호신술, 골프, 사진촬영, 원예, 요리, 가서 프로그램이 있다. 그밖에도 이루 다 셀 수 없이 많다. "전환학년 동안 모든 학생들은 일주일에 세 번 프랑스어를 배우는데, 6, 7주 단위로 구성된 모듈 네 개를 진행합니다. 저는 프랑스어권 나라들의 음악을 주로 가르쳐요. 학생들은 세계어로서의 프랑스어의 위상을 접하고 시험 부담 없이 프랑스어권 나라들의 언어와 문화를 탐구해요. 전환학년이 유연하게 운영되기 때문에 학생들이 어떤 흥미를 보이면 교사들은 창의적으로 응답할 수 있죠. 저는 돌아가며 네 학급 학생들에게 똑같은 수업을 가르치는데 학생들의 관심이 학급마다 다 다르고 학생들의 관심을 존중하는 학교 문화가 배어 있기 때문에 제 수업 빛깔은 다 다를 수밖에 없어요."

이렇게 돌아가며 가르치는 모듈에는 심리학도 있다. "심리학의 기초를 소개하는 수업이에요. 학생들은 심리학에 관심이 많아요." 학생들이 신경심리학이나 사회심리학, 이상심리학 같은 심리학 분야를 직접 선택할 수 있다는 점에서 그는 전환학년의 유연성에 대한 애정을 다시 한 번 드러냈다. "그중 사회심리학의 인기가 유독 높습니다."

조류학 모듈은 다소 다르게 진행된다. "조류학 모듈수업은 이론과 실습, 견학을 잘 섞어서 진행합니다." 조류학 수업은 9월에서 크리스마스까지, 또 1월에서 6월까지 매주 2시간 블록수업으로 이루어진다. "들새 관찰에 대한 제 열정을 학생들과 함께 나눌 수 있는 것이 제게는 특혜예요. 학생들은 관찰 기술과 인내심을 배우고 기후변화 같은 광범위한 세계 이슈를 자신의 평범한 일상과 연계시켜봅니다. 가없는 자연의 아름다움에 탄성을 지르는 아이들도 있는데, 특히 더블린주의 불섬 같은 곳에 머무를 때면 저를 바라보는 아이들의 눈빛이 확연히 달라지는 것을 느끼죠. 때로 학생들이 잘 알지 못하던 것이나 이전에 배워본 적이 없는 주제를 학습할 때 이 아이들이 어떻게 변하는지 그 위력을 저희가 과소평가하는 것은 아닌가 하는 생각이 들기도 해요. 학생들이 학습하는 과정을 죽 지켜보면서 다소 느슨하게 짜여서 다음을 예측하기 힘든 과제를 학생들에게 내주는 것도 매우 가치 있다는 것을 알게 되었습니다. 교사가 수저로 떠먹여주기보다 학생들 스스로 자신의 자원을 십분 활용해야만 하는 그런 과제, 더 자연스럽고 더 유기적인 학습이 가능한 그런 도전 과제 말이죠."

전환학년의 강화

세라 오그라디 선생님도 더블린 소재의 다른 학교에서 전환학년 프랑스어를 가르치고 있다. 그녀가 교사로 있는 성빈센트캐슬녹학교는 전환학년을 필수과정으로 운영한다. 성빈센트캐슬녹학교는 대개 전환학년 네 학급을 운영하는데 그중 두 학급은 프랑스어 학급이다. 전환학년 동안 네 개의 시간표가 돌아가고, 그녀는 각 학급에서 모듈 두 개를 가르친다. 또한 먼저 교사 평가를 실시한 후 각 교사는 12월까지 한 반을 맡고, 크리스마스 이후에 서로 반을 바꾼다. 이는 끊임없이 변화하는 전환학년의 속성을 반영하기 위한 작은 몸짓이다. "전환학년 동안 우리 학교는 프랑스어 회화 능력과 자신의 생각을 프랑스어로 표현하는 능력을 몹시 중시합니다. 이는 곧 프랑스의 생활양식을 배우는 문화적 경험이기도 하죠. 전환학년 지침「기타 언어」부분에서 제시하듯이 독해 능력과 글쓰기 능력을 통합하기도 해요."

그녀는 전환학년을 통해 학생들의 자율 학습 능력이 어떻게 촉진되어왔는지 경험을 통해 잘 알고 있다. 또한 청소년들이 자신의 입장을 강구하고 이를 발전시켜 표현하는 수업 방식을 좋아한다. "교실 벽을 뚫고 나오는 사회 이슈들을 살펴볼 시간을 갖습니다. 학생들에게 개인적·사회적 성장이 일어나는 것을 지켜볼 수 있죠. 특히 교환학생이나 문화 탐방 프로그램을 진행할 때, 자선단체에서 자원봉사를 하거나 가서 활동을 할 때 학생들이 더욱 성장하는 것을 느낍니다."

그녀는 교사의 입장에서 전환학년의 유연성을 높이 산다. "저는 언어교사이기 때문에 짝짓기 활동, 그룹 대화, 프로젝트 수행, 프레젠테이션, 역할놀이를 많이 활용해요. 제 교수법을 발전시키거나 학생들의 실력을 쑥쑥 향상시킬 새로운 방법을 쉬지 않고 찾아다니죠. 국립교육공학센터(본문의 NCTE는 National Centre for Technology in Education으로 추정-역주) 교육과정을 이수한 후 지금은 수업에 ICT를 더 많이 활용하고 있어요. 지역교육센터에서 이수했던 집단토론 교육과정도 도움이 많이 되었고요. 학생들이 활동을 더 많이 하게끔 제가 뒤로 물러나 있어야 한다고 느낄 때가 꽤 있어요. 다시 말해 조력자에 좀 더 가까워져야 한다고나 할까요. 아마도 LC 시험 유형 때문인 듯도 싶은데요, 뒤로 물러나 있는 것이 힘겨울 때도 있습니다." 그녀도 평가를 중요하게 여겼다. "조금 전 제가 교사들이 돌아가며 학급을 담당한다는 말씀을 드렸지요. 우리 학교는 먼저 교사 평가를 실시한 후 전환학년 동안 돌아가며 두 반을 맡는 것으로 계획을 세웠어요. 따라서 저는 8월에서 12월 사이에 한 반을 맡고, 그다음 학기에는 반을 바꾸어 새로운 반 학생들과 함께하죠."

전환학년에 이제 막 발 디딘 교사들에게 어떤 조언을 하고 싶은지 묻자 그녀는 '계획, 계획, 계획'이라고 재담꾼처럼 반복했다. "계획이 중요하지만 그 계획을 유연하게 실행하는 것도 중요해요. 또 전환학년 교사라면 독창적이어야 하고요. 가령 학생 25명이 수업 신청을 했지만 그날따라 전환학년에 다른 의미 있는 활동이 생겨서 수업에 빠질 수도 있어요. 우리가 신경 써야 할 것은 아무리 소수일지라도 수업에 참여한 학생들이 그 시간을 의미 있고 즐겁게 보내도록 애써야 하는 것입니다."

조력자로서의 교사

"전환학년 교육환경에서 저는 조력자에 훨씬 더 가깝게 느껴져요. 학생들이 어떤 지식을 습득했는지, 얼마나 이해했는지, 학습과정 그 자체에 대해서는 얼마나 배웠는지 함께 검토하는 사람이죠. 전환학년 무대에서는 저를 학습된 학습자로 그릴는지도 모르겠어요." 클로대 워드 선생님이 말했다. 그녀는 킬데어주 셀브리지 지역에 있는 성월스탄지역학교에서 근무한다. 성월스탄지역학교는 여학교로 현재 700명이 넘는 학생들이 다니고 있다. "지난 15년 넘게 다양한 기회로 전환학년 학생들에게 영어와 드라마, IT, 역사를 가르쳤습니다. 전환학년 코디네이터도 겸하고 있고요."

그녀는 이어서 말했다. "시험 중심의 교육과정에서 일어나는 역효과를 어느 정도 차단할 수 있기 때문에 전환학년의 학생 주도적 수업 방식은 바람직하고 실현 가능합니다. 또한 과정중심평가와 연관된 교수법은 학생들의 발달이나 학업과정, 개인의 성장에 실제로 큰 도움이 되죠. 게다가 전환학년 동안 학생과 교사의 관계는 훨씬 더 민주적이고 전면적입니다. 저는 이 점이 정말 좋아요."

그녀는 영어 수업과 IT 수업이 확연히 다르다며 그 차이를 강조했다. "영어 수업에서는 그룹토론이나 학급토론을 자주 하고, 문답식 질문을 자주 해요. 이 과정에서 학생들은 마음을 열고 반 친구들을 더 깊이 이해하게 되죠. 신뢰가 깃든 이런 학습 분위기에서 학생들의 자신감은 쑥쑥 커지고 자신을 더 잘 인식하게 됩니다."

"IT 수업의 목표는 학생들이 IT 능력을 향상시키도록 지원하는 거예요. 블로그나 웹 디자인, 프로그래밍을 활용하죠. IT 수업에서는 학습성찰일지를 쓰고 자기관리 능력을 키우는 데 초점을 맞춥니다. 학생들이 개인적·사회적으로 엄청나게 성장하는 모습을 다시 한 번 보실 수 있을 거예요. IT 수업에서는 학생 주도로 학습할 기회가 정말 많아요. 학생들은 서로 협의하면서 학습 틀을 함께 구축하는데 이는 학생들이 수업 목표와 수업에 필요한 역량이 무엇인지를 분명히 인지하고 있음을 뜻하죠. 학생들은 평가 기준을 철저히 이해하고 학습에 열정을 쏟아부어요."

그녀는 교사의 입장에서 전환학년의 장점을 바라보았다. "전환학년 동안 교수·학습의 사회적 본질이 무엇인지를 더 깊이 자각하게 되었어요. 더 중시하게 되기도 했고요. 학생들과 학습의 매듭을 하나하나 풀어가며 가르치는 게 정말 보람됩니다. 돌이켜보니 제게 격식에 얽매이지 않고 편안하게 수업을 하는 성향이 있다는 것이 이제야 생각나더군요. 전환학년이 저를 훨씬 더 다재다능한 교사로 만들어준 것 같아요."

마지막으로 어떻게 하면 교사들이 전환학년에 더 활발히 개입할 수 있을지 묻자 그녀는 세 가지를 제안했다. "우선, 교과 내용에 협소하게 초점을 맞추기보다 학생들에게 폭넓은 학습 기회를 마련해주라고 권하고 싶어요. 청소년기는 진짜로 대전환이 일어날 수 있는 그런 시기잖아요. 둘째로는 학습과 평가에 대해 학생들과 협의하세요. 질적 피드백의 요소들을 숙고하고 대화할 기회를 만드세요. 마지막으로 유연해지고 개방적이 되세요."

몇 년 전 그녀는 전환학년이 교사들에게 미친 영향에 대한 연구를 수행했다. 이 연구를 수행하며 전환학년이 수업 실행의 측면뿐 아니

라 교사 간 협력관계와 교육 전문가로서의 자아 개념에 어떠한 영향
을 미쳤는지를 살펴보았다. 그녀는 폐부를 찌르는 한마디를 남기고 인
터뷰를 맺었다. "전환학년에는 학습과 성장의 기회가 무궁무진합니다.
학교운영위원회, 더 근본적으로는 교육과학부에서 학생-교사의 최적
비율에 대해 심사숙고해서 학습과 성장의 기회를 최대한 끌어올리는
것이 중요합니다."

유대관계

숀 딩글, 세라 오그라디, 클로데 워드 선생님은 각기 다른 환경에서
각기 다른 모습으로 교사가 학생과 유대관계를 깊이 맺는 것이 왜 중
요한지 세세하게 설명했다. 이 세 교사의 이야기를 듣다 보면 파커 제
이 파머의 연구 내용이 떠오른다.

'교사로 살아가는 사람들의 내면 풍경 탐색하기'라는 부제가 달린
『가르칠 수 있는 용기The Courage to Teach』에서 파머는 '훌륭한 교사에
게는 유대관계를 맺는 능력이 있다'고 썼다.

> 훌륭한 교사는 자기 자신, 교과, 학생 사이의 복잡다단한
> 관계망을 직조할 수 있다. 그로부터 학생 역시 자신을 둘러
> 싼 세계를 직조하는 법을 배운다. 직공들의 직조 방법은 실
> 로 다양하다. 강의, 소크라테스 대화, 연구실 실험, 협력을 통
> 한 문제해결, 창조적 혼돈. 훌륭한 교사가 직조한 관계망은
> 교수법이 아니라 교사의 마음에 스며 있다. 다시 말해 자고
> 이래로 지성, 감정, 정신, 의지가 한데 모여 있는 곳, 인간 자
> 아의 마음속에 자리 잡고 있다.파머, 1998, p. 11

그다음 파머는 사람과 사람 사이의 유대관계를 중시하는 것의 장점과 단점을 비교했다.

가르치는 것이 기교로 전락되어서는 안 된다면 이는 좋은 소식이기도 하고 나쁜 소식이기도 하다. '실행 방법'을 묻고 답하는 것을 곧 가르치는 것이라고 여기며 더 이상 따분하게 가르칠 필요가 없다는 점에서 이는 좋은 소식이다. 우리는 좀처럼 가르치는 것에 대해 서로 깊이 대화하지 않는다. '소소한 조언이나 요령, 기법' 말고는 더 이상 토론할 것이 없는데 왜 우리가 이야기를 나눠야 하는가? 그러나 이런 유의 대화로는 교사들의 경험이 농축되어 있는 교사의 마음을 건드릴 수 없다.

좋은 소식은 한결 더 좋아진다. 가르치는 것이 기교로 전락되어서는 안 된다면 교사들은 기존의 교수법과 표준화된 수업에 맞춰 프로크루스테스의 침대처럼 가르칠 내용을 때로는 이리저리 잘라내고 때로는 꾸역꾸역 밀어 넣으며 천편일률적으로 가르칠 필요가 없다. 이러한 기이한 재주를 부리느라 더 이상 고통받을 필요가 없다. 우리가 오늘날 유행하는 교수법만을 찬미하기 때문에 교육은 이러한 고통으로 점철되어 있다. 다르게 가르치는 교사들을 보면 그들 고유의 방식이 아닌 규준을 엄수하라고 압박하면서 그들의 교수법을 폄하한다.^{앞 문헌. p. 11}

제23장

실행 능력과 기술

모든 학교가 과목 선정의 문제로 씨름하고 있다. 얼마나 다양한 과목을 가르쳐야 할까? 학생들 모두 자기 '입맛'에 맞는 선택과목을 들어야 할까? 우리 교사들이 강점을 발휘하기에 현실은 녹록한가? 전환학년 동안 LC '맛보기'로 가르쳤던 과목을 학생들이 LC과정을 밟은 후에도 그 수준에 맞게 계속 가르칠 수 있을까? 전통적 교육 양식에서 탈피하면, 특히 남학교와 여학교처럼 하나의 성비로 구성된 학교의 경우 이를 대체할 수 있는 교육 프로그램은 충분히 준비되어 있는가? 시간표에 구성된 과목이 '성공적으로 살아남기' 위해 학급 규모는 어느 정도로 작아야 할까? 가령 LC 고등수학 수업 학생 수는 어느 정도가 적정할까? LC 음악 수업과 JC 기술그래픽 수업의 적정 학생 수는 동일해야 할까? 이 모든 질문에 대해 교육적으로 올바른 결정을 내리려면 진땀깨나 흘려야 한다.

칼로주의 여학교인 성레오학교는 1990년대 초 처음으로 기술교사를 고용했다. "저는 그즈음에 교원 자격을 얻었고, 전환학년이라는 교육의 신기원을 이루는 도전에 열의가 넘쳤어요." 퍼갤 머피 선생님이 말했다. "지금은 기술 과목이 우리 학교에서 자리를 잡았죠. LC 기술 수업을 선택하는 학생 수가 엄청 많습니다." 그는 기술교과가 이렇게 자리 잡기까지 전환학년의 역할이 결정적이었다고 한다. "제가 지금 LC 학생 20명을 가르친다면 그중 8명은 JC에서 기술을 배운 적이 없어요. 그 8명은 전환학년을 통해서 기술을 접했죠." 전환학년 학생 140명은 5주 동안 주 2시간씩 수업하는 기술 과목을 LC 선택과목 맛보기 수업으로 듣는다. "맞아요. 시간이 너무 짧아요. 그래서 제 수업 목표는 학생들이 뭔가 눈에 보이는 것을 성취하고, 구체적인 물건을 제작하고, 어느 정도의 성공 경험을 해보는 것입니다. 무엇보다 학생들이 아이디어를 내고, 실행계획을 세우고, 그 계획을 실제로 실행에 옮기는 일련의 설계 경험을 했으면 좋겠어요. 그 과정에서 학생들은 나무와 금속, 플라스틱으로 작업을 시작하죠. 띠톱, 드릴, 실톱, 선반, 비닐 재단기, 막대 발열체, 납땜용 인두, 홈 파는 기계 등 장비를 철저히 구비해놓고 워크숍을 진행합니다. 학생들은 이런 장비들과 컴퓨터 기반 설계 프로그램을 직접 다루고 조작해볼 뿐 아니라 혹여 작업 중에 발생할 수 있는 건강 및 안전 문제에 대해서도 배웁니다."

시간이 흐르면서 학생들이 수행한 프로젝트도 쌓여갔다. "이전 수업에서 진행되었던 사례들을 보여준 후 자기만의 독창적인 설계를 하라고 독려합니다. 전화기 지지대나 액자, 시계, 창문에 붙이는 그래픽 광고 같은 단순한 프로젝트는 진행이 잘되는 편이에요. 학생들은 실수로부터 수도 없이 많은 것을 배운다고 말하죠. 활동 중심의 교수법과 체험활동의 진가에 대해서도 잘 이해하고 있어요. 그래서 토론이나 팀 협력 활동, 프레젠테이션, 전시회 준비나 전시회 관람 같은 것을 자주 합니다. 이런 방식으로 학습하고 실질적인 사회역량도 쌓아가죠. 솜씨 있게 제품을 완성했을 때 학생들이 느끼는 희열감에 비하면 이렇게 활동 과정 속에서 얻는 성취감이 다소 미미하게 느껴질 수도 있어요. 그러나 이런 유의 성취감 역시 학생들에게 중요합니다. 전환학년은 학생들이 그동안 몰랐던 자신의 새로운 개성을 발견할 수 있는 소중한 공간이고, 기술 수업은 이런 기회를 증폭시켜줍니다."

실기교육

지침 전반에 걸쳐 교과통합 수업을 지지하는 흐름이 강하게 있다. 하지만 과거로부터 물려받은 교육 전통과 교사로서의 정체성, 학교의 건축 형태, 시간표 구성 등 납득하기 어렵지 않은 갖가지 사유들로 인해 아직까지 학교들이 교과통합 수업의 잠재력을 깨닫지 못하고 있는 것 또한 명백하다.

지침에는 「실기교육」 제하에 다음과 같은 내용이 실려 있다.

> 단순한 설계와 기술·응용과학·예술교과 내용 중 일상생활에서 흔히 접하는 부분들은 미니컴퍼니를 비롯한 다른 프로젝트 활동처럼 교과통합의 관점에서 매우 가치가 높다. 이에 해당하는 수업 사례로는 공학, 건축학, 그래픽기술, 가정, 농업과학, 미술, 음악 같은 것이 있다.

지침은 이어서 학교에서 실행할 수 있거나 일부 학교에서 이미 실행하고 있는 다양한 활동을 제시한다. 대체로 다음과 같은 활동을 중심으로 특정 모듈이 구성된다.

- 가구 제작 및 수리, 실내장식 및 비품
- 자동차 이해하기, 정기 정비
- 모형 제작, 보석세공, 도자기 제조 같은 공예품 만들기
- 주택 및 정원 관리

- 식품 연구 및 요리 실습
- 사진촬영 및 비디오 제작
- 봉제완구 만들기, 옷감 직조, 직물 날염 등과 같은 직물 공예품 만들고 제작하기

우리 삶에서 기술의 역할이 점차 커지는 것을 고려하면 지침에서 권고하는 활동이 지나치게 협소하다. 따라서 교사의 재량을 중시하는 전환학년 교육과정의 속성을 잘 살려서 지침의 내용을 이해해야 한다. '교육과정 내용은 선택 사안이고 각 학교에 맞게 운영해야 한다'는 원칙은 전환학년의 근간을 이룬다. 지침은 「실기교육」 부분을 다음과 같이 매듭지었다.

　　학생들이 보다 폭넓은 관점을 갖고 고등학교 선택과목을 결정하도록 JC에서 접하지 못했던 과목까지 포함해서 LC 선택과목의 표본을 만들게 해야 한다. 학생들이 오늘날 세계에서 기술의 역할이 무엇인지 깊이 이해하는 것이 중요하다.

전환학년 지침이 만들어진 후 ICT 분야는 괄목할 만한 성장을 이루었다. 따라서 「생활역량」 항목 전에 명시된 「IT」 항목과 'IT는 전 교육과정에 스며들어야 한다'는 중요한 문구는 강조할 만하다. 지침은 이어서 IT 장비와 응용 프로그램을 광범위하게 활용할 것을 제안하기 위해 '활용 가능한 자원에는…'이라는 명확한 구절과 같은 단락 뒷부분에 '학교와 지역사회에서 활용 가능한 자원에 따라'라는 문구를 신중하게 삽입하였다.

제24장

이야기가 쌓여가는
수학 수업

전환학년과 LC 사이의 불협화음은 수학 수업에서 가장 극명히 드러날 때가 많다. 전환학년 **지침**과 수많은 장학 및 평가 내용을 살펴보면 전환학년은 청소년들이 '시험 압박 없이 학습하고 성장하고 발전하는' 뚜렷이 구분되는 교육환경이다.교육부, 1993, p. 5 요지는 분명해 보인다.

따라서 학교는 모든 학습 분야에서 전환학년 프로그램과 이에 상응하는 LC 교수요목 간에 명확한 구분을 두어야 한다. 전환학년은 LC의 일부가 **아니며**, 2년이 아닌 3년 동안 LC 내용을 학습할 기회로 여겨서도 **안 된다.**앞 문헌, p. 5

전환학년이 '지나치게 학습의 군살을 뺐다고' 우려하는 사람들에게 **지침**은 다음과 같이 일갈한다.

이는 전환학년이 지적 내용이 빈약한 프로그램이라는 것을 뜻하지 않는다. 도리어 전환학년 동안 학생들이 모든 분야에서 거듭 발전하도록 도전 과제를 던져주는 것은 극히 중요하다. 전환학년을 마친 후 LC 프로그램을 시작하는 학생들은 전환학년을 경험하지 않았던 학생들보다 학습 준비가 더 철저히 되어 있고 더 진지한 학습 성향을 지니고 있어야 한다. 전환학년 후 바로 직업전선에 뛰어든 학생들 역시 잘 성장한 성찰적 청년이 되어 있어야 한다.앞 문헌, p. 5

지침에는 여러 가지로 해석 가능한 모호한 구절이 계속 이어진다.

LC 학습 기반을 공고히 하기 위해 LC 학습 경험을 늘리는 방향으로 전환학년 프로그램을 폭넓게 구성해야 한다. 따라서 LC 수업 요소를 절대 배제해서는 안 된다. 또한 직업세계에 대한 예비교육의 성격을 띠고 무엇보다 학생들의 개인적·사회적 자각 및 발달을 충족시키는 프로그램을 선택해야 한다. LC 수업 요소를 선택한 경우 향후 2년 동안의 LC 교수 방식과는 확연히 구별되는 독창적이고 지적 자극을 일으키는 방식으로 가르쳐야 하는 점을 명확히 숙지해야 한다.앞 문헌, p. 5

그다음으로 지침은 수학 교수법에 대해 명시했다.

학생들이 실질적인 활동을 전개하며 생활문제를 인지하고 이의 적절한 해결 방안을 모색하는 것에 흥미와 열정을 느끼도록 독려한다.앞 문헌, p. 12

지침은 전환학년 수학 수업을 가급적 교사보다는 학생 주도로 진행하고, 실생활에서 수학을 응용할 수 있도록 수업에 다양한 상황을 접목시킬 것을 제안했다. 또한 LCA 교수요목 중 문제해결을 다룬 내용을 전환학년 수업에 포함시키고, 교수법이 빈약한 LC의 약점을 잘 극복하여 다양한 교수법을 전개할 것을 권고했다. 이를테면 기하학의 원리를 이해시키기 위해 그리스 기하학 학자들의 일화를 다룰 것을 제안했다.

수업자료

전환학년 수학 수업이 교사들에게 얼마나 버거운지를 자각하며 교육과학부는 2006년 『전환학년 수학교사를 위한 수업자료』를 발간하고 각 학교에 두 부씩 발송했다. 다른 과목의 경우 교육과학부가 나서서 이와 같은 자료를 위탁한 적도 발간한 적도 없다. "학생들과 똑같이 교사들도 지적 자극을 느끼고 도전을 즐기며 재미있게 수업하는 것이 중요하다." 이 자료집 저자인 존 맥키온 전환학년 교사와 매누스대학의 피어크러 오 카이브러, 리처드 왓슨 교수는 서문에서 이처럼 밝혔다. 창의적 생각으로 가득한 이 자료집은 다양한 주제를 아우르며 총 42장으로 구성되었다. 대부분 LC 교수요목에서는 볼 수 없는 내용들이다. 또한 수학의 '큰 그림'을 제시하는 내용들이 많다. 수학의 역사도 몹시 강조한다. 마술과 게임, 수수께끼, 모순된 상황, 오류, 직관에 반하는 사실, 범교과 활동, 웹사이트 게시판에 글 게재하기 같은 활동으로 학생들의 관심을 끌어당기고 수학에 대한 영감을 불러일으킨다.

매누스대학 캠퍼스 남쪽, 이름마저 잘 어울리는 논리학관 꼭대기 층에 위치한 교수실에서 피어크러 오 카이브러 교수는 『전환학년 수학교사를 위한 수업자료』의 서문 중 한 단락을 읽어주었다. 덕분에 전환학년 수학 수업의 접근 방식을 살짝 음미할 수 있었다.

수학은 사고로 꽉 차 있다. 수학적 사고를 통해 개안의 기쁨을 누리거나 탁월한 문제해결력을 갖거나 혹은 이 둘 모두를 얻는 경우가 많다. 수학은 숫자나 기법, 공식을 다루는 것 이상의 깊디깊은 것이다. 기법에는 지적 자극과 개안의 기쁨이 늘 결여되어 있다.

카이브러 교수는 잠시 멈추고 악보 한 장을 집어 들었다. "음악 기호는 음악 그 자체와는 매우 다른 것이죠. 음악에 빠져본 적이 없다면 어떠실까요? 상상해보세요. 수학도 비슷합니다. 학생들이 수학이라는 음악을 '감상할' 때 기호에만 치중하지 않고 깊이 사고한다면 완전히 새로운 세상이 눈앞에 펼쳐질 겁니다." 그는 열변조로 말했다.

서문은 계속 이어진다.

지적 호기심을 충족하는 것, 개안의 기쁨을 만끽하는 것, 중요한 현실 문제를 해결하는 것은 수학 공부에 불을 지펴주는 중요한 동기들이다. 이 세 동기는 한데 엉켜 있는 경우가 많다. 예컨대, 순수한 마음으로 지적 호기심을 좇거나 개안의 기쁨을 만끽하기 위해 수학 공부를 하다 보면 그 열매로 문제해결력을 갖게 되는 경우가 꽤 있다. 실로 수학이라는 예술은 창의성, 상상력, 영감, 영재성, 경이로움, 신비함, 기쁨, 직관, 통찰력, 절묘함, 재미, 도전적 사고, 두려움, 균형, 조화, 미적 쾌감, 독창성, 놀라운 성취감, 심오한 사고, 단순하지만 강력한 생각, 몰입, 노력을 망라한다. 현실 세계에서 수학은 문제를 분석하고 해결하는 그 이상으로 훨씬 더 많은 일을 할 수 있다. 수학은 더 심오한 통찰을 안겨주고 새

로운 생각을 갖게 하며 이를 탐구하도록 이끈다.오 카이브러와 맥
키온, 왓슨, 2006

두꺼운 표지로 싸인 145쪽 분량의 이 자료집을 한 줄로 꿰는 것은 이야기들이다. 호기심을 유발하고 풍부한 정보가 담겨 있으며 즐거움을 안겨주는 이야기들이다. "대학에서 수학을 가르치고, 중고등학교와 일반 대중을 대상으로 수학을 장려하는 활동을 펼치면서 이야기의 힘이 엄청나다는 것을 느꼈습니다. 짧은 수학 역사 이야기를 접하며 수학에 대한 학생들의 인식이 긍정적으로 바뀌는 것을 자주 목격했어요."

혹자는 『전환학년 수학교사를 위한 수업자료』가 많은 학교에서 널리 활용되었을 거라고 짐작할지도 모르겠다. 그러나 최근 연구모런 등, 2013에 따르면 전환학년 수학교사 아홉 명 중 고작 한 명만이 이 자료를 활용하고 있었다. 아마도 학교에 '무료'로 배포했던 것이 이런 예상치 못한 수치를 초래한 이유가 아닐까 싶다. 그것이 아니라면 공동체 문화가 아직 정착되지 않았기에 자료집을 받은 개별 교사는 무심결에 이 자료집을 학교 공동 자산보다는 개별 교사가 알아서 처리해야 하는 것쯤으로 치부했을 수도 있겠다. 이 자료집(혹은 다른 많은 전환학년 자료집)이 교무실의 개인 사물함에 버젓이 들어 있음에도 많은 교사들이 본 적조차 없을 가능성이 매우 높다.

PISA 연구

바로 전 언급했던 2013 연구는 교사들이 전환학년 수학 목표를 설정하는 데 도움을 주었을 뿐 아니라 전환학년 수학 내용을 구축하는 데도 한 줄기 빛이 되었다. 다음은 2012 PISA(국제학생평가프로그

램) 연구 자료를 토대로 한 연구 결과이다. 현실의 민낯을 그대로 보여준다.

> 46.2%의 학교들이 전환학년 동안 교사들이 LC 수학 자료
> 를 가르치기 시작할 거라고 예견했다. 교육과학부 전환학년
> 지침과는 달리 일부 학교에서 전환학년을 LC 수업의 출발점
> 으로 삼을 수도 있다는 이전 연구 결과들까지 고려하면 이
> 번 연구 결과는 큰 우려를 낳는다.모런 등, 2013, p. 33

드룸칸드러 지역에 위치한 교육연구센터의 연구자인 그로냐 모런과 레이철 퍼킨스, 주드 코스그로브, 제리 실은 전국에서 수학교사와 수학 코디네이터의 대표 표본을 추출하여 설문조사를 실시한 후 그 결과를 바탕으로 연구보고서를 작성했다.

연구진은 '학교에서 실행하고 있는 전환학년 수학 프로그램의 내용에 대한 정보가 거의 없는 것'에 주목했다.앞 문헌, 2013, p. 12 또한 그들은 본 연구의 맥락에서 수학 문해력(수학)에 대한 PISA 2012의 정의를 살펴보았다.

> … 다양한 맥락에서 수학에 대해 명료하게 설명하고 활용
> 하고 해석하는 개인 능력. 이는 수학적 추론 외에 수학 개념
> 과 절차, 사실을 활용하는 것을 포함한다. 또한 현상을 묘사
> 하고 설명하고 예측하기 위해 수학적 방법을 활용하는 것도
> 포함한다. 수학 문해력은 개개인이 이 세상에서 수학의 역할
> 이 무엇인지 인지하도록 도우며, 건실하고 참여적이고 성찰
> 적인 시민들이 충분한 근거를 들어 판단과 결정을 내리기 위

연구진은 전환학년 수학교사와 일반 수학교사의 현황이 대체로 비슷하다고 밝혔다. 즉 수학교사의 3분의 2가 여교사이고, 대략 10분의 3인 30.6%의 교사가 21년 이상 수학을 가르쳤다. 11~20년 가르친 교사는 27.3%, 6~10년 가르친 교사는 약 5분의 1인 20.1%, 3~5년 가르친 교사는 14.4%, 2년 이하 가르친 교사는 7.6%이다. 3분의 2에 해당하는 교사가 정규직으로 근무한다.

놀랍지 않겠지만 전환학년의 속성상 평균적으로 다른 학년보다 수학을 가르치는 시간이 더 적었다. 전환학년 시간표에 전체 전환학년 수학 수업은 연평균 83.1시간 구성되었고, 그중 실제로 가르친 시간은 평균 70.1시간이었다. 물론 학교마다 상당한 차이가 있었다.

일부 구체적인 자료는 보다 정확한 그림을 보여준다. 연구에 참여했던 학교 중 13.6%가 전환학년 동안 기초반 편성을 위해 능력에 따라 학급을 구성했는데, 수학 수업의 경우 이를 훨씬 능가하는 43.5%였다. 그럼에도 연구진은 중3, 고2, 고3학년(90%)에 비하면 더 낮다고 주장했다. 대부분 학교에서 전환학년 수학교사들은 세부 수학 프로그램을 운영했고, 규칙적으로 숙제를 부여했으며, 학년말 시험을 단행했다. 그러나 전환학년 수학 수업을 위해 교과서를 지정했던 학교들(34.2%)의 경우 이런 측면은 훨씬 덜 일반적인 것으로 나타났다.

연구 결과 다음 표에서 볼 수 있듯이 교사들은 전환학년 수학교육의 목적에 대해 미묘한 관점 차이를 보였다.

연구진은 교사들의 '강한 동의' 비율이 낮은 것 자체가 아직 전환학년 수학교육의 목적이 모호하다는 것을 방증하는 것이라고 주장했다.

수업자료의 경우 교사들이 보고했던 수업 자원 중에서는 프로젝트

각 전환학년 수학교육 목적에 동의한 전환학년 수학교사 %

전환학년 수학교육의 목적	강한 반대	반대	동의	강한 동의
새로운 방식으로 수학 학습하기	0.5	5.6	66.5	27.3
LC 수학 준비하기	1.6	14.1	71.3	13.0
삶 속에서 수학 응용하기	0.8	7.3	72.2	19.6
상황을 수학적으로 해석하는 능력 향상시키기	0.6	10.4	72.1	16.9
실생활 속에서 접하는 복잡한 문제 해결하기	0.7	15.1	66.3	18.0
JC 수학 실력 향상시키기	0.0	1.9	67.4	30.7
수학 역사와 친밀해지기	8.5	30.5	51.2	9.9
수학 자신감 향상시키기	0.5	2.9	60.0	36.7
문제해결능력에 대한 자신감 키우기	0.0	3.4	65.2	31.4
JC 수학 실력 유지하기	0.0	1.8	65.5	32.7
실질적 수학 자료 활용하기	0.7	10.3	66.3	22.8
수학 흥미도 높이기	0.1	3.9	62.2	33.9
수학 관련 직업 소개하기	3.5	17.9	57.4	21.2

출처: 모런 등, 2013, p. 35

수학 프로그램이 가장 많이 활용되었다. 연구진은 '프로젝트수학을 도입하기 전 혹은 교사들이 이러한 자료들을 알기 전에는 변변한 전환학년 수업자료가 부족했거나 이러한 자료를 접하고 활용하는 교사들의 능력이 빈약했다는 것을 함축하는 연구 결과'라고 주장했다. 어쩌면 『전환학년 수학교사를 위한 수업자료』가 교사들에게 외면당했던 것도 이런 연유 때문이었는지도 모르겠다.

대다수 교사들은 여전히 학년말 시험을 치르고 있다고 보고했다. 이에 대한 연구진의 논평은 다음과 같다.

초기 프로젝트수학을 활용했던 학교들과 다른 학교들의 평가 방식을 비교한 결과 프로젝트수학은 교사들이 보다 혁신적인 방식으로 평가를 이행할 수 있게 해주었다. 프로젝트 수학은 전환학년을 특징짓는 활동학습, 가령 그룹 프로젝트 과제 같은 것을 진행하기에 더 적합하다.^{앞 문헌, p. 43}

연구보고서는 다음 내용으로 이어진다.

가장 최근 전환학년 수학시간에서 다루었던 분야를 살펴보면 84.9% 교사들이 통계, 83.3%가 확률, 79.1%가 대수학, 70.2%가 생활문제를 가르쳤다. 통계와 확률은 예전의 수학 교수요목에서보다 현재 교수요목에서 훨씬 더 중요하게 다루어진다. 또한 프로젝트수학을 도입할 때 첫 번째로 포함되었던 분야이기도 하다. 전환학년 지침에서 수업에 활용할 수 있는 수학의 역사 자료를 제시하고 이의 활용을 권고하고 있음에도 교사 10명 중 단지 4명만이 수학사를 가르치고 있었다. 이는 전환학년 수학 수업에서 수학 분야를 폭넓게 다루도록 교사들을 다독일 필요가 있다는 점을 암시한다. 각 분야를 개별적으로 가르치기보다 통합수학 모듈이나 교과통합의 일환으로 연계하여 가르칠 수 있다.^{앞 문헌, p. 43}

마지막으로 연구보고서는 JC와 전환학년, LC 간의 불편한 관계를 강조했다.

전환학년 학생들을 LC 수학 프로그램에 배치할 때 JC 시험 결과가 결정적 요소였다(73.2%의 학교가 JC 시험 결과를 중요한 요소로 고려하며 배치했다고 보고했다). 반면에 성취도

평가(15.7%)나 전환학년 학년말 수학시험(17.2%) 결과는 모두 거의 중시되지 않았다.

이러한 결과는 학생들과 교사들, 학교들, 협력기관들, 정책입안자들이 전환학년 수학과 관련해서 매우 시급히 해결해야 할 과제가 많다는 것을 보여준다.

이야기의 힘

조금 전 언급했듯이 전환학년 수학의 불을 밝히는 한 가지 길은 수학적 인식이 진화되어온 이야기를 들려주는 것이다. 카터와 오 카이브러[2011] 연구는 수학의 앞날이 창창하다는 것을 보여준다. 두 연구자는 수학의 역사를 다룬 전환학년 수업계획 20회가 실제 어떻게 실행되었는지 보고했다. 첫 수업을 마친 후 모든 학생들의 수학 인식에 바로 큰 변화가 나타났다. 놀랍게도 이러한 긍정적 변화는 20회 수업을 모두 마친 후에도 전혀 변함이 없었다. 연구 인터뷰에 응했던 한 학생은 이렇게 말했다.

> 저는 이제 수학을 맘껏 즐겨요. 처음에 잘 이해하지 못하더라도 괜찮다는 것을 알았거든요. 수학자들도 지금 우리가 알고 있는 것을 이해하기까지 수천 년이 걸렸잖아요. 앞 문헌, p. 100

다른 학생의 인터뷰도 실렸다.

> 누군가 생각했던 거지만 수학자들이 그것을 증명했기 때문에 우리가 지금 배우고 있는 거잖아요. 이처럼 수학 이면

에는 지금까지 몰랐던 굉장한 역사가 숨어 있어요. 정말 많은 사람들도 있고요. 수학은 더 이상 따분한 교과서 같은 게 아니에요.^{앞 문헌, p. 100}

이야기는 점점 더 쌓여갈 듯하다!

제25장

창의적 종교교육 프로그램

몇 년 전 한 교사가 어느 아일랜드 웹사이트에 다음과 같은 글을 올렸다. "안녕하세요. 저는 전환학년과 고등학교 2, 3학년 학생들에게 종교 과목을 가르치고 있습니다. 시험을 보지 않는 과목이죠. 교과서 없이 수업하고 있어요. 수업에서 다룰 만한 주제로는 어떤 것이 있을까요? 조언을 부탁드립니다." 생각하기에 따라서는 전환학년처럼 미리 정해지지 않은 학교 프로그램을 운영하는 교사가 슬렁슬렁 가르치려는 생각에 마구잡이로 올린 글의 전형일 거라고 여길지도 모르겠다. 그렇지 않으면 수업계획을 세우던 어느 개방적인 교사가 다른 교사들의 의견을 듣기 위해 도움을 청한 것으로 생각할 수도 있겠다. 그것마저 아니라면 '수업에서 다룰 만한 종교 주제에 대한 조언'을 구한 다음 이어서 '수업과정'에 대한 질문을 해야겠다고 애초부터 마음먹고 순차적으로 올린 글일 수도 있다. 마지막으로 수업 취지와 같은 종교 수업에 대한 근본적 질문을 던지려 했던 것은 아닐까 생각해볼 수도 있겠다.

1993 전환학년 지침은 「종교」 항목에서 수업의 세부 방향보다는 대략적 윤곽만 제시했다.

전환학년 종교 수업과정과 교수법을 정할 때 학생들과 학부모들이 원하는 바를 극히 중요하게 고려해야 한다. 복잡하지 않게 수업을 운영하되 전체 전환학년 프로그램과 보다 적절히 융합될 수 있도록 종교 주제를 구성할 수도 있다. 또한 종교학습 분야나 종교 주제를 실질적으로 배우기 위해 유의미한 학습 환경을 조성하거나 실생활 과제 혹은 직업과 연관된 상황을 활용하는 것은 도움이 되는 것으로 판명되었다.교육부, 1993, p. 18

전환학년 종교 수업에서 고려할 만한 영역으로는 다음과 같은 것이 있다.

자기인식 및 자기평가, 타인 및 신과의 관계, 공동체와 개인을 위한 기도, 소명의식과 이의 실행 방법, 인간 존중 및 존엄성, 인권, 정의와 평화, 도덕원리, 제3세계 문제

고민에 빠졌던 교사가 웹사이트에 올렸던 질문에 실로 다양한 댓글이 달렸다. 학생들에게 어떤 종교 주제를 탐구하고 싶은지 직접 물어보라는 댓글에서부터 〈반지의 제왕Lord of the Rings〉에서 드러난 종교 심상을 탐색하는 것까지 그 범위가 넓었다. 또한 유대교 회당이나 회교사원을 방문하거나 환경윤리·사형·낙태·체외수정 같은 생명문제를 수업시간에 다루고 음악을 통해 삶의 의미를 찾는 활동을 제안했다. 지역 자선단체나 불교, 일본 종교인 신도 활동을 제안하기도 했다. 영화나 TV 프로그램을 활용하거나 이따금씩 책을 활용하는 것도 제안되었는데 가령 〈심슨 가족The Simpsons〉, 〈매트릭스The Matrix〉, 〈호텔

르완다〉, 〈슈팅 독스Shooting Dogs〉, 〈줄무늬 파자마를 입은 소년〉, 〈쉰들러 리스트〉, 〈민 크리크Mean Creek〉, 〈일라이The Book of Eli〉, 리처드 도킨스의 저서 『만들어진 신The God Delusion』 같은 작품을 언급했다. 그 밖에도 다음과 같은 댓글이 달렸다. '컬트는 훌륭한 수업 주제죠.', '대중적인 주제로 수업시간에 토론을 벌이지만 솔직히 쉽지 않은 일이에요.', '반드시 계획을 세워야만 합니다. 학교 평가를 받게 되면 큰 곤경에 처할 수도 있기 때문이죠.', '한낱 흥밋거리로 일화를 소개하거나 영화를 보여주지 마세요. 학생들이 내용을 연관 지을 수 있는 방식으로 종교 주제나 사안을 소개하고 이에 대해 건강한 토론을 활발히 벌이도록 이끌어주세요.'

종교교육 체계

안타깝게도 웹사이트 댓글 중에는, 어쩌면 질문조차도 마찬가지일지 모르겠지만, 충분히 심사숙고한 후 의견을 제시한 것이 아니라 은연중 수업시간을 때우는 정도로 생각하고 답변을 한 듯싶은 것도 있다. 수업체계의 정교성과 유연성이라는 두 마리 토끼를 다 잡은 종교교육 프로그램 사례는 르헤일러 트러스트 웹사이트www.lecheiletrust.ie에서 찾아볼 수 있다. 이 웹사이트에는 르헤일러학교의 성격과 정신이 분명히 제시되어 있다. "우리 학교는 가톨릭 학교로서 신의 형상과 모습으로 빚어진 모든 인간은 고유의 품격을 갖고 있다는 믿음을 바탕으로 성심을 다해 전인교육을 전개한다." 르헤일러학교는 종교수업에 참여하는 학습자들의 다양성을 존중하며 인격적으로 세심하게 대한다.

르헤일러 종교교육 체계는 지극히 중요한 다음 세 가지 목표를 담고 있다.

- 개인 및 공동체의 신앙심을 더 깊이 기르기. 특히 기도와 예배의 속성을 이해하고 수행하기
- 생각하고 연구하고 추론하고 성찰하는 법을 가르쳐서 학생들이 복음의 가치에 따라 행동하도록 이끌기
- 삶에서 내린 결정들을 성찰하기 위한 지적 체계를 심어주고, 학생들이 신앙과 삶을 통합시켰던 경험에 대해 간증하도록 독려하기

또한 르헤일러 종교교육 체계는 프로그램을 운영하기 위해 실질적으로 고려해야 할 사항들을 중심으로 소제목을 달았다. 여기에는 「교육환경」, 「교사 채용」, 「교육과정」, 「특별교육이 필요한 학생」, 「학생 보호 지침」, 「교육 자원」, 「예배의식」, 「피정」, 「봉사 프로그램」, 「학부모 참여」, 「타 종교를 믿는 학생들」이 있다.

다양한 프로그램

로리 필즈 선생님은 지난 20년 동안 종교교육을 담당하고 있다. 잘 훈련된 교리문답 교사이기도 하다. 그녀가 몸담고 있는 마노르하우스 학교는 800여 명의 학생들이 다니는 여학교로 불섬 북부에서 더블린 북쪽의 라헤니 마을로 가는 길에 있는 붉은 벽돌로 지어진 건물이다. "전환학년에 각 반은 주 3시간 종교수업을 합니다. 우리 학교 교리문답 교사팀은 학생 개개인의 능력을 향상시키고, 과학기술 역량을 증진시키며, 자신과 타인에 대한 기대치를 높이도록 학생들을 이끌고 있어요." 5명으로 구성된 교리문답 교사팀이 구체적인 수업 목표와 연간 계획을 수립하며 이와 같은 종교 수업 목표를 구현한다. "종교적 표현이 무엇을 의미하는지를 탐색하는 것이 수업 목표예요. 하나님과 종교 전통, 무엇보다 기독교 전통을 이해하는 것이 우리 생활문화에 어떠한

기여를 했는지, 또 개인의 생활양식에는 어떠한 영향을 미쳤는지를 이해하죠. 학생들이 종교 전통을 풍부하게 이해하도록 다독이고, 이 과정에서 학생들은 정신적·도덕적으로 발달합니다."

분명 21세기 아일랜드에서 종교교육을 하는 것은 쉽지 않은 일이다. 특히, 전환학년 학생들이 살고 있는 현시대에 봇물 터지듯 교회 추문이 일어났던 것을 생각하면 더욱 그렇지 않을까? "예, 힘겨운 일이죠. 그렇지만 보람도 있답니다. 제가 볼 때 10대 청소년들의 내면 저 깊숙한 곳에는 사회 변화를 갈망하고, 이 세상을 좀 더 낫게 만들고자 하는 선하고 공감하고 협력하는 자아가 들어 있어요. 대부분 10대 아이들은 성인처럼 냉소적이지 않아요. 그래서 아이들은 지금도 앞으로도 제게 언제나 신선한 공기를 불어넣어주는 숨결이랍니다."

이 책을 읽다 보면 만나게 되는 다른 많은 교사들과 마찬가지로 그녀가 헌신적으로 가르칠 수 있는 원동력은 청소년과의 유대관계, 청소년에게 에너지를 얻는 탁월한 능력이다. "10대들은 매일같이 자기 주변에서 일어나는 정당한 일과 부당한 일 모두를 경험하죠. 아이들은 모든 사람들이 깨끗한 물을 마시고, 지붕이 있는 집에서 편히 살고, 음식을 배불리 먹고, 교육을 잘 받는 공정한 세상을 갈망한다고 툭 터놓고 말합니다. 부익부빈익빈의 세상에서 나타나는 불평등 문제를 대할 때는 격정적으로 변하기도 해요."

그녀는 종교 수업에 어떠한 수업자료를 활용할까? "우리 학교는 정해진 교과서를 사용하지 않아요. 그 대신 『신앙을 찾고, 신앙의 불을 지피고, 신앙에 대해 반문하기*Searching, Kindle a Fire and A Question of Faith*』에서 발췌한 부분과 같이 다양한 자료를 공유하죠. 2014~2015년에 우리 학생들에게 잘 맞을 것 같은 새로운 교수법을 몇 가지 시도했어요. 생각하기-짝짓기-공유하기 교수법은 실제 아주 유용했어요. 학생들이 먼저 자발적으로 답변을 잘했기 때문에 답변을 위해 지목받았던 학생들이 없었죠. 소그룹 활동을 하며 학생들은 학습의 참맛을 봤습니다. 그룹 학생들끼리 협력하고 공동 과제를 수행하고 명확하게 소통하는 것은 종교 수업의 핵심이었어요."

교리문답 교사팀은 전환학년 그룹 활동의 부수 효과 중 하나는 새로운 친구들과 우정을 쌓아가는 것이라고 강조했다. "전환학년 동안 학생들은 모두 새로운 반에 구성됩니다. 알고 있는 학생이라야 중학교 때 친분이 있었던 친구 몇몇에 불과하죠. 그런데 이렇게 새롭게 구성된 아이들이 협동학습을 함께 진행하며 손발을 척척 맞추게 됩니다."

그녀는 경력이 풍부한 교사가 도리어 협동학습 교수법을 활용하는 데 애를 먹기도 한다는 것을 인정했다. "퍼즐 맞추기 교수법을 실험하다 보면 전환학년이 다 가버려요. 학생들을 소그룹으로 나눈 후 서로에게 새로운 개념을 가르치게 했어요. 우리 교사들은 이 과정이 좀 더 용이하도록 도왔을 뿐이고요. 저는 이 방식이 너무 힘들었는데, 제가 소중하게 여겼던 가르치는 시간을 그냥 흘려버리는 것처럼 오해했기 때문이란 걸 이제는 잘 알고 있어요. 퍼즐 맞추기 교수법을 진행하는 동안 학생들은 서로에게 선생님이 될 기회를 갖죠. 도리어 저는 조력자에 더 가까웠고요. 그룹에서 실제 일어나고 있는 학습과정을 지켜보는 것은 정말 흥미롭더군요."

그녀와 동료 교사들은 전환학년 학생들에게 4주짜리 프로젝트를 제시했다. '자신의 삶에 감화를 주는 사람'을 선정하고 친구들 앞에서 발표하는 개인 활동 프로젝트였다. "이 프로젝트는 아주 훌륭하게 진행되었죠. 많은 학생들이 자신에게 감화를 주었고 지금도 매일같이 감화를 주고 있는 사람으로 가족을 선정한 것을 보고 깜짝 놀랐어요. 음악가나 예술가를 선택하리라고 예상했었거든요. 그러나 가족이 이들을 제쳤습니다. 제가 맡았던 두 반 학생들 모두 아주 뛰어나게 발표를 잘했어요. 긴장을 한 학생들도 있었는데 발표를 경청하는 아이들은 이를 전혀 눈치채지 못했고 오히려 자신이 그 발표에 사로잡혔다고 느꼈어요."

마노르하우스학교는 학급토론과 그룹과제, 교사 설명, 유튜브 동영상, 학습성찰일지, 브레인스토밍, 미술활동, 심상활동, 성서 읽기, 크리스마스 캐럴 부르기, 자선 모금활동, DVD 제작, 노래, 모의실험, 역할놀이를 혼합하여 종교교육 프로그램을 운영하고 있다. 그간의 수업자료를 슬쩍 보니 다양한 장르의 작품들을 창의적으로 연계한 것이 많았다. 영국 코미디 영화 〈베스트 엑조틱 매리골드 호텔The Best Exotic Marigold Hotel〉과 맥스 애흐만의 책 『간절히 열망하는 것들Desiderata』의 연계, 『아모스서Book of Amos』와 해럴드 커시너의 책 『착한 사람에게 나쁜 일이 일어날 때When Bad Things Happen to Good People』의 연계, 골수암 환자로 강한 의지를 선보여 아일랜드 국민의 심금을 울렸던 10대 청소년 도널 월시, 선천적 무지증 환자인 10대 소녀 조앤 오리어르다인과 마더 테레사, 만델라, 간디의 삶의 연계.

어느 프로그램이든 교실 안에서 배우는 것으로 제한한 것은 없다. "올해 성 멜 대성당을 보기 위해 전환학년 학생들 모두 롱퍼드주로 데려갔어요. 몇 년 전 화재로 인해 대성당이 처참하게 훼손되었죠. 이를 다룬 TV 다큐멘터리를 본 학생들이 많았고 막대한 비용이 소요되는 성당 재건 문제를 두고 학생들 사이에 토론의 불이 붙었습니다. 아일랜드 경제 상황을 고려할 때 이 막대한 비용을 왜 다른 곳, 어쩌면 좀 더 필요한 곳에 쓰지 않는가라는 관점이 토론의 한 줄기였죠. 이 토론은 각자의 가치관에 대한 토론으로까지 번졌어요."

"토론의 결말은 대성당을 직접 방문해서 재건의 필요성을 판단해보자는 것이었어요. 우리는 이 대성당이 한낱 하나의 건물에 불과하지 않다는 것을 알게 되었죠. 성 멜 대성당이 예배 장소로, 또 역사가 아로새겨진 곳으로 얼마나 중요한지를 깊이 깨달았어요. 학생들은 방문 전 토론을 통해서뿐 아니라 대성당을 직접 방문해서 정말 많은 것을 체득했습니다."

창의성과 유연성

학생들이 품었던 의구심에 이와 같이 창의적으로 응답하는 것은 그 어느 학년보다 전환학년에 더 수월하다. 2013년에 시작된 청소년두드림대회Knock Youth Gathering 연례행사는 전환학년의 유연성을 잘 보여주는 사례이다. 청소년두드림대회의 목적은 전환학년과 1년 차 A레벨 과정 학생들이 홀리로사리축제Holy Rosary의 문을 두드려서 또래 간에 믿음과 영성을 경험하는 것이다. 그 밖에도 학교 웹사이트에 올려놓은 수많은 전환학년 종교교육 과정에는 창의성과 유연성을 엿볼 수 있는 사례들이 많다.

마지막으로 오늘날 아일랜드 종교교육과 관련된 어떠한 논쟁도 학교 정신과 학교 후원, 학교 선택권 문제와 분리될 수 없다. 전환학년 종교교육은 이러한 문제들을 살펴보는 장이기도 하다. 아일랜드 성공회 마이클 잭슨 대주교의 연설문에서 일부를 발췌하여 수업에 활용하는 것이 종교교육의 출발점이 될 수도 있다. 잭슨 대주교는 2012년 골웨이주의 예수회 학교인 이그나이드학교 150주년 기념행사에서 다음과 같이 연설했다.

… 요즈음 교육계와 언론계는 마루에 드러누워 낡아빠진 제도화된 기독교를 걷어차는 논쟁을 느긋하게 즐기고 있습

니다. 이들은 세계적으로 종교에 귀의하는 사람들이 많아지고, 종교적 입장을 표출하는 사례가 늘어나면서, 종교는 변화하고 있고 소멸되지 않는다는 현실을 더 넓은 시각으로 인지하지 못하고 있습니다. 사람들은 자신의 삶 속에서 직접 종교를 체험하며 종교를 이해해왔기 때문에 종교는 반드시 제도화된 종교의 형태를 띨 필요는 없습니다.^{잭슨, 2012}

제26장

개인 정체성 및 창의성

미술교사인 니컬라 리 선생님은 정규 교수요목에 구애받지 않고 시각 작품을 감상할 수 있는 전환학년의 여지와 자유를 사랑한다. "JC에서 미술을 접하지 못했던 학생들에게 전환학년은 새로운 가능성의 문이고, 미술 기초를 어느 정도 닦았던 학생들에게는 더 큰 프로젝트를 수행하며 더 깊이 정진할 수 있는 절호의 기회입니다." 워터퍼드주의 드라살학교에서 그녀가 운영하는 전환학년 미술 프로그램은 개인의 정체성과 창의성 향상에 초점을 두고 있다. "저는 9월부터 1월까지 한 학급, 1월부터 5월까지 다른 학급에서 미술 모듈을 가르칩니다. 40분짜리 수업을 세 시간 가르치는데 그중 두 시간은 이어서 진행하고 나머지 한 시간은 별도로 진행하도록 시간표를 짰어요. 학생들의 수업 피드백을 보면 공예품을 제작하거나 마감기일에 맞춰 뭔가를 수행하는 수업보다 견학이나 여행, 답사를 떠나는 수업을 더 좋아하더군요."

그녀는 온전히 몰입할 수 있는 큰 프로젝트에 학생들이 참여하도록 북돋운다. 이의 사례로 재활용품옷만들기Junk Kouture와 밀크잇Milk It 프로그램을 들었다. 전자는 대개 쓰레기통에 버려지는 일상 폐기물을 갖고 착용하기에 적합한 옷을 만드는 것이다. 재활용품옷만들기 웹사이트에는 "재활용품옷만들기 프로젝트의 목표는 10대들에게 영감을 불어넣고 열정을 끌어내는 것과 동시에 쓰레기 재활용·재사용의 중요성을 자연스럽게 교육하는 것이다"라고 명시되어 있다. 로스코먼주의 엘핀지역학교[2015]와 웨스트미드주 애슬론 지역의 아워레이디바워학교 [2014], 리머릭주의 이서프학교[2013] 출신의 재활용품옷만들기 전국 우승자들은 한결같이 아주 멋진 창의적인 옷을 만들었다.

밀크잇 프로그램은 학생 6명이 한 팀으로 광고대행사를 차리고 간소한 업무지침에 따라 판촉활동을 벌이는 것이다. 밀크잇 창시자들은 10대들이 재미있고 활동적인 방식으로 '우유·요구르트·치즈' 같은 유제품의 영양가에 대해 배우기를 바랐다. 또한 교사들과 학생들이 수업에 활용할 수 있는 교과통합 프로그램을 제공하려는 의도도 지니고 있었다. 밀크잇 프로그램은 전국 단위의 조사를 실시한 후 아일랜드 10대 여학생의 42%, 10대 남학생의 23%가 칼슘 섭취가 충분하지 않다는 결론을 도출했던 어느 한 연구에 대한 대응책으로 개발되었다.

눈에 띄는 고색창연한 19세기 학교 건물 안에 새로이 멋지게 단장한 미술실에서 니컬라 리 선생님은 전환학년 미술교육을 통해 학생들이 어떻게 자신감을 쌓아가는지, 또 LC 미술 과목을 선택하기를 고대하는 학생들이나 미술과 관련된 진로를 좇으려고 준비 중인 학생들이 전환학년 동안 그 기반을 어떻게 닦고 있는지에 대해 열심히 설명했다. "조금 전 말씀드렸듯이 JC에서 미술을 접해본 적이 없었던 학생들은 자신의 능력을 폄하하곤 해요. 이 아이들이 몇 가지 기본적인 기법을 익히고 난 후 자신감이 차오르는 모습을 지켜보는 것은 황홀하죠. 단지 자신의 작품에 대해서뿐 아니라 한 사람으로서 자기 자신에 대한 자신감이 생기거든요."

양파 같은 전환학년 프로그램

이 지점에서 그녀가 주목하는 전환학년에 대한 관점을 짚어볼 필요가 있다. 1990년대에는 전환학년을 '양파'로 은유화하곤 했다. 즉, 전환학년은 네 '겹'의 양파였다. 첫째 겹은 양파 가장 안쪽의 중심부로 영어와 수학처럼 일 년 내내 가르치는 지속과목이 자리 잡고 있다. 둘째 겹에는 학생들이 향후 정보에 입각하여 LC 과목을 선택할 수 있도록 전환학년 동안 LC 과목을 '맛보기'로 들을 수 있는 다양한 교과 표본이 있다(이 맛보기 과정은 늘 그런 것은 아니더라도 대체로 고2 선택과목의 기능을 한다). '맛보기 과정'은 전환학년의 절반 혹은 삼분의 일에 해당되는 기간 동안 모듈로 운영된다. 당연히 그 자체로 교육적 가치를 지닌다. 셋째 겹은 전환학년 맞춤형으로 JC와 LC 과목과 거의 연계되지 않는 '독자적' 과목 및 모듈로 구성된다. 대체로 이러한 독자적 과목과 모듈은 학생들의 흥미와 창의성을 끌어내며, 전환학년의 이상과 선명하게 연계된다(미니컴퍼니, 호신술, 지역봉사, 개인 발달, 컴퓨터 코딩, 일본어 등). 마지막 넷째 겹은 가장 눈에 띄는 표피로 견학, 외부 강사 초빙, 작품 전시, 놀이, 콘서트 등과 같은 '일회성' 활동을 포함한다.

미적 활동은 다양한 형태를 띠는데, 특히 둘째, 셋째, 넷째 겹의 형태로 행해진다. 순전히 LC 과목 맛보기 차원에서만 미술과 음악을 보고 듣는다면 교육적으로는 매우 협소하고 제한적일 것이다.

그녀는 전환학년 선배들의 작품을 선별해서 보여주는 것이 효과적이라고 생각했다. 학생들의 기대치를 끌어올리고 잠재력을 넓혀주기 때문이다. 특히 그녀가 '전-후' 활동이라고 불렀던 교수법이 효과적이라고 한다. "수업시간에 교사가 직접 기법을 실행해 보이고 학생들이 이를 자신의 작품에 활용하는 방식을 통해 학생들의 실력이 쑥쑥 향상되는 것을 알 수 있죠." 그녀는 또한 학생들이 시각적 마인드맵을 활용하여 다양한 이미지를 선택한 후 이를 격자무늬 형태로 조합하고 재빨리 글이나 그림을 덧붙이며 독특한 이미지를 창출하게 한다. "미술가나 만화가, 그래픽디자이너의 큰 단면도 작품을 보여주기도 합니다. 물론 수업에 외부 강사를 초빙할 수 있을 때면 되도록 인기 가도를 달리는 사람들을 초대하죠."

지금이야 JC에서 미술 수업을 경험하지 못했던 학생들에게 매우 적극적이지만 언제나 이와 같았던 것은 아니었다고 그녀는 실토했다. "초기에는 미술을 재미있게 가르치려고 발버둥을 쳤어요. 미술에 대한 불안감을 감추기 위해서 자신의 작품을 하찮게 여기거나 쉽게 포기하거나 버릇없이 구는 학생들이 많았거든요. 수업이 좀 더 흥미롭고 매력적이 될 필요가 있다고 생각했죠. 이런저런 시행착오를 거치며 만화를 그리거나 게임을 하거나 레고로 뭔가를 만들 때 학생들이 심취한다는 것을 알게 되었어요. 제 모듈수업에 이 모든 활동들을 통합했죠. 그 결과 거의 모든 학생들의 흥미와 관심, 참여도가 배가되었어요."

만화 주인공을 창안하는 수업이 특히 유효했다고 한다. "정체성 프로젝트의 일환으로 진행했는데요, 먼저 소년 만화 주인공으로 잘 알려진 「핀과 제이크의 어드벤처 타임Adventure Time's Finn」이나 「개구쟁이 데니스Dennis the Menace」 같은 만화를 살펴봅니다. 그다음 평범한 실루엣을 갖고 있는 학생들의 외형을 어떻게 만화 캐릭터처럼 보이게끔 할지 방법을 모색하죠. 이 과정에서 우리의 '본판'은 비슷할지라도 모두 다 다른 사람이라는 것을 깨닫게 됩니다. 그러고 나서 학생들은 PPT 프로그램인 커다란 레고 템플릿을 메꾸면서 자신의 캐릭터를 완성하죠. 교복도 입히고요. 그다음 템플릿상의 캐릭터를 실제 레고 캐릭터로 전환하는데 크기와 교복만 비슷할 뿐 학생들이 만든 캐릭터는 모두 다 다릅니다. 학생들은 이 프로젝트에 흠뻑 빠져서 즐겨요. 전환학년을 마칠 때 자신의 미니 피규어를 하나씩 받죠. 아이들은 좋아서 어쩔 줄 몰라 합니다. 자신의 창작품에 얼마나 큰 자부심을 느끼는지 보실 수 있을 거예요. 애초에 학생들이 창의적이었는지 아니었는지는 그다지 중요치 않아요."

다른 미술교사들을 위해 조언을 부탁하자 그녀는 미술교사만이 아니라 전환학년 교사라면 누구에게든 해당되는 답변을 했다. "교사들은 훨씬 더 유연하고 새로운 환경에 잘 적응해야 합니다. 전환학년을 가르칠 때는 학생들의 마음을 더 사로잡을 수 있어야겠죠. 당장 치러야 할 국가시험이 눈앞에 없으면 흥미를 끄는 것이 없는 한 학생들은 슬렁슬렁 시간을 보내는 경향이 있거든요. 학생들이 수업시간에 뭔가를 습득하고자 애쓴 만큼 실제로 성취감을 맛보도록 하는 것이 중요해요. 프로젝트 모듈은 짧게 구성하되 학생들이 자부심을 느끼고 소중하게 여기는 구체적인 것을 만들도록 한 것이 아주 효과적이었습니다. 이런 모든 것을 경험하며 전환학년을 가르치는 것이 교사로서 몹시 뿌듯했어요."

열린 공간으로서의 전환학년

전환학년 지침에서 공언하듯이 전환학년의 최대 강점은 창의성과 혁신성을 기를 수 있는 공간을 연 것이다. 교사와 학생은 새로운 방식으로 자신의 목소리를 낼 수 있다. 공장 모델의 학교교육에 대한 비평가로 세계적으로 이름을 떨치고 있는 켄 로빈슨은 학교가 점차 획일화, 표준화되어간다고 일침을 가했다. "우리는 역방향으로 가야 합니다." 1,200만여 명의 사람들이 본 유튜브 동영상에서 그는 재기 넘치게 주장했다. 그는 발산적 사고를 창의성의 핵심 역량으로 여겼다. 그는 "자신의 감각이 최고조에 달했을 때, 지금 이 순간 자신을 느낄 때, 지금 자신이 경험하고 있는 '것'으로 주위에 반향을 일으킬 때, 팔딱팔딱 살아 있을 때" 미적 경험이 필요하다고 강조했다. 이러한 생각은 '몰입flow' 개념을 설득력 있게 써 내려간 헝가리의 긍정심리학자 미하이 칙센트미하이의 책을 상기시킨다. 몰입이란 보통 일상적 관심사—시간, 음식, 자기 자신 등—에서 벗어나 뭔가에 열중하고, 참여하고, 충만하고, 숙련되었다고 느끼는 것이다. 켄 로빈슨은 학교교육이 학생들을 마비시켜 감각을 차단해버리는 것을 우려한다. 이러한 날카로운 비평 덕분에 미적 교육이 학교교육의 중심으로 자리 잡게 되었다.

가능성으로 점철된 전환학년

더블린 토마스가 옛 열강의 증류소 자리에 자리 잡은 국립미술디자인대학은 북적북적하고 창의적이고 열정적인 기운으로 가득하다. 이 대학 교육학과의 피오나 킹 교수는 전환학년을 논하기에 적합한 인물이다. 그녀는 실습평가 교수로 정기적으로 중등학교를 방문하여 전환학년 미술 수업을 지근거리에서 관찰한다. "전환학년은 가능성의 해입니다. 위험을 무릅쓰며 새로운 것을 시도하고 미술 수업의 범주를 넓히기에 좋은 기회이기 때문에 많은 교사들이 전환학년을 반기죠. 교사들이 개방적이고 탐구적인 기회를 온몸으로 받아들이고 있는 것에는 의심의 여지가 없어요. 자신만의 전환학년 프로그램을 써 내려가게 하는 것은 교사들에게 큰 힘이 됩니다. 현역 미술가들과 긴밀히 연계하며 가르쳤던 교사들, 학교 안팎의 사람들과 공동 프로젝트를 폭넓게 펼쳤던 교사들, 인권문제를 파헤쳤던 교사들, 미술관이나 현역 미술가들과 창의적인 방식으로 새롭게 관계를 맺는 교사들을 많이 만났어요. 교실에 계시면 이런 교사들이 학생들의 흥미와 호기심을 얼마나 솜씨 좋게 사로잡는지 보실 수 있을 거예요."

그녀가 조금 전 언급했던 공동 프로젝트는 미드주의 아시분지역학교 사례를 보면 잘 알 수 있다. 아시분지역학교의 마거릿 마헤르, 데이비드 오코넬 선생님은 학생들에게 특정한 모양으로 디자인된 '예술고양이Artykats' 작품을 제작하게 했다. 또한 예술이나 건축학 같은 과목과 연계하여 학생들의 실용적·창의적·예술적·기업가적 기량을 함양시키는 것에도 새롭게 초점을 맞추었다. '예술고양이' 전환학년 단원의 상세한 내용은 국가교육과정평가원 웹사이트www.ncca.ie에서 찾아볼 수 있다.

워터퍼드주의 니컬라 리 선생님과 마찬가지로 피오나 킹 교수도 JC에서 미술을 접하지 않았던 학생들이 전환학년 동안 어떻게 흥미와 호기심을 표출하는지, 전환학년은 그러한 여건을 어떻게 창의적으로 조성하는지를 관찰했다. 피놀라 맥틸넌 교수가 조직하고, 국립미술디자인대학 교육학과 피오나 킹 교수가 이행하고 있는 미술가멘토링 프로그램Artist Mentoring Programme을 통해 교생실습 중인 교육학과 학생들은 전환학년 및 고등학교 학생들과 함께하고 있다. 그 결과 전환학년을 비롯한 고등학생들이 창의적 미술 수업과정에 참여할 기회를 얻었고, 중등교육과 대학교육 간의 시각미술 교수법의 간극이 좁혀졌다.

앞서 니컬라 리 선생님이 제시했던 재활용품옷만들기와 밀크잇 프로젝트는 몇 가지 측면에서 주목할 가치가 있다. 첫째, 두 프로젝트 모두 학생들과 교사들이 창의성·혁신성을 꾀하도록 체계가 잘 잡혀 있으면서 동시에 유연하다. 또한 범교과적 성격을 띤다. 전환학년만을 목표로 한 것은 아니지만 전환학년 학생들에게 가치 있는 활동이다. 이 두 프로젝트는 마지막 학기에 국가에서 표창을 수여하는 행사로 진행하기에도 손색이 없다. 이러한 국가행사는 프로젝트를 진행했던 학교들을 깊이 축하하는 자리가 되고 이 학교들은 대중의 관심을 한 몸에 받을 수 있을 것이다.

마지막으로 다른 장에서도 분명히 드러나듯이 전환학년은 다른 어떤 학교 활동보다 후원 프로젝트와 아주 관련이 깊다. 광고주들은 예외 없이 10대들의 순수하고 아름답고 진솔한 노력에 무한한 매력을 느낀다. 어떤 면에서는 극도로 재정이 빈약한 학교교육을 보완하기 위해 기업이나 다른 기관들의 후원을 받는 것은 환영할 만한 일이다. 그럼에도 청소년을 보호해야 할 책임이 있는 전환학년 코디네이터들과 교사들, 교장들은 다양한 방향으로 학교 재정문제의 해결 방안을 찾고 있다. 외부 기관의 도움을 받는 것이 교육적으로 어떠한 가치가 있는지 그 장단점을 평가하는 것은 언제나 극히 중요하다.

제27장

지역연계, 예술, 문화, 사회의식

전환학년 동안 많은 학교들이 학교 문턱 가까이에 있는 자원들을 십분 활용할 뿐 아니라 이전보다 지역사회와 더욱 긴밀히 연계를 맺는다. 실제 청소년들은 지역 프로젝트에 참여하며 자신이 살고 있는 주변 세계를 바라보는 눈빛이 달라지곤 한다. 최상의 경우 청소년 시민은 '자율적이고, 참여적이며, 책임감 있는 사회 구성원'이 되어야 한다는 전환학년 사명에 성큼 다가선다.

더블린 도심부에 위치한 라킨지역학교는 학교-지역 연계에 대해 진지하게 숙고한 후 '파트너십 코디네이터'를 임명했다. "우리 학교는 JC 학생들까지도 함께 참여하는 다양한 파트너십 프로젝트를 개발하고 발전시키고 있어요." 마이러 오히긴스 선생님이 설명했다. "따라서 학생들은 JC 때 수행했던 활동을 전환학년에도 지속하고, 전환학년에는 JC 학생들의 멘토로 활동하죠." 그녀는 1999년 학교 창립 이래 꾸준히 전개해온 감동적 프로젝트와 외부 인사 강연 프로그램에 대해 언급했다.

학생들은 움직이는 조각상이라 불리는 프로젝트를 수행한다. 움직이는 조각상은 6미터 높이의 거대 조형물 6개를 디자인한 후 이를 제작하고 세우는 프로젝트로 오코넬가 인근에 있는 사람들에게 친숙한 조각상을 보고 영감을 얻었다고 한다. 이 프로젝트를 진행하기 위해 다양한 기관 및 사람들과 협력하고 있다. 국립미술디자인대학, 국립박물관 교육팀, 연극 감독 미켈 머피, 공연기획 업체 맥나스의 피트 캐스비, 독립 작가 헬렌 레인 등이 학교와 함께하고 있다. 그러고 나서 학생들은 숀 맥더모트가 끝자락에 있는 루어드돌봄센터Lourdes Day Care Centre의 한 노인이 그린 생물화를 바탕으로 일곱 번째 거대 조형물을 제작했다. 그 후 미켈 머피 감독은 연극 대본을 쓰고 공연을 기획했다. 콜린스 병영에서 지역 주민을 대상으로 거대 인형극을 펼쳤는데, 라킨지역학교 학생들과 노인들이 오래도록 대화를 나누는 것으로 막을 내렸다. 중1 학생 50명은 지역 노인 공동체를 돕는 자원봉사의 일환으로 더블린크로스돌봄센터Cross Care Dublin와 루어드돌봄센터에서 노인들을 콜린스 병영으로 모셔 왔다. 그 덕에 노인들은 무사히 공연을 볼 수 있었다.

움직이는 조각상 프로젝트에 대해 이렇게 간략하게 개요만 언급했는데도 미술, 건축, 드라마, 역사, 지리, 시민·사회·정치교육, 세대 간 학습 등에 녹아 있는 교과 고유의 무수한 학습 잠재력을 끌어들이는 점이 자못 눈길을 끈다.

학생들은 노인들과 교류하는 프로젝트 외에도 특별 도움이 필요한 노숙자들, 어린이들과도 함께 프로젝트를 수행하고 있다. 또한 마이러 오히긴스 선생님과 동료 교사들은 미술관과 문화기관, 자선단체, 비정부조직과도 깊이 연계하고 있다. "이는 행동하는 시민을 육성하기 위한 교육 목표와 연관됩니다. 학생들은 자신이 참여할 프로젝트나 프로그램을 결정하고 이를 적극적으로 수행하죠. 언론 보도 자료를 쓰고 직접 언론매체를 접촉합니다."

이러한 프로젝트를 수행하며 삶이 뒤바뀐 학생들을 대면하면서 그녀는 이러한 교육의 교육적 효과를 더욱더 확신하게 되었다. 그녀는 국제사면위원회와 함께 했던 인권 프로젝트, 애비극장과 함께 펼쳤던 공연 프로젝트, 지역화 및 지역 돌봄 프로젝트에 대해서도 언급했다.

전환학년 지침에 의하면 모든 학교 전환학년의 가장 중요한 특징은 교수·학습 방법을 폭넓게 활용하는 것이다. 지침에서 인용되었던 수많은 교수법이 라킨지역학교 파트너십 프로젝트에서도 뚜렷이 드러났다. 이를테면 협력학습, 활동 중심 학습, 자기 학습에 대한 책임감, 서로 잘 맞는 학습 영역 간의 통합, 프로젝트 과제 및 연구, 그룹 활동, 팀 교수활동, 연구 방문 및 견학, 진로체험, 직업 모의 활동, 지역봉사, 외부 인사 강연 및 세미나가 활용되었다.

그간 강연에 초빙되었던 외부 인사들을 살펴보면 눈이 휘둥그레진다. 마이러 오히긴스 선생님은 최근 라킨지역학교를 찾았던 외부 인사들의 이름을 술술 풀어놓았다. 그중 대사관과 긴밀히 연계하는 것이 학교에 얼마나 유익한지를 보여주는 인물들이 있다. 국제문제 코디네이터 크리스 볼더스톤, 전 미국 대리대사 존 헤네시 닐란드, 미국 부대사 스튜어트 드와이어와 그 직원들이 그들이다. 그뿐만이 아니다. 버락 오바마 미국 대통령과 영부인 미셸 오바마 여사, 힐러리 클린턴 미 국무장관도 학교를 내방했다. 마이러 오히긴스 선생님은 사진작가 배리 맥콜, 배우 부부인 도그 백스터와 빅토리아 스머피트, 청소년 여성 인권운동가인 말랄라 유사프자이, 미국 가수이자 배우이며 시민활동가인 해리 벨라폰테, 존 레논 부인이자 예술가인 요코 오노, 소설가이자 시나리오 작가인 로디 도일, 아동 작가인 오인 콜퍼, 시나리오 작가이자 감독인 피터 셰리던, 정원 디자이너 디어미드 개빈, 배우이자 감독인 브렌던 글리슨을 줄줄이 읊었다. 또한, 정치계 인사들도 많았는데 데이비드 노리스 상원 의원, 사이먼 해리스 의원, 버티 아언 의원,

실러 데 발레라 의원, 마이클 디 히긴스 대통령, 조 코스텔로 의원, 프란시스 피츠제럴드 의원, 파이흐 맥콘하일 상원 의원, 캐서린 자포네 상원 의원, 루어리 퀸 의원, 지미 디니한 의원을 언급했다.

이토록 활발히 진행되는 외부 인사 초청 프로그램을 듣노라니 어느 영국 학교의 이야기가 떠오른다. 런던 성조지학교의 마리 스텁스 교장은 자신이 지나온 시간을 흥미진진하게 써 내려간 책에서 외부 인사 학교 방문 프로그램에 대한 자신의 소견을 밝혔다. 성조지학교는 운영하기가 쉽지 않은 학교이다. 『수업에 앞서』스텁스, 2003에서 그녀는 청소년들이 사회 각계각층의 외부 인사들을 어떻게 자신의 역할 모델로 삼는지, 또 이들을 어떻게 긍정적 성취를 이룬 사람의 살아 있는 사례로 생각하는지에 대해 자세히 기술했다. 또한 저명인사들의 학교 방문은 분명 학생들과 교사들의 집단 자존감을 끌어올리는 데도 한몫을 했다고 한다.

마이러 오히긴스 선생님은 초청 인사 목록을 읊은 것이 '뽐내려고' 한 것이 아님을 강조했다. "어쩌면 저희 학생들이 사회경제적으로 열악한 지역에서 살고 있기 때문에 이러한 '성공' 이야기를 스펀지처럼 빨아들이는지도 모르겠어요. 지역사회에서는 쉽게 만날 수 없는 사람들과 마주하면서 학습동기를 얻는 학생들이 꽤 많습니다. 저희는 모름지기 장벽은 극복 가능하고 포부에는 한계가 없다는 것을 아이들에게 보여주고 싶어요. 아이들은 UN 직원이나 국제사면위원회 책임자, 사상 초유의 미국 흑인 대통령을 만났던 것을 절대 잊지 못하죠. 또한 초청 인사들도 우리 아이들에게 역할 모델이 되고 싶어 한다는 것을 알게 되었어요."

존 헤네시 닐란드 미국 전 대리대사는 한 번에 10주씩 3년 넘게 라킨지역학교 학생들을 지원하는 '사회 환원'의 시간을 가졌다고 한다.

"피닉스공원에 있는 미국 대사관저로 학생들을 초청하셨어요. 학생들은 관저 식당에서 단 루니 당시 미국 대사와 둘러앉아 아일랜드스페셜올림픽Special Olympic Ireland 육상선수들을 위한 파티를 계획했죠. 그 선수들은 그리스 아테네에서 열리는 세계선수권대회에 참가하기 위해 떠날 참이었어요." 그녀는 당시를 회고했다.

"존 헤네시 닐란드 대리대사는 2008년 우리 학교에서 시작되었던 지역화 및 지역돌봄 학교 프로그램 중 국가 서비스에 대한 학습을 지원하기 위해 봉사활동의 일환으로 이 일을 진행하셨어요. 스튜어트 드와이어 부대사가 존 헤네시 닐란드 대리대사의 봉사활동을 이어받은 후에도 미국 대사관과의 협력관계는 지속되었습니다. 예를 들면 최근에 미국 대사관은 노숙자에게 전달할 크리스마스 선물 모금 행사를 펼치고 있는 우리 학교 학생들을 지원하기 위해 학생들을 대사관으로 초청했어요."

그녀는 몇몇 초청 인사들과의 만남에 대해서 자세히 들려줬다. "이렇게 마음이 넉넉한 분들을 만나면서 교사로서의 제 삶에도 변화가 일어났습니다. 그분들은 지역사회 환원의 중요성을 학생들에게 몸소 가르치셨죠. 또 영원히 간직할 보물 같은 추억거리를 만들어주셨고요." 그녀는 이어서 존 헤네시 닐란드 전 대리대사가 어떻게 오바마 미국 대통령과 학생들의 만남을 주선했는지에 대해 들려줬다. 오바마 대통령은 학생들이 숀 맥더모트가에 있는 사이먼노숙인공동체Simon residents를 위해 희망정원Garden of Hope을 만든 것에 감사의 말을 전했다고 한다. "존 헤네시 닐란드 전 대리대사는 힐러리 클린턴과 그녀가 관계하고 있는 기관인 국제문제 코디네이터 크리스 볼더스톤 씨와의 만남도 주선하셨죠. 크리스 볼더스톤 씨는 학교 도서관에서 학생들과 미국 외교정책에 대한 토론을 벌이셨어요. 전환학년 학생 중 한 명은 그분과 인터뷰도 진행했답니다!"

JC에서 그녀가 맡은 역할은 교과통합과 특별활동, 학교 전체 프로그램과 관련된 활동들이다. "전환학년을 선택한 학생들은 대개 JC에서도 이런 유형의 학습을 맛본 경우가 많아요. 스스로 동기부여가 가능한 학생들도 있고요. 저희는 학생들의 관심사가 무엇인지 포착하려고 애씁니다. 파트너십 코디네이터의 역할은 조력자의 역할과 매우 닮았어요. 프로젝트를 수행하는 각 단계에서 학생들이 과제를 완수하고, 되짚어보고, 평가하도록 길잡이 역할을 하죠. 학습을 되짚어보는 활동은 대개 프레젠테이션으로 진행하는 경우가 많습니다. 물론 프로젝트에 대한 열띤 토론·논쟁이 가능한 회의나 연설, 인터뷰 방식으로 진행될 수도 있어요. 학교 밖에서 진행되는 활동들도 있죠. 저는 학습을 교실 네 벽에 가두어서는 안 된다고 굳게 믿고 있어요."

전통적 수업을 넘어서는 학습에 대한 그녀의 믿음은 확고하다. "모든 학교들이 이런 유형의 활동을 실행해야 해요. 한 가지 문제가 있다면 교사들이 혁신적 프로젝트와 프로그램을 준비하기에는 근무시간이 충분치 않다는 것이에요. 교육기술부는 이의 해결 방안을 갖고 있지도 않고, 지금까지 재정부와 협의해서 교사훈련 프로그램에 충분한 재정을 들이지도 않았죠. 교사들이 이런 유형의 수업을 진행할 수 있고, 근무시간 중에 교사끼리 수업에 대해 토론할 수 있도록 훈련시켜주는 그런 프로그램 말입니다. 현재 학교 상황에서 결이 다른 수업을 몹시 버거워하는 교사들이 있는 것도 분명해요. 교실에서 가장 중요하다고 생각하는 책상에서 벗어나 수업 진행에 꼭 필요한 다양한 조력 기술을 익히는 것을 부담스러워하는 교사들도 있죠. 청소년들에게 학습 권력을 넘기는 것을 두려워하는 교사들도 여전히 있어요. 경험을 확장하고 전인교육을 받으며 학생들은 자기 목소리를 찾아갈 테니까요. 적절하면서도 유의미한 교사 훈련 프로그램은 교사들이 할 수 있는 한 자신의 소임을 다할 수 있도록 이에 필요한 역량을 키워줄 겁니다."

1952년에 작고한 미국의 저명한 교육학자 존 듀이가 라킨지역학교를 방문한다면 얼마나 열광할지 상상할 수 있을 것이다. 듀이는 교육을 사회화 과정, 곧 성장으로 바라보았다. 교육을 삶의 준비가 아닌 삶 그 자체로 생각했다. 그는 현존하는 것 중 예술을 가장 효과적인 교감 방식으로 여겼다. 대체로 교과 내용이 정해져 있고 교수 방식이 권위적이었던 학교교육을 신랄하게 비판했다. 듀이는 청소년들의 경험에 충분히 주의를 기울이지 않기 때문에 너무나 많은 교육자들이 창의성을 다 발휘하지 못한다고 주장했다. 마이러 오히긴스 선생님처럼 듀이도 학생들은 지역사회에서 평범하게 살아가며 자신에게 중요한 것들을 배워나간다고 믿었다.

전환학년 수업이나 프로그램을 처음 시작하는 교사들에게 그녀는 어떤 조언을 할까? 분명하면서도 함축적이고, 실질적이면서도 지혜로운 답변이 돌아왔다. "학생들에게 조금 버거우면서도 재미있는 프로그램을 개발하세요. '현실', 즉 직업생활을 영위하고 있는 사람들을 교육에 참여시키세요. 학생들은 졸업 후 경험하게 될 것을 가능한 한 학교에서 풍부하게 접해보는 것이 좋습니다. 자기주도 학습 요소를 확실하게 포함시키세요. 미술처럼 어떤 실질적인 것을 반드시 '수행해야'만 하는 활동 요소를 넣으세요. 학생들에게 과제를 내주기 전에 선생님 스스로 그 과제를 완수하며 프로그램을 시험해보세요. 그렇게 해야 시간 조절에 대한 계획을 세울 수 있고, 수업이나 프로그램이 얼마나 적절하고 매력적인지 가늠할 수 있습니다. 학습성찰일지 과제를 지속적으로 내주고, 그 내용을 꼭 읽어보세요! 지금 가르치는 내용이 아

니라 가르치고 있는 자신이 누구인지를 생각하며 삶과 직업을 조화시
키세요. 마지막으로 학생들을 신뢰하세요. 학생들이 현재 수행하고 있
는 활동에 대해 어떻게 생각하는지 물어보세요. 학생들의 답변에 귀
를 기울이세요. 선생님과 학생들에게 잘 맞지 않는 것에는 변화를 주
세요. 학습과정에서 학생들의 조력자가 되세요."

제28장

개성이 뚜렷한 전환학년
-학교 상황에 응답하라!

'학교 상황'의 중요성은 수많은 교육연구에서 끊임없이 되풀이되는 주제이다. 국가정책을 입안하기 위해 지역 환경을 민감하게 고려해야 할 필요성은 날로 증가하고 있다. 모든 학교에 다 들어맞는 교육과정은 없다. 학생들은 학교에서 안정감을 느끼고 소속감을 갖고 자신의 학습 요구를 해소해야 하지만 이러한 교육 목표가 실현되는 방식은 학교 상황에 따라 다 다르다. 전환학년 지침의 가장 중요한 원칙은 학교 상황에 맞게 전환학년을 구체화할 막강한 자유를 학교에게 부여하는 것이다.

　　교육과정 내용은 전환학년 지침과 학생의 요구, 학부모의 관점을 고려하며 개별 학교에서 선택하고 적용해나갈 사안이다. 학교는 고용주와 여타의 진로체험 기관이 주는 혜택을 숙고하고 지역사회의 이익을 폭넓게 고려하며 교육과정을 정립해야 한다.교육부, 1993, p. 5

　도니골주 레터케니 지역의 성유난학교 상황을 결정짓는 두 요소는 학교의 역사와 위치이다. 성유난학교 전환학년에는 학교 고유의 전통과 문화, 학교의 지리적 위치, 학교 기풍이 선명하게 배어 있다. "우리 학교 전환학년에는 다른 학교와 눈에 띄게 차별되는 선택과목 두 가지가 있습니다. 체육과 ICT(정보통신기술)이죠." 크리스 다비 교장이 설명했다. "전환학년이 끝날 무렵 학생들은 이 두 과목 중 한 과목에서 중학과정 졸업자격인 GCSE를 취득한다는 점이 독특하죠. 체육이나 ICT를 매주 10시간씩 집중적으로 수업합니다.[15] 이 부분이 우리 학교 전환학년의 근간을 이루죠." 일반적으로 GCSE 과정은 2년 동안 운영되지만 성유난학교는 인근의 북아일랜드 정부와 1년 과정으로 협상하는 데 성공했다.

학교에 전환학년을 처음 도입했을 때 '전적으로 다 좋았던 것은 아니'었다. "우리 학교가 남학교이다 보니 학생들이 노래하고 춤추는 것을 썩 내켜 하지 않았어요." 교장은 껄껄 웃음을 터뜨렸다. 학부모들은 아이들이 뭔가 가치 있는 것을 하고 있다는 확신을 갖고 싶어 했다고 한다. "지금은 전환학년을 이수한 모든 학생들이 GCSE 자격증을 따면서 전환학년을 마칩니다. GCSE 프로그램을 연계시킨 혁혁한 공은 에디 하비 선생님께로 돌려야 하죠. 에디 하비 선생님은 아주 혁신적인 분으로 학교 수업에 컴퓨터를 활용하는 데 앞장서시기도 했습니다. 전환학년 GCSE 과목으로 ICT 분야를 도입한 분이기도 하고요. 학교에서 ICT 수업을 개설하기가 무섭게 지역에서 전환학년에 대한 관심이 증폭되었죠. 나중에 저희는 비슷한 경로를 따라 체육 분야도 개발했습니다. 제가 경험을 통해 체득한 것은 남학생들은 스포츠와 관련된 것이라면 무엇이든 물불을 가리지 않는다는 거예요. 축구, 미식축구, 골프, 수영, 그 외의 어떤 스포츠든 스포츠 유형은 전혀 문제되

---

15. GCSE는 중학과정 졸업자격(the General Certificate in Secondary Education)을 일컫는다. 이는 북아일랜드 교육과정에 따라 청소년들이 취득하는 자격이다.

지 않죠. 아이들은 뭐든 죽기 살기로 하니까요. 우리 학교에 대한 이런 정보를 사전에 알고 오는 학생들은 ICT든 체육이든 집중 프로그램의 혜택을 누릴 수 있을 겁니다." 현재는 전환학년에 ICT와 체육을 이수하는 반이 각각 두 반씩 있다.

그는 이전에 직업교육위원회(현재 교육훈련위원회)에서 근무했고, 지역학교와 종합학교에서 다양한 경력을 쌓았다. "많은 것이 놀라웠어요. 그중 하나가 남학생들이 학교에 머무르는 것을 정말 좋아한다는 거예요. 우리 학교에는 따뜻하고 편안한 분위기가 감돕니다. 행복하고 안정적이고 거리낌이 없죠. 교사와 학생의 관계가 두텁습니다. 아이들은 이곳에서 아낌없이 조언과 도움을 받으며 안온하게 지내고 있어요. 바로 이 점이 정말 많은 것을 추동하는 힘이죠."

학교 건물 또한 학교 환경에 일조한다. 성유난학교는 1906년에 지어진 건물로 우뚝 솟은 탑 주위에 작은 첨탑이 오밀조밀하게 둘러 있는 고풍스러운 분위기가 눈길을 끄는 3층 건물이다. 지역에서는 '언덕 위의 성'이란 별칭으로 입소문이 나 있다. 또한 건물 벽화에는 수많은 이야기들이 아로새겨져 있다. 성유난학교는 작은 신학교로 출발했다. 매누스시의 국립신학대학에 보낼 학생들을 양성하는 학교였다. "초창기에는 도니골주 전역에서 온 소년들이 장학금을 받고 학교를 다녔습니다. 많은 소년들이 사제로 성장했죠. 그렇게 하는 것이 그 당시의 전통이었으니까요." 최근 들어 게일축구와 미식축구, 농구, 육상, 골프, 수영에서 큰 성취를 거두며 스포츠는 성유난학교의 또 다른 전통으로 확실하게 자리매김했다. 2012 전체 아일랜드All Ireland 스포츠 행사에서 우승했던 도니골 팀의 절반 이상이 성유난학교 선배들이다. 국제사이클 선수인 필립 디그넌 역시 학교 선배이다. "스포츠는 우리 학교의 젖줄입니다." 크리스 다비 교장이 덧붙였다. 전환학년 선택과목인

체육의 인기는 하늘을 찌른다.

크리스 다비 교장은 학교의 역사와 전통에 매우 민감하다. "맞습니다. 이전의 많은 교구 학교들이 그렇듯이 우리 학교도 여러 면에서 전통을 꽤 중시하는 학교예요. 교사가 칠판에 판서하고 설명하는 방식으로 진행하는 수업이 많은 편이죠. 하지만 아이들은 이 방식을 좋아하는 것 같아요. 전환학년에 '꽃향기가 폴폴 나는' 프로그램을 시도할 수도 있겠지만 아이들이 좋아하지 않을 거예요." 성유난학교 전환학년 체계는 다른 많은 학교체계와는 눈에 띄게 다르다. "GCSE에 상당히 많은 시간을 들여야 하기 때문에 외부 학습이나 외부 인사 강연 프로그램이 다른 학교에 비해 더 적을 거라는 점을 학부모들께 설명해드립니다. 이렇게 운영하면 우리 학교는 학업 중심이 될 수밖에 없겠죠. 그렇지만 우리 학교 상황에는 이 방식이 잘 맞을 수도 있어요." 전환학년 말에 체육이나 ICT 과목의 GCSE 시험을 공식적으로 치르는 것을 보면 성유난학교가 확실히 학업 중심의 면모를 갖고 있는 듯하다.

짙은 역사의 향기가 배어 있는 다른 많은 학교들처럼 성유난학교를 방문하면서 스티븐 볼의 주장이 떠올랐다.

학교는 다른 많은 조직과 다르지 않다. 복잡하고 모순되며 때로는 일관성이 없다. 시간이 흐르면서 학교에서 기념해야 할 것과 학교에 투입된 다양한 자원, 정례적 일상, 번뜩이는 발상, 정책 효과 같은 것이 콜라주처럼 뒤죽박죽 섞여 하나의 체계를 형성한다. 학교는 일상적으로 변화하고 외부로부터 영향과 간섭을 받는데 날이 갈수록 더욱 그렇게 된다. 학교는 표류하다 쇠락하고 재건된다.볼, 1997, p. 317

성유난학교 전환학년의 참신한 시도를 장학관은 어떻게 평가했을까? "2009년 학교전체평가를 받았는데 장학관은 매우 긍정적으로 평가했습니다." 전환학년 초기에는 학생들이 전환학년 허가를 받기가 아주 까다로웠다고 한다. "학생들이 전환학년에 지원하면 행동 기록을 검토한 후 교사에게 학생 명단을 보냈죠. 교사는 학생마다 '합격', '불합격'을 판정했어요. 그러니 전환학년에 들어가려면 아주 뛰어나야만 했습니다. 그래서 승인 심사를 완화했어요. 문턱을 조금 낮추니 전환학년 학생 수가 급격하게 늘더군요."

ICT 모듈

리사 갤러거 선생님은 성유난학교에서 지난 8년 동안 GCSE ICT 모듈을 담당해왔다. "맞아요, 매주 10시간 수업은 힘들고 부담됩니다." 교녀는 고개를 끄덕였다. "8시간은 실기에 중점을 두고 나머지 2시간은 이론을 다루고 있어요. 학생 평가와 성적표 발송까지 포함해서 부활절까지는 모두 마무리 지어야만 합니다. 시작할 때 학생들과 교사 모두 앞으로 얼마나 많은 일을 수행하게 될지 알기 때문에 딴짓을 하거나 비행을 저지를 겨를이 거의 없죠. 학생들의 자율학습 능력이나 기한에 맞춰 과제를 수행하는 능력이 좋아집니다. 특히 시간관리 능력이 발달하죠."

그녀는 25명으로 구성된 두 반을 동료 교사인 퍼릭 오도널 선생님과 함께 가르친다. "결국 저희 두 사람은 각자 두 반씩 가르치는 셈이에요. 좋은 방법이라고 생각해요." 리사 갤러거 선생님이 말했다. 퍼릭 오도널 선생님은 학생들의 태도에 대해 진솔하게 얘기했다. "아이들은 항상 코앞에 다가온 마감일에 쫓기죠. 9월 전환학년을 시작한 후 시간이 흐르면서 학생들이 발전하는 걸 느낄 수 있어요. 우리는 아이들의 손을 쥐고 있지 않습니다. 아이들은 스스로 과제를 수행하고 문제를 처리해야 해요. 사례를 하나 말씀드릴게요. 수업을 시작할 때 아이들은 늘 수업 운영지침을 읽지 않습니다. 그때그때마다 뭘 어떻게 해야 할지 교사가 얘기해주길 바라거든요. 아이들 스스로 수업 운영지침을 해독하지 못하는 것처럼 보이기도 해요. 그러나 과제를 수행하다 보면 아이들은 어쩔 수 없이 운영지침을 이해할 수밖에 없습니다. HTML 과제의 경우 이런 면이 더욱 두드러지죠." 그는 ICT 모듈수업을 들으며 학생들의 연구 능력이 크게 신장되었다고 한다. 성유난학교 선배이기도 한 그는 자신이 전환학년 학생으로 ICT 모듈을 들었을 때처럼 교사가 된 후에도 이 모듈을 아주 각별히 여긴다. 리사 갤러거 선생님은 ICT 모듈 체계는 "대학 준비와 아주 관련이 깊다"고 덧붙였다.

퍼릭 오도널 선생님이 말을 이었다. "10년 전만 해도 학생들은 인터넷이나 스마트폰 같은 것이 어떻게 작동되는지에 심취했어요. 그러나 이제 학생들은 아이패드 사용법에는 매우 익숙한 반면 이것이 어떻게 작동되는지에 대해서는 손톱만큼도 관심이 없죠." 리사 갤러거 선생님은 처음 수업을 시작했을 때 지금보다 더 많은 학생들이 자신의 웹사이트를 만드는 데 관심을 보인 반면 이제는 그런 학생이 훨씬 더 적어졌다고 회고했다. "요즈음 아이들은 컴퓨터 게임 만들기에 더 관심이 많은 것 같아요."

대학 입학 지원

조 갤러거 상담교사는 성유난학교 특유의 상황에 대해 또 다른 면을 제시했다. "작년에 학생 약 60명이 영국의 대학입학지원처UCAS, Universities and Colleges Admissions Service 체계[16]를 통해 대학에 지원했습니다. 우리 교사들은 많은 일을 해야 해요.[17] 학생들은 자기소개서를 작성하고 교사들은 이 내용을 검토하고 조율해야 하죠. GCSE 모듈에는 무게가 더 실리고요. 체육, 스포츠경영, 물리치료, 스포츠심리학, 스포츠영양학같이 학생들이 지원해볼 만한 스포츠 학과 과정이 많거든요."

도니골주에서는 영국 스코틀랜드 대학이 특히 인기가 높다. 스코틀랜드와 오랫동안 연계를 맺어왔고 학비가 무료이기 때문이다. "또한 데리에서 글래스고까지 비행기로 30분 내에 도착할 수 있어요. 20유로(약 3만 4,000원)가 조금 넘는 경비로 말이죠." 그는 스코틀랜드 글래스고대학에서 박사과정을 밟았기 때문에 이런 사실을 잘 알고 있다. 물론 북아일랜드에 있는 대학들이나 벨파스트의 퀸스대학, 얼스터대학 콜레인 캠퍼스와 조르던즈타운 캠퍼스도 인기가 있다. 몇 년 전에는 의학이나 물리치료학 같은 학과에 진학하기 위해 잉글랜드 대학에 마음이 끌렸던 학생들이 있었다. "그러나 지금은 학비 때문에 거의 불가능합니다. 성유난학교 전환학년의 GCSE ICT 모듈은 대학 진학의 중요한 디딤돌이에요. 얼스터대학 콜레인 캠퍼스나 데리 지역에 있는 얼스터대학 마기 캠퍼스, 레터케니공과대학에 진학하려는 경우 특히 그렇죠." 그는 학교 인근의 레터케니공과대학은 '학교의 매우 유용한 학습 자원'이라고 덧붙였다.

매년 전환학년을 시작할 때 그는 학생들이 대학 준비를 더욱 철저히 하도록 일장 연설을 한다. 주요 내용 중 하나는 영국의 대학입학지

<hr />

16. 대학입학지원처는 북아일랜드·스코틀랜드·웨일스·잉글랜드에 있는 대학 300여 곳에서 운영하는 3만 7,000여 개 대학 과정의 입학허가를 관장한다.
17. 대학입학지원처는 특정 대학 과정에 지원하려는 학생들의 적합성·학업능력·관심사·역량에 대해 '교육 전문가'의 추천서를 요구한다. 또한 추천자는 지원자가 쓴 자기소개서에 자신의 의견을 적고 이와 연관된 학교 상황 및 활동에 대한 정보를 제공한다. 추천서가 입학 여부를 결정할 만큼 핵심 요소인 경우도 있다.

원처 운영체계에 대한 것이다. 특히 자기소개서 작성에 초점을 두는데 진로체험이 자기소개서에 얼마나 무게를 실어주는지에 대해 강조한다. "수의학 과정에 응시하려는 학생이 자기소개서에 동물을 좋아한다고만 기술해도 별문제는 없겠지만 동물병원에서 진로체험을 했다고 쓴다면 훨씬 더 진지하게 느껴지겠죠." 그는 사례를 들어 구체적으로 설명했다. "아시다시피 자기소개서는 아일랜드의 중앙입학지원처CAO, Central Applications Office를 통해서 지원할 때는 점수로 산정되지 않습니다." 또한 그는 대학입학지원처를 통해 지원할 때 체육, ICT 모듈이 어떻게 연계되는지에 대해 설명했다. "대학입학지원처에 보내는 자기소개서에 이 모듈에서 최고점인 A⁺를 받았다고 기록하면 대학 입학에 긍정적인 영향을 줍니다."

생활지도와 학생상담을 담당하는 그는 아일랜드 중앙입학지원처와 영국 대학입학지원처 양 체계를 통해 수많은 학생들의 대학 지원을 도우면서 혼란스러웠다고 한다. "중앙입학지원처 체계의 큰 문제는 실제 응시하려는 전공 과정과 그다지 상관없는 많은 과목에서 좋은 학점을 따야 한다는 거예요. 가령 공학을 전공하려는 학생이 스페인어, 미술, 가정 같은 과목에서 'A'학점을 받아야 할지도 모르죠. 영국 대학은 단지 학점만 보고 평가하지 않습니다. 도리어 공학에 응시하는 경우 수학이나 과학 같은 관련 교과에서 좋은 점수를 받는 것을 중시하죠. 또 영국 대학은 전공과 관련된 진로체험 같은 활동을 선호해요. 그래서 저는 전환학년을 막 시작할 때부터 학생들이 지원하고자 하는 학과 전공을 명확히 하도록 도와줍니다. 대학입학지원처를 통해 지원하는 쪽으로 마음이 기울면 LC 선택과목을 잘 선정하는 것이 극히 중요하죠." 그는 이와 같은 문제들 때문에 많은 학생들이 딜레마에 빠진다고 생각한다. 그는 건축학 전공에 관심이 있는 어느 학생을 예로 들었다. 대학입학지원처의 길을 선택하면 그래픽기술과 미술이 중요한 선택과목인 게 분명하지만 점수를 최대한 높여야 하는 중앙입학지원처의 길을 선택하면 그 학생은 이렇게 말할 수도 있다고 한다. "그렇지만 지리에서 A학점을 받으면 더 유리할 거예요."

그 외의 전환학년 특성

성유난학교 수업시간표에서 화요일은 진로체험의 날이다. "지역 고용주들은 매우 협조적이세요." 크리스 다비 교장이 말했다. 각 학생은 전환학년 동안 두 차례 진로체험을 하는데, 크리스마스 전에 한 번, 크리스마스 후에 한 번 한다. 학교의 입장에서는 아이들이 매주 화요일마다 진로체험을 하는 것은 곧 전환학년 교사들이 열심히 준비한 교육 프로그램을 일주일에 닷새가 아닌 나흘만 가르치는 것을 의미한다. 그는 인근의 로레토학교도 성유난학교의 진로체험 방식을 그대로 채택했다며 고용주들은 대체로 이 방식을 몹시 좋아하는 것 같다고 말했다. 일주일에 하루 진로체험을 하는 정책의 애로사항은 없을까? "한 가지 단점이라면 멀리 떨어진 곳에서 진로체험을 하기를 원하는 경우, 가령 더블린에 있는 아일랜드 TV·라디오 방송국 같은 곳에서 진로체험을 하고 싶은 경우 불가능한 것이죠. 경우에 따라서 도니골주 밖에서 일주일간 진로체험을 하도록 조정해주는 학생들도 있지만 그런 경우는 드뭅니다. 예외적이죠."

GCSE 수업에 초점을 맞추느라 자칫 전환학년 운영의 유연성이 떨어질 수도 있다. 외부 인사를 초청하거나 멀리 여행을 떠나는 것 같은 일회성 수업으로 전환학년 시간표를 보완하기 어렵기 때문이다. "그래서 우리 학교는 학생들이 다양한 모듈수업에 참여하느라 금요일 오후에는 북적댑니다. 학교에서 듣는 수업도 있고 지역으로 나가야 하는 수업도 있어요. 구체적으로는 음악 창작, 자동차 정비, 운전자 주의 지침, 응급처치, 체스, 도자기 공예, 식품안전, 컴퓨터 기반 설계, 대학 진학 준비를 위한 요리 강좌가 있습니다."

포뮬러 원 모듈

성유난학교 선택 모듈들을 훑어보면 남학교의 특성에 맞는 수업을 운영하려고 세심하게 신경을 쓴 흔적이 있다. 특히 'F1'으로도 불리는 '포뮬러 원Formula One' 모듈에서 이러한 특징이 잘 드러난다. 학생들은 소그룹으로 나뉜 후 압축가스를 동력으로 하는 자동차 모형을 설계하고 제작하고 경주를 벌이는 활동을 한다. 자동차 모형은 발사나무로 제작된다. "처음에는 이 수업을 특별활동으로 진행했어요. 그러나 인기가 매우 높아지면서 2013년에 정규수업 시간표에 포함시키는 것으로 결정됐죠. 매주 주 1회 2시간 연속 수업으로 진행하고 있습니다." 크리스 다비 교장이 설명했다.

숀 맥긴리 선생님은 포뮬러 원 수업에 열의가 넘친다. "이 모듈은 경영 수업이기도 하고, 과학 수업이기도 하고, 물리 수업이기도 하고, 후원활동 수업이기도 하고, 재무 수업이기도 합니다. 이렇게 다양한 분야를 망라하고 있기 때문에 저는 이 모듈을 가르치는 것이 참 좋아요." 자동차 모형을 설계한 후 실제 포뮬러 원 자동차의 이십분의 일 크기로 제작하고 20미터 트랙에서 치열하게 경주를 벌인다. 그는 아이폰에 녹화해두었던 경주 실황을 보여주었다. 경주시간은 단지 몇 초에 불과했다! 한 팀은 6명까지 구성할 수 있다. 수업시간에 학생들이 자동차 제작 과정과 자동차 모형을 비교하고 대조하는 가운데 학습은 절로 이루어진다. "모든 아이들이 각자 분명한 역할을 맡고 있고 교사는 대체로 멘토 역할을 수행합니다." 그는 작년에 이 수업을 맘껏 즐겼던 이름도 포뮬러 원 모듈과 잘 어울리는 아이르턴Ayrton이라는 학생을 데려왔다. 아이르턴은 자기 팀이 어떻게 지역 결승전에 나가게 되었고, 또 타이론주 오마 지역에 있는 경주 트랙에서 자동차를 시험하며 어떻게 교과 간 경계를 넘나들며 학습했는지에 대해 상세히 설명했다. "단지 차의 속도만을 중시하는 대회가 아니에요." 이 모듈수업에는 다섯 가지 평가 기준이 적용된다. 자동차 그 자체와 경주, 수행 과정을 기록한 포트폴리오, 후원 및 마케팅 활동, 프로젝트 프레젠테이션. 지역대회에서 우승의 쾌거를 이룬 후 아이르턴 팀은 전국대회 결승전에 진출했다. 절대 잊을 수 없는 대회였다. 아이르턴은 자기 팀 자동차 바퀴 설계가 어떻게 개선되었는지, 또 호주·싱가포르·뉴욕·런던까지 확장되었던 홍보활동에 가수 다니엘 오도넬이 함께한 것은 어떤 이점이 있었는지에 대해 설명했다. 처음에는 학교 전환학년 프로그램으로 시작되었지만 포뮬러 원 프로젝트는 이제 전환학년을 뛰어넘어 점점 더 먼 곳으로 물결치고 있다.

목공과 건축학, 그래픽기술 담당 교사인 숀 맥긴리 선생님은 공기역학 원리, 마케팅, STEM 과목을 파헤칠 수 있는 F1 프로젝트의 교과 통합적 성격을 생각하면 신바람이 난다. "비교적 신규 교사인 제가 이 프로젝트를 진행하면서 정말 많은 것을 배웠어요. 포뮬러 원 프로젝트는 교사 전문성 개발 연수나 진배없죠."

한 가지 어려운 점이 있다면 주 1회 2시간 연속 수업만으로는 시간이 불충분한 것이다. 따라서 다른 많은 전환학년 프로젝트들처럼 교사와 학생들이 학교 방과 후에도 각고의 노력을 기울이며 분주히 많은 활동을 수행해야 한다. 웹사이트에는 다음과 같이 명기되어 있다.

자동차 대회에 참여하는 과정에서 학생들은 물리학, 공기역학, 디자인, 제작, 상표명 결정, 그래픽, 후원활동, 마케팅, 리더십, 팀 활동, 언론 활용 능력, 재정 전략을 배우기 위해 IT를 적극적으로 활용한다. 또한 실질적이고 창의적이고 패기만만하고 흥미로운 방식으로 학습하며 이러한 교과 내용들에 몰입한다. http://www.f1inschools.ie/resources/F1_in_Schools_Bro-chure_2014-15.pdf

풀리지 않는 의문

성유난학교를 비롯한 일부 남학교에서 인터뷰를 마치고 돌아갈 때면 풀리지 않는 의문이 맴돌았다. 전환학년은 전국의 남학생보다 여학생에게 좀 더 매력적인 방식으로 개발된 교육 프로그램인가? 스미스·번·하난[2004, p. 159]은 전환학년 평가를 마친 후 "남학교나 직업학교, 취약계층의 자녀가 많이 다니는 학교의 교장들은 전환학년을 필수로 운영하는 학교들보다 전환학년을 성공적으로 바라볼 가능성이 더 적었다"라고 강조했다. 또 다른 질문도 떠오른다. 인기 있는 전환학년 모듈과 활동은 남학교보다 남녀공학이나 여학교에서 좀 더 순조롭게 운영되는가? '노래하고 춤추는 것'에 대한 남학생들의 속내를 언급했던 크리스 다비 교장의 말 속에는 우리가 의미심장하게 숙고해봐야 할 교육적 질문이 담겨 있다. 학교는, 그 어느 때보다 전환학년 동안에는 10대 남학생들의 참여를 끌어내기 위한 보다 창의적인 학습활동을 고안해내야 하지 않을까?[18]

---

18. 끊임없이 진화하는 전환학년의 특징이 잘 표현된 소중한 사례가 28장에 있다. 나는 2014년 5월 처음 성유난학교를 방문했다. 이 책을 출판하기에 앞서 조언을 구하기 위해 28장 원고 초고를 학교로 보냈을 때 크리스 다비 교장은 성유난학교는 레터케니 지역의 로레토학교와 협업하여 합동 뮤지컬을 무대에 올렸다고 전했다. 2015년 3월 닷새 동안 밤 공연을 펼쳤는데 매일 밤 표가 매진되었다고 한다. 또한 전환학년을 원했던 모든 학생들에게 기회를 주고자 전환학년 3개 학급을 5개 학급으로 늘렸다고 한다.

제29장

가서 활동
-대통령 표창이 주어지는
외부 활동

미드주 내번 지역의 성조지프머시학교 전환학년 학생들은 외부 활동의 이점에 환호성을 지른다. 라우드주의 칼링포드모험센터에서 학생들이 이제 막 돌아왔다. 유대감을 쌓았던 이야기, 팀 활동을 펼쳤던 이야기, 새로운 도전에 직면했던 이야기, 이전보다 더 독립적으로 활동했던 이야기, 새로운 기술을 익혔던 이야기로 주위는 삽시간에 와자지껄해졌다. 성조지프머시학교 전환학년은 선택과정이며, 중학교 3학년 5개 학급 중 55명의 학생으로 전환학년을 구성한다. "모험센터에서 활력 넘치는 활동을 다채롭게 즐기는 1박 여행은 전환학년의 첫출발로 안성맞춤이에요." 전환학년 코디네이터인 메리 도허티 선생님이 설명했다. "아이들은 모험을 함께 즐기며 전환학년 특유의 집단 정체성을 형성해나기 시작합니다. 전환학년을 시작할 때 이전에 전혀 몰랐던 친구들과 한 반에서 지내야 하는 것이 다들 두렵다고들 얘기하죠. 그러나 끙끙대며 암벽등반을 하고 카약이나 카누를 함께 타면서 얼마나 빨리 마음의 장벽을 허무는지 볼 수 있어요. 버스를 타고 오고가는 것만으로도 아이들은 금세 가까워집니다." 그녀는 "고소공포증을 극복하기 위한 도전 활동인 공중보행은 특히 인기가 많아요"라고 덧붙였다.

그녀는 전환학년 코디네이터의 입장에서 보면 외부 활동으로 전환학년의 문을 여는 것은 이루 형언할 수 없을 정도로 가치 있다고 생각했다. "전환학년에서 중시하는 많은 관점들을 다 같이 훈련해볼 수 있는 기회예요. 이를테면 전통적 교실수업에서 벗어난 학습, 또 실행을 통한 학습 같은 것 말입니다. 게다가 타인과 협력하지 않고는 실패할 가능성이 높은 상황, 두려움과 한판 승부를 벌여야 하는 상황, 깊은 유대감을 쌓아야 상황에서 팀워크 활동을 펼칠 수 있죠." 모험센터 활동에서 얻는 뜻밖의 즐거움 중 하나는 타 학교 학생들을 조우하는 것이라고 한다.

성조지프머시학교는 모든 전환학년 학생들이 가서 동메달Gaisce Bronze Medal을 받도록 독려한다. 칼링포드센터로 모험 여행을 떠나는 것 또한 가서 동메달을 받는 것과 무관하지 않다. 가서 동메달을 받기 위해서는 뚜렷이 구분되는 네 분야에서 도전을 수행해야 하는데 이를 모두 완수하기까지 최소 26주가 소요된다. 모험 여행을 떠나는 것 말고도 학생들은 지역 활동에 동참하고, 개인의 역량을 증진시키고, 신체 취미활동을 즐겨야 한다.

"가서상Gaisce award을 받고 나면 학생들의 자신감은 하늘을 찌릅니다. 다 함께 활동하며 학생들의 사기도 진작되고요. 또한 가서상 제도는 전환학년과 고2, 고3 활동을 연계시켜주는 훌륭한 연결고리이기도 해요. 특히 전환학년 동안 동메달을 받았던 학생들이 고2, 고3으로 올라가서 계속 은메달, 금메달을 목표로 활동할 때 더욱 그렇겠죠. 전환학년의 목표와 가서 제도가 서로 시너지 관계에 있다고 흔쾌히 평하는 코디네이터 분들이 많습니다." 그녀 역시 이 생각에 동의한다고 한다.

가서 활동

대통령 표창The President's Award 또는 가서상은 청소년들이 개인적·신체적·지역적 도전을 수행하며 자신감과 행복감을 높이는 자기계발 프로그램이다. 가서Gaisce는 15~25세 청소년들이 꿈을 크게 꾸고 자신의 잠재력을 실현하도록 대통령이 직접 인증하는 도전 활동이다. 이는 국제 청소년 해였던 1985년부터 시작되었다. 가서의 사명은 전환학년의 사명 및 목적과 잘 부합된다.

> 개인 도전을 수행하며 자신의 잠재력을 실현할 수 있는 기회를 청소년들에게 부여하라. 청소년에서 청년으로의 전환을 촉진하고, 자신의 잠재력을 높이고, 사회의 능동적 시민으로 사회에 이바지할 수 있는 도전을 수행하게 하라.

"매년 청소년 2만 2,000여 명이 가서 프로그램에 참여합니다." 가서의 최고 책임자인 이본 매케너 씨가 말했다. "작년에 아일랜드 전역에서 청소년 1만 2,000여 명이 가서상 프로그램을 완수했는데 이는 2013년보다 10% 증가한 수치예요." 과거까지 거슬러 가면 이 수치는 가히 숙연해질 정도로 늘어나 감명 깊은 유산으로 남는다. "가서 프로그램이 시작된 이래 아일랜드 전역에서 청소년 30만여 명이 참여했다." 마이클 디 히긴스 대통령은 가서 웹사이트에 좀 더 넓은 차원에서 가서상 제도의 취지를 밝혔다.

> 대통령 취임식에서 나는 아일랜드 공동의 미래를 건설하는 데 창의적·실질적으로 기여하는 모든 연령대의 시민들이 하나같이 소중하다고 표명했다. 따라서 모든 사람을 평등

하게 존중하는 바탕 위에 능동적·포용적 시민 의식을 형성하고, 진정한 창의성을 꽃피우기 위해 우리가 함께 나아가려 한다면, 우리 청소년들이 능동적·성찰적 사회 일원으로 사회에 동참하는 것은 극히 중요하다. 자기 자신을 넘어 사회를 위해 헌신하고 지역 단체나 기관을 통해 꾸준히 지역 활동에 참여하는 시민들의 역량이야말로 강건하고 참된 아일랜드공화국을 건설하는 힘이라고 믿는다. 대통령 표창 또는 가서상은 자신과 치열하게 싸우면서 자신의 생각을 행동으로 옮기는 수많은 청소년 시민들의 노고를 치하하기 위한 제도이다. 청소년들은 자신의 잠재력을 최대한 끌어내기 위해 끊임없이 분투하고 있다. 청소년 시민들이 놀랍도록 풍부한 재능과 혁신적 태도로 사회에 기여하는 것을 지켜보았다. 또한 가서상을 받기 위해 반드시 지녀야 할 덕목인 투지와 자기 훈련, 강한 정신력을 아낌없이 발휘하는 것을 목도했다. 가서상은 엄청난 노력을 기울이지 않고서는 받을 수 없으며 쉽게 성취되지….

가서상에는 금메달, 은메달, 동메달 세 유형이 있다. 가서상을 받을 자격을 갖추기 위해 참가자들은 다양한 활동 영역에서 목표를 설정한다. 활동 영역은 지역 활동, 개인 역량, 신체 취미활동, 모험 여행 네 부분으로 구성된다.

가서상은 참여자가 네 영역의 목표를 달성하면 저절로 주어지는 비경쟁적 성격을 띠며 메달, 아일랜드 대통령의 서명이 들어 있는 인증서, 옷깃에 부착하는 배지로 구성된다. 동메달은 지역에서, 은메달은 아일랜드 네 지방에서 유명 인사들이 수여하며, 금메달은 더블린성에서 대통령이 직접 수여한다.

가서에서 훈련시킨 성인 자원봉사자들이 청소년 참여자들의 멘토가 된다. 이 성인 자원봉사자들은 대통령 표창 지도자President's Award Leaders, 줄여서 PALs로 불린다. 전국적으로 대략 1,100명의 PALs가 있다. 가서 프로그램의 성공에 PALs의 역할이 결정적이며 이들은 매년 10만 시간 넘게 자원봉사를 하고 있다.

"어르신 지원 활동이 인기가 많습니다. 식사배달 서비스를 하거나 즐겁게 해드리거나 컴퓨터·스마트폰 사용법을 가르쳐드리는 활동 같은 것을 하죠." 이본 매케너 씨는 다양한 지역 활동 사례를 들려줬다. "청소년들은 동아리 활동이나 여름 캠프, 스카우트, 퍼로이게 청소년 단체, 지속가능한 농촌 개발을 목표로 하는 마크라나페르머Macra na Feirme 같은 단체에서 자원봉사를 해요. 자기가 살고 있는 지역사회에서 청소년들이 자원봉사를 하거나 지역과 연계를 맺을 수 있는 방법은 셀 수 없이 많죠." 그녀는 신용협동조합, 아일랜드 방위군, 응급처치 그룹, 인명구조 활동, 지역 환경미화, 지역 도서관 같은 곳에서 활동했던 사례들을 쉼 없이 들려줬다. "물론 가서 참여자들은 다양한 스포츠 기관과도 연계를 맺고 있습니다. 게일육상협회, 아일랜드축구협회, 아일랜드럭비축구연합 같은 곳이죠. 기관 명단을 읊자면 정말 한도 끝도 없어요. 재활용가게, 성빈센트드폴공동체, 국제사면위원회 아일랜드지부, 노숙자 지원 기관, 그 외에도 말씀드릴 곳이 수없이 많습니다."

30년에 이르는 활동을 기념하기 위해 가서는 가서상의 영향에 대한 연구를 의뢰했다. 가서 프로그램 참여자 647명을 대상으로 한 연구 결과는 2015년 출판되었다. 이에 따르면 동메달 활동에 참여하는 것은 삶의 기대감(진로)과 자기효능감, 자존감, 행복감, 심리적 안정감의 수준을 급격히 향상시켰다고 한다. 또한 가서 프로그램을 통해 가장 큰 혜택을 받았던 학생들 중에는 가장 심각한 심리적 문제를 안고 있었던 학생들이 포함되었다는 사실도 명백히 드러났다. 참여자들은 더욱 적극적으로 인간관계를 맺게 되었고 공감능력과 이타심이 더 높아졌다고 한다. 가서 프로그램이 심리적 회복탄력성을 끌어올렸던 사례도 있었다. 또한 더욱 적극적으로 사고하고, 더욱 강건한 신체를 갖게 되었으며, 긍정적인 정서를 함양시켰다는 연구 결과가 도출되었다. 연구의 주요 결론은 다음과 같다.

아일랜드 청소년들이 가서와 같은 프로그램에 보다 폭넓게 참여하면 심리적으로 건강해지는 긍정적 결과를 낳을 것이다.

그 밖의 외부 활동 기회

전환학년 동안 청소년들이 다채롭게 교육받는 것을 지켜보며 스포츠 기관들은 청소년들의 실질적 기량을 높여줄 수 있는 수많은 프로그램을 고안했다. 다음 네 가지 사례는 이러한 프로그램의 면모를 짧게나마 보여준다. 먼스터럭비Munster Rugby는 코크주의 크리스천브라더스학교에서 전환학년 럭비 수업을 진행했다. 전환학년 학생 33명은 초등학생 120명을 대상으로 럭비 교습을 계획하는 법과 럭비를 가르치는 법을 배웠다. 더블린주 팍스락 지역의 로레토학교에서는 전환학년 수업의 일환으로 게일육상협회에서 여자 게일축구 전환학년 프로그램을 진행했다. 2015년 5월에는 코크주 맬로 지역의 데이비스학교 학생들이 게일육상협회로부터 기초반 코치 자격증을 받았다. 많은 학교에서 전환학년 프로그램으로 아일랜드축구협회 코칭과정을 진행했는데, 여기에는 더블린주 라컨즈타운 지역의 성로렌스학교와 코크주 부터번트 지역의 월러학교가 포함된다. 2014년 칼로주의 보리스직업학교는 아일랜드조정협회가 운영하는 '전환학년과 노 젓기' 파일럿 프로그램에 첫 번째로 참여했던 학교들 중 하나였다. 또한 아일랜드하키협회는 전환학년 특별 프로그램을 운영하고 있다. 아일랜드배구협회는 전환학년 여학생들에게 특화된 스파이크볼 지도자 자격 프로그램을 운영한다.

마지막으로 외부 활동 센터는 전환학년의 훌륭한 자원이다. 전환학년을 보냈던 학생들은 캐퍼날리야외학습훈련센터(케리주)와 가르턴야외교육센터(도니골주), 칼링포드모험센터(라우드주), 델포이모험센터(골웨이주), 실배건야외교육센터(웩스퍼드주)를 높이 평가한다. 이곳에는 수면 부족과 진흙 범벅으로 기진맥진했던 추억이 서려 있다. 또한 흥분과 우정, 도전에 직면해서 그 도전을 정복했던 시간을 상기시킨다.

제30장

현장 교사들의 생생한 목소리

"전환학년은 기회의 시간이죠." 브라이디 코커리 선생님이 힘주어 말했다. "전환학년은 개인적·사회적 발달을 꾀할 수 있는 기회이고, 사회문제를 더 많이 접할 수 있는 기회이고, 학교 안팎에서 학습의 폭을 넓힐 수 있는 기회이고, 지지적 환경에서 마음 놓고 실수를 저지를 수 있는 기회이고, 삶의 방향을 반추해볼 수 있는 기회입니다." 그녀는 현재 전환학년 코디네이터이자 학년주임으로 일하고 있다. 또한 1990년대 중반 전환학년의 정규교육과정화를 진두지휘했던 첫 국가지원팀의 일원이었다.

"전환학년이 제 교직생활에 가장 큰 변화를 일으킨 점은 한 걸음 뒤로 물러서서 학생들 스스로 자기 학습에 책임을 지게 한 것이에요. 또한 학생들을 지지하는 것을 더 중시하게 되었을 뿐 아니라 정서적 측면에 대해서도 훨씬 더 깊이 인지하게 되었죠. 무엇보다 영어시간에 학생들이 소통 능력과 분석 능력을 연마하며 논쟁을 벌이고 공개 발표를 하면서 자신감을 어떻게 향상시키는지를 지켜보았습니다. 또한 전환학년을 다양한 문화권의 문학을 소개하는 기회로 삼기도 했죠. 프랑스어교사로서 저는 전환학년은 외국어로 읽고 쓰는 능력을 유지하면서 말하고 듣는 능력까지 발전시킬 수 있는 반가운 공간이라고

생각했어요. 전환학년 지침에도 명시되어 있듯이 제 경험으로는 학생
주도의 연구 활동과 또래 간 도움, 과정중심평가, 잘 고안된 체험학습
계획이 자기주도적 학습자를 기르는 데 아주 큰 도움이 됩니다."

전환학년에 몸담은 지 20년이 넘는 세월을 돌아보며 그녀는 전환학
년이 아일랜드 사회에, 또 자신감 향상에 지대한 영향을 끼쳤다고 믿
었다. "그 누구보다 정치계나 언론계 등 다양한 분야에서 부상하고 있
는 젊은 여성들을 보면 이런 점을 다분히 느끼실 수 있을 거예요. 이
들은 전환학년을 통해 사람들 앞에서 자신의 생각을 당당히 표현하
는 자신감을 얻게 되었다고 말하죠." 그녀는 가르치는 입장에서는 계
획을 수립하는 것과 동료 교사와 협력하는 것이 중요하다고 강조했다.
"수업계획을 꼼꼼하게 세우세요. 모든 학습활동에 학생들을 참여시키
세요. 학교 밖의 기관들과 연계를 맺으세요. 동료 교사들과 전환학년
에 대해 대화를 많이 나누세요."

학교 정신 및 가치관에 따라 전환학년 조율하기

"전환학년은 의당 교육이라면 그래야 하는 교육다운 교육입니다. 청
소년이 반드시 배워야 할 것을 기반으로 하고 있지만 그렇다고 해서
시험 중심은 아니죠. 평가는 학습과정 속에서 거듭되고 프로젝트 중
심으로 이루어지곤 합니다. 우리 학교는 전환학년을 학교 철학이 구현
된 것으로 생각하고 섬세하게 발전시키고 있어요." 더블린의 마운트템
플종합학교 리엄 웨기몬트 교장이 말했다.

"신입생 학부모들을 처음 대면할 때부터 저희는 전환학년이 학교의
학습정책과 학교 정신, 학교 정체성과 어떻게 연관되는지를 분명히 밝
혀둡니다."

"우리 학교는 학습정책을 발전시키는 데 오랜 시간이 들었어요. 학

교의 의무는 무엇인지, 이런저런 정책을 펼쳐야 하는 필요성은 무엇인지 끊임없이 귀담아듣고 있어요. 10년 전 CCTV 정책을 발전시키라는 권고를 들었을 때 저희는 정책 생산 과정에서 학교의 핵심 사업인 '학습'이 빠져 있는 것을 의아하게 생각했죠. 그래서 2년 넘게 교사들과 학생들, 학부모들이 다 같이 머리를 쥐어짜며 학교에서 진짜 중요한 것, '학습정책'을 내놓게 되었습니다. 학습정책은 학교에서 학습이라는 이름으로 행해지고 있는 모든 활동을 본질적으로 학교 정신과 연결시켜줍니다. 학교 가치관과 조화를 이루죠. 전환학년은 우리 학교 가치관과 정신을 가장 잘 구현해주는 프로그램일 거예요. 안타깝게도 JC는 중학교 2학년에 들어서면 시험 때문에 학생들을 다그쳐야 하는 시험 중심의 프로그램으로 변질됩니다. LC는 시험에 사활이 걸리면서 배움 자체를 옥죄고 있고요. 전환학년에는 자유를 발휘할 수 있는 여지가 있죠. 학생들에게 꼭 필요한 것을 중심으로 교과과정을 설계할 수 있어요. 교사들은 교과과정이 옳다고 확신할 때까지 끊임없이 프로그램을 조정해나갑니다."

그는 현행 교육의 문제점에 대해 단도직입적으로 말했다. "우리 학교 이사회에서 LC가 필요악인지 아니면 그저 악에 불과한 것인지에 대해 의미 있는 토론을 벌였습니다. 저는 점차 후자의 입장으로 기울었죠. 학생들이 LC에서 좋은 결과를 성취하도록 교사들이 고군분투하겠지만 LC의 한계를 거짓으로 꾸며 이야기하지는 않겠다고 학부모들께 분명히 말씀드렸습니다. LC 체계는 25년 전에 이미 폐지되었어야 한다고 믿어요. 언젠가 LC가 전환학년처럼 운영될 날이 오기를 갈망한다고 학부모들께 말씀드리죠. LC는 폐지되어야 마땅합니다. 이미 오래전에 폐지되었어야 했어요. 학교라는 곳이 돌보고 학습하는 공간이라면 LC는 돌봄 기능을 약화시키고, 교수·학습 능력을 저해합니다.

그래서 우리 학교 전환학년은 학습을 제일선에 두되 학습이라면 의당 그래야 하는 방식으로 프로그램을 설계하고 있어요."

교장에게 훌륭한 코디네이터는 전환학년 성공의 열쇠이다. 마운트템플종합학교 코디네이터인 배리 컨즈 선생님은 아주 정력이 넘치는 교사들을 이끌고 있는데, 그녀 말에 따르면 '전환학년 동안 혁신적인 일을 기꺼이 도맡아 하는' 교사들이다. 리엄 웨기몬트 교장은 학교 코디네이터에 대해 이렇게 말했다. "배리 컨즈 선생님과 같이 아주 차분하고 편안한 성품을 지니고 있으면서 동시에 프로그램에 대해서는 비판적 시각을 거두지 않는 코디네이터가 있다는 것이 학교에 얼마나 도움이 되는지 강조하고 싶어요. 매년 학생들에게 좀 더 유익한 방향으로 프로그램을 조정해주시죠. 아니 강조하는 것만으로는 부족합니다. 코디네이터가 결정적으로 중요하죠. 이런 훌륭한 자질은 교사들, 학생들, 학부모들이 주는 온갖 피드백에 신중하게 귀를 기울이면서 발전된다고 생각해요."

다른 학교와 변별되는 마운트템플종합학교 전환학년 프로그램의 뚜렷한 특징은 무엇일까? 배리 컨즈 선생님의 답변은 이렇다. "지역 활동 및 봉사활동, 유럽 청소년 의회, 뮤지컬, 게일어 사용 지역 여행이 참신한 특성을 잘 보여주는 사례들이에요. 게일어 사용 지역으로 여행을 떠나는 것은 언제나 전환학년의 큰 행사로 간주되죠. 수상스포츠를 즐기며 아일랜드어를 학습하는 컬라슈터 우스케Coláiste UISCE(게일어로 '생명수학교'를 뜻함-역주)로 일주일 여행을 떠납니다. 일주일간 합숙해야 하는 프로그램의 경우 어쩔 수 없이 문제가 발생하죠. 모든 학생들이 다 떠날 수 있는 형편이 되는 것은 아니니까요. 참여할 수 없는 학생들을 위해 이를 대체할 수 있는 주간 활동 프로그램을 운영합니다."

"우리 학교 전환학년의 뚜렷한 특징은 활동주간, 말하자면 '정규' 학교교육을 잠시 멈추고 활동주간을 자주 운영하는 거예요. 예를 들면 1월에 공연하는 뮤지컬을 위해 12월 한 주를 뮤지컬 준비에 모조리 쏟아붓죠. 뮤지컬에 참여하지 않는 학생들도 40명이 돼요. 이 아이들은 다른 아이들이 노래하고 춤출 때 스포츠 활동을 합니다. 좀 더 구체적으로 말씀드리면 아이들은 새로운 스포츠 종목인 수구를 하거나 응급처치 자격증 과정을 이수하는 것 중에서 하나를 선택할 수 있어요." 배리 컨즈 선생님의 말이 끝나자 리엄 웨기몬트 교장이 덧붙였다. "활동주간은 여러 활동을 순차적으로 진행하는 방식으로도 운영되는데요, 활동주간 시작부터 끝까지 일련의 활동을 죽 펼칩니다. 가령 극본을 쓴 후 연극을 기획하고 그다음 공연을 펼치는 식이죠. 음악 장비를 다루거나 요리를 하거나 공예품을 만들기도 하고요."

활동주간 행사를 진행하기 위해 정규 시간표를 잠시 중단하는 것에 반기를 드는 사람들은 없었을까? 특히 주요 과목 담당 교사들로부터 저항을 받지는 않았을까? 이에 리엄 웨기몬트 교장이 단호히 답변했다. "오해하지 마셨으면 합니다! 우리 학교는 학업 증진을 위해 핵심 과목들, 그중에서도 수학·영어·아일랜드어를 중시합니다. 이전보다 점차 더 중요하게 다루고 있죠. 하지만 활동주간 역시 학습입니다. 때로는 평생토록 삶에 영향을 끼치는 유형의 학습이죠."

이번에는 배리 컨즈 선생님이 덧붙였다. "물론 전환학년이 끝난 후에 학업 열기가 있는 곳으로 돌아가야 한다는 것을 전환학년 동안 학생들에게 계속 주지시켜야 해요. 균형의 문제죠. 전환학년에는 4주간 진로체험을 합니다. 또 활동주간으로 2주를 보내고요. 남은 대부분의 시간은 학교에서 보내요. 말씀드렸듯이 균형의 문제예요. 전환학년에 가능한 것을 시도해볼 수 있는 기회를 최대한 활용하면서 학업의 지속성도 유지해야 하죠. 프랑스 교환학생 프로그램도 추가해야겠군요. 소그룹으로 우수한 활동을 수행하고 돌아온 학생들이 많습니다. 트리니티대학 과학전시관을 다녀왔던 수학교과 소그룹 학생들도 있어요. 말씀드렸듯이 전환학년 학생 40명은 아동 인신매매에 반대하는 어느 비정부조직을 돕기 위해 시내에서 거리모금을 펼쳤습니다."

마운트템플종합학교 전환학년의 또 다른 특징은 매주 화요일 오후 지역봉사를 하는 것이다. 배리 컨즈 선생님이 말했다. "학생들은 지금까지 부모·가족·교사로부터 배려와 관심, 사랑을 받아왔잖아요. 이렇게 학생들이 늘 관심의 중심에 서 있었던 점을 학생들과 부모들에게 주지시킵니다. 아이들은 의존적인 모습에서 독립적인 모습으로 성장해가며 조금씩 밖을 내다볼 줄 알아야 하죠. 그래서 학생들에게 '사회에 무엇을 환원할 수 있겠니?'라고 물어요. 중3 3월경에 앞으로 전환학년을 밟게 될 아이들에게 자원봉사를 할 장소를 물색해놓으라고 말해둡니다. 지역사회 환원 차원에서 9월, 이상적으로는 화요일 오후, 2시간 동안 자원봉사를 하게 될 거라고 일러두죠. 어린이 축구교실 자원봉사처럼 토요일 아침에 봉사를 해야 하는 경우도 있어요. 학생들은 학습일지나 학습기록문을 작성하며 봉사활동을 반추하는 시간을 갖습니다."

리엄 웨기몬트 교장은 자신이 가장 좋아하는 교육 가치의 주제로 되돌아왔다. "우리는 함께 가치를 만들어갑니다. 학교는 텅 빈 곳에 있는 게 아니에요. 카리스마 넘치는 교장이 학교를 바로 세워갈 거라는 생각에 회의가 정말 많이 듭니다. 우리 학교는 개신교의 전통인 독자적 사고의 가치를 계승하고 있어요. 그것은 일종의 저항 정신 같은 것이죠. 그것은 현 상황에 맞서 평화적으로 비판하는 것이며 다수결에 휘둘리지 않는 것입니다. 이러한 가치는 배움에도 선명하게 배어 있죠. 이를테면 전환학년은 필수과정이 아닙니다. 우리 학교는 뭔가를 필수로 운영하지 않으려고 애쓰기 때문이에요. 그러나 동시에 95% 이상의 학생들이 전환학년을 선택합니다. 지금 우리 학교가 독자 체계로 운영되고 있는 양 가장하려는 것이 아니에요. 학교가 독자 노선을 취하다가 실패했던 역사적 사례들이 이미 충분히 있으니까요. 그러나 학교의 가치를 교수·학습과 연계시키는 부분만큼은 분명히 하려고 합니다. 이 모든 것이 전환학년 활동의 기반이 되고, 전환학년 동안 경험한 것을 남은 학교생활과 뚜렷하게 연결시키고 있습니다."

학교교육기회평등정책 해당 학교 사례

학교교육기회평등정책Delivering Equality of Opportunity in Schools을 구현하기 위해 선정된 학교에서 전환학년 코디네이터로 일하는 조지핀 맥그라스 선생님은 2014년 매누스대학에서 자신의 연구를 완수했다. "일부 연구 결과가 놀라웠는데 저와 제 동료 교사들이 설정했던 기본 가설을 다시금 돌아보게 해주었어요. 저는 전환학년을 피하려고 하는 이민자 자녀들이 있다는 것을 알았어요. 그런데 그들의 LC 성취도를 추적해본 결과 이 아이들의 점수가 전환학년을 거쳤던 아일랜드 학생들보다 실제 더 높았어요. 연구 결과를 좀 더 깊이 분석해보니 가정환경에 큰 차이가 있더군요."

그녀는 가정환경의 차이에 대해 다음과 같이 설명했다. "이민 온 학생들의 부모 중에는 본국에서 사회경제적 지위가 꽤 높았던 식자층이 많았어요. 그러나 아일랜드에 와서는 숙련된 분야에서만 일하는 것은 아니었죠. 서비스 업종이나 그다지 기술이 필요치 않은 일을 하는 경우가 있곤 했어요. 그래도 자녀에 대한 기대치만큼은 현격하게 높은 편이었습니다. 저와 인터뷰를 했거나 제가 가르치고 있는 이민자 자녀들 중에는 학습동기가 상당히 높고 열심히 공부에 매진하는 성향을 갖고 있는 아이들이 많았어요. 이런 가정의 경우 특정 직종에 종사할 수 있도록 대학교육을 확실하게 받는 것이 초미의 관심사죠. '더욱 성숙해지거'나 '진로 준비를 하거'나 '자기 학습에 더 많은 책임을 지게 하려'는 전환학년을 불필요한 것으로 여기고, 심지어 시간 낭비라고까지 생각해요. 그래서 전환학년을 회피하는 경향을 보이는 겁니다."

"그러고 나서 아일랜드 학생의 경험을 살펴보니 전환학년을 보낸 학생들이 전환학년을 경험하지 않았으면 접할 수 없었던 다양한 기회를 맛본 것은 분명하더군요. 가령 적극적으로 직장생활을 하는 가족 구성원이 없는 집안 출신의 학생들에게 진로체험은 더할 나위 없이 유의미합니다. 진로체험이 진로체험을 하지 않았으면 숙고해보지 않았을 생각이나 아이디어, 고민의 물꼬를 터주니까요."

"제 연구에서 가장 중요하게 나타난 결과는요, 학생과 학생, 학생과 교사 사이의 관계를 형성하는 데 전환학년은 전반적으로 큰 영향을 미쳤어요. 이렇게 형성된 관계는 우정의 발판이 될 뿐 아니라 고2, 고3이 되어서도 또래 간 지원이 가능하도록 밑거름이 되어주었죠."

연구 결과를 바탕으로 그녀는 전환학년을 밟지 않고 중등교육 5년 과정을 선택했던 학생들에 대해 우려를 표했다. "삶에서 한 번쯤 관계 형성에 집중했던 시기를 갖지 않으면 많은 것을 놓치게 되지 않을까 싶어요. 이민자 자녀들의 경우에 전환학년을 밟았던 학생들은 친구들과 막역한 관계를 형성하고 아일랜드 사회에도 더 깊이 융화되는 점이 명백히 드러났습니다."

열악한 환경에서 자라는 청소년들에게 전환학년이 좋은 기회가 되리라는 점을 예리하게 인식하면서도 그녀는 전환학년을 위해 치러야 하는 경제적 부담 역시 깊이 자각했다. "저소득층 지역에 위치한 학교의 경우 적은 비용으로 전환학년을 유익하게 운영해야 하는 힘겨운 과제를 안고 있어요. 학생들에게 별도의 부담을 지우고 싶지 않지만 동시에 학생들이 여행이나 수준 높은 다양한 활동을 건너뛰는 것도 원치 않으니까요." 그녀는 중3 초에 전환학년 활동비로 250유로(약 34만 원)를 걷는 납부 방식을 도입했던 학교 사례를 들었다. "이렇게 하면 전환학년을 시작할 때까지 납부를 완료한 학생들이 많을 테니 돈 문제로 신경 쓰지 않으면서 학생들에게 유익한 교육활동을 펼치는 데 계속 집중할 수 있겠죠."

전환학년지원팀 파견 교사

2015년 9월 학교로 돌아오기까지 코닐리어스 영 선생님은 교사전문성개발지원팀으로 8년 동안 파견근무를 나갔다. "2002년 마이클 오리리 선생님이 학교 교사들에게 연설하셨던 모습이 늘 기억에 남아요. 저희는 다소 불안하고 초조해서 교사들을 설득하려고 했었죠. 하지만 마이클 오리리 선생님은 교사들의 의견을 경청하셨어요. 지원 업무를 수행할 때는 이런 태도가 매우 중요합니다. 그래서 늘 그 당시가 뇌리를 떠나지 않아요."

전환학년의 도입에 대해 교사들이 불안해하는 이유는 학생들에 대한 걱정, 심지어 두려움까지 일기 때문이라고 한다. "교사들은 학생들이 과연 6년 과정을 버틸 수 있을지 우려합니다. 어느 학생이라도 중도에 포기하기를 바라지 않으니까요. 교사들은 전환학년을 준비하고, 전환학년 운영이 가능할지를 입체적으로 살펴보고, 전환학년 교사팀의 역량을 갖출 시간이 필요해요." 그는 전환학년을 준비하는 과정이 교사 역량을 발전시키기에 더없이 좋은 시간이라고 강조했다. "젊은 교사나 새롭게 기용된 교사가 신선한 아이디어를 내는 것을 볼 수 있어요. 생동감과 창의성, 자신감을 불러일으키면서요. 경험 많은 교사들은 이들에게 활력을 얻습니다. 전환학년을 재충전의 기회로 삼고 경험을 쌓으며 새로운 분야를 개척하려고 하죠. 교사들이 틀에 박힌 생활을 하기 쉽고, 무엇보다 해결해야 할 과제들이 산적해 있는 학교들에서는 전환학년이 학교의 생명줄이 될 수 있습니다. 우리 모두 일신우일신해야 하잖아요." 미소를 머금고 그가 말했다.

그는 말을 이어갔다. "특히 열악한 환경에 놓여 있는 학교들에서는 그 어떤 것도 당연시할 수 없어요. 끊임없이 유연해야 하고 창의적이 되어야 합니다. '할 수 있다' 식 태도를 갖고 있는 혁신적 교사가 필요해요. 전환학년은 교사들이 배를 밀고 나아가 더 큰 교육 이상을 구현하고, 더 매력적이고 활동적인 교수법을 활용할 수 있는 기회입니다."

그는 활동학습 교수법을 구사하며 ICT 같은 분야에서 학교를 지원했던 시절을 떠올렸다. 또한 전환학년을 '새롭게' 유지하는 것에 대한 관심을 표명했다. "교사들이 참신해져야 해요. 사람들이 전환학년의 이상을 얼마나 잘 이해하는지 궁금했던 적이 있었어요. 어느 침울했던 날 이렇게 자문해보기도 했죠. 저들은 이상을 가져본 적이 있을까? 단 한 번이라도 이상을 가져본 적이 있을까? '시스템 사고system thinking'가 이상을 대체하고 있는 것은 아닐까?"

그는 교사전문성개발지원팀에서 담당했던 지원 업무를 학창 시절과 연결시켰다. "리머릭대학에서 교생으로 있을 때 제가 배웠던 것 중 하나는 '큰 그림'을 그리며 사고하는 것의 중요성이었어요. 이런 사고는 학생들을 가르칠 때 매우 중요하죠. 리머릭대학에서 짐 글리슨 교수님을 만날 수 있었던 것은 제게 큰 행운이었어요. 교수님은 교육 열정이 흘러넘치셨죠. 교수님은 큰 그림을 그리며 어떻게 사고하는지, 교육과정에 영향을 미치는 다양한 기제들을 어떻게 이해하는지를 몸소 보여주셨어요. 교사전문성개발지원팀에서 지원 업무를 수행하는 동안 기술적인 세부 문제로 교착상태에 빠졌을 때 이런 가르침이 저를 지탱시켜주었습니다."

"수많은 학교 안팎을 살펴본 제 경험에 의하면 학교현장의 교사들에게 전환학년은 상당히 매력적이라는 거예요. 전환학년에는 학습을 즐기고 새로운 것을 시도할 수 있는 자유가 있습니다. 뭔가를 만들고 부수고 다시 만들 수 있죠. 올해 시도했던 것을 내년에는 살짝 비틀 수도 있고요. 재미와 창의성으로 그득하죠. 전환학년에는 실험에 대한 두려움이 없어요. 학생들은 시험 결과로 자신을 평가하기보다 자신의 모습에 대해 스스로 평가를 내리니까요."

지원 업무를 수행하는 동안 많은 학교의 내부를 들여다보며 어떤 큰 교훈을 얻었을까? "학교마다 전환학년이 각양각색인 점이 놀라웠어요. 서로 다른 학교에서 서로 다른 역동성이 일어나는 것을 볼 수 있었죠." 그는 전환학년을 통해 학교 고유의 가치관을 발전시킬 수 있다고 믿었다. "그럼에도 아주 많은 부분이 교사 역량에 달려 있습니다. 어떠한 제도든 동일한 잣대로 모든 사람들을 판단하고 싶어 하죠. 그러나 문화의 차이, 지도력의 차이, 교사 역량의 차이는 매우 다른 결과를 초래합니다. 저는 상상력과 창의력이 꿈틀거릴 수 있도록 틈이 있는 문화를 좋아해요. 학교에는 '하나의 교육과정을 두루 적용하려는' 입장과 개별 교사의 창의성을 주축으로 하는 전환학년 사이에 긴장이 감돌고 있습니다."

"학생들의 성취 결과에 초점을 맞춰 이를 기록하고 문서화하는 학교전체평가나 학교자체평가(본문의 SSE는 School Self Evaluation으로 추정됨-역주)에 대한 이야기를 들어보셨을 거예요. 눈에 보이는 유형물에 가치를 둔 것이죠. 그러나 전환학년은 무형물에 더 가깝습니다.

전환학년이 역동적으로 운영되고 지속가능한 학교를 보면 대개의 경우 다양한 활동을 전개하며 학교 구석구석까지 전환학년 스펙트럼이 형성되어 있어요. 이런 학교에서는 모든 학생들이 자신의 요구를 충족시키는 뭔가를 얻습니다. 이런 부분을 평가하기란 쉽지 않죠."

그렇다면 시험 주도의 교육체계에서는 전환학년은 한 치도 조화를 이룰 수 없을까? "교사가 눈에 보이는 성과에 끌리는 것을 이해할 수 없는 것은 아닙니다. 전환학년을 LC 3년 과정 중 한 해로 생각하고 좀 더 체계적이고 관습적이며 틀에 맞춰 운영하는 교사들도 있어요. 아마도 전환학년에 대한 믿음이 약하기 때문인 것 같아요. 전환학년이 잘 운영되면 진짜 변혁이 일어날 수도 있습니다. 하지만 이런 경우는 오로지 교사들 마음속에 큰 그림이 있을 때만 가능할 거예요. 가령 학교 전체의 교육 목적은 무엇이어야 할까? 전환학년 동안 우리는 학생들을 위해 무엇을 이루려고 노력해야 할까? 뮤지컬·모금·해외여행 같은 특별활동의 교육 목표는 무엇일까? 한 번쯤 던져봐야 할 중요한 질문들이죠." 그의 어조는 다소 격정적이었다.

그는 이렇게 결론을 맺었다. "한마디로 요약하면 청소년들이 풍부하게 학습하도록 교사들이 협력적·창의적 활동교수법을 적용할 수 있을 때 전환학년은 순조롭게 굴러가리라고 생각해요. 이를 가능하게 하는 학교문화를 창출하기 위해서 반드시 필요한 학교의 역동성을 학교 지도자들이 더욱 눈여겨보시기 바랍니다. 교사들은 교육 실행에 대해 이야기를 나눌 수 있는 시간을 더 많이 확보해야 해요."

제31장

조명, 카메라, 액션
-미디어 및 영화 수업

더블린주 북쪽 글래스네빈 지역에 있는 카이트리어나학교에서 영화학은 전환학년 필수 모듈이다. 카이트리어나학교는 자발적으로 게일어로 가르치는 남녀공학이다. 트리시 월 선생님은 지난 몇 년간 9주로 설계된 영화학 모듈을 매주 2시간 연속 수업으로 가르치고 있다. "학생들의 열기가 넘쳐요. 디지털미디어에 관한 한 아주 쉽게 동기가 부여되죠. 학생들은 각자 자신이 각별히 흥미를 느끼는 활동 분야를 선택하는데, 분석적 글쓰기일 수도 있고, 카메라 뒤편에서 작업하는 것일 수도 있어요. 수업에 어떤 영화 교재를 선정하든, 교재를 사용하지 않는 경우 어떠한 활동으로 수업을 시작하든 학생들은 언제나 몰입합니다. 학생들이 즐겁게 자기 의견을 개진하면 영화학 과정은 뜻깊은 학급토론과 팀워크의 자리가 되죠."

다른 미디어교육 교사들처럼 그녀도 전환학년 학생들과 함께 탐구해나갈 개인 영화 목록을 보유하고 있다. 첫 번째 영화 목록에는 〈스탠 바이 미Stand by Me〉, 〈민 크리크〉, 〈퀸카로 살아남는 법Mean Girls〉이 있는데 이야기 구성이 탄탄하고 청소년 정체성, 왕따, 우정 같은 주제를 살펴볼 수 있다. 그녀가 수업에 활용하는 두 번째 영화 목록은 〈황야의 무법자A Fistful of Dollars〉, 〈용서받지 못할 자The Unforgiven〉, 〈데어 윌 비 블러드There Will Be Blood〉로 서부영화의 장르적 특성을 살펴보는 것 외에 인간의 폭력성에 대해서도 탐색할 수 있는 작품들이다. 그녀는 〈용서받지 못할 자〉의 경우 모건 프리먼과 클린트 이스트우드가 나오는 1992년 판이 아니라 버트 랭카스터가 주연한 1960년 판이라고 강조했다. 세 번째 영화 목록에는 〈허트 로커The Hurt Locker〉, 전쟁 다큐멘터리 〈레스트레포Restrepo〉, 컴퓨터 게임 〈모던 워페어Modern Warfare〉가 들어 있다. 이 영화들을 통해 트리시 월 선생님과 학생들은 최근에 일어난 이라크와 아프가니스탄 전쟁의 참상을 새로운 방식으로 살펴볼 수 있었다.

"수업에 영화를 활용하는 목적은 무궁무진해요. 영화는 학생들에게 매우 친숙한 매체이고 저는 학생들이 디지털 활용 능력을 더욱 발전시키기를 바랍니다. 그래서 짧게 편집된 영화 클립을 활용하고, 쇼트나 카메라 앵글 같은 영화 전문용어를 이해하기 쉽도록 수업활동지를 고심해서 만들죠. 영화는 예술의 한 형태고 학생들도 그렇게 생각했으면 좋겠어요. 영화는 연기와 대본 작성, 스토리보드 제작 같은 능력을 향상시킬 수 있는 훌륭한 매개체이죠. 디지털카메라를 사용하며 학생들은 영화 촬영이나 편집기술도 배웁니다. 또한, 문학 교재를 읽듯이 전환학년 동안 영화를 탐독하며 LC 영화학 교과의 기반을 튼튼히 닦고 있어요."

전환학년 내내 시간과 기회가 주어지는 대로 그녀는 이따금씩 단편 영화 제작 대회를 주관하고, 학교 영화제 행사의 한 축으로 배우와 감독들을 초빙하며, 영화관에 학생들을 데리고 간다. 그녀는 몇 년 전 전환학년이라는 기회를 단단히 움켜쥐고 또 다른 창의적 학습을 수행했던 사례를 지나가듯이 들려줬다. 그녀는 학생들과 『길 잃은 매체 전환』이라는 이야기책을 출판했다고 한다.

그녀는 청소년들이 영화매체와 아주 친숙하면서도 대다수 학생들이 어쩌면 그토록 상영된 영화를 모르는지, 또 어쩌면 그토록 영화제작에 대한 지식이 짧은지 놀라워했다. 그럼에도 영화 모듈에 대한 평가를 할 때 학생들은 이 두 부분을 영화 수업에서 가장 흥미로웠던 부분으로 평한다고 한다. "제 개인적으로는 이 영화 모듈이 없었다면 학생들은 영화의 세계에 전혀 관심을 기울이지 않고 혼자, 때로는 몇몇 친구들과 함께 영화를 보고 이해하는 데서 그쳤을 거라고 생각해요. 이전에 어떤 지식을 습득했든 학생들은 영화 수업을 하면서 그 내용을 더욱 발전시키고 그 위에 새로운 지식을 쌓아갑니다."

그녀는 LC 영어를 가르칠 때 전환학년 영화 모듈을 진행하는 동안 자신이 깨달았던 바가 확실히 옳았다는 것을 절감한다고 부언했다. "영화는 영어 수업의 도입부로 활용하기에 매우 유익하고 이는 다시 미디어에 대한 인식을 높이도록 자극합니다. 이 이유 하나만으로도 영화 수업은 투자할 가치가 충분하다고 생각해요."

전환학년 단원 개발

미디어교육을 하는 또 다른 방법은 아예 전환학년 단원을 개발하는 것이다. 물론 전환학년 모듈이라면 무엇이든 새로운 단원 개발이 가능하다. 국가교육과정평가원에서는 전환학년 단원을 개발하기 위한 유용한 틀을 제시했다. 전환학년 단원 틀과 개발 사례는 국가교육과정평가원 웹사이트에서 찾아볼 수 있다. 45시간 단위의 전환학년 단원의 대략적 구조는 다음과 같다.

1. 단원 제목
2. 학습 영역

3. 개요

4. 연계 내용

5. 단원 요약

6. 단원 세부 설명

7. 단원 목표

8. 학습 성과

9. 핵심 역량

10. 교수법

11. 평가 방식

12. 총평

13. 수업자료

교사들은 이 틀을 활용하여 창의적인 전환학년 단원을 개발했고, 이 사례들은 국가교육과정평가원 웹사이트^{www.ncca.ie}에서 찾아볼 수 있다. 아일랜드영화연구원에서 개발한 「마음을 움직이는 영상들Moving Images」 자료는 영화 관련 내용을 총망라한 것으로 전환학년 단원의 최고 사례로 꼽는다. 글란마이르지역학교의 노머 머리 선생님은 「드라마와 대중문화Soap Operas and Popular Culture」라는 단원을 개발했는데, 이 단원은 드라마와 영화 속에 녹아 있는 동시대 현대 문화의 다양한 주제를 분석하는 데 중점을 두고 있다.

다양한 활동

피파 브래디 선생님은 던도크 성메리학교에서 교편을 잡고 있다. 던도크 성메리학교는 마리아수도회 산하의 가톨릭 학교로 남녀공학이다. 그녀의 생각은 트리시 월 선생님이 통찰했던 내용과 많은 부분 겹쳤다. "20년 넘게 교직생활을 하며 전환학년 학생들의 미디어교육 참여 열기가 대단하다는 것을 느꼈어요." 그녀가 운을 뗐다. "광고 제작은 설득적 광고기법을 통해 사람의 마음이 실제로 어떻게 움직이는지를 이해할 수 있는 아주 효과적인 교육 방법이에요. 학생들은 광고 내용을 열심히 구상하고, 스토리보드를 그리고, 실제 촬영하고, 편집하고, 발표하는 것까지 전 과정에 참여합니다. 요즘에는 카메라 폰을 갖고 정말 많은 것을 시도할 수 있어요." 던도크 성메리학교에서는 광고 제작 수업을 뒷받침하기 위해 영화를 감상한다고 한다. 수업시간이 제한되어 있기 때문에 교사들은 짧은 영화 클립만 보여주고, 학생들이 알아서 영화 전체를 찾아보는 경우가 허다하다. "던도크, 이곳에 가슴 떨리는 새로운 일이 일어났어요. 톤극장에서 50명 정도의 학생들에게 최소비용만 받고 영화를 상영하기로 했어요. 미디어교육을 부양하는 데 아주 큰 도움이 될 거예요."

다른 학교들처럼 던도크 성메리학교에서도 아일랜드의 풍부한 영화 유산을 소개하기에 전환학년은 둘도 없는 기회라고 생각한다. "〈말 없는 사나이The Quiet Man〉, 〈나의 왼발My Left Foot〉, TV 미니시리즈 〈서부를 향해Into the West〉, 〈아담과 폴Adam and Paul〉 같은 작품에 학생들은 언제나 열렬히 호응합니다." 그녀는 '〈아담과 폴〉을 상영하기 위해서는 천장 방음장치가 중요하다'는 말을 잊지 않았다. 또한 LC 영어 수업에 영화를 포함시키면서 수업의 질이 한층 더 높아졌으며 전환학년 동안 이의 기반을 잘 닦을 수 있다고 믿었다. "전환학년 동안 LC 교수요목에 없는 고전 영화를 볼 때도 있어요. 학생들이 〈댄싱 히어로Strictly Ballroom〉, 〈이유 없는 반항Rebel Without a Cause〉, 〈가위손Edward Scissorhands〉에 환호했던 것이 떠오르네요."

그녀는 유럽 영화를 거의 접해보지 않은 상태에서 전환학년을 시작하는 학생들이 많다는 점을 강조했다. "언어교사들은 프랑스 영화인 〈아멜리에Amelie〉, 이탈리아 스릴러물인 〈아임 낫 스케어드I'm Not Scared〉, 독일 영화인 〈롤라 런Run, Lola, Run〉 같은 영화가 수업에 유용했다고 말씀하세요. 물론 〈시네마 천국Cinema Paradiso〉은 수업에 활용하기에 그지없이 훌륭한 영화로 모든 이들의 사랑을 받고 있죠."

던도크 성메리학교 교사들은 '스톱 모션' 애니메이션 제작도 수업에 아주 효과적이라는 것을 알게 되었다. "아주 끔찍한 사건을 애니메이션으로 만든 적이 있어요. 무척 재미있었죠. 스토리보드 제작과 음악, 편집, 발표 등 학습 요소도 넘쳐났고요."

트리시 월 선생님처럼 그녀도 학생들과 출판 작업을 하면 그 속에서 풍부한 학습이 일어난다고 굳게 믿었다. "학생들은 이와 같은 프로젝트에 열정적이고 깊이 몰두하며 열심히 임합니다." 그녀가 '이'와 같은 이라고 언급하며 보여주었던 출판물은 64쪽의 컬러판 학년 문집으로 보고서, 비평, 의견, 단편소설, 그래픽 이야기, 사진, 미술작품, 광고가 실려 있다. 그녀는 책 만들기 프로젝트 역시 아주 생산적이라는 점을 깨달았다고 덧붙였다.

더 큰 그림

아일랜드영화연구원 얼리샤 맥기번 교육국장은 학교에서 영화교육을 더 잘할 수 있도록 감동적이면서도 주제가 선명한 영화교육 프로그램을 만든다. 그녀는 영화연구원의 광범위한 영화교육 프로그램이 한 해에 1만 5,000여 명의 청소년들에게 영향을 미칠 정도로 성장하는 것을 죽 지켜보았다. 영화를 상영하거나 영화 관련 행사를 진행하며 영화연구원은 학교 수업을 다각도로 지원한다. "저희 연구원의 주요 목표는 교사들이 영화교육을 잘할 수 있도록 지원하고, 동시에 영화 그 자체를 예술 형태의 하나로 널리 알리고 다양한 영화를 접할 기회를 제공하는 것입니다."

"지난 수년간 교육과정에서 영화가 차지하는 비중이 급격히 커졌고, 그 결과 아일랜드영화연구원의 교육활동이 확장되었어요."그녀는 이어서 말했다. "저희 기관에서 교육 프로그램을 개발하기 시작했던 1990년대 중반까지만 해도 영화는 TV, 신문과 함께 미디어학습 영역으로 묶여 있었어요. 영국 같은 다른 나라에서는 영화를 하나의 독립된 과목으로 교육과정에 넣었는데도 말이죠. 아일랜드에서는 영화를 성적이 뒤처진 학생들의 학습 의욕을 북돋우기 위한 장치쯤으로 여겼어요. 영화제작이 청소년 특별활동의 전형처럼 갑자기 툭 불거져 나오기도 했고요. 그렇지만 교사들은 점차 재능으로 똘똘 뭉친 청소년들이 영화를 통해 어떻게 학습동기를 갖는지 자각했고, 자신의 교수법을 향상시키기 위한 수단으로 다양한 영화를 활용하게 되었죠. 전환학년은 많은 교사들이 처음으로 수업에 영화를 활용하기 시작했던 공간이었어요."

그녀는 개정된 LC 영어 수업에 영화가 도입된 것이 무척 기쁘다. 영화 그 자체를 수업 '교재'로 활용한 첫 사례로 의미 있는 움직임이기 때문이다. "하지만 단지 영화 줄거리나 주요 장면 몇 개를 발췌해서 글 텍스트와 비교하는 식으로 진행하는 수업은 한계가 농후하겠죠."새로운 JC 영어 체계에서도 광범위한 영화 목록이 제시되고, LC의 경우 아일랜드어와 미술, 현대 언어 수업 전반에 걸쳐 영화가 유용하게 활용되고 있다. 또한 LCA 및 LCVP 과정에서도 영화가 제 역할을 한다.

오늘날 청소년들에게 영화와 미디어는 언어와 다를 바 없는 소통 도구라는 점을 그녀는 잘 알고 있다. "글을 읽고 쓰는 능력처럼 미디어 활용 능력 역시 시민의 기본 권리로 인정되어야 해요. 미디어에 능한 소비자들은 매사에 능동적이고, 정보의 폭이 넓고, 좋고 나쁜 것을 지혜롭게 판단할 거예요. 세계 전역에서 나타나고 있듯이 이들은 공개 토론회나 캠페인을 벌이고 민주주의 운동에도 가담할 수 있겠죠."

그렇다면 현대 삶에서 미디어의 단점은 없을까? "미디어 소비라는 것이 인간들의 수동적 활동이라는 인식은 여전히 남아 있죠." 그녀가 답했다. "하지만 미디어 사용자들은 정보를 적극적으로 해석하고, 선택하고, 불필요한 정보는 버리고, 새로운 정보를 창조하고, 논리를 따라갑니다. 그러나 사이버 왕따나 외설물 탑재, 낚이기 등 미디어 활용의 부정적 측면들도 눈여겨봐야 하는 것은 의심의 여지가 없어요. 서비스 제공자들에게만 책임을 지우기에는 너무 늦은 것 같아요. 비판적 미디어 활용 능력을 교육하는 것이 급선무입니다. 그렇게 해야 청소년들이 '산업'의 논리를 무작정 따라가지 않고 정보와 교육받은 내용을 토대로 결정을 내리겠죠. 그래야 우리 사회가 보호될 테고요."

아일랜드영화연구원에서 최근 실시했던 연구에 따르면 청소년들과 교사들은 교수·학습 동기가 매우 높았으며, 영화 및 미디어 프로젝트에 열심히 임했고, 앞으로 더 많이 배우기를 희망했다고 한다. 그녀는 특히 자신의 생각을 뒷받침해주는 두 연구를 언급했는데, 하나는 「영화 포커스」http://www.ifi.ie/filmfocus이고 다른 하나는 「12~13 프로젝트」http://www.ifi.ie/12to13project였다.

"실행연구가 쌓여감에 따라 아일랜드영화연구원은 JC를 위한 영화 단기 강좌를 지속적으로 개발했고, 이 내용은 영화연구원 웹사이트에 탑재되어 있으니 학교에서 활용 가능합니다. 이 강좌는 FISFilms in Schools(역주) 영화 프로젝트 및 프레시영화제Fresh Film Festival와 결연을 맺고 진행되고 있는데 크게 영화감상, 영화제작, 영화상영 세 부분으로 구성되어 있어요. 아일랜드영화연구원은 각 학교 프로그램으로 들어가서 교사들을 계속 지원하고 있는데요, 지금까지 전국적으로 학교 25여 곳을 방문했습니다." 그녀는 아일랜드영화연구원 웹사이트에서 볼 수 있는 다양한 교육활동을 언급했다. 물론 전환학년 단원으로 개발된 「마음을 움직이는 영상들」을 언급하는 것도 빠뜨리지 않았다.

그녀는 다음과 같이 인터뷰의 결론을 맺었다. "다운로드를 받고 CD로 굽고 다중 채널·다중 플랫폼을 활용하는 등 영화를 볼 수 있는 방식은 무척 다양해졌지만 저희는 영화관이야말로 영화감상의 최적의 장소라는 관점을 계속 심어주고 있어요. 영화감독이 의도했던 방향이 무엇인지 영화를 함께 보며 감상을 나누도록 독려하면서요. 그렇지만 TV든, 이동식 기기든, 극장이든 영화 내용이 가장 중요하다는 것은 저희도 잘 알고 있죠. 청소년들이 미디어와 영화를 활용하는 능력을 갖게 되면 저작권 문제를 포함해서 사람들의 관점들이 어떻게 다른지 그 차이를 더 날카롭게 인식할 수 있을 거예요. 정보의 폭이 넓고 창의적이고 비판적인 사람이 될 수 있을 거예요. 저희는 학교 프로그램을 통해서든 또 다른 여타의 활동을 통해서든 청소년들의 이러한 변화에 공헌할 수 있기를 바랍니다. 전환학년은 미디어와 영화를 이해하고 활용하는 능력을 기르기에 둘도 없는 기회입니다."

시민의식 기르기

얼리샤 맥기번 국장과 인터뷰를 하는 동안 앤서니 멀론 교수가 떠올랐다. "저는 오랫동안 전환학년 수업을 관찰해왔어요. 학생들과 교사들이 다양한 디지털매체와 인쇄매체를 비판적으로 활용해야겠다는 욕구를 보일 때마다 언제나 놀라웠죠." 매누스대학 교육학과의 앤서니 멀론 교수가 말했다. "기술이 주도하는 지구촌 시대에 대중매체는 우리 삶 깊숙이 들어와 의사소통 방식에 결정적인 변화를 일으키고 있습니다. 대중매체는 지금 그 어느 때보다도 중요하죠. 유동적이고 가변적인 세상에서 학생들이 능력껏 참여하고 자신의 길을 성찰적으로 열어나갈 수 있는 소중한 기회를 갖게 되었어요. 미디어교육을 통해 학생들은 미디어 표현의 구조적 특성을 이해하고, 우리 혹은 타인의 생각이 어떻게 형성되는지, 또 어떻게 영향을 주고받는지를 깨닫게 되었습니다."

영어교사이자 교감으로 중등학교에서 근무했던 그는 수업시간에 과제 중심의 활동을 지속적으로 수행하며 학생들은 자기 주변 세계를 비판적, 창의적으로 바라보고 자신의 역할에 대해서도 더 깊이 이해하게 되었다고 강조했다. "트리시 월, 피파 브래디 선생님의 말씀은 제 경험에 비추어 볼 때 전적으로 옳습니다. 전환학년 미디어교육이 어떻게 학생들의 개인적·사회적 역량을 높이고 의사소통 능력을 키워주는지 중요한 사례들을 들려주셨죠." 그는 계속해서 자신의 의견을 피력했다. "다양한 의견을 공유하고 경청하는 토론·논쟁에 적극적으로 참여하든, 민주적인 방식으로 자기 생각을 표출하기 위해 다양한 미디어를 활용하든 학생들에게 주어진 기회는 부족하지 않습니다. 어떤 학생들은 영화나 라디오, 인쇄물을 제작하며 다양한 역할을 수행할 수 있겠죠. 또 어떤 학생들은 영화제 같은 행사를 준비하며 카메라 줌 활용에 대한 계획을 세우기도 할 거예요. 학교나 지역사회에서 캠페인을 추진할 기회를 갖는 학생들도 있을 겁니다. 아무튼 이러한 활동을 전개하며 학생들은 고차적인 기술을 연마하고, 어쩌면 이보다 더 중요하게도 다른 사람들과 협력하며 목적의식적으로 일해본 경험을 갖게 될 테죠. 이 과정에서 학생들은 지도력을 훈련하고, 새로우면서도 다소 버거운 역할을 맡으면서 자기 정체성을 확립할 수 있는 아주 소중한 삶의 기회를 갖게 될 겁니다. 발전하는 민주주의 사회에서 능동적 시민의식을 길러주는 이러한 기회들은 한결같이 모두 값집니다. 전환학년은 이러한 역량을 쌓아가기에 이상적인 공간이에요."

제32장

교실을 넘어서는 학습

2015년 1월 마지막 주 나는 더블린시를 두 차례 방문했다. 이 책에 실을 인터뷰를 진행하기 위해 사람들을 만나러 더블린시 이곳저곳을 오고갔다. 살을 에는 바람이 지금도 선명하게 기억나는데 교복을 입고 삼삼오오 떼 지어 다니는 학생들이 더블린시 큰 거리를 걷고 있던 내 시야에 들어왔다. 질문을 던져보면 예외 없이 전환학년 학생들이었고, 한 반 전체가 함께 있는 경우도 제법 있었다. 나는 더블린시를 방문할 때마다 적어도 열 무리의 학생들에게 관심을 기울였다. 학생들은 교외 학습을 수행하러 국립도서관, 국립미술관, 아일랜드 유럽위원회 사무실, 아일랜드 하원의회, 더블린 작가박물관, 콜린스병영에 자리한 국립박물관, 킬메넘감옥, 영화관 등 곳곳으로 이동하는 중이었다.

　비단 더블린만이 아니라 아일랜드 전역에서 만났던 수많은 전환학년 학생들의 모습은 마치 청소년들의 학습의 폭을 넓히고, 지역사회에 폭넓게 참여하도록 돕고, 능동적·참여적 시민으로 양성하고자 하는 전환학년의 목표가 잘 구현되고 있는 뚜렷한 상징처럼 보였다. 그러나 어쩌면 이는 순진한 생각일는지도 모르겠다. 지역 돌봄 활동과 진로체험, 미니컴퍼니를 기술했던 장에서 살펴보았듯이 준비부터 현장 감독, 발표 평가까지 교사들이 세심하게 공을 들여야만 체험학습은 최대한 풍부하게 실행될 수 있기 때문이다. 교실을 넘어선 학습에는 이처럼 교실에서 가르치는 것과는 다른 교사들의 구슬땀이 필요하다.

거의 모든 학교의 전환학년에서 운영되는 특정 유형의 '여행 프로그램'이 있는 듯하다. 몇몇 프로그램은 영감을 불러일으키고 매혹적이고 지적 자극을 주며 진취적이다. 여행 장소와 활동이 너무도 다양해서 숨이 멎을 것만 같다. 이를테면, 밀스트리트지역학교 학생들은 이슬람교와 유대교를 더 깊이 탐구하기 위해 코크주의 유대교 회당과 이슬람 사원을 방문했다. 더블린주의 라스마인즈 성메리학교 남학생들은 고문 희생자와 망명 신청자, 난민을 돕는 조직인 스피라시Spirasi 활동 기금 마련 행사의 일환으로 미드주 롱우드에서 더블린까지 무려 60킬로미터나 행군했다. 롱퍼드주의 윌러학교는 인근의 성조지프국립초등학교 어린이들을 위해 축구교실을 열었다. 킬데어주 킬콕 지역의 다라학교는 다른 많은 학교들처럼 아일랜드 하원의회를 방문했다. 위클로 산길이나 케리 올레길, 대서양 남북해안길을 따라 페인트 총을 쏘는 게임을 하고, 소형 자동차 경주를 하고, 트레킹을 하는 프로그램도 있었다. 박물관과 미술관, 공장, 농장, 대학교, 해안을 방문하거나 여행을 떠나는 활동을 실시하는 학교들이 많았다. 워터퍼드주의 마운트시온학교 학생들은 낚시여행을 떠나기도 했다. 더블린주의 남학교인 클론킨학교 학생들은 훅곶으로 가서 기암절벽을 오르고 수영하고 해안선을 도는 모험을 펼쳤다.

사람들은 대개 가장 선명하게 뇌리에 남는 학창 시절 추억으로 여행을 꼽는다. 평가를 해보니 합숙여행, 그중에서도 모험성이 짙은 스포츠나 야외활동을 결합한 여행이 전환학년의 꽃으로 종종 언급되었다. 모험센터에서 함께 보냈던 며칠간의 경험은 청소년 발달에 다른 무엇보다도 중요했다. 이곳에서 친구들과 끈끈하게 맺은 유대감이 평생토록 이어지는 경우가 허다하기 때문이다. 학생들이 전환학년을 떠올릴 때나 델포이모험센터, 칼링포드모험센터, 캐퍼날리야외학습훈련센터, 가르턴야외교육센터, 실배건야외교육센터 같은 모험센터를 입에 올릴 때는 두 눈이 초롱초롱하게 빛났다.

해외 방문 프로그램

전환학년 동안 해외 방문 프로그램을 실시하는 학교들이 많다. 대개는 선택 프로그램으로 운영한다. 수박 겉핥기식이라 할지라도 10대 중반에 다른 문화를 체험해보는 것은 청소년들의 학습 폭을 넓히려는 전환학년 목적과도 부합하기에 눈여겨볼 만하다. 신문이나 학교 웹사이트, 소셜미디어는 벨기에, 중국, 에콰도르, 프랑스, 독일, 가나, 인도, 이탈리아, 일본, 레소토, 멕시코, 남아프리카공화국, 스페인, 스웨덴, 태국, 스위스, 우간다, 영국, 미국, 잠비아 등 학교에서 선택 가능한 다양한 지역을 소개하는 정보로 넘쳐난다.

언어학습에 뚜렷하게 초점을 둔 해외 방문 프로그램도 있고, 소그룹 학생들이나 개별 학생이 참가하는 장기 프로그램도 있을 수 있다. 스키여행도 많이 떠나는 편이다. 이따금씩 정치교육 차원에서 해외로 나가곤 하는데 더블린주 밸리퍼머트 지역의 성도미니크학교와 킬데어주 마너스터레번 지역의 성폴학교의 해외 방문 프로그램과 유럽의회 방문은 이의 좋은 사례이다.

교환학생 성격을 띠는 해외 프로그램도 있다. 2015년 부활절 기간에 더블린주 클룬도킨 지역의 브리더학교는 인도 델리의 프레젠테이션학교 학생들과 교사를 초빙했다.

전환학년 학생들의 해외 방문은 희망재단Hope Foundation 같은 비정부조직이나 코크국립대학·상하이대학 간의 결연과 같은 대학 프로그램을 통해 성사되기도 한다. 2015년 30여 학교 학생들이 희망재단과 인도를 방문했다. 이때 참여했던 학교로는 리머릭주의 캐슬트로이학교, 웩스퍼드주의 로레토학교, 워터퍼드주의 뉴타운학교, 코크주의 성안젤라학교와 림니게일학교, 워터퍼드주 킬맥타머스 지역의 성데클런학교, 코크주 맬로 지역의 데이비스학교, 티퍼레리주의 록웰학교, 코크주의 글란마이르지역학교, 더블린의 알렉산드라학교가 있다. 티퍼레리주 털러스, 리시주 포틀리셔, 케리주 트럴리, 더블린주 페어뷰 지역의 가톨릭형제회 재단 학교를 다니는 전환학년 학생들은 잠비아로 몰입 여행을 떠난다. 더블린주 부터스타운 지역의 성앤드루스학교 학생들은 우간다로, 라스마인즈 지역의 성메리학교 남학생들은 가나로 떠난다. 몰입 프로젝트는 타 문화를 접하고, 실질적인 것을 배우고, 새로운 우정을 쌓는 것이 하나로 결합되어 진행되는 경향이 있다.

뜻깊은 사례

더블린주의 존스코투스학교 전환학년 학생들은 2002년부터 매년 인도 콜카타로 여행을 떠난다. 콜카타의 로레토실다학교[19]와 제휴를 맺고 서뱅골주에 마을학교 30여 곳을 세우는 것을 지원하기 위해서이다. 그 결과 교육 혜택을 충분히 누리지 못했던 그곳 청소년 2만여 명이 학교를 다닐 수 있게 되었다. "한마디로 이 프로젝트는 서뱅골 청소년 수천 명에게 큰 선물을 선사하면서 우리 학교 전환학년 학생들 또한 크게 변화된 활동으로 판명되었어요." 존 알렉산더 선생님이 말했다. 또한 학생들은 이 프로젝트를 통해 자칼리 마을학교 교사들과 순다르반스 숲 속 바산티섬에 있는 학교 10여 곳의 교사들을 위해 교

---

19. www.loretosealdah.org

사훈련 프로그램 비용을 매달 지원하고 있다. "이 프로그램은 인도 정부의 승인을 받았습니다." 그가 덧붙였다.

지역 마을 어린이들뿐 아니라 로레토학교 청소년들과 함께하는 존 스코투스 전환학년 학생들은 지구촌 연대의 이미지를 강하게 심어주었다. 이 학생들은 공동 영어교육 프로그램에도 참여하고 있다. "전환학년의 사명을 자신을 둘러싸고 있는 세상을 더 살기 좋은 곳으로 만드는 것이라고 해석할 수도 있잖아요. 인도여행은 이 부분에 초점을 둔 활동입니다. 동시에 인도여행은 인간의 성장에 매우 도움이 되고, 중등학교 일반 교육과정에서 충분히 다루기에 시간이 부족한 수많은 주제들과 관점들, 활동들을 소개하고 발전시키는 길이기도 하죠. 우리 학교에서 전환학년은 신체적, 정서적, 정신적으로 성숙을 꾀하는 활동학습의 해입니다. 전환학년을 통해 학생들의 영적 이해가 높아지고, 시야가 확장되고, 새로운 학습 능력이 계발되는 것을 볼 수 있죠. 전환학년은 자신의 내적 잠재력을 더 잘 파악하도록 학생들을 무장시킵니다."

인도여행 같은 프로젝트는 어떻게 자금을 확보할까? "개인 경비는 각자 부담해야 해요." 여기에는 항공요금, 예방접종비, 비자발급비, 인도 내 여행경비, 숙박비, 보험료가 포함되며 학생 한 명당 대략 1,800유로(약 240만 원)가 소요된다. "평일 저녁이나 주말에 학생들과 학부모들이 함께 기금 마련 프로그램을 운영하는데 이는 개인 부담 비용을 1,500유로(약 200만 원)로 줄여주기 위한 것이에요."

크레디트 스위스Credit Suisse 연간 보고서는 정신이 번쩍 드는 통계 수치를 발표했다. '폭넓은 교육'의 유형으로 2장에서 강조했던 세계시민교육과 몰입 프로젝트를 연계시킨 교육 프로그램들은 이 수치에 대한 사람들의 불안감을 현저히 누그러뜨려준다. 『아이리시타임스』는

2014년 10월 21일 이 통계수치를 보도했다.

종합하면, 세계 인구의 하위 절반은 전 세계 부의 1%도 소유하지 못한다. 이와 완전히 대조적으로 상위 10% 사람들이 세계 부의 87%를 거머쥐고, 최상위 1%가 홀로 세계 자산의 48.2%를 차지한다.

맺음말

다양한 각도로 기술된 전환학년의 면면을 살펴본 후 마음이 더 끌리는 이야기와 한 번쯤 시도해보고 싶은 이야기가 있을 것이다. 자신의 경험이 새록새록 떠오르는 이야기와 자신의 경험담과는 상반되는 듯싶은 이야기도 있을 것이다. 이 책을 읽는 독자들이 어떤 렌즈를 갖고 있는가에 따라 특별히 더 눈에 띄는 주제가 있을지도 모르겠다. 아무쪼록 전환학년, 청소년, 교사, 학교, 교육제도, 사회에 대한 질문들도 함께 일어나기를 바란다.

전술한 장들은 교사들이 특정 교과나 활동 속에서 전환학년이라는 이상을 어떻게 틀어쥐었는지, 또 학생들이 다채롭게 학습하도록 이끌며 전환학년의 약속을 어떻게 실현했는지 그 생생한 현장을 보여준다. 전환학년이 도입된 지 40년, 정규교육과정으로 편입된 지 20년이 지나며 학교가 청소년을 대하고 지역사회와 관계를 맺는 방식에 중대한 변화가 일어났다. 학교의 기풍과 전통에 맞게 전환학년을 구체화하는 학교들이 많다. 이런 학교들은 전환학년의 강점은 살리고 혁신성은 쭉 밀고 나가되 전환학년 비전 중 버거운 부분은 피하거나 살살 운영하면서 전환학년을 학교에 맞게 '길들이고' 있다.

청소년

전환학년을 통해 청소년이 성장하고 있는 것을 보여주는 징후들이 점차 늘고 있다. 청소년의 자신감이 높아지고, 직업 및 삶에 대한 포부가 명료해지고, 자신의 목소리를 갖게 되고, 개인 정체성이 뚜렷해지고, 학교를 넘어 세상과 더 폭넓게 교류하고, 행동하는 시민으로서 개인의 힘과 역량이 증진된 사례들이 차고 넘친다. 또한 전환학년 동안 학생과 학생, 학생과 교사 사이에 맺어진 유대감은 학생들이 앞으로 어려운 상황에 직면했을 때, 특히 고2, 3학년이 되었을 때 학생들에게 반드시 필요한 강점과 회복탄력성을 길러주는 것으로 드러났다. 실제 개별 사례들을 살펴보면 전환학년에 형성된 우정이 성인기까지 오래도록 지속되는 것을 알 수 있다. 또한 개인적·사회적 발달을 몹시 중시하는 전환학년의 속성은 JC 경험이 썩 좋지 않았던 청소년들에게 매우 유효하게 작용할 수 있다. 전환학년은 이런 청소년들에게 보다 포용적이고 능동적 학습 환경이 될 수 있기 때문이다. 전환학년에 또래들과 교우관계를 쌓는 것은 그 누구보다 아일랜드 이민자 자녀들에게 도움이 될 것이다.

교사

학생들에게 더 이로운 방향으로 전환학년이 변화해간다면 그것은 교육 역량이 풍부한 교사들 덕분이다. 이런 부류의 교사들은 자유를 흠뻑 만끽하며 시험 위주의 협소한 교육체계로는 쉽게 실행할 수 없는 모듈수업의 틀을 짜고 학습 분위기를 조성한다. 전환학년 도입자인 리처드 버크 전 장관은 전환학년은 교사 발달의 장으로서도 손색이 없다는 점을 분명히 피력했다. "자, 어떤 의미에서 그것(전환학년)은 적절한 교육을 실행하기 위해 교두보를 안전하게 확보하는 노르망디 상륙

작전과 닮았습니다. 그간 교사들의 이상은 넘쳤지만 학생들을 쥐어짜야 하는 압박감과 학업 위주의 교육제도, 점수제도 때문에 자신의 기량을 최대한 발휘하지 못했죠." 2001년 그는 1974년 전환학년을 도입한 배경에 대해 이렇게 언급했다. "전환학년을 한마디로 요약하면 의욕이 넘쳤던 교사 개개인이 관계를 중시하는 교육환경 속에서 자기 눈앞에 있는 학생의 성격과 성장에 영향을 미칠 기회를 주기 위한 것이었어요. 덜 제한적이고, 덜 적대적인 분위기에서요."

교사 전문성이 높아지면 역동적 교육과정 개발 사례인 전환학년은 더욱더 무르익을 것이다. 전환학년 동안 교원직업강령^{교육위원회, 2012}의 근간을 이루는 '존중·배려·진정성·신뢰'의 도덕 가치를 뚜렷하게 독창적으로 풀어낸 교사들의 사례가 많다. 교사들은 가르치는 내내 틀에 박힌 교수활동과 따분함, 학생들의 저항, 학습에 대한 선입견, 평범한 교사 역량이라는 교육 장벽을 허물기 위해 치열하게 싸운다. 전환학년의 사명과 목표는 교육현장의 실천가들이 교육적 창의성을 발휘하기 위해 끊임없이 반추하고 재고해야 하는 내용이다.

학교 전체

1993 전환학년 지침에서 가장 중요한 문구는 매우 간결하다. '전환학년의 목표와 철학은 학교 전체에 속속들이 배어 있어야 한다.' 이는 리처드 버크 전 장관이 처음 제시했던 전환학년 비전에도 분명히 나와 있다. 2001년 그는 이렇게 언급했다. "그것(전환학년)은 다람쥐 쳇바퀴 돌듯 반복되는 교육에서 벗어나는 자유였습니다. 남은 중등교육 후반까지 지속되길 소망하는 것이었고, 교사와 학생 모두 현 상태로 쉽게 돌아가기 힘들게 하는 것이었죠. 교사와 학생 모두 정신적으로 성장했고, 적어도 전환학년을 통해 변화했으니까요. 전환학년은 교

육을 뒤흔들었습니다." 전환학년이 학교문화에 매우 긍정적인 영향을 끼쳤다는 기록은 있으나 '다람쥐 쳇바퀴 돌듯 반복되는 교육'의 정도나 주기가 줄고 있다는 증거는 거의 찾아볼 수 없다. 경쟁적인 개인주의와 암기학습, 시험 대비용 교수, 대학 입학 점수제로 인해 학생들이 스트레스를 받고 심지어 자해행위까지 저지른다는 이야기가 여전히 들리는 것을 보면 '중등교육 후반기' 문제는 아직 해결되지도, 충분히 분석되지도, 보고되지도 않았다. JC의 새로운 변화에 저항하며 **현 상태**를 고수하려는 거센 움직임이 일어나는 것을 우리 교육의 위험 신호로 여긴다면 LC 개혁의 경우 모든 이해 당사자들이 보다 정교하고 대담하게 토론을 펼쳐나가야 할 것이다. 활력 넘치는 전환학년 교수·학습 방식이 다른 교육과정에도 스며들 수 있다는 증거들이 넘쳐난다. 데니즈 켈리[2014]가 주장하듯이 교육과정을 개혁하면 어떤 교육 효과가 일어나는지 전환학년은 여실히 보여준다. 중학교와 고등학교 과정의 개혁은 상향식·하향식 개혁을 결합시켰던 전환학년을 바탕으로 구축되어야 한다. 또한 학교와 교사를 신뢰하면 개혁 역량이 얼마나 커질 수 있는지 인지해야 한다.

실제 지난 10년 넘게 전개되었던 JC 개혁 논쟁을 지켜보며 전환학년에 대한 이해가 턱없이 부족한 것을 보고 불안을 떨칠 수 없었다. 24가지 JC 학습 요강[교육과학부, 2012] 중 많은 부분이 전환학년의 목표 및 성취와 겹친다. 앞에서 기술했던 전환학년 이야기들은 JC를 위해 제안되었던 6가지 핵심역량[20]이 실제로 어떻게 구현될 수 있는지 그 방법을 잘 보여준다. 또한 지역 돌봄 활동과 진로체험, 초청 강연 같은 프로그램을 통해 학교가 지역사회와 연계를 맺은 사례를 보며 학생들이

---

20. 자기관리, 건강, 의사소통, 창의성 발휘, 협동학습, 정보 관리 및 사고력 함양.

남은 두 학년 동안 얼마나 가치 있게 학교생활을 하게 될지 짐작하고
도 남을 것이다. 전환학년은 교사의 독창성과 교사의 협력, 다양한 평
가 유형, 어쩌면 이 모든 것 중 가장 중요할지도 모를 학생들의 능동
적 학습 이야기들로 꽉꽉 채워져 있다.

전환학년이 교육체계에 '안착했다'^{교육과학부, 2004}는 공표에도 불구하고
전환학년은 고립된 세계, 거품에 불과할지 모른다는 두려움이 여전히
남아 있다. 전환학년은 LC 등급과 '점수'로 표현되는 개인의 경쟁, 대
학 입학 허가, 소위 '학교 실적표'로도 불리는 학교 순위의 가혹한 현
실로부터 벗어나 있기 때문이다.

학교평가

인터넷에서 전환학년 자료를 찾아볼 수 있게 되면서 전환학년 계
획을 세우고 평가하고 새롭게 보완하는 것이 한결 수월해졌다. 그중
1993 『학교를 위한 전환학년 프로그램 지침 *Transition Year Programmes
Guidelines for Schools*』은 가장 중요한 자료이다. 또한 학교 웹사이트에
훌륭한 교육 사례들이 풍부하게 탑재되어 있다. 각 학교 전환학년을
진단한 학교평가단 보고서에는 따라야 할 강점과 피해야 할 함정 모
두 실려 있다. 조심스럽게 표현되어 있기는 하나 사람들은 평가단이
승인한 내용과 지적한 내용 모두 거의 의심치 않고 수용한다. 예를 들
면 다음과 같은 평가보고서 내용은 학교에 힘을 실어준다. '전환학년
을 계획하고 발전시키고 전개하는 데 학교 전체가 동참하며, 학교 간
부진이 이를 강력히 지원하고 있다.', '다양한 과목과 모듈, 활동으로
교육과정을 구성했다. 교육과정의 폭이 넓고 교육부 지침에 따라 균형
이 잘 잡혀 있다.', '전환학년팀은 매달 정기모임을, 매주 비정기모임을
갖는다. 월례회의에서는 상세한 내용을 다루고, 회의 결과를 보존하

며, 학교 운영진에게 그 내용을 개방하고 있다.'

반면에 운영위원회나 교무회의에서 다음과 같은 보고서 내용을 접한다면 희비가 엇갈릴 것이다. '최소 28시간 수업을 들을 수 있는 학생 개개인의 권리를 보장하도록 시간표를 재구성할 것을 권고한다.', '전환학년을 포함한 학교 전체 차원에서 진로지도 계획을 세울 것을 권고한다.', '계획했던 대로 전환학년 학급을 늘릴 경우 전환학년 부모-교사 회의를 도입할 것을 권고하고, 이 회의에 학생들도 참여시킬 것을 제안한다.', '전환학년 말에 포트폴리오 평가를 도입할 것을 권고한다.'

여기에서 한 걸음 더 나아가 다음과 같은 장학관의 평가를 받으려면 전환학년이 얼마나 형편없이 운영되어야 할지 궁금할지도 모르겠다. '학생 참여를 높이기 위해 일부 수업에 그룹 활동을 도입해야만 한다.', '가능한 한 모든 수업에서 수업 목표와 관련된 질문을 던져야 한다. 복잡한 사고를 요하는 고차원적 질문과 학습 내용을 간단히 점검하기 위한 저차원적 질문을 던져 학생들의 잠재력을 끌어내야 한다.', '교사들은 모든 학생들, 특히 영어를 제2언어로 배우는 학생들이 수업시간에 최대한 적극적으로 참여하도록 수업 전략을 개발해야 한다.', '전환학년을 위해 전체 교직원을 대상으로 전문성계속개발 연수 과정을 운영하여 교육 프로그램 및 교과 차원에서 전환학년 계획을 수립할 수 있도록 지원해야 한다.'

전환학년 조정 업무

어느 학교든 전환학년을 탄탄하게 떠받치는 기둥은 창의적이고 효율적인 조정력이다. 전환학년 코디네이터와 전환학년운영팀의 두 어깨 위에 전환학년을 '새롭게' 지속해야 하는 힘겨운 과업이 놓여 있다.

최근 몇 년간 감축정책을 펼치며 전환학년을 약화시키는 학교들이 있다. 반면, 교장과 교감이 전환학년의 목표를 십분 이해하고 이에 가치를 부여하며 혁신적인 방법으로 전환학년을 이끌어갈 채비를 갖춘 학교들도 있다. 이런 학교들에서 전환학년이 번창하는 것은 두말할 필요가 없다. 학교 전환학년의 선봉장인 많은 코디네이터들이 지역 워크숍을 유용하게 여긴다. 동료 교사들과 함께 아이디어를 공유하고, 무엇보다 변화를 실행하는 데 큰 도움이 되기 때문이다. 사실, 도입 초기 전환학년지원팀에 파견되었던 교사들이 현장의 교사들을 폭넓게 지원하기 위한 시도로 이러한 워크숍을 실시했었다. 교육과학부 평가단 부단장이었던 도린 맥모리스는 2004년 아일랜드 입법부 합동위원회 회의[21]에서 전환학년의 정규교육화가 가능했던 이유로 적절한 재정 지원과 새로운 전환학년 지침[1993]의 보급, 학교 방문을 포함한 국가의 교사 지원 프로그램 세 요소를 들었다. 경험이 풍부한 교사들로 전환학년 전담팀을 꾸리고, 학교 실정에 맞게 전환학년 지침을 조율한다면 이 독창적 교육 프로그램은 앞으로도 지속될 것이다. 전환학년은 그럴 만한 가치가 있다.

불평등

불평등으로 갈라진 학교체계에서는 교육혁신을 실행할 때 그 혁신으로 인해 기존의 격차가 강화될지 아니면 감소될지 진지하게 질문을 던져야 한다. 전환학년은 선택과정의 속성을 갖고 있고, 대체로 운영 예산 지원체계가 극도로 미비하기 때문에 불평등 문제가 뒤따른다. 가정 형편이 어려운 집안의 학생들에 비해 유복한 부모를 둔 학생들이

---

21. 2004년 3월 25일, 교육·과학 합동위원회 토론. http:debates.oireachtas.

전환학년을 수행하여 중등교육을 6년 동안 받는 비율이 더 높다. 중등 교육과정에 대한 토론이 진행될 때마다 6년 과정을 다니기 힘든 학생들의 권리와 요구가 허공에서 공허하게 맴돈다.

학교교육기회평등정책 대상 학교들 중 많은 곳이 독창적인 전환학년을 운영하고 있지만 다른 학교에서 실행 가능한 프로그램을 자교에서도 진행할 수 있도록 고군분투하고 있다. 특히, 교외 학습의 경우 더 더욱 그렇다. 무엇보다 10대 소년들의 참여도가 낮게 나타나는 양상이 걱정스러운데, 특히 부모가 정규학교교육을 제대로 받지 못한 가정 출신의 아이들의 참여도는 더욱 낮다. 이와 같은 처지에 놓인 학생들에게도 매력적인 전환학년을 운영해야 하는 것이 우리가 반드시 풀어야 할 숙제인 것은 분명하다.

전환학년 사례 선별

이런 의문이 일어나는 것은 불가피하다. '이 책에 실린 이야기들은 얼마나 전형적일까? 이는 어떤 기준으로 최고 사례들을 선별했고, 얼마나 뛰어난 교사 전문가들을 발굴했으며, 얼마나 그들의 목소리에 귀를 기울였느냐와 동일한 질문일까?' 이 책에 싣지는 못했지만 창의적인 사례를 펼쳤던 학교와 교사들이 너무도 많다. 사실 이 책과는 완전히 다른 정보들을 취합할 수도 있었고, 그 이야기들 역시 우리를 일깨웠을 것이다. 심지어 이 책의 사례들 못지않게 창의적이고 깊은 영감을 주었을지도 모른다. 실제로 "우리 학교가 운영을 잘하고 있는 것을 아시면서 어떻게 저희 이야기를 쏙 빠뜨리실 수가 있죠?"라며 나를 책망했던 교장과 코디네이터, 교사들이 부지기수이다. 어떤 면에서는 내게 이런 질문을 던지는 것 자체가 그 학교에서 전환학년을 탄탄하게 진행하고 있음을 방증하는 것이었다. 이 책의 사례들에 감탄하면서 자신의 학교에서도 이런 이야기가 꽃필 수 있을지 의문을 품는 사람들도 있을 것이다. 개별 학교는 자기 학교 실정에 맞는 전환학년 프로그램을 고안해낼 자유를 갖는다는 전환학년의 관점을 전제하고, 현재 아일랜드 전역에서 전환학년을 독자적으로 운영하는 학교가 600여 곳인 점을 감안하면 전환학년에 바라는 것과 전환학년 준비 과정, 실제 운영 빛깔이 학교마다 다 다른 것은 어쩔 수 없다. 작가로서 바람이 있다면 훌륭한 전환학년을 더욱 훌륭하게 구현하도록 이 책의 이야기들로부터 많은 영감을 받았으면 하는 것이다.

자유

21세기 들어 아일랜드 사회가 오래전 사건들과 사람들을 다시 살펴보며 일신을 모색하고 있듯이 『살인 기계The Murder Machine』에 녹여낸 파드리그 피어스의 교육 관점은 전환학년에 깊은 울림을 준다. 피어스는 다음과 같이 기술했다.

> 따라서 내가 첫 번째로 주장하는 것은 자유이다. 학교 위치와 규모, 교직원 등 학교 실정에 맞게 학교 고유의 프로그램을 정립할 수 있는 학교의 자유. 자기 개성껏 학생들을 가르치고, 제자들을 돕기 위해 자신의 고유한 재능을 발휘하고, 요컨대 교육 기계의 부품이나 큰 조직의 하찮은 일원이 아닌 교사로서, 교육 전문가로서, 학생들과 친밀하게 영원히 교류하는 한 인간으로서의 교사의 자유. 마지막으로 학교와 교육체계 내에서 자신의 발달을 꾀할 수 있는 학생 개개인의 자유. 또한 학교 조직 내에서 이러한 자유에 대한 생각을 전개하고 싶다. 학교 전체만이 아닌 교사, 교육과정, 학생, 규모

가 큰 학교의 경우 학생을 더 세분화하여 학생 그룹까지 학교를 부분, 부분 쪼개어 각 부분마다 특정한 자율권을 부여하면서 말이다. 나는 학교의 무질서를 옹호하는 것이 아니다. 나는 합법적인 자유, 방종이 아닌 자유, 규율이 있는 곳에서만 실재하는 자유, 자신의 자유를 소중히 여기는 사람이 타인의 자유도 존중하기에 현존하는 그런 자유를 간구한다.[p. 35]

Association of Secondary Teachers, Ireland (1994), *Transition Year Option, A Teacher Handbook*, Dublin: ASTI.

Association of Secondary Teachers, Ireland (2002), *Provision of Transition Year Education in Second-Level Schools, A Survey*, Dublin: ASTI.

Ball, S. (1997) 'Good School/Bad School: paradox and fabrication', in *British Journal of Sociology of Education*, Vol. 18, pp. 317-336.

Barth, R. (1990) *Improving School Plans from Within: Teachers, Parents and Principals Can Make the Difference*, San Francisco: Jossey-Bass.

Black, P. and William, D. (1998) 'Inside the Black Box, Raising Standards Through Classroom Assessment', in *The Phi Delta Kappan*, Vol. 80, No. 2 (October 1998), pp. 139-148.

Black, P. and William, D. (2010), 'Kappan Classic: A Pleasant Surprise', in *The Phi Delta Kappan*, Vol. 92, No. 1 (September 2010), pp. 47-48.

Briers, S. (2012) *Psychobabble, Exploding the Myths of the Self-Help Generation*, New York: Pearson.

Brookfield, S. (1995) *Becoming a Critical Reflective Teacher*, San Francisco: Jossey-Bass.

Byran, A. and Bracken M. (2011) *Learning to Read the World, Teaching, Teaching and Learning about Global Citizenship and International Development in Post-Primary Schools*, Drumcondra, Dublin: Centre for Human Development, St Patrick's College.

Burke, R. (1974) Address to the Regional Meeting of the Dublin Education Council for Secondary Schools, in Synge Street CBS, 2 December 1974.

Burke, R. (2001) *Interview with the author*, 16 November 2001.

Carter, S. and O'Cairbre, F. (2011). A study of the benefits of using the history of mathematics in Transition Year. In T. Dooley, D. Corcoran and M. Ryan (Eds.), *Proceedings of the Fourth National Conference on Research in Mathematics Education*, MEI 4, St Patrick's College, Drumcondra, Dublin, pp. 93-103.

Clerkin, A. (2012). 'Personal development in secondary education: The Irish Transition Year', in *Education Policy Analysis Archives*, Vol. 20, Retrieved 3 December 2012 from http://epaa.asu.edu/ojs/article/view/1061

Clowry, J. and Tennant, A. (2015) *Development Issues, A Course for Transition*, 2nd edition. Available at developmenteducation.ie/

Cohen, L. Manion, L. and Morrison K. (2000) *Research Methods in Education*, 5th edition, London and New York, Routledge Falmer.

Coláiste Bhríde Carnew and St Peter's College, Dunboyne (2009) *Twenty Fifteen-Thoughts and Reflections on the First Millennium Development Goal to Eradicate Poverty and Hunge*r, Carnew and Dunboyne: Coláiste Bhríde and St Peter's College.

Coolahan, J. (2003) *Attracting, Developing and Retaining Effective Teachers-Country Background Report for Ireland*, Paris: OECD.

Covey, Sean (1998) *The 7 Habits of Highly Effective Teens: The Ultimate Teenage Success Guide*, New York, Fireside Books.

Csikzentmihalyi, M. (1990) *Flow: The Problem of Optimal Experience*, New York: Harper Collins.

CEB (Curriculum and Examinations Board) (1986) *Transition Year Option, Guidelines for Schools*, Dublin: CEB.

Deane, P. (1997) The Transition Year: A case study in the implementation of curriculum change, Unpublished MEd thesis, NUI Maynooth.

Day, C., Stobart, G., Sammons, P., Kington, A. and Qing, G. (2007) *Teachers Matter: Connecting Lives, Work and Effectiveness*, Buckingham: Open University Press.

Dempsey, M. (2001) The Student Voice in the Transition Year Programme: A school based case study, Unpublished MEd dissertation, NUI Maynooth.

DE (Department of Education) (1976) *Rules and Programmes for Secondary Schools*, Dublin: Stationery Office.

DE (1980) *White Paper on Educational Development*, Dublin: DoE.

DE (Department of Education) (1985) Circular Letter M85/85.

DE (Department of Education) (1993) *Transition Year Programme, Guidelines for Schools*, Dublin: Department of Education.

DE (Department of Education) (1993a) Circular Letter M31/93.

DE (Department of Education) (1993b) Circular Letter M47/93.

DE (Department of Education) (1994) Circular Letter M36/94.

DE (Department of Education) (1996) *Transition Year Programme 1994-95: An Evaluation by the Inspectorate of the Department of Education*, Dublin: Department of Education.

DES (Department of Education and Science) (1999a) *School Development Planning, An Introduction for Second Level Schools*, Dublin: Department of Education.

DES (Department of Education and Science) (1999b) *Commission on the Points System, Final Report and Recommendations*, Dublin, Stationery Office.

DES (Department of Education and Science) (2000a) Circular Letter M1/00.

DES (Department of Education and Science) (2000b) website '*A Brief Description of the Irish Education System*', http://www.irlgov.ie/educ/pdfs/education_system

pdf.

DES (Department of Education and Science) (2000c) *Report on the National Evaluation of the Leaving Certificate Applied*, Dublin: Department of Education.

DES (Department of Education and Science) (2001) Strategic Plan.

DES (2004) *A Brief Description of the Irish Education System*, Dublin: DES.

DES (2006) Resource for Transition Year Mathematics, Circular letter, 0060/2006.

Dewey, J (1915) *The School and Society and The Child and the Curriculum*, reprinted 2001, New York: Dover Publications.

Doyle, E (1986) 'Transition Year Programmes: The Challenge', in *Journal of Institute of Guidance Counsellors*, Dublin: IGC.

Doyle, E. (1990) 'The Transition Year', in *Aspiration and Achievement: Curricular Initiatives in Irish Post-Primary Schools in the 1980s*, edited by G. McNamara, K. Williams and D. Herron, Drumcondra: Teachers' Centre.

Doyle, E., Halton, M.A., Jeffers, G., Keane, M., Quish, D. (1994) *Transition Year Programme Resource Material*, Dublin: Department of Education.

Education Times (1974a) Martyn Turner Cartoon, June 7.

Education Times (1974b) 16 September 1974.

Egan, O. and O'Reilly, J. (1979) *The Transition Year Project*, in *Oideas*, 20, Spring, Department of Education.

Egan, O. and O'Reilly, J. (1980) *The Transition Year Project 1974-1979, An Evaluation*, Dublin: St. Patrick's College.

Eisner, E. (2002). 'What the arts teach and how it shows', in *The Arts and the Creation of Mind* (pp. 70-92). Yale University Press. - See more at: http://www.arteducators.org/advocacy/10-lessons-the-arts-teach#sthash.dJ2OfU3G.dpuf

Eisner, E. (1998) *The Kind of Schools We Need*, Portsmouth NH: Heinemann.

Elliott, I. (2000) *Creating Healthy Citizens: A Report of and Recommendations from the Transition Year Student Health Fora in the Eastern Region*, Dublin: Health Promotion Department for the Area Health Boards of the Eastern Region.

Evans, R. (1996) *The Human Side of School Change: Reform, Resistance, and the Real-Life Problems of Innovation*, San Francisco: Jossey-Bass.

Fullan, M. and Hargreaves, A. (1992) *What's Worth Fighting for in Headship*, Buckingham: Open University Press.

Fullan, M. (1991) *The New Meaning of Educational Change*, 2nd edition, London: Cassel.

Fullan, M. (1993) *Change Forces*, London: Falmer Press.

Fullan, M. (1999) *Change Forces, The Sequel*, London: Falmer Press.

Fullan, M. (2001) *The New Meaning of Educational Change*, 3rd edition, London: RoutledgeFalmer.

Fullan, M. (2005) Education in Motion, *Leading in a Culture of Change*, UK and

Ireland Workshop Tour, May 2005, www.michaelfullan.ca.

Gardner, H. (1984) *Frames of Mind: The Theory of Multiple Intelligences*, New York: Basic Books.

Gardner, H. (1993) *Multiple Intelligences: The Theory in Practice*, New York: Basic Books.

Gleeson, J., King, P., O'Driscoll, S. and Tormey, R. (2007) *Development Education in Irish Post-primary schools, Knowledge, Attitudes and Activism*, Shannon and Limerick: Shannon Curriculum Devleopment Centre and Curriculum Evaluation and Policy Research Unit, University of Limerick.

Gleeson J. (2000) 'Sectoral interest versus the common good? Legitimation, Fragmentation and Contestation in Irish Post-Primary Curriculum Policy and Practice', in *Irish Educational Studies*, Spring 2000, Vol. 19.

Gleeson, J. (2004) 'Cultural and Political Contexts of Irish Post-Primary Curriculum: Influences, Interests and Issues', in C. Sugrue (editor) *Curriculum and Ideology: Irish Experiences, International Perspectives*, Dublin: The Liffey Press.

Gleeson, J., Conboy, P., Walsh, A. (2004) *The Piloting of Exploring Masculinities Context, Implementation and Issues arising, Report of External Evaluation*, Dublin: Department of Education and Science.

Gleeson, J. (2010) *Curriculum in Context: Praxis, Partnership and Power*, Oxford: Peter Lang

Goodson, I. (1994) *Studying Curriculum*, Milton Keynes, The Open University.

Government of Ireland (1992) *Education for a Changing World, Green Paper*, Dublin: Stationery Office.

Government of Ireland (1995) *Charting Our Education Future, White Paper*, Dublin: Stationery Office.

Granville, Gary (2006) *Cultivating Professional Growth: An Emergent Approach to Teacher Development. Final Evaluation Report on the Experience and Impact of the Second Level Support Service*, Dublin: SLSS.

Greene, M. (1995) *Releasing the Imagination: Essays on Education, the Arts and Social Change*, New York: Wiley.

Greene, M. (2013) 'The Turning of the Leaves: Expanding Our Vision for the Arts in Education,' *Harvard Educational Review* Vol. 83, No. 1, Spring 2013, pp. 251–252.

Halton, M.A. and Jeffers, G. (1996) *In Search of Europe, Resource Pack*, Dublin: Department of Education and European Commission Representation in Ireland.

Hanafin, M. (2005) Press release on the occasion of the launch of *The Transition Year Programme: An Assessment*, 5 January, Dublin: Department of Education and Science.

Hargreaves, A, Earl, L., Ryan, J. (1996) *Schooling for Change, Reinventing Education for Early Adolescents*, London: Falmer Press.

Hayes, S., Childs, P. and O'Dwyer, A. (2013) Science in the Irish transition year: an opportunity to change the way science is taught. In T. Plomp, and N. Nieveen (Eds.), *Educational design research–Part B: Illustrative cases* (pp. 733–755). Enschede, the Netherlands: SLO.

Humphreys, E. (1996b) 'Transition Year: Its contribution to Whole School Development', in Hogan P (editor) *Issues in Education,* Vol. 1, Dublin ASTI.

Humphreys, E. (1998) 'Transition Year – An opportunity for creative assessment', in A. Hyland (Editor) *Innovations in Assessment in Irish Education, Multiple Intelligences, Curriculum and Assessment Project*, Education Department, University College, Cork.

Irish Aid (2013) *One World, One Future, Ireland's Policy for International Development*, Dublin: Department of Foreign Affairs.

Irish Independent (2000) 11 January.

Irish Independent (2008) 17 September.

Irish Independent (2009) 4 June.

Irish Times, (1996) 'Department tells 10% of secondary schools to improve their transition year programmes', 14 February.

Irish Times (2005) 1 July.

Irish Times (2013) 'President warns of 'danger' of disregarding creativity', 16 May.

Irish Second Level Students Union (ISSU) (2014) *Transition Year Exploring the Student Experience*, Dublin ISSU.

Jackson, M. (2012) 'Ethos Both a Habitat and a Way of Life in Schools – Archbishop Tells Conference' at http://dublin.anglican.org/news/2012/11/Ethos-Both-a-Habitat-and-a-Way-of-Life-in-Schools-Archbishop-Tells-Conference.php.

Jeffers, G. (2002) 'Transition Year Programme and Educational Disadvantage', in *Irish Educational Studies*, Vol. 21, No. 2.

Jeffers, G. (2003a) 'The Senior Cycle and the Guidance Counsellor', in *Guideline, Newsletter of the Institute of Guidance Counsellors*, October 2003, Dublin: Institute of Guidance Counsellors.

Jeffers, G. (2003b) 'Work Experience Can be the University of Life', in *Business and Finance*, 6 November 2003, Dublin: Moranna.

Jeffers, G. (2006a) 'Talking about teaching in non-crisis situations: learning from a teacher support project', in *Irish Educational Studies*, Vol. 25, No. 2.

Jeffers, G. (2006b) 'School guidance counsellors learning through work experience placements', in *Reflective Practice*, Vol. 7, No. 3, August.

Jeffers, G. (2006c) 'Conversation on Teaching and Learning: A Challenge for School Leadership', in *Oideas*, 52.

Jeffers, G. (2007) *Attitudes to Transition Year, Summary of a Report to the*

Department of Education and Science, Maynooth: Education Department, NUIM.

Jeffers G. (2008a) 'Innovation and Resistance in Irish Education, The Case of Transition Year', PhD thesis, University of Limerick. Available at http://eprints.maynoothuniversity.ie/1227/1/JeffersPhD.pdf.

Jeffers, G. (2008b) 'Parents want more dialogue about Transition Year', in *Irish Independent* 17 September. http://www.independent.ie/life/family/learning/in-my-opinion-parents-want-more-dialogue-about-transitionyear-26477561.html.

Jeffers, G. (2011) 'The Transition Year Programme in Ireland. Embracing and resisting a curriculum innovation', in *Curriculum Journal*, Vol. 22, No. 1, pp. 61-66.

Jeffers, G. (2012) 'Work experience placements in school programmes: stretching horizons', Paper presented at the Educational Studies Association of Ireland annual conference, Cork, March 30.

Joint Oireatchtas Committee on Education and Science (2004), *Proceedings*, 25 March 2004, Vol. 32.

Kamp, A. and Black, D. (2014) *3 PLY Exploring the Limits and Possibilities for Transformative Workplace Learning in Irish Schools, Proceedings, European Conference on Education Research*, Porto, 2-5 September 2014. Available at http://doras.dcu.ie/20270/1/KAMP%26BLACK_3_PLY_ECER2014.pdf

Kahneman, D. (2013) *Thinking, Fast and Slow*, New York: Farrar, Strauss nd Giroux.

Kellaghan, T. and Lewis, M. (1991) *Transition Education in Irish Schools*, Dublin: Educational Company of Ireland.

Kelly, D. (2014) 'The New Junior Cycle: Learning from an Innovation in Transition', in *Pathways to Innovation and Development in Education, A Collection of Invited Essays*, edited by Rose Dolan. Maynooth University, *eprints.maynoothuniversity.ie/5788/*

Kolb, D. (1983) *Experiential Learning: Experience as the Source of Learning and Development*, New Jersey: Prentice Hall.

Leithwood, K., Louis, K.S., Anderson, S. and Wahlstrom, K. (2004) *How Leadership Influences Student Learning, Review of Research*, University of Minnesota, Ontario Institute for Studies in Education and the Wallace Foundation.

Levitt, S. and Dubner, S. (2005) *Freakonomics: A Rogue Economist Explores the Hidden Side of Everything*, New York: HarperCollins.

Lewis, M. and McMahon, L. (1996) *Evaluation of a Training of Trainers in Service Education Model: The Transition Year in-Career Development Programme*, Dublin: Educational Research Centre.

Lorenzi, F. and White, L. (2013) *Evaluation of the Fighting Words Creative Writing Model, Dublin: School of Education Studies*, Dublin City University. Available at http://www.fightingwords.ie/publications/dcureport-fighting-words-model

Madaus, G. (1988) 'The distortion of teaching and testing: High-stakes testing and instruction', in *Peabody Journal of Education*, Vol. 65, pp 29-46.

Mental Health Ireland (2001) *Mental Health Matters*, Dun Laoghaire, Mental Health Ireland.

Millar, D. and Kelly, D. (1999) From Junior to Leaving Certificate, A Longitudinal Study of 1994 Junior Certificate Candidates who took the Leaving Certificate Examination in 1997, Final Report, Dublin: ERC/NCCA.

Moynihan, J. (2013) 'Work experience in transition year: a mixed methods study of subject and career choices', PhD thesis. Cork: University College. Available at https://cora.ucc.ie/handle/10468/1259.

Murphy, I. (1999) 'Evaluation of Transition Year in 18 Second-level Schools', in *Nuachliter do Chigirí agus Síceolaithe na Roinne*, Umih 5.

NCCA (2002) *Developing Senior Cycle Education, Consultative Paper on Issues and Options*, Dublin: National Council for Curriculum and Assessment.

NCCA (2003a) *Developing Senior Cycle Education: Report on the Consultative Process – Consultative Meetings, Seminars and Submissions*, Dublin: National Council for Curriculum and Assessment.

NCCA (2003b) *Developing Senior Cycle Education, Directions for Development*, Dublin: National Council for Curriculum and Assessment.

NCCA (2006) *Social, Personal and Health Education Curriculum Framework for Senior Cycle, Report on Consultation*, Dublin: National Council for Curriculum and Assessment.

Newton, P., Driver, R and Osborne, J. (2010) 'The place of argumentation in the pedagogy of school science', in *International Journal of Science Education*, 21(5), pp. 553-576.

Noddings, N. (2005) *The Challenge to Care in Schools, An Alternative Approach to Education*, New York: Teachers College Press.

O Cairbre, F., McKeon, J. and Watson (2006) *A Resource for Transition Year Mathematics Teachers,* Dublin: Stationery Office.

OECD (1991) *Review of National Policies for Education: IRELAND*, Paris: Organisation for Economic Co-Operation and Development.

OECD (2005) *Teachers Matter: Attracting, Developing and Retaining Effective Teachers*, OECD: Paris.

Palmer, P.J. (1998) *The Courage to Teach: Exploring the Inner Landscape of a Teacher's Life*, San Francisco: Jossey-Bass.

Reichental, T (2011) *I was a Boy in Belsen*, Dublin: O'Brien Press.

RIAI (1997) *Shaping Space, Architecture in the Transition Year*, Dublin: Royal Institute of Architects of Ireland.

Rudduck, J. and Flutter, J. (2004) *How to Improve your School: Giving Pupils a*

Voice, London: Continuum.

Ryan, A., Corkery, B., Cooke Harkin, C., Moran, J., Cawley, P. and Frend, L. (2004) *Transition Year Minicompany, Get Up and Go Programme Materials and for Students and Teachers*, Dublin: Second Level Support Service. Available at http://www.pdst.ie/sites/default/files/GetUpAndGoManual.pdf

Sarason, S. (1990) *The Predictable Failure of Educational Reform*, San Francisco: Jossey-Bass.

Schein, E. (1992) *Organisational Culture and Leadership* (2nd edition), San Francisco: Jossey-Bass.

Senge, P.M. (1990) *The Fifth Discipline: The Art and Practice of the Learning Organisation*, London: Century Business.

Sergiovanni, T.J. (1994) *Building Community in Schools*, San Francisco: Jossey-Bass.

Sergiovanni, T.J. (1996) *Leadership for the Schoolhouse*, San Francisco: Jossey-Bass.

Smyth, E. (1999) *Do Schools Differ? Academic and Personal Development among Pupils in the Second Level Sector*, Dublin: Oak Tree Press.

Smyth, E., Byrne, D. and Hannan, C. (2004) *The Transition Year Programme: An Assessment*, Dublin: Economic and Social Research Institute and Liffey Press.

Snow, C.P (1959) *The Two Cultures*, Cambridge: Cambridge University Press.

Stenhouse, L. (1978) *An introduction to Curriculum Research and Development*, London: Heinemann.

Stoll, L. and Fink, D. (1995) *Changing Our Schools*, Buckingham: Open University Press.

Sugrue, C., Morgan, M., Devine, D. and Raftery, D. (2001) *Policy and Practice of Professional Development for Primary and Post-primary Teachers in Ireland: A Critical Analysis* (unpublished).

Teaching Council (2012) *Code of Professional Conduct for Teachers*, Maynooth: Teaching Council.

Trant, A. (2007), *Curriculum Matters in Ireland*, Dublin: Blackhall.

TYST (Transition Year Support Team) (1994-1998) *Transition News*, Issues No. 1–9, TYST, Blackrock Education Centre, Dún Laoghaire, Co. Dublin.

TYCSS (Transition Year Curriculum Support Service) (1998-2002) *Transition News*, Issues No. 10–4, Transition Year Curriculum Support Service, Blackrock Education Centre, Dún Laoghaire, Co. Dublin.

TYCSS (Transition Year Curriculum Support Service) (1999a) *Writing the Transition Year Programme*, TYCSS, Blackrock Education Centre, Dún Laoghaire, Co. Dublin.

TYCSS (Transition Year Curriculum Support Service) (1999b) *Relationships* between the *Transition Year Programme and 'Disadvantage'*, A report to the Department of Education and Science, Transition Year Curriculum Support Service, Dún Laoghaire, Co. Dublin.

TYCSS (Transition Year Curriculum Support Service) (1999c) *Transition Year: Some Recent Research*, TYCSS, Blackrock Education Centre, Dún Laoghaire, Co. Dublin.

TYCSS (Transition Year Curriculum Support Service) (2000a), *Supporting Teaching and Learning: Project Work*, Blackrock Education Centre, Dún Laoghaire, Co. Dublin.

TYCSS (Transition Year Curriculum Support Service) (2000b), *Transition Year Survey on Co-ordination, Report on Findings*, Blackrock Education Centre, Dún Laoghaire, Co. Dublin.

United Nations (1989) *United Nations Convention on the Rights of the Child*, New York: UN.

Ward, C. (2004) The Impact of Transition Year on Teachers: An Investigation of the Effect of Teaching an Innovative Programme on Classroom Practice, Collegiality and Professional Self-Concept. MEd (School Leadership) Unpublished dissertation, Education Department, NUI Maynooth.

Warwick Commission (2015) *The 2015 Report by the Warwick Commission on the Future of Cultural Value*, Warwick University. http://www2.warwick.ac.uk/research/warwickcommission/futureculture/finalreport/

Wilkinson, R. and Pickett, K. (2011) *The Spirit Level: Why Greater Equality Makes Societies Stronger*, New York: Boomsbury.

Wyn, J. (2009) 'Touching the future: Building skills for life and work', in *Australian Education Review*, No. 55, Melbourne: Australian Council for Educational Research.

Zimmer-Gembeck, M. and Mortimer, J. (2006) 'Adolescent work, vocational development and education', in *Review of Educational Research*, Vol. 76, pp. 537-566.

삶의 행복을 꿈꾸는 교육은 어디에서 오는가?

미래 100년을 향한 새로운 교육 | 혁신교육을 실천하는 교사들의 필독서

▶ 교육혁명을 앞당기는 배움책 이야기
혁신교육의 철학과 잉걸진 미래를 만나다!

한국교육연구네트워크 총서

01 핀란드 교육혁명
한국교육연구네트워크 엮음 | 320쪽 | 값 15,000원

02 일제고사를 넘어서
한국교육연구네트워크 엮음 | 284쪽 | 값 13,000원

03 새로운 사회를 여는 교육혁명
한국교육연구네트워크 엮음 | 380쪽 | 값 17,000원

04 교장제도 혁명
한국교육연구네트워크 엮음 | 268쪽 | 값 14,000원

05 새로운 사회를 여는 교육자치 혁명
한국교육연구네트워크 엮음 | 312쪽 | 값 15,000원

06 혁신학교에 대한 교육학적 성찰
한국교육연구네트워크 엮음 | 308쪽 | 값 15,000원

07 진보주의 교육의 세계적 동향
한국교육연구네트워크 엮음 | 324쪽 | 값 17,000원

08 더 나은 세상을 위한 학교혁명
한국교육연구네트워크 엮음 | 404쪽 | 값 21,000원

혁신학교
성열관·이순철 지음 | 224쪽 | 값 12,000원

행복한 혁신학교 만들기
초등교육과정연구모임 지음 | 264쪽 | 값 13,000원

서울형 혁신학교 이야기
이부영 지음 | 320쪽 | 값 15,000원

혁신교육, 철학을 만나다
브렌트 데이비스·데니스 수마라 지음
현인철·서용선 옮김 | 304쪽 | 값 15,000원

혁신교육 존 듀이에게 묻다
서용선 지음 | 292쪽 | 값 14,000원

다시 읽는 조선 교육사
이만규 지음 | 750쪽 | 값 33,000원

대한민국 교육혁명
교육혁명공동행동 연구위원회 지음 | 224쪽 | 값 12,000원

한국교육연구네트워크 번역 총서

01 프레이리와 교육
존 엘리아스 지음 | 한국교육연구네트워크 옮김
276쪽 | 값 14,000원

02 교육은 사회를 바꿀 수 있을까?
마이클 애플 지음 | 강희룡·김선우·박원순·이형빈 옮김
356쪽 | 값 16,000원

**03 비판적 페다고지는
세상을 변화시킬 수 있는가?**
Seewha Cho 지음 | 심성보·조시화 옮김 | 280쪽 | 값 14,000원

04 마이클 애플의 민주학교
마이클 애플·제임스 빈 엮음 | 강희룡 옮김 | 276쪽 | 값 14,000원

05 21세기 교육과 민주주의
넬 나딩스 지음 | 심성보 옮김 | 392쪽 | 값 18,000원

**06 세계교육개혁:
민영화 우선인가 공적 투자 강화인가?**
린다 달링-해먼드 외 지음 | 심성보 외 옮김 | 408쪽 | 값 21,000원

대한민국 교사, 어떻게 가르칠 것인가?
윤성관 지음 | 320쪽 | 값 15,000원

아이들을 어떻게 가르칠 것인가
사토 마나부 지음 | 박찬영 옮김 | 232쪽 | 값 13,000원

모두를 위한 국제이해교육
한국국제이해교육학회 지음 | 364쪽 | 값 16,000원

경쟁을 넘어 발달 교육으로
현광일 지음 | 288쪽 | 값 14,000원

독일 교육, 왜 강한가?
박성희 지음 | 324쪽 | 값 15,000원

핀란드 교육의 기적
한넬레 니에미 외 엮음 | 장수명 외 옮김 | 456쪽 | 값 23,000원

한국 교육의 현실과 전망
심성보 지음 | 724쪽 | 값 35,000원

▶ 비고츠키 선집 시리즈
발달과 협력의 교육학 어떻게 읽을 것인가?

 생각과 말
레프 세묘노비치 비고츠키 지음
배희철·김용호·D. 켈로그 옮김 | 690쪽 | 값 33,000원

 성장과 분화
L.S. 비고츠키 지음 | 비고츠키 연구회 옮김
308쪽 | 값 15,000원

 도구와 기호
비고츠키·루리야 지음 | 비고츠키 연구회 옮김
336쪽 | 값 16,000원

 의식과 숙달
L.S 비고츠키 | 비고츠키 연구회 옮김
348쪽 | 값 17,000원

 어린이 자기행동숙달의 역사와 발달 I
L.S. 비고츠키 지음 | 비고츠키 연구회 옮김
564쪽 | 값 28,000원

 분열과 사랑
L.S. 비고츠키 지음 | 비고츠키연구회 옮김
260쪽 | 값 16,000

 어린이 자기행동숙달의 역사와 발달 II
L.S. 비고츠키 지음 | 비고츠키 연구회 옮김
552쪽 | 값 28,000원

 관계의 교육학, 비고츠키
진보교육연구소 비고츠키교육학실천연구모임 지음
300쪽 | 값 15,000원

 어린이의 상상과 창조
L.S. 비고츠키 지음 | 비고츠키 연구회 옮김
280쪽 | 값 15,000원

 비고츠키 생각과 말 쉽게 읽기
진보교육연구소 비고츠키교육학실천연구모임 지음
316쪽 | 값 15,000원

 연령과 위기
L.S. 비고츠키 지음 | 비고츠키 연구회 옮김
336쪽 | 값 17,000원

 비고츠키와 인지 발달의 비밀
A.R. 루리야 지음 | 배희철 옮김 | 280쪽 | 값 15,000원

 수업과 수업 사이
비고츠키 연구회 지음 | 196쪽 | 값 12,000원

 교사와 부모를 위한 비고츠키 교육학
카르포프 지음 | 실천교사번역팀 옮김 | 308쪽 | 값 15,000원

 비고츠키의 발달교육이란 무엇인가?
비고츠키교육학실천연구모임 지음 | 412쪽 | 값 21,000원

▶ 살림터 참교육 문예 시리즈
영혼이 있는 삶을 가르치는 온 선생님을 만나다!

 꽃보다 귀한 우리 아이는
조재도 지음 | 244쪽 | 값 12,000원

 선생님이 먼저 때렸는데요
강병철 지음 | 248쪽 | 값 12,000원

 성깔 있는 나무들
최은숙 지음 | 244쪽 | 값 12,000원

 서울 여자, 시골 선생님 되다
조경선 지음 | 252쪽 | 값 12,000원

 아이들에게 세상을 배웠네
명혜정 지음 | 240쪽 | 값 12,000원

 행복한 창의 교육
최창의 지음 | 328쪽 | 값 15,000원

 밥상에서 세상으로
김흥숙 지음 | 280쪽 | 값 13,000원

 북유럽 교육 기행
정애경 외 14인 지음 | 288쪽 | 값 14,000원

우물쭈물하다 끝난 교사 이야기
유기창 지음 | 380쪽 | 값 17,000원

▶ 4·16, 질문이 있는 교실 마주이야기
통합수업으로 혁신교육과정을 재구성하다!

통하는 공부
김태호·김형우·이경석·심우근·허진만 지음
324쪽 | 값 15,000원

내일 수업 어떻게 하지?
아이함께 지음 | 300쪽 | 값 15,000원
2015 세종도서 교양부문

인간 회복의 교육
성래운 지음 | 260쪽 | 값 13,000원

교과서 너머 교육과정 마주하기
이윤미 외 지음 | 368쪽 | 값 17,000원

수업 고수들 수업·교육과정·평가를 말하다
박현숙 외 지음 | 368쪽 | 값 17,000원

도덕 수업, 책으로 묻고 윤리로 답하다
울산도덕교사모임 지음 | 320쪽 | 값 15,000원

체육 교사, 수업을 말하다
전용진 지음 | 304쪽 | 값 15,000원

교실을 위한 프레이리
아이러 쇼어 엮음 | 사람대사람 옮김 | 412쪽 | 값 18,000원

마을교육공동체란 무엇인가?
서용선 외 지음 | 360쪽 | 값 17,000원

교사, 학교를 바꾸다
정진화 지음 | 372쪽 | 값 17,000원

함께 배움
학생 주도 배움 중심 수업 이렇게 한다
니시카와 준 지음 | 백경석 옮김 | 280쪽 | 값 15,000원

공교육은 왜?
홍섭근 지음 | 352쪽 | 값 16,000원

자기혁신과 공동의 성장을 위한
교사들의 필리버스터
윤양수·원종희·장군·조경삼 지음 | 280쪽 | 값 14,000원

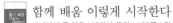
함께 배움 이렇게 시작한다
니시카와 준 지음 | 백경석 옮김 | 196쪽 | 값 12,000원

함께 배움 교사의 말하기
니시카와 준 지음 | 백경석 옮김 | 188쪽 | 값 12,000원

교육과정 통합, 어떻게 할 것인가?
성열관 외 지음 | 192쪽 | 값 13,000원

학교 혁신의 길, 아이들에게 묻다
남궁상운 외 지음 | 272쪽 | 값 15,000원

미래교육의 열쇠, 창의적 문화교육
심광현·노명우·강정석 지음 | 368쪽 | 값 16,000원

주제통합수업, 아이들을 수업의 주인공으로!
이윤미 외 지음 | 392쪽 | 값 17,000원

수업과 교육의 지평을 확장하는 수업 비평
윤양수 지음 | 316쪽 | 값 15,000원
2014 문화체육관광부 우수교양도서

교사, 선생이 되다
김태은 외 지음 | 260쪽 | 값 13,000원

교사의 전문성, 어떻게 만들어지나
국제교원노조연맹 보고서 | 김석규 옮김 392쪽 | 값 17,000원

수업의 정치
윤양수·원종희·장군 지음 | 280쪽 | 값 14,000원

학교협동조합,
현장체험학습과 마을교육공동체를 잇다
주수원 외 지음 | 296쪽 | 값 15,000원

거꾸로교실,
잠자는 아이들을 깨우는 수업의 비밀
이민경 지음 | 280쪽 | 값 14,000원

교사는 무엇으로 사는가
정은균 지음 | 292쪽 | 값 15,000원

마음의 힘을 기르는 감성수업
조선미 외 지음 | 300쪽 | 값 15,000원

작은 학교 아이들
지경준 엮음 | 376쪽 | 값 17,000원

아이들의 배움은 어떻게 깊어지는가
이시이 준지 지음 | 방지현·이창희 옮김 | 200쪽 | 값 11,000원

대한민국 입시혁명
참교육연구소 입시연구팀 지음 | 220쪽 | 값 12,000원

교사를 세우는 교육과정
박승열 지음 | 312쪽 | 값 15,000원

전국 17명 교육감들과 나눈
교육 대담
최창의 대담·기록 | 272쪽 | 값 15,000원

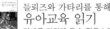
들뢰즈와 가타리를 통해
유아교육 읽기
리세롯 마리엣 올슨 지음 | 이연선 외 옮김 | 328쪽 | 값 17,000원

학교 민주주의의 불한당들
정은균 지음 | 276쪽 | 값 14,000원

프레이리의 사상과 실천
사람대사람 지음 | 352쪽 | 값 18,000원

 교육과정, 수업, 평가의 일체화
리사 카터 지음 | 박승열 외 옮김 | 196쪽 | 값 13,000원

 혁신학교, 한국 교육의 미래를 열다
송순재 외 지음 | 608쪽 | 값 30,000원

 학교를 개선하는 교장
지속가능한 학교 혁신을 위한 실천 전략
마이클 풀란 지음 | 서동연·정효준 옮김 | 216쪽 | 값 13,000원

 페다고지를 위하여
프레네의 『페다고지 불변요소』 읽기
박찬영 지음 | 296쪽 | 값 15,000원

 공자뎐, 논어는 이것이다
유문상 지음 | 392쪽 | 값 18,000원

 노자와 탈현대 문명
홍승표 지음 | 284쪽 | 값 15,000원

 교사와 부모를 위한
발달교육이란 무엇인가?
현광일 지음 | 380쪽 | 값 18,000원

 선생님, 민주시민교육이 뭐예요?
염경미 지음 | 244쪽 | 값 15,000원

 교사, 이오덕에게 길을 묻다
이무완 지음 | 328쪽 | 값 15,000원

 어쩌다 혁신학교
유우석 외 지음 | 380쪽 | 값 17,000원

 낙오자 없는 스웨덴 교육
레이프 스트란드베리 지음 | 변광수 옮김 | 208쪽 | 값 13,000원

 미래, 교육을 묻다
정광필 지음 | 232쪽 | 값 15,000원

 끝나지 않은 마지막 수업
장석웅 지음 | 328쪽 | 값 20,000원

 대학, 협동조합으로 교육하라
박주희 외 지음 | 252쪽 | 값 15,000원

 경기꿈의학교
진흥섭 외 지음 | 360쪽 | 값 17,000원

 입시, 어떻게 바꿀 것인가?
노기원 지음 | 306쪽 | 값 15,000원

 학교를 말한다
이성우 지음 | 292쪽 | 값 15,000원

 촛불시대, 혁신교육을 말하다
이용관 지음 | 240쪽 | 값 15,000원

 행복도시 세종, 혁신교육으로 디자인하다
곽순일 외 지음 | 392쪽 | 값 18,000원

 라운드 스터디
이시이 데루마사 외 엮음 | 224쪽 | 값 15,000원

 나는 거꾸로 교실 거꾸로 교사
류광모·임정훈 지음 | 212쪽 | 값 13,000원

 미래교육을 디자인하는 학교교육과정
박승열 외 지음 | 348쪽 | 값 18,000원

 교실 속으로 간 이해중심 교육과정
온정덕 외 지음 | 224쪽 | 값 13,000원

 흥미진진한 아일랜드 전환학년 이야기
제리 제퍼스 지음 | 최상덕·김호원 옮김 | 508쪽 | 값 27,000원

▶ 남북이 하나 되는 두물머리 평화교육
분단 극복을 위한 치열한 배움과 실천을 만나다

 10년 후 통일
정동영·지승호 지음 | 328쪽 | 값 15,000원

 선생님, 통일이 뭐예요?
정경호 지음 | 252쪽 | 값 13,000원

 분단시대의 통일교육
성래운 지음 | 428쪽 | 값 18,000원

 김창환 교수의 DMZ 지리 이야기
김창환 지음 | 264쪽 | 값 15,000원

 한반도 평화교육 어떻게 할 것인가
이기범 외 지음 | 252쪽 | 값 15,000원

▶ 교과서 밖에서 만나는 역사 교실
상식이 통하는 살아 있는 역사를 만나다

전봉준과 동학농민혁명
조광환 지음 | 336쪽 | 값 15,000원

남도의 기억을 걷다
노성태 지음 | 344쪽 | 값 14,000원

응답하라 한국사 1·2
김은석 지음 | 356쪽·368쪽 | 각권 값 15,000원

즐거운 국사수업 32강
김남선 지음 | 280쪽 | 값 11,000원

즐거운 세계사 수업
김은석 지음 | 328쪽 | 값 13,000원

강화도의 기억을 걷다
최보길 지음 | 276쪽 | 값 14,000원

광주의 기억을 걷다
노성태 지음 | 348쪽 | 값 15,000원

**선생님도 궁금해하는
한국사의 비밀 20가지**
김은석 지음 | 312쪽 | 값 15,000원

걸림돌
키르스텐 세룹-빌펠트 지음 | 문봉애 옮김
248쪽 | 값 13,000원

역사수업을 부탁해
열 사람의 한 걸음 지음 | 388쪽 | 값 18,000원

진실과 거짓, 인물 한국사
하성환 지음 | 400쪽 | 값 18,000원

교과서 밖에서 배우는 역사 공부
정은교 지음 | 292쪽 | 값 14,000원

팔만대장경도 모르면 빨래판이다
전병철 지음 | 360쪽 | 값 16,000원

빨래판도 잘 보면 팔만대장경이다
전병철 지음 | 360쪽 | 값 16,000원

영화는 역사다
강성률 지음 | 288쪽 | 값 13,000원

친일 영화의 해부학
강성률 지음 | 264쪽 | 값 15,000원

한국 고대사의 비밀
김은석 지음 | 304쪽 | 값 13,000원

조선족 근현대 교육사
정미량 지음 | 320쪽 | 값 15,000원

다시 읽는 조선근대교육의 사상과 운동
윤건차 지음 | 이명실·심성보 옮김 | 516쪽 | 값 25,000원

음악과 함께 떠나는 세계의 혁명 이야기
조광환 지음 | 292쪽 | 값 15,000원

논쟁으로 보는 일본 근대교육의 역사
이명실 지음 | 324쪽 | 값 17,000원

다시, 독립의 기억을 걷다
노성태 지음 | 320쪽 | 값 16,000원

▶ 평화샘 프로젝트 매뉴얼 시리즈
학교 폭력에 대한 근본적인 예방과 대책을 찾는다

학교 폭력 어떻게 만들어지는가
문재현 외 지음 | 300쪽 | 값 14,000원

학교 폭력, 멈춰!
문재현 외 지음 | 348쪽 | 값 15,000원

왕따, 이렇게 해결할 수 있다
문재현 외 지음 | 236쪽 | 값 12,000원

젊은 부모를 위한 백만 년의 육아 슬기
문재현 지음 | 248쪽 | 값 13,000원

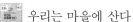
우리는 마을에 산다
유양우·신동명·김수동·문재현 지음 | 312쪽 | 값 15,000원

아이들을 살리는 동네
문재현·신동명·김수동 지음 | 204쪽 | 값 10,000원

평화! 행복한 학교의 시작
문재현 외 지음 | 252쪽 | 값 12,000원

마을에 배움의 길이 있다
문재현 지음 | 208쪽 | 값 10,000원

별자리, 인류의 이야기 주머니
문재현·문한뫼 지음 | 444쪽 | 값 20,000원

▶ 더불어 사는 정의로운 세상을 여는 인문사회과학
사람의 존엄과 평등의 가치를 배운다

밥상혁명
강양구·강이현 지음 | 298쪽 | 값 13,800원

좌우지간 인권이다
안경환 지음 | 288쪽 | 값 13,000원

도덕 교과서 무엇이 문제인가?
김대용 지음 | 272쪽 | 값 14,000원

민주시민교육
심성보 지음 | 544쪽 | 값 25,000원

자율주의와 진보교육
조엘 스프링 지음 | 심성보 옮김 | 320쪽 | 값 15,000원

민주시민을 위한 도덕교육
심성보 지음 | 500쪽 | 값 25,000원
2015 세종도서 학술부문

민주화 이후의 공동체 교육
심성보 지음 | 392쪽 | 값 15,000원
2009 문화체육관광부 우수학술도서

교과서 밖에서 배우는 인문학 공부
정은교 지음 | 280쪽 | 값 13,000원

갈등을 넘어 협력 사회로
이창언·오수길·유문종·신윤관 지음 | 280쪽 | 값 15,000원

오래된 미래교육
정재걸 지음 | 392쪽 | 값 18,000원

동양사상과 마음교육
정재걸 외 지음 | 356쪽 | 값 16,000원
2015 세종도서 학술부문

대한민국 의료혁명
전국보건의료산업노동조합 엮음 | 548쪽 | 값 25,000원

교과서 밖에서 배우는 철학 공부
정은교 지음 | 280쪽 | 값 14,000원

교과서 밖에서 배우는 고전 공부
정은교 지음 | 288쪽 | 값 14,000원

교과서 밖에서 배우는 사회 공부
정은교 지음 | 304쪽 | 값 15,000원

전체 안의 전체 사고 속의 사고
김우창의 인문학을 읽다
현광일 지음 | 320쪽 | 값 15,000원

교과서 밖에서 배우는 윤리 공부
정은교 지음 | 292쪽 | 값 15,000원

카스트로, 종교를 말하다
피델 카스트로·프레이 베토 대담 | 조세종 옮김
420쪽 | 값 21,000원

동양사상에게 인공지능 시대를 묻다
홍승표 외 지음 | 260쪽 | 값 15,000원

대구, 박정희 패러다임을 넘다
세대열 엮음 | 292쪽 | 값 20,000원

한글 혁명
김슬옹 지음 | 388쪽 | 값 18,000원

일제강점기 한국철학
이태우 지음 | 448쪽 | 값 25,000원

▶ 창의적인 협력 수업을 지향하는 삶이 있는 국어 교실
우리말 글을 배우며 세상을 배운다

중학교 국어 수업 어떻게 할 것인가?
김미경 지음 | 340쪽 | 값 15,000원

토론의 숲에서 나를 만나다
명혜정 엮음 | 312쪽 | 값 15,000원

토닥토닥 토론해요
명혜성·이명선·조선미 엮음 | 288쪽 | 값 15,000원

인문학의 숲을 거니는 토론 수업
순천국어교사모임 엮음 | 308쪽 | 값 15,000원

어린이와 시
오인태 지음 | 192쪽 | 값 12,000원

수업, 슬로리딩과 함께
박경숙·강슬기·김정욱·장소현·강민정·전혜림·이혜민 지음
268쪽 | 값 15,000원

▶ 출간 예정

참된 삶과 교육에 관한
생각 줍기